Inhalt

- ■ Wiederholung
- □ Basis
- ◩ Basis/Erweiterung
- ■ Vertiefung

Vorwort 4

I. Lineare und quadratische Funktionen
- □ 1. Reelle Funktionen 10
- □ 2. Lineare Funktionen 14
- □ 3. Quadratische Funktionen 40

II. Rationale Funktionen
- □ 1. Potenzen 50
- ■ 2. Potenzfunktionen 58
- ■ 3. Ganzrationale Funktionen 68

III. Grenzwerte und Änderungsraten
- ■ 1. Grenzwerte von Funktionen . . . 84
- ◩ 2. Die mittlere Änderungsrate . . . 92
- ◩ 3. Die lokale Änderungsrate 100

IV. Steigung und Ableitung
- ■ 1. Die Steigung einer Kurve 110
- ■ 2. Die Ableitungsfunktion 117
- ■ 3. Die rechnerische Bestimmung der Ableitungsfunktion 119
- ■ 4. Elementare Ableitungsregeln . . 121
- ◩ 5. Anwendung des Ableitungsbegriffs 128

V. Kurvenuntersuchungen
- ■ 1. Monotonie und erste Ableitung 143
- ■ 2. Extrempunkte 147
- ◩ 3. Exkurs: Tangenten und Normalen 156
- ■ 4. Diskussion ganzrationaler Funktionen 160
- ◩ 5. Trigonometrische Funktionen . 170

VI. Stochastik
- ■ 1. Grundbegriffe der Wahrscheinlichkeitsrechnung 186
- ■ 2. Mehrstufige Zufallsversuche/ Baumdiagramme 199
- ■ 3. Exkurs: Kombinatorische Abzählverfahren 207
- ■ 4. Bedingte Wahrscheinlichkeiten/ Unabhängigkeit 216
- ■ 5. Vierfeldertafeln 228

VII. Analytische Geometrie im Raum
- ■ 1. Punkte im Koordinatensystem . 236
- ■ 2. Vektoren 239
- ■ 3. Rechnen mit Vektoren 246

VIII. Exponentialfunktionen
- ■ 1. Funktionen der Form $f(x) = c \cdot a^x$ 270
- ◩ 2. Exkurs: Logarithmen 274
- ■ 3. Rechnen mit Exponentialfunktionen 278
- ◩ 4. Exponentielle Prozesse 282
- ■ 5. Exkurs: Die Umkehrfunktion zu $f(x) = 10^x$ 292

IX. Beispielaufgaben zur zentralen Klausur
- ■ 1. Aufgaben 298
- ■ 2. Lösungen 303

X. GTR-Anwendungen
- □ 1. Beispiele für den TI-Nspire™ CX 308
- □ 2. Beispiele für den CASIO fx-CG20 324
- □ 3. Beispiele für dynamische Geometriesoftware 340
- □ 4. Beispiele für den Einsatz eines Tablet-Computers 343

Testlösungen 344
Stichwortverzeichnis 350
Bildnachweis 352

Vorwort

Kernlehrplan
In diesem Buch wird der Kernlehrplan für die Einführungsphase der gymnasialen Oberstufe (Sekundarstufe II, Gymnasium/Gesamtschule) des Landes Nordrhein-Westfalen konsequent umgesetzt. Der modulare Aufbau des Buches und der einzelnen Kapitel ermöglichen dem Lehrer individuelle Schwerpunktsetzungen. Die Schüler können sich aufgrund des beispielbezogenen und selbsterklärenden Konzeptes problemlos orientieren und zielgerichtet vorbereiten.

Druckformat
Das Buch besitzt ein weitgehend zweispaltiges Druckformat, was die Übersichtlichkeit deutlich erhöht und die Lesbarkeit erleichtert.
Lehrtexte und Lösungsstrukturen sind auf der linken Seitenhälfte angeordnet, während Beweisdetails, Rechnungen und Skizzen in der Regel rechts platziert sind.

Beispiele
Wichtige Methoden und Begriffe werden auf der Basis anwendungsnaher, vollständig durchgerechneter Beispiele eingeführt, die das Verständnis des klar strukturierten Lehrtextes unterstützen. Diese Beispiele können auf vielfältige Weise als Grundlage des Unterrichtsgesprächs eingesetzt werden. Im Folgenden werden einige Möglichkeiten skizziert:

- Die Aufgabenstellung eines Beispiels wird problemorientiert vorgetragen. Die Lösung wird im Unterrichtsgespräch oder in Stillarbeit entwickelt, wobei die Schülerbücher geschlossen bleiben. Im Anschluss kann die erarbeitete Lösung mit der im Buch dargestellten Lösung verglichen werden.

- Die Schüler lesen ein Beispiel und die zugehörige Musterlösung. Anschließend bearbeiten sie eine an das Beispiel anschließende Übung in Einzel- oder Partnerarbeit. Diese Vorgehensweise ist auch für Hausaufgaben gut geeignet.

- Ein Schüler wird beauftragt, ein Beispiel zu Hause durchzuarbeiten und als Kurzreferat zur Einführung eines neuen Begriffs oder Rechenverfahrens im Unterricht vorzutragen.

Übungen
Im Anschluss an die durchgerechneten Beispiele werden exakt passende Übungen angeboten.

- Diese Übungsaufgaben können mit Vorrang in Stillarbeitsphasen als Kontrolle eingesetzt werden. Dabei können die Schüler sich am vorangegangenen Unterrichtsgespräch orientieren.

- Eine weitere Möglichkeit: Die Schüler erhalten den Auftrag, eine Übung zu lösen, wobei sie mit dem Lehrbuch arbeiten sollen, indem sie sich am Lehrtext oder an den Musterlösungen der Beispiele orientieren, die vor der Übung angeordnet sind.

- Weitere Übungsaufgaben auf zusammenfassenden Übungsseiten finden sich am Ende der meisten Abschnitte. Sie sind für Hausaufgaben, Wiederholungen und Vertiefungen geeignet.

- In erheblichem Umfang sind die Formate des Zentralabiturs berücksichtigt, vor allem auch solche mit einfachen Anwendungsbezügen und mit Modellierungen. Allerdings muss man sich die ohnehin knappe Zeit gut einteilen, da Anwendungsaufgaben zeitaufwendig sind.

Überblick, Test und mathematische Streifzüge
An jedem Kapitelende sind in einem Überblick die wichtigsten mathematischen Regeln, Formeln und Verfahren des Kapitels in knapper Form zusammengefasst.
Auf der letzten Kapitelseite findet man einen Test, der Aufgaben zum Standardstoff des Kapitels beinhaltet. So kann der Lernerfolg überprüft oder vertieft werden. Der Test kann auch zur Selbstkontrolle verwendet werden. Die Lösungen findet man im Buch auf den Seiten 344–349.
Eingestreut findet man gelegentlich Seiten mit mathematischen Streifzügen zur Vertiefung.

Verwendung von Graphiktaschenrechnern
Neue Technologien wie Tabellenkalkulation, dynamische Geometriesoftware, Funktionsplotter und insbesondere **Graphiktaschenrechner (GTR)** bereichern heute die Palette der Hilfsmittel für den Mathematikunterricht.
Das Buch kann mit WTR und GTR verwendet werden. Der GTR ist ein zusätzliches, zeitsparendes und reichweitevergrößerndes Hilfsmittel, welches die wichtigen manuellen Techniken ergänzen, aber natürlich nicht ersetzen soll. Es gibt an den passenden Stellen stets in den Ablauf eingebaute oder ergänzende GTR-Passagen, in denen die technische Verwendung für zwei wichtige Rechnermodelle konkret erläutert wird. Mit zunehmendem Kenntnisstand werden die technischen Erläuterungen natürlich entsprechend knapper gefasst. Mit dem Zeichen GTR wird die hilfsmittelfreie Bearbeitung angezeigt; mit dem Zeichen GTR wird die Anwendung des Rechners empfohlen.
Sehr genaue technische Anleitungen zu jeder wichtigen Einsatzmöglichkeit gibt es am Ende des Buches in zwei kleinen Kursen zu den beiden dargestellten Rechnermodellen.

Gesamtkonzeption
In der Einführungsphase sollen die Schüler auf ein einheitliches Niveau gebracht werden, den elementaren Umgang mit wichtigen Funktionsklassen erlernen und die Einführung in die Differentialrechnung anhand der ganzrationalen Funktionen erleben. Sie sollen ihre Kenntnisse der Wahrscheinlichkeitsrechnung und der Stochastik ausweiten und schließlich auch als dritte Säule der Mathematik in der gymnasialen Oberstufe die analytische Geometrie und Vektorrechnung kennenlernen.
Die benötigten Techniken und Verfahren sollen in der Regel sowohl manuell beherrscht werden als auch – soweit möglich und sinnvoll – mithilfe des GTR vereinfacht und automatisiert ausgeführt werden können.

Im Folgenden werden Hinweise für die einzelnen Kapitel gegeben.

Kapitel I zur Wiederholung: Lineare und quadratische Funktionen (6 Stunden)
In der Einführungsphase sollen einheitliche Voraussetzungen für die zum Abitur führende Qualifikationsphase geschaffen werden. Hierzu dient vor allem Kapitel I. Lineare und quadratische Funktionen. Es handelt sich allerdings um ein reines Wiederholungs- und Auffrischungskapitel, das die knappe Unterrichtszeit von ca. 90 Stunden im Prinzip nicht belasten darf. Man sollte hier nur nachlesen und nacharbeiten, z. B. zur Steigung linearer Funktionen oder zur Lösung quadratischer Gleichungen. Allerdings eignen sich einzelne Teilabschnitte zur Einführung grundlegender GTR-Funktionen, da die Schüler den Stoff schon grob können und sich daher stofflich vorentlastet auf den GTR konzentrieren können. *Also: Nur Auszüge unterrichten, keinesfalls durchunterrichten.*

Kapitel II: Rationale Funktionen (12 Stunden)

In diesem Kapitel, mit dem man den Kurs beginnen kann, lernen die Schüler den Aufbau der Klasse der ganzrationalen Funktionen kennen, der zentralen Funktionsklasse in der Einführungsphase. Der Aspekt der Differentialrechnung bleibt noch ausgeklammert, so dass keine Doppelbelastung durch neue Funktionsklasse plus neue Theorie entsteht. Es soll bewirkt werden, dass die Schüler ein Verständnis für den Funktionsverlauf entwickeln und wichtige Konzepte wie Symmetrie, Nullstellen, Globalverlauf, Steigungsverhalten, Hoch- und Tiefpunkte auf elementater Ebene kennenlernen. Zusätzlich werden bestimmte, auch später ständig benötigte Techniken und Verfahren eingeübt, wie z. B. Symmetrienachweise, Anlegen von Wertetabellen und Zeichnen von Graphen, exakte Berechnung von Nullstellen quadratischer Polynome und geeigneter Polynome auch höheren Grades.

Hier können bei Bedarf auch einzelne Wiederholungsaspekte aus Kapitel I eingebaut werden. Außerdem werden in diesem Kapitel die genannten Untersuchungspunkte sowohl manuell als auch ergänzend mit dem GTR angegangen.

Kapitel III: Grenzwerte und Änderungsraten (9 Stunden)

Hier werden der wichtige Grenzwertbegriff für Funktionen und mittlere und lokale Änderungsraten behandelt. Der Grenzwertbegriff nimmt nur ein paar Stunden in Anspruch, erleichtert aber dann in Zukunft viele Argumentationen und ermöglicht exakte und griffige Schreibweisen, z. B. für das Verhalten von Funktionen an den Rändern ihrer Definitionsmenge, also z. B. im Unendlichen. Die hier investierte Zeit holt man also wieder heraus.

Mittlere und lokale Änderungsraten sollte man nur kurz und exemplarisch behandeln, auch wenn im Buch viele Anwendungen dargestellt sind. Diese sind aber nicht zum Durchbehandeln gedacht, sondern sie sollen eine persönliche Auswahl ermöglichen. Lokale Änderungsraten kann man auch ganz auslassen, da sie im Folgekapitel über die Ableitung ohnehin noch einmal auftreten.

Fazit: Das Kapitel kann knapp gehalten werden.

Kapitel IV: Steigung und Ableitung (12 Stunden)

Nachdem man hoffentlich schnell genug hierher vorgestoßen ist, wird jetzt eine zentrale Aufgabe der Einführungsphase erledigt, die Unterrichtung der lokalen Steigung bzw. der momentanen Änderungsrate und das Konzept der Ableitungsfunktion. Die sichere Beherrschung der wichtigsten Ableitungsregeln ist ebenfalls wichtig, wobei die Hauptfunktionsklasse die Polynome sind. Allerdings kann auch ein kleiner Blick über den Tellerrand hin zu einfachsten nicht ganzrationalen Funktionen wie $\frac{1}{x}$ und $\frac{1}{x^2}$ sowie $\sqrt{x}$ gewagt werden.

Beweise von Ableitungsregeln können aus Zeitgründen sicher nur exemplarische erfolgen. Auch elementare Steigungsbestimmungen mithilfe des Differentialquotienten dienen mehr dem Verständnis der Idee als der praktischen Anwendung.

Sinnvoll ist es, aus Motivationsgründen zur Überbrückung einer doch sehr langen theoretisch geprägten Phase erste Anwendungen des Ableitungskalküls einzustreuen, wie sie im optionalen Abschnitt „Anwendungen des Ableitungsbegriffs" systematisch gegliedert und motivierend aufbereitet zu finden sind (Übersicht/Steigungsproblem/Extremalproblem/Tangentenproblem/Berührproblem). Die investierte Zeit zahlt sich aus, wenn man in der Folge die hier gesehenen Techniken evtl. schlagwortartig abrufen kann. Aber es ist auch vorstellbar, auf den nicht unbedingt notwendigen Abschnitt zu verzichten. Anwendungsaufgaben (Marsmission, Verkehrswege, Bahnstrecke, Lawine, Straßeneinmündung, Müngstener Eisenbahnbrücke, Himmelfahrt, Skihalle) dienen der exemplarischen Anwendungsvertiefung, wenn noch Zeit vorhanden sein sollte.

Kapitel V: Kurvenuntersuchungen (15 Stunden)

In diesem Kapitel werden zunächst die wichtigen Kriterien für Monotonie, Extrempunkte und Sattelpunkte behandelt. Als hinreichendes Kriterium steht im Unterschied zum bisherigen Lehrgang ausschließlich das Vorzeichenwechselkriterium zur Verfügung, nicht mehr das üblicherweise bevorzugte f″-Kriterium. Auch entfallen die Wendepunkte in ihrer Eigenschaft als Krümmungswechselpunkte, da der Krümmungsbegriff gar nicht thematisiert wird. Die bisherigen Wendepunkte können aber als Punkte mit extremaler Steigung – d. h. als lokale Extrema von f′ dennoch untersucht werden, wenn damit auch unter einer anderen Fragestellung als bisher.

Im Anschluss an die Kriterientheorie werden die Kriterien im Gesamtzusammenhang vollständiger Kurvenuntersuchungen von ganzrationalen Funktionen eingesetzt, wobei hier auch diverse Anwendungsprobleme eingemischt werden können. Nicht zuletzt werden hier typische Aufgabenstellungen der zentralen Klausur angesteuert.

Wenn man an diesem Punkt angelangt ist, ist das Minimalziel der Analysis der Einführungsphase erreicht. Diese Wegmarke sollte man am Anfang der Einführungsphase ins Auge fassen.

Das Kapitel enthält abschließend eine kurze Einführung in die trigonometrischen Funktionen der Gestalt $f(x) = a \sin(bx + c) + d$. Die Ableitung des Sinus wird rein graphisch begründet. Die Kurvenuntersuchungen beruhen auf der Methode des Verschiebens und Streckens von Funktionen. Trigonometrische Gleichungen können mit dem GTR vereinfacht gelöst werden. Da diese Funktionen als hier nicht so bedeutsam eingeschätzt werden, können sie vermutlich auch ohne Schaden ans Schuljahresende verschoben werden, wodurch man früher zur wichtigeren Wahrscheinlichkeitsrechnung kommt.

Kapitel VI: Stochastik (15 Stunden)

Das Kapitel ist im Prinzip dreigeteilt in die Themen „Grundbegriffe und mehrstufige Zufallsversuche", „Kombinatorik" sowie „bedingte Wahrscheinlichkeiten inklusive Vierfeldertafeln".

Der erste Teil ist zur Wiederholung, zum Nachlesen und damit zur Reaktivierung konzipiert. Hier darf nicht zu viel Zeit aufgewandt werden, da im Prinzip alles bekannt sein sollte.

Die Kombinatorik ist zwar als Exkurs ausgewiesen und somit als Hilfsabschnitt, aber die Erfahrung zeigt, dass die Schüler eine solche Zusammenstellung brauchen, weil die Kombinatorik bekanntlich schwer ist und der vielfältigen Anwendung und Wiederholung bedarf. Es wurde versucht, die zentralen Modelle übersichtlich und in klarer Abgrenzung darzustellen. damit ein schnelles Nachsehen und Nachlesen möglich ist. Lottomodell und erweitertes Lottomodell bilden den Abschluss.

Neu und damit besonders wichtig ist der Begriff der bedingten Wahrscheinlichkeit und der damit zusammenhängenden Fragestellungen. In dieser Jahrgangsstufe ist es wichtig, anschaulich zu bleiben und alle Bearbeitungen durch Baum und inversen Baum zu unterstützen. Die meisten Schüler kommen mit dieser eher graphischen Methode besser zurecht als mit den Formeln.

Wichtig ist die klausurrelevante Behandlung des Begriffs der stochastischen Unabhängigkeit von zwei Ereignissen A und B, für den man zwei Kriterien behandeln sollte: $P_B(A) = P(A)$ und alternativ $P(A \cap B) = P(A) \cdot P(B)$.

Zu der Methode „Baum und inverser Baum" gleichwertig ist das „Arbeiten mit Vierfeldertafeln". Diese werden nun abschließend dargestellt, wobei man beachten muss, dass die Felder hier absolutes Zahlenmaterial enthalten und keine Wahrscheinlichkeiten. Dies geschieht in Anlehnung an Beispiele aus zentralen Klausuren.

Der GTR wird im Kapitel begrenzt gebraucht. Zum Einen wird er eingesetzt zur Erzeugung von Zufallsziffern und damit als Alternative zur Zufallszifferntabelle im Rahmen des Streifzugs zu Simulationen, andererseits aber auch zur Erzeugung eines Verteilungsdiagramms und natürlich auch zu elementaren statistisch-kombinatorischen Berechnungen wie z. B. nCr. oder nPr, was aber ohnehin jeder Taschenrechner kann.

Kapitel VII: Analytische Geometrie im Raum (12 Stunden)

In diesem Kapitel geht es um die grundlegenden Anfangskonzepte der Vektorrechnung wie Punkte im Raum und ihr Abstand, den Begriff des Vektors als Parallelverschiebung und das Rechnen mit Spaltenvektoren.

Als Anwendungen fungieren im Wesentlichen Vektoren in zwei- und dreidimensionalen Figuren und Körpern sowie Vektoren im Zusammenhang mit Kräften und Geschwindigkeiten. Diese Begriffe werden in der Qualifikationsphase mit Sicherheit wiederholend aufgegriffen.

Der GTR spielt in diesem Bereich keine große Rolle. Er ist zwar geeignet, Vektoren zu erfassen, aber die Eingaben und Bearbeitungen dauern länger als das rein manuelle Vorgehen. Lediglich beim Lösen von Gleichungssystemen bringt er Zeitgewinne, allerdings möglicherweise auf Kosten des Verständnisses.

Kapitel VIII: Exponentialfunktionen (9 Stunden)

Hier soll die zweite Funktonsklasse vorgestellt werden, die in der Qualifikationsphase eine besonders große Rolle spielt, die der Exponentialfunktionen vom Typ $f(x) = c\,a^x$. Das Vorgehen ist ganz elementar, da eine Differentialrechnung zu dieser Klasse hier noch nicht vorgesehen und möglich ist.

Die Behandlung sollte eng an Anwendungsbeispiele wir Bevölkerungswachstum, radioaktiven Zerfall, Zinseszinsprozesse, Wertverlustrechnungen etc. gekoppelt werden, um die große reale Bedeutung der Funktionsklasse angemessen zu betonen. Zielsetzung ist zweifellos die Schaffung von Vorkenntnissen und Vorentlastungen für die doch recht kurze Qualifikationsphase. Der GTR kann hier insbesondere logarithmische Rechnungen ersetzen und er bietet ein Regressionsmodell an, mit dem man aus gegebenen Daten die passende Funktionsgleichung automatisiert bestimmen kann.

Kapitel IX: Beispielaufgaben zur zentralen Klausur

Hier findet man neun typische Aufgaben, die sich an zentralen Klausurfragestellungen orientieren. Im Anschluss an die Aufgaben findet man im Buch auch die Lösungen dazu in Kurzform. Es bietet sich an, im Kursverlauf immer mal wieder hier nachzuschauen, um regelmäßig entsprechende, in Analogie konstruierte Aufgabenstellungen anzubieten. Das Durchrechnen der jeweils letzten aktuellen Klausuraufgaben der Vorjahre in einem klausurnahem Zeitraum ist ebenfalls wichtig.

Kapitel X: GTR-Anwendungen

In diesem Kapitel gibt es zwei Lernabschnitte, jeweils mit Beispielen für den TI-Nspire™ und den CASIO fx-CG20. Dort werden alle relevanten Aufgabenstellungen angesprochen, die sinnvoll mit einem GTR gelöst werden können. Dabei geht es aber hauptsächlich um die Bedienung des GTR. Die Bedienschritte sind sehr detailliert aufgelistet. Abschließend wird eine kostenfreie dynamische Mathematik-Onlinesoftware angesprochen.

I. Lineare und quadratische Funktionen

1. Reelle Funktionen

A. Der Funktionsbegriff

Die beiden folgenden Beispiele bereiten die exakte Definition des Begriffs der *Funktion* vor.

▶ **Beispiel:** Die Tabelle zeigt das Resultat einer Klassenarbeit als Zensurenspiegel. Jeder Zensur ist eine Anzahl zugeordnet.

Zensur	1	2	3	4	5	6
Anzahl	1	7	9	3	2	2

Die Abbildung zeigt das Pfeildiagramm dieser Zuordnung.

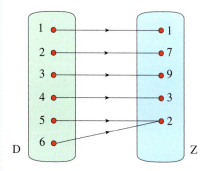

Jeder Zahl aus der Menge D ist genau eine Zahl aus der Menge Z zugeordnet.

Eine solche eindeutige Zuordnung nennt
▶ man eine *Funktion*.

Erlaubte Situationen
$x_1 \to y_1$ $\quad x_1 \searrow y$
$x_2 \to y_2$ $\quad x_2 \nearrow$

▶ **Beispiel:** Jeder Zahl aus der Menge {2; 15; 23} werden ihre von 1 verschiedenen positiven Teiler zugeordnet.

Zahl	2	15	23
Teiler	2	3 ; 5 ; 15	23

Auch diese Zuordnung lässt sich in einem Pfeildiagramm anschaulich darstellen.

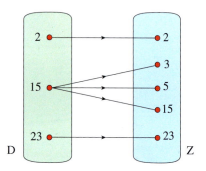

Es gibt eine Zahl aus der Menge D, der mehrere Zahlen aus der Menge Z zugeordnet sind.
Die Zuordnung ist nicht eindeutig. Sie ist
▶ keine Funktion.

Verbotene Situation
$x \nearrow y_1$ $\searrow y_2$

Übung 1
Prüfen Sie, ob die gegebene Zuordnung eine Funktion ist.
a) Es sei D = {2; 4; 6; 7; 10; 12}. Jedem x ∈ D werden die geraden Zahlen aus {x − 1; x; x + 1} zugeordnet.
b) Es sei D = ℕ. Jedem x ∈ D werden diejenigen der drei auf x folgenden Zahlen zugeordnet, die durch 3 teilbar sind.

1. Reelle Funktionen

Die Abbildung rechts dient zur Veranschaulichung der Begriffe, die wir nun noch einführen.

Definition I.1: Eine Zuordnung f, die jedem x einer Menge D (Definitionsmenge) genau ein Element f(x) einer Menge Z (Zielmenge) zuordnet, heißt *Funktion*.

Jeder Zahl x ∈ {1; 2; 3} wird die Zahl 2x zugeordnet.

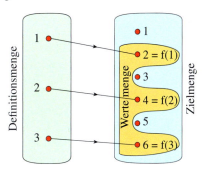

f(x) heißt *Funktionswert* von x. Die Menge aller Funktionswerte heißt *Wertemenge* der Funktion. Die Wertemenge ist eine Teilmenge der Zielmenge.
Eine Funktion, deren Definitionsmenge und deren Wertemenge Teilmengen von ℝ sind, heißt *reelle Funktion*.

Im Folgenden werden nur reelle Funktionen betrachtet. Auf die Angabe der Definitionsmenge wird meistens verzichtet, insbesondere wenn D = ℝ ist.

B. Zuordnungsvorschrift und Funktionsgraph

Jede Funktion besitzt eine *Zuordnungsvorschrift*. Gemeint ist damit das Gesetz, mit dem man zu jedem x-Wert den zugehörigen Funktionswert finden kann.

Zuordnungsvorschrift:
Jeder Zahl x ∈ ℝ wird die Zahl 0,5 x zugeordnet.

Häufig ist die Darstellung des Gesetzes mithilfe einer *Funktionsgleichung* möglich, z. B. f(x) = 0,5 x, x ∈ ℝ.

Funktionsgleichung:
f(x) = 0,5 x, x ∈ ℝ

Neben der Darstellung durch eine Funktionsgleichung benutzt man gelegentlich die *Pfeilschreibweise* f: x ↦ 0,5 x, x ∈ ℝ.

Pfeilschreibweise:
f: x → 0,5 x, x ∈ ℝ

Man kann die Funktion in einer *Wertetabelle* darstellen. Zu einigen x-Werten bestimmt man dann die zugehörigen y-Werte.

Wertetabelle:

x	−1	0	1	2	3	5	10
f(x)	−0,5	0	0,5	1	1,5	2,5	5

Man kann eine Funktion f auch als Punktmenge in einem kartesischen Koordinatensystem darstellen. Erfasst werden alle *Zahlenpaare* (x|y), die aus einem x-Wert sowie dem zugehörigen Funktionswert y = f(x) bestehen. So entsteht der *Graph der Funktion*.
Am Graphen kann man oft schon Eigenschaften der Funktion erkennen.
Symbol für den Graphen: f oder G_f.

Funktionsgraph:

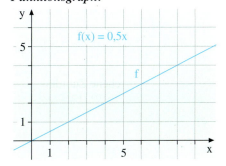

Übungen

2. Funktionsgleichungen
Geben Sie jeweils die Gleichung der Funktion f an sowie die Definitions- und Wertemenge.
a) f ordnet der Seitenlänge x eines Quadrates seinen Flächeninhalt zu.
b) Ein Rechteck hat den Flächeninhalt 10. Seine Länge sei die Zahl x. f ordnet der Länge des Rechtecks seine Breite zu.
c) f ordnet dem Radius r eines Kreises seinen Umfang zu.
d) f ordnet dem Flächeninhalt eines Kreises seinen Radius zu.

3. Definitionsmenge und Wertemenge
Gegeben sei die Funktion f. Geben Sie die größtmögliche Definitionsmenge D sowie die zugehörige Wertemenge W an. Legen Sie außerdem eine Wertetabelle an und zeichnen Sie den Graphen von f in einem sinnvollen Bereich.
a) $f(x) = 2x - 4$ b) $f(x) = x^2 - 2x$ c) $f(x) = \frac{1}{x}$ d) $f(x) = \sqrt{x}$
e) $f(x) = \frac{1}{x-2}$ f) $f(x) = \frac{1}{x^2}$ g) $f(x) = \sqrt{\frac{1}{2}x - 2}$ h) $f(x) = |x|$

4. Gebirgszug
Abgebildet ist die Profilkurve f eines Gebirges.
a) Wie lang ist das gesamte Gebirge?
b) Wieviele Höhenmeter sind beim Aufstieg von der westlichen Ebene auf Gipfel A zu überwinden?
c) Welche Höhendifferenz weisen die beiden Gipfel A und B auf? Wie groß ist ihre direkte Entfernung (Luftlinie)?

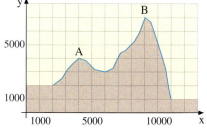

d) Wie lautet die Wertemenge von f, wenn das Intervall [2000; 11 000] die Definitionsmenge ist?
e) Wie groß ist die mittlere Steigung in Prozent beim Aufstieg von A auf den Gipfel B?

5. Gleichung und Graph
Entscheiden Sie argumentativ, welche Gleichung zu welchem Graphen gehört. Kontrollieren Sie ihr Ergebnis durch Zeichnen mit dem GTR:

I: $f(x) = x^2$

II: $f(x) = \frac{1}{x^2}$

III: $f(x) = \frac{1}{x}$

IV: $f(x) = \sqrt{x}$

V: $f(x) = x^3$

VI: $f(x) = x^4$

A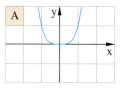

B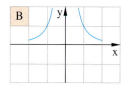

C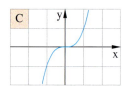

D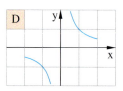

E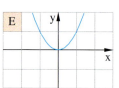

F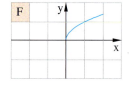

6. Der Linientest

Mit dem *Linientest* kann man feststellen, ob ein Graph eindeutig ist und daher eine Funktion darstellt.

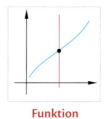
Funktion

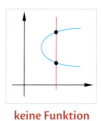
keine Funktion

> Schneidet jede senkrechte Linie den Graphen stets maximal einmal, so liegt eine Funktion vor, sonst nicht.

Prüfen Sie mit dem Linientest, ob die folgenden Graphen Funktionen darstellen.

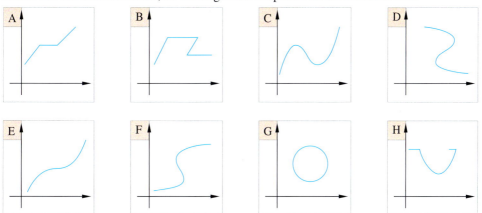

7. Der Fahrtenschreiber

Mit dem Fahrtenschreiber wurde die Geschwindigkeit eines Schwertransporters in Abhängigkeit von der Zeit aufgezeichnet. Die Fahrt soll nun ausgewertet werden.

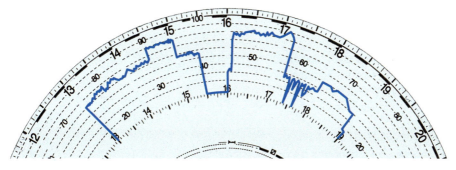

a) Wann begann die Fahrt? Wie lange dauerte sie insgesamt? Welche Höchstgeschwindigkeit wurde erreicht? Wie lang war die Pause, die der Fahrer einlegte?
b) In welchem Zeitraum durchquerte das Fahrzeug eine Großstadt? Wurde dabei die zulässige Höchstgeschwindigkeit von 50 km/h überschritten?
c) Bestimmen Sie die Länge der zwischen 13 Uhr und 15 Uhr zurückgelegten Strecke angenähert. Schätzen Sie grob ab, welche Durchschnittsgeschwindigkeit das Fahrzeug zwischen 14 Uhr und 17.30 Uhr erzielte.

2. Lineare Funktionen

A. Der Begriff der linearen Funktion

Die Klasse der *linearen Funktionen* ist bereits aus der Sekundarstufe 1 bekannt. Es sind diejenigen Funktionen, deren Graphen Geraden sind. Sie können mit dem *Lineal* gezeichnet werden. Die Funktionsgleichungen aller linearen Funktionen haben die gleiche Gestalt.

Definition I.2: Alle Funktionen mit der Definitionsmenge $\mathbb{R}$ und der Funktionsgleichung
$$f(x) = mx + n \ (m, n \in \mathbb{R})$$
heißen *lineare Funktionen*.

Beispiele für lineare Funktionen:
$f(x) = 3x + 5 \quad m = 3, \quad n = 5$
$f(x) = 1 - 1{,}7x \quad m = -1{,}7, \quad n = 1$
$f(x) = 8x \quad m = 8, \quad n = 0$
$f(x) = 5 \quad m = 0, \quad n = 5$

B. Der Graph einer linearen Funktion

Graphen von linearen Funktionen sind Geraden. Sie lassen sich besonders einfach zeichnen. Oft verwendet man dazu zwei Punkte, die nicht zu dicht beieinander liegen sollten.

▶ **Beispiel:** Zeichnen Sie den Graphen der linearen Funktion $f(x) = 2x - 1$. Welche Steigung hat die Gerade? Wo schneidet sie die y-Achse?

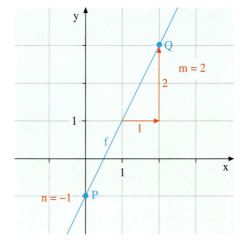

Lösung:
Wir wählen die x-Werte 0 und 2 und erhalten durch Einsetzen in die Geradengleichung die Punkte $P(0|-1)$ und $Q(2|3)$. Durch P und Q legen wir eine Gerade.

Die Steigung der Geraden ist 2, denn wenn wir x um 1 erhöhen, so erhöht sich $f(x)$ um 2 (Abbildung: rotes Dreieck).

Die y-Achse wird bei $y = -1$ geschnitten,
▶ denn es gilt $f(0) = -1$.

 Übung 1

Zeichnen Sie den Graphen von f. Bestimmen Sie die Steigung von f. An welcher Stelle wird die y-Achse geschnitten? An welcher Stelle wird die x-Achse geschnitten?
a) $f(x) = 0{,}5x + 1$ b) $f(x) = -2x + 3$ c) $f(x) = 2$ d) $f(x) = x - 1$

C. Die Steigung einer linearen Funktion

Die Steigung des abgebildeten Hangs wird mithilfe eines Steigungsdreiecks definiert.
Sie beträgt 50 % = 0,5, weil auf 4 m in der Horizontalen 2 m in der Vertikalen gewonnen werden.
Man kann die Steigung als Quotient der Differenzen $\Delta y = 2$ und $\Delta x = 4$ definieren:

$$\frac{\Delta y}{\Delta x} = \frac{2}{4} = 0{,}5.$$

Man bezeichnet einen solchen Quotienten auch als *Differenzenquotienten*.

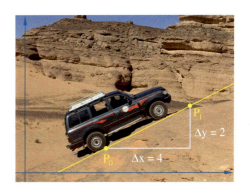

Den Differenzenquotienten kann man verwenden, um die Steigung einer linearen Funktion zu definieren.

Definition I.3: f sei eine lineare Funktion. $P_0(x_0|y_0)$ und $P_1(x_1|y_1)$ seien zwei beliebige Punkte des Graphen von f. Dann bezeichnet man den Quotienten

$$\frac{\Delta y}{\Delta x} = \frac{y_1 - y_0}{x_1 - x_0} = \frac{f(x_1) - f(x_0)}{x_1 - x_0}$$

als *Steigung* der Funktion f.

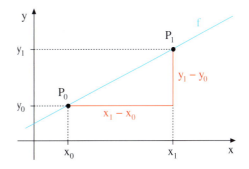

Übung 2
Berechnen Sie die Steigung der Funktion f mithilfe des Differenzenquotienten.
$f(x) = 0{,}5\,x + 1$ \qquad b) $f(x) = -2\,x + 3$ \qquad c) $f(x) = 2$ \qquad d) $f(x) = x - 1$

Übung 3
Gegeben sind die abgebildeten Funktionen f, g und h. Führen Sie zu jeder Funktion folgende Operationen durch.
a) Zeichnen Sie ein gut ablesbares Steigungsdreieck.
b) Bestimmen Sie dessen Katheten Δy und Δx durch Ablesen aus dem Graphen.
c) Berechnen Sie die Steigung der Funktion mithilfe des Differenzenquotienten.

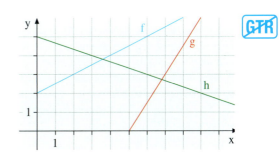

Übung 4
Gegeben ist die lineare Funktion $f(x) = mx + n$. Berechnen Sie allgemein die Steigung der Funktion mithilfe des Differenzenquotienten (Definition I.3).

Berechnen wir mithilfe des Differenzenquotienten die Steigung der allgemeinen linearen Funktion $f(x) = mx + n$, so erhalten wir als Resultat den Parameter m. Dies besagt der folgende Satz.

Satz I.1:
$f(x) = mx + n$ sei eine lineare Funktion. Dann gilt für beliebige Stellen $x_0 \neq x_1$:
$$m = \frac{f(x_1) - f(x_0)}{x_1 - x_0}$$

Beweis von Satz I.1
Sei $f(x) = mx + n$ und sei $x_0 \neq x_1$.
Steigung von f nach Definition I.3:
$$\frac{f(x_1) - f(x_0)}{x_1 - x_0} = \frac{(mx_1 + n) - (mx_0 + n)}{x_1 - x_0}$$
$$= \frac{mx_1 - mx_0}{x_1 - x_0} = \frac{m(x_1 - x_0)}{x_1 - x_0} = m$$

D. Die geometrische Bedeutung der Parameter m und n

Die *Bedeutung des Parameters m* als Steigung der linearen Funktion $f(x) = mx + n$ ist uns bekannt. Satz I.1 bestätigt dies. Das Vorzeichen von m bestimmt, ob der Graph von f steigt oder fällt. Die Größe des Zahlenwertes von m bestimmt die Stärke des Steigens oder Fallens. Man sagt: m ist ein „Maß" für die Steigung.

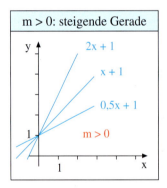

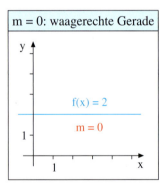

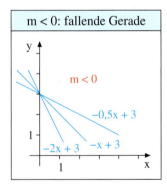

Die *Bedeutung des Parameters n* ist ebenfalls klar. n gibt den y-Achsenabschnitt der Geraden $f(x) = mx + n$ an. Man kann dies anhand der Bilder gut erkennen. Aber auch rechnerisch ergibt sich $f(0) = n$, was bedeutet, dass die Gerade f durch den Achsenabschnittpunkt $P(0|n)$ verläuft.

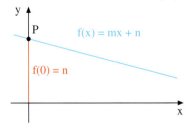

Übung 5
a) Zeichnen Sie eine Gerade mit der Steigung -3, welche die y-Achse in $P(0|5)$ schneidet. Wie lautet die Gleichung dieser Geraden?
b) Welche Steigung hat die Gerade, welche die x-Achse bei 2 und die y-Achse bei 5 schneidet?

E. Bestimmung von Geradengleichungen

Bei zahlreichen Anwendungsproblemen muss die Funktionsgleichung zu einer Geraden bestimmt werden. Meistens sind zwei Punkte oder ein Punkt und die Steigung gegeben.

▶ **Beispiel:** Bestimmen Sie die Gleichung der Geraden durch die Punkte P(3|2) und Q(2|4).

Lösung 1:
Wir berechnen zunächst die Steigung m mithilfe des Differenzenquotienten. Anschließend können wir den Achsenabschnitt n wie rechts dargestellt bestimmen.
Resultat: $f(x) = -2x + 8$.

Lösung 2:
Es gibt eine zweite Möglichkeit, die Aufgabe zu lösen.
Wir setzen zunächst die Koordinaten der Punkte P und Q in die Geradengleichung ein und erhalten ein lineares Gleichungssystem. Aus diesem können wir m und n
▶ nach der Subtraktionsmethode berechnen.

Rechnen zu Lösung 1:
Wir bestimmen die Geradensteigung:
$$m = \frac{f(x_1) - f(x_0)}{x_1 - x_0} = \frac{4-2}{2-3} = -2.$$
Daraus ergibt sich der Ansatz:
$f(x) = -2x + n$.
Da P(3|2) auf der Geraden liegt, gilt:
$f(3) = -6 + n = 2$,
$n\ \ \ = 8$.

Rechnung zu Lösung 2:
Ansatz: $f(x) = mx + n$
Da P(3|2) und Q(2|4) auf der Geraden liegen, gilt:
$f(3) = 2 \Rightarrow$ I: $m \cdot 3 + n = 2$,
$f(2) = 4 \Rightarrow$ II: $m \cdot 2 + n = 4$.
Auflösen dieses Gleichungssystems nach m und n ergibt $m = -2$ und $n = 8$, sodass wir $f(x) = -2x + 8$ erhalten.

Verallgemeinerung zu Formeln:

Punktsteigungsform
Geht die Gerade $y = mx + n$ durch den Punkt $P(x_0|y_0)$, so gilt $y_0 = mx_0 + n$.
Daraus folgt $n = y_0 - mx_0$.
Setzt man dies in die Gleichung $y = mx + n$ ein, so erhält man $y = mx + y_0 - mx_0$, woraus $y = m(x - x_0) + y_0$ folgt.

> **Punktsteigungsform der Geradengleichung**
> Die Gerade durch den Punkt $P(x_0|y_0)$ mit der Steigung m hat die Funktionsgleichung
> $$f(x) = m(x - x_0) + y_0.$$

Zweipunkteform
Geht die Gerade $y = mx + n$ durch die Punkte $P_0(x_0|y_0)$ und $P_1(x_1|y_1)$, so gilt ebenfalls die Punktsteigungsform $y = m(x - x_0) + y_0$ und zusätzlich kann die Steigung m nach Definition 1.3 mit der Formel $m = \frac{y_1 - y_0}{x_1 - x_0}$ aus den Punktkoordinaten berechnet werden.

> **Zweipunkteform der Geradengleichung**
> Die Gerade durch die Punkte $P_0(x_0|y_0)$ und $P_1(x_1|y_1)$ hat die Gleichung
> $$f(x) = m(x - x_0) + y_0 \text{ mit } m = \frac{y_1 - y_0}{x_1 - x_0}.$$

Übung 6
Bestimmen Sie die Gleichung der Geraden durch die Punkte P und Q.
a) P(3|5), Q(8|20) b) P(0|3), Q(8|7) c) P(a|a), Q(a+2|2a)

F. Untersuchung der Geradenparameter m und n mit einem GTR

▶ **Beispiel: Parameter m und n**
Untersuchen Sie die Bedeutung der Parameter in der Geradengleichung $f(x) = mx + n$ anschaulich mit einem GTR.

Lösung:
Wir zeichnen mehrere Geraden, wobei wir zunächst n festhalten und m variieren.
$n = 1$; $m = -1$; $0{,}5$; 2
Wir erkennen, dass negatives m zu einer fallenden und positives m zu einer steigenden Geraden führt. Je größer m, desto steiler ist die Gerade.

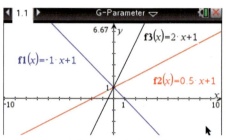

n = 1 fest, m wird variiert

[TI] Man kann die Geradengleichungen einzeln eingeben oder den Parameter m nach allgemeiner Gleichungseingabe mit dem Schieberegler verändern.

Analog hält man m fest und variiert n.
$m = -1$; $n = -1$; $0{,}5$; 3

[CASIO] Bei diesem Rechner erfolgt die Einzeleingabe der Funktionen analog. Bei allgemeiner Eingabe in der Form mx + n kann man das Dyna-Graph-Menue für dynamische Graphen verwenden.

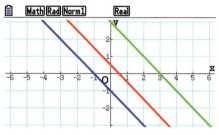

m = −1 fest, n wird variiert

Übung 7 Geradenscharen
Die lineare Funktionsgleichung enthält einen Parameter a. Es handelt sich um eine Geradenschar. Zeichnen Sie die Schar, indem Sie für a vier typische Werte wählen. Beschreiben Sie anschließend die Schar mit Worten.
a) $f_a(x) = ax - 1$
b) $f_a(x) = -x + a$
c) $f_a(x) = -\frac{1}{4}ax + a$
d) $f_a(x) = ax + 2 - 4a$

Übung 8 Gemeinsame Punkte
Durch welchen gemeinsamen Punkt P gehen alle Geraden der Schar?
a) $f_a(x) = ax - 1$
b) $f_a(x) = (a - 2)x + a$
c) $f_a(x) = 2ax + a + 1$

Übung 9 Gemeinsame Gerade
Welche Gerade gehört sowohl zur Schar $f_a(x) = ax + a + 1$ als auch zur Schar $g_a(x) = ax + 2a + 2$?
Zeichnen Sie zunächst beide Scharen für $a = 1$, $a = 2$ und $a = -1$ in ein gemeinsames Koordinatensystem.

G. Bestimmung der Geradengleichung mit einem GTR

Sind zwei Punkte einer Geraden bekannt, so kann man die Geradengleichung mit dem GTR aufstellen, wobei je nach Rechnermodell unterschiedliche Methoden zum Einsatz kommen.

▶ **Beispiel:**
Geradengleichung aufstellen
Ein U-Boot gleitet in Schleichfahrt über den Grund des Meeres. Es wird an den Koordinaten $P(1|1)$ und später bei $Q(4|2)$ geortet bei geradlinigem Kurs.
a) Stellen Sie die Geradengleichung auf.
b) Trifft das Boot auf das Korallenriff bei $K(10|5)$?

 Lösung zu a:
Nach Eingabe der allgemeinen Geradengleichung in der Form $f(x) = mx + n$ wird die Option zum Lösen linearer Gleichungssysteme im Algebra-Menu verwendet.
Nach Eingabe der bekannten Koordinaten $f(1) = 1$ und $f(4) = 2$ wird das lineare Gleichungssystem vom GTR gelöst.
Resultat: $f(x) = \frac{1}{3}x + \frac{2}{3}$.

CASIO Lösung zu a:
Zunächst wird manuell durch Einsetzen der gegebenen Koordinaten $P(1|1)$ und $Q(4|2)$ in den Ansatz $f(x) = mx + n$ das folgende Gleichungssystem aufgestellt:
I $m + n = 1$
II $4m + n = 2$
Es wird unter dem Menupunkt
Gleichungen > Lineare Gleichungssysteme eingegeben und gelöst.
Resultat: $f(x) = \frac{1}{3}x + \frac{2}{3}$.

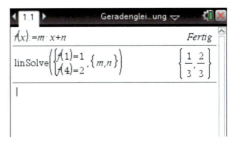

Lösung zu b:
Der Punkt $K(10|5)$ wird in die Geradengleichung eingesetzt. Es folgt der Widerspruch $5 = 4$. Das Boot trifft nicht auf das
▶ Riff.

Punktprobe: $f(x) = \frac{1}{3}x + \frac{2}{3}$
$5 = \frac{1}{3} \cdot 10 + \frac{2}{3}$
$5 = 4$ (falsch!)

Übung 10
Stellen Sie die Gleichung der Geraden durch die Punkte P und Q auf.
a) $P(-2|-1)$, $Q(1|5)$ b) $P(-4|-4)$, $Q(4|1)$ c) $P(1|1)$, $Q(3|0)$

Wie heiß ist es in Amerika?

Ist Ihnen das auch schon einmal so ergangen? Auf dem Urlaubsflug ins ferne Amerika fällt Ihnen eine amerikanische Zeitung in die Hand. Der Wetterbericht meldet, dass am nächsten Tag mit 92 Grad zu rechnen ist. Da wird einem richtig heiß. Natürlich ist sofort klar, dass damit Grad Fahrenheit gemeint sind und nicht Grad Celsius. Aber was kann ein Europäer mit dieser Information anfangen? Wie rechnet man das um, und wie kam es überhaupt zu so unterschiedlichen Temperaturskalen?

Anders Celsius

1701–1744; schwedischer Astronom, Mathematiker und Physiker; definierte die nach ihm benannte Temperaturskala *Grad Celsius*; Fixpunkte: Gefrierpunkt (0°) und Siedepunkt (100°) von Wasser; Carl von Linn drehte im Jahre 1745 kurz nach Celsius Tod die Skala um.

Daniel Gabriel Fahrenheit

1686–1736; deutscher Physiker und Instrumentenbauer aus Danzig; definierte die noch heute in den USA verwendete Temperaturskala *Grad Fahrenheit*; Fixpunkte: die niedrigste damals im Labor erzeugbare Temperatur mit 0° Fahrenheit und die Körpertemperatur des Menschen mit 100° Fahrenheit.

Man benötigt zwei Informationen, um eine Umrechnung vornehmen zu können.

1. Misst man auf der Fahrenheitskala den Gefrierpunkt des Wassers, so erhält man 32 °F. Also entsprechen sich 0 °C und 32 °F. Misst man auf der Fahrenheit-Skala den Siedepunkt des Wassers, so ergeben sich 212 °F. Also entsprechen sich 100 °C und 212 °F.

2. Einer Celsius-Differenz von 100° entspricht also eine Fahrenheit-Differenz von 180°. Man kann auch sagen: Ein Celsius-Grad entspricht $\frac{9}{5} = 1{,}8$ Fahrenheit-Grad.

Damit ergeben sich zwei interessante *Umrechnungsformeln*, die aber praktisch nicht viel nützen, denn wer trägt ständig einen Taschenrechner mit sich herum?

$$F = \frac{9}{5} \cdot C + 32$$

$$C = \frac{5}{9} \cdot (F - 32)$$

Allerdings lassen sie das Herz des Mathematikers höher schlagen, denn es sind lineare Funktionen. Diese kann man ganz wunderbar graphisch darstellen, in einem so genannten *Nomogramm*. Und aus einem solchen Diagramm kann man dann durch Ablesen und ohne sich den Kopf durch Rechnen zu zerbrechen, die Umrechnungswerte gewinnen.

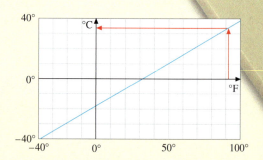

Wie heiß ist es in Amerika?

Mit dem Diagramm ist es ganz leicht, 92° Fahrenheit in Celsiusgrade umzuwandeln. Nach unserem Diagramm sind es 32° Celsius, vielleicht auch 33° Celsius. So ganz genau kann man es nicht ablesen. Wenn wir es exakt wissen wollen, müssen wir doch die Formel $C = \frac{5}{9} \cdot (F - 32)$ heranziehen. Wir erhalten dann 33,3 °C.

Nun haben wir zwar das genaue Ergebnis, aber für praktische Zwecke ist das Verfahren doch sehr umständlich. Mit einer einfachen und ganz leicht zu merkenden **Faustformel** kommt man viel besser durchs Leben. Wie sie lautet?

Wie rechnet man Fahrenheit in Celsius um?

Nehmen Sie die Fahrenheit-Temperatur, ziehen Sie 30 ab und teilen Sie das Ergebnis durch 2. Dann erhalten Sie angenähert die Celsius-Temperatur.
92 °F minus 30 ergibt 62. 62 geteilt durch 2 ergibt 31 °C. Das ist nicht ganz exakt, aber leicht zu merken und für praktische Zwecke völlig ausreichend.

Ziehe 30 ab und teile durch 2.

Die Frage ist nun:

Ist die Faustformel mathematisch einigermaßen zu rechtfertigen? Wie kann man das überprüfen?

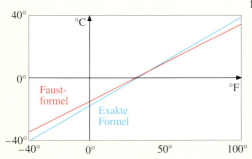

Wir stellen erst einmal eine Gleichung auf für die Faustformel. Sie lautet:
$C = \frac{1}{2}(F - 30)$ oder $F = 2C + 30$.

Diese Formel vergleichen wir nun mit der exakten Formel $C = \frac{5}{9} \cdot (F - 32)$. Am besten geht das graphisch.

Wir erkennen, dass die beiden Geraden sich nur wenig unterscheiden. Die Faustformel ist in weiten Bereichen eine gute Annäherung.

Nun wissen wir also, wie die Amerikaner Temperaturen messen, woher ihr Messverfahren stammt, wie man umrechnen kann und wie die einfache Faustformel zu Umrechnung mathematisch modelliert und begründet werden kann.

Zur Anregung

Nicht nur die Temperaturmessung in Amerika unterscheidet sich von der unseren. Die Amerikaner verwenden einige für uns unübliche Maßeinheiten.
– Was bedeutet 9:00 a.m. bzw. 11:00 p.m.?
– Was bedeutet 12:00 a.m., Mitternacht oder Mittag?
– Was ist mit der Datumsangabe 12 – 3 – 2004 gemeint?
– Was bedeutet die Längenangabe 22 feet 9 inches beim Weitsprung?
– Was ist mit 3 gallons gemeint?
– Was bedeutet ein speed limit von 75 mi/h auf dem interstate highway?

H. Der Steigungswinkel einer Geraden

Definition I.4: Der *Steigungswinkel* α einer Geraden ist der im mathematisch positiven Sinne gemessene Winkel zwischen der x-Achse und der Geraden.

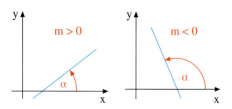

Der rechnerische Zusammenhang zwischen der Steigung m einer linearen Funktion $f(x) = mx + n$ und dem Steigungswinkel α ist sehr einfach.

Satz I.2:
Die Steigung einer Geraden ist gleich dem Tangens ihres Steigungswinkels.

$$m = \tan\alpha \quad (\alpha \neq 90°)$$

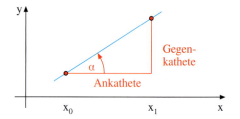

Beweis für $0° < \alpha < 90°$:

$$\tan\alpha = \frac{\text{Gegenkathete}}{\text{Ankathete}} = \frac{f(x_1) - f(x_0)}{x_1 - x_0} = m$$

GTR ▶ **Beispiel:** Eine Gerade hat den Steigungswinkel α. Berechnen Sie die Steigung m für α = 30° sowie für α = 110°.

Lösung:
Wir bestimmen tan α mit dem GTR und erhalten nebenstehende Resultate.

Rechnung:
$m = \tan\alpha = \tan 30° \approx 0{,}5774$
$m = \tan\alpha = \tan 110° \approx -2{,}7475$

GTR ▶ **Beispiel:** Berechnen Sie den Steigungswinkel der Geraden f.
a) $f(x) = 3x - 1$ b) $f(x) = -2x + 3$

Rechnung zu a:
$\tan\alpha = m$
$\Rightarrow \tan\alpha = 3$
$\Rightarrow \alpha \approx 71{,}6°$

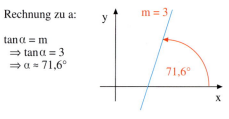

Lösung:
Zur Lösung dieser Aufgabe benötigen wir die Umkehrfunktion des Tangens. Hierzu wenden wir die Taste $\boxed{\tan^{-1}}$ an.

Der GTR* liefert hier den negativen Winkel α' ≈ −63,4°. Bilden wir den Ergänzungswinkel zu 180°, also α = 180° − |α'|, so erhalten wir den positiven Winkel
▶ α ≈ 116,6°.

Rechnung zu b:
$\tan\alpha = -2$
$\Rightarrow \alpha' \approx -63{,}4°$
$\Rightarrow \alpha \approx 180° - 63{,}4°$
$\Rightarrow \alpha \approx 116{,}6°$

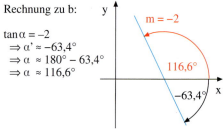

---

* Unter $\boxed{\text{TI}}$-Einstellungen bzw. $\boxed{\text{CASIO}}$-SET UP als Winkelmaß Grad bzw. Deg wählen.

2. Lineare Funktionen

Übungen

11. Der Punkt P liegt auf der Geraden f. Berechnen Sie die fehlende Koordinate.
a) $P(x_0|3)$, $f(x) = 2x + 2$
b) $P(3|y_0)$, $f(x) = \frac{1}{2}x - \frac{3}{2}$
c) $P(x_0|-2)$, $f(x) = -2x + 7$

12. Von der Geraden f sind die Steigung m und der y-Achsenabschnitt n bzw. die Geradengleichung bekannt. Zeichnen Sie die Gerade (mithilfe eines Steigungsdreiecks). Geben Sie an, ob die Gerade steigend oder fallend ist.
a) $m = -2$; $n = 5$
b) $m = 0$; $n = -2$
c) $m = 0{,}5$; $n = 0$
d) $f(x) = 2x - 3$
e) $f(x) = -\frac{2}{3}x + 5$
f) $f(x) = -3$

13. Bestimmen Sie jeweils die Gleichung der rechts abgebildeten Geraden. Kontrollieren Sie mittels GTR.

14. Bestimmen Sie die Steigung der Geraden durch die Punkte P und Q.
a) $P(2|3)$, $Q(3|5)$
b) $P(1|-1)$, $Q(4|2)$

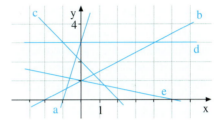

15. Bestimmen Sie die Gleichung der Geraden mit der Steigung m, die durch den Punkt P geht.
a) $m = 3$, $P(2|5)$
b) $m = -2$, $P(-1|3)$
c) $m = -0{,}5$, $P\left(\frac{1}{2}|\frac{1}{3}\right)$

16. Bestimmen Sie die Gleichung der Geraden durch die Punkte P und Q. [GTR]
a) $P(-2|-1)$, $Q(3|14)$
b) $P(0|0)$, $Q(3|1)$
c) $P(4|2)$, $Q(7|2)$
d) $P(1|1)$, $Q(2a|6a)$
e) $P(-3|4)$, $Q\left(\frac{1}{3}|\frac{2}{3}\right)$
f) $P(3|4)$, $Q(3|7)$

17. a) Eine Gerade schneidet die y-Achse unter einem Winkel von 30°. Welche Steigung kann sie haben?
b) Bestimmen Sie die Gleichung einer Geraden, die die x-Achse bei $x = 2$ unter einem Winkel von 20° schneidet.
c) Bestimmen Sie den Steigungswinkel der Geraden, die durch die Punkte $P(-2|6)$ und $Q(2|-4)$ geht.

18. Auf dem Monitor eines Fluglotsen erscheint ein ankommendes Flugzeug in kurzen Abständen als Leuchtfleck. So kann der Fluglotse erkennen, ob sich das Flugzeug im zugeteilten Luftkorridor bewegt.
Bestimmen Sie die Gleichung der Fluggeraden eines Hubschraubers, der in konstanter Höhe fliegt und über $(8|5)$ sowie später über $(6|4)$ geortet wird.
Ist er auf Kollisionskurs mit dem Berggipfel über $(1|2)$ bzw. dem Wetterballon über $(-2|0)$? [GTR]

I. Die relative Lage von Geraden/Schnittpunkt und Schnittwinkel

Zwei Geraden können sich schneiden, echt parallel sein oder sogar identisch. Parallelität erkennt man an der übereinstimmenden Steigung m. Bei identischen Geraden sind zudem die y-Achsenabschnitte n gleich.

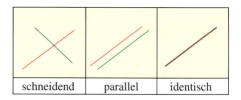

▶ **Beispiel: Schnittpunkt**
Bestimmen Sie den Schnittpunkt der nicht parallelen Geraden $f(x) = -0{,}5x + 2$ und $g(x) = x - 1$.

Lösung:
Möglich ist eine zeichnerische Lösung oder die exakte rechnerische Lösung durch Gleichsetzen der Funktionsterme:

$$\left.\begin{array}{r} f(x) = g(x) \\ -0{,}5x + 2 = x - 1 \\ 1{,}5x = 3 \\ x = 2 \\ y = f(2) = 1 \end{array}\right\} \Rightarrow \text{Schnittpunkt } S(2|1)$$

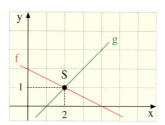

Zwei Geraden, die sich schneiden, bilden *zwei* Winkel miteinander.
Als Schnittwinkel γ bezeichnet man den kleineren Winkel, der 90° nicht übersteigt.
Man kann den Schnittwinkel γ aus den beiden Steigungswinkeln α und β der Geraden bestimmen.
Es gilt $\gamma = |\beta - \alpha|$ oder $\gamma = 180° - |\beta - \alpha|$ (s. Abb.).

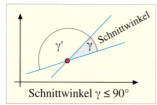

Schnittwinkel γ ≤ 90°

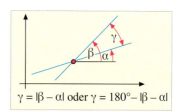

$\gamma = |\beta - \alpha|$ oder $\gamma = 180° - |\beta - \alpha|$

▶ **Beispiel: Schnittwinkel**
Bestimmen Sie den Schnittwinkel der Geraden $f(x) = -0{,}5x + 2$ und $g(x) = x - 1$.

Lösung:
Wir errechnen aus den Steigungen die Steigungswinkel α ≈ 153,4° und β = 45°. Die Winkeldifferenzen lauten 108,4° und 71,6°.
▶ Daher gilt γ ≈ 71,6°.

$m_f = -\frac{1}{2} \Rightarrow \tan\alpha = -\frac{1}{2} \Rightarrow \alpha \approx 153{,}4°$
$m_f = 1 \Rightarrow \tan\beta = 1 \Rightarrow \beta = 45°$
$\left.\begin{array}{r} |\beta - \alpha| = 108{,}4° \\ 180° - |\beta - \alpha| = 71{,}6° \end{array}\right\} \Rightarrow \gamma \approx 71{,}6°$

Übung 19 Schnittpunkt/Schnittwinkel
Berechnen Sie Schnittpunkt und Schnittwinkel der Geraden f und g.
a) $f(x) = x - 1$, $g(x) = 3x + 8$ b) $f(x) = 2x + 1$, $g(x) = -2x + 3$ c) $f(x) = x$, $g(x) = -x + 2$

Schnittpunktbestimmung mit dem GTR

[TI] Nach dem Zeichnen der Geraden im Graphikfenster wählt man im Menue Geraden und Punkte die Option Schnittpunktbestimmung. Nach Anklicken der beiden Geraden werden die Koordinaten des Schnittpunktes angezeigt.

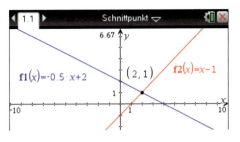

[CASIO] Nach dem Zeichnen der Geraden im Graphikfenster wählt man die Option GSolv>IntSect. Dann wird der Schnittpunkt angegeben. Bei mehr als zwei Graphen kann man mit den Cursortasten auswählen, welche beiden Graphen man meint. Sind die Geraden parallel, so wird für den Schnittpunkt „nicht gefunden" angegeben.

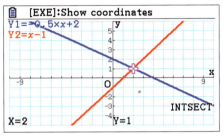

Übung 20 Schnittpunkt und Schnittwinkel
Bestimmen Sie mit dem GTR Schnittpunkt und Schnittwinkel der Geraden f und g.
a) $f(x) = \frac{1}{2}x$
   $g(x) = -x + 6$
b) $f(x) = x$
   $g(x) = \frac{1}{3}x + 2$
c) $f(x) = 2x - 2$
   $g(x) = -\frac{1}{2}x + 3$

[GTR]

Übung 21 Karawanen
Eine Karawane bewegt sich auf dem Pfad f von der Oase O(66|41) in Richtung der Felsenburg bei F(30|95) (Angaben in km). Ein Wassertransporter fährt auf dem Interdesert-Highway $g(x) = \frac{2}{3}x + 10$. Er startet bei T(0|10).
a) Wie lautet die Gleichung von f?
b) Wo könnte die Karawane Wasser aufnehmen (Hinweis: Schnittpunkt)?
c) Die Karawane bewegt sich mit 5 km/h, der Transporter mit 30 km/h. Ist die Karawane rechtzeitig an der Straße?
d) Gesucht: Kreuzungswinkel der Routen?

Übung 22 Walmdach
Bestimmen Sie den Neigungswinkel der Dachflächen des abgebildeten Walmdaches gegen die Horizontale.
Welchen Winkel bilden die Dachflächen bei B und D miteinander?

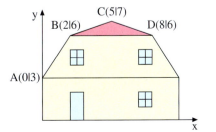

Weg-Zeit-Funktionen

Weg-Zeit-Diagramme und Weg-Zeit-Funktionen beschreiben den zeitlichen Ablauf von Bewegungsvorgängen. Sie enthalten Informationen über den nach einer bestimmten Zeit zurückgelegten Weg und implizit auch über die Geschwindigkeit.

> **Beispiel: Urlaubsfahrt**
> Johannes G. und Florian H. fahren mit ihren Familien von Köln nach Dänemark in den Urlaub. Die Fahrtstrecke beträgt 800 km. Familie G ist am Freitag losgefahren, um bei der Oma zu übernachten. So haben sie bereits 250 km zurückgelegt.
> Am Samstagmorgen um 7.00 Uhr fahren beide Familien los. Familie H möchte eine Durchschnittsgeschwindigkeit von 120 km/h erreichen, Familie G gibt sich mit 80 km/h zufrieden.
> a) Zeichnen Sie für beide Fahrten s-t-Diagramme in das gleiche Koordinatensystem. Geben Sie für jedes Diagramm die passende Funktionsgleichung an.
> b) Wann treffen die Familien am Ziel ein?
> c) Wann überholt Familie H die Familie G?

Lösung zu a:
Wir bestimmen für beide Familien zwei Punkte der zugehörigen Graphen g und h:
Familie G:
$t = 0$, $s = 250$ und $t = 5$, $s = 650$
Familie H:
$t = 0$, $s = 0$ und $t = 5$, $s = 600$
Durch die beiden Punkte legen wir jeweils eine Gerade. So ergeben sich g und h.

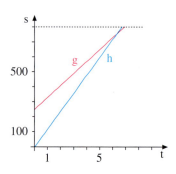

Die Gleichungen der Geraden lauten:
$g(t) = 80t + 250$
$h(t) = 120t$
Rechts ist die Rechnung für g aufgeführt. Die Rechnung für h ist fast analog.

Geradengleichung von g:
Ansatz: $g(t) = mt + n$
$m = \dfrac{g(5) - g(0)}{5 - 0} = \dfrac{650 - 250}{5 - 0} = 80$
$n = g(0) = 250$
$\Rightarrow g(t) = 80t + 250$

Lösung zu b:
Am Ziel haben beide Fahrzeuge 800 km zurückgelegt.
Aus $g(t) = 800$ folgt $t = 6{,}875$ Stunden.
Aus $h(t) = 800$ folgt $t = 6\tfrac{2}{3}$ Stunden.

Zeitpunkt des Eintreffens am Ziel:
Ansatz: $g(t) = 800$
$\quad 80t + 250 = 800 \Rightarrow t = 6{,}875$
Ansatz: $h(t) = 800$
$\quad 120t = 800 \Rightarrow t = 6\tfrac{2}{3}$

Lösung zu c:
Der Ansatz $g(t) = h(t)$ liefert $t = 6{,}25$ Stunden für die Zeit bis zum Zusammentreffen der beiden Fahrzeuge. Familie H überholt also Familie G kurz vor der Ankunft bei
▶ Kilometer 750.

Zeitpunkt des Zusammentreffens:
Ansatz: $g(t) = h(t)$
$\quad 80t + 250 = 120t$
$\quad 40t = 250$
$\quad t = 6{,}25$ Stunden

2. Lineare Funktionen

EXKURS: Orthogonale Geraden

Die Abbildung rechts zeigt, wie durch eine 90°-Drehung aus einer Geraden f eine zu f orthogonale, d. h. senkrecht stehende Gerade g entsteht. Dabei dreht sich auch das Steigungsdreieck um 90°.

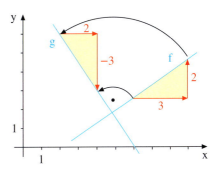

Dies führt zum folgenden Zusammenhang zwischen den Steigungen orthogonaler Geraden.

Satz I.3:
Die Graphen der linearen Funktionen f und g sind genau dann *orthogonal*, wenn für ihre Steigungen m_f und m_g gilt:*

$$m_g = -\frac{1}{m_f} \quad \text{bzw.} \quad m_f \cdot m_g = -1.$$

Steigung von f: $\quad$ Steigung von g:

$m_f = \frac{2}{3}$ $\qquad m_g = \frac{-3}{2} = -\frac{3}{2}$

Zusammenhang: $m_g = -\frac{1}{m_f}$

▶ **Beispiel:**
a) Zeigen Sie: Die Graphen von $f(x) = 2x - 1$ und $g(x) = -\frac{1}{2}x + 18$ sind orthogonal.
b) Zeigen Sie, dass jede Gerade mit der Steigung 2 orthogonal ist zu der Geraden g durch $P(1|1)$ und $Q(7|-2)$.
c) Bestimmen Sie die Gleichung der Geraden f durch den Punkt $P(1|2)$, die orthogonal ist zum Graphen von $g(x) = \frac{1}{3}x - 1$.

Lösung:
a) $m_g = -\frac{1}{2} = -\frac{1}{m_f}$

b) $m_g = \frac{-2-1}{7-1} = \frac{-3}{6} = -\frac{1}{2} = -\frac{1}{m_f}$, also $m_f = 2$

c) Die Orthogonalität liefert:
$m_g = \frac{1}{3} = -\frac{1}{m_f}$, also $m_f = -3$

Da $P(1|2)$ auf f liegt, gilt nach der Punktsteigungsform:
$f(x) = -3(x - 1) + 2 = -3x + 5$

Übung 23
a) Untersuchen Sie die Gerade $f(x) = 3x - 1$ und die Gerade g, die durch $P(2|1)$ und $Q(-4|-1)$ geht, auf Orthogonalität.
b) Welche Ursprungsgerade ist orthogonal zur Geraden $f(x) = -\frac{1}{5}x + 3$?
c) Bestimmen Sie die Gleichung der Geraden, welche den Graphen von $f(x) = 0{,}5x$ im Punkt $P(2|1)$ senkrecht schneidet.
d) Bestimmen Sie die Gleichung der Geraden, die orthogonal zur Winkelhalbierenden des 1. Quadranten ist und durch den Punkt $P(1|3)$ geht.

---

* Man bezeichnet die Steigungen orthogonaler Geraden als „negativ reziprok" zueinander.

Übungen

24. Bestimmen Sie die Lagebeziehungen von jeweils zwei der folgenden Geraden:

$f(x) = 4x + 5$

$g(x) = 2x - 10$

$i(x) = -4x + 5$

$h(x) = 2x - 1$

$j(x) = 1 + 2x$

[GTR] 25. Bestimmen Sie die Lagebeziehung der Geraden f und g. Berechnen Sie ggf. den Schnittpunkt und den Schnittwinkel der Geraden f und g.
a) $f(x) = 2x - 3$; $g(x) = 4x - 1$
b) $f(x) = 2$; $g(x) = -3x$
c) $f(x) = 0{,}5x - 3$; $g(x) = 0{,}5x - 4$
d) $f(x) = x + 1$; $g(x) = -x + 1$

26. Bestimmen Sie die Gleichung der Geraden, die
a) durch den Punkt $P(1|3)$ geht und parallel zur Geraden $g(x) = 6x + 4$ ist.
b) durch $P(1|2)$ geht und orthogonal zur Geraden durch $Q(-4|2)$ und $R(0|-6)$ ist.
c) durch den Ursprung geht und orthogonal zur Geraden durch $P(3|2)$ und $Q(4|-9)$ ist.

27. Untersuchen Sie die Geraden f und g auf Orthogonalität.
a) $f(x) = 3x - 1$; g geht durch $P(2|1)$ und $Q(-4|-1)$.
b) Der Graph von f hat den Achsenabschnitt $n = 2$ und die Nullstelle $x_N = -3$; g ist eine Ursprungsgerade durch $P(16|-24)$.

28. Ordnen Sie Gerade und Graph mithilfe des GTR zu. Bestimmen Sie alle noch fehlenden Funktionsgleichungen.

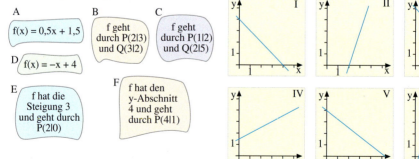

[GTR] 29. Johannes möchte einen Vertrag für mobiles Internet abschließen. Er hat drei Angebote.
a) Stellen Sie für alle drei Angebote den Preis als Funktion der Downloadmenge in Gigabyte dar.
b) Zeichnen Sie den Graphen und geben Sie für jeden Tarif den Bereich an, in dem er am günstigsten ist.

Zusammengesetzte Aufgaben und Anwendungen

30. Gegeben ist die Funktion $f(x) = -\frac{1}{3}x + 5$.
  a) Bestimmen Sie die Nullstelle und den Steigungswinkel der Geraden f.
  b) Berechnen Sie Schnittpunkt und Schnittwinkel der Geraden f und $g(x) = x - 1$.
  c) Welche Ursprungsgerade ist orthogonal zur Geraden f?

31. Gegeben ist die Funktion $f(x) = -3x + 0{,}5$.
  a) Zeichnen Sie den Graphen von f.
  b) Prüfen Sie rechnerisch, ob der Punkt $P(3{,}5|12)$ auf der Geraden f liegt.
  c) Die Punkte $P(x_0|8)$ und $Q(-2|y_0)$ liegen auf der Geraden f. Berechnen Sie x_0 und y_0.
  d) Bestimmen Sie die Gleichung einer zur Geraden f parallelen Geraden durch $P(-3|0)$.

32. Die Gerade f geht durch die Punkte $P(2|-3)$ und $Q(4|3)$.
  a) Bestimmen Sie die Gleichung von f.
  b) Geben Sie die Achsenschnittpunkte der Geraden f an.
  c) Berechnen Sie die Koordinaten des Mittelpunktes der Strecke PQ.
  d) Bestimmen Sie den Steigungswinkel der Geraden sowie ihre Schnittwinkel mit den Koordinatenachsen.

33. Die Achsenschnittpunkte der Geraden f haben den Abstand 5. Ein Achsenschnittpunkt ist $P(-4|0)$. Der zweite Achsenschnittpunkt liegt auf der positiven y-Achse.
  a) Berechnen Sie die Koordinaten des zweiten Achsenschnittpunktes. Kontrolle: $Q(3|0)$
  b) Bestimmen Sie die Gleichung von f.
  c) Bestimmen Sie den Inhalt der von den Koordinatenachsen und der Geraden f eingeschlossenen Fläche.

34. Auf dem Radarbildschirm einer Flugüberwachungsstation liegt der zu beobachtende Flugkorridor zwischen den Geraden $f(x) = 0{,}5x + 2$ und $g(x) = 0{,}5x - 1$. Bei welcher Position verlässt ein Flugzeug, das zunächst bei $P_1(9|6)$ und dann bei $P_2(3|1)$ gesichtet wurde, den Luftkorridor?

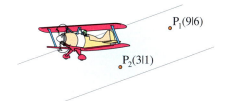

35. Auf der Insel Bora liegen die drei Dörfer A, B und C. Sie haben die in der Karte eingezeichneten Koordinaten. Nun soll eine Rettungsstation gebaut werden. An welcher Position P sollte die Rettungsstation liegen, damit die Entfernung zu allen drei Dörfern gleich weit ist?
  a) Lösen Sie die Aufgabe zeichnerisch und rechnerisch.
  b) Ist es sinnvoll, die Station gleich weit von den Dörfern zu bauen? Untersuchen Sie zum Vergleich die Position $P(7|4)$.

3. Quadratische Funktionen

Bei Brücken, Bögen und Gewölben treten durch die Schwerkraft Belastungen auf, die in die Fundamente abgeleitet werden müssen, um sich dort im Erdreich verteilen zu können. Am besten geht das mit parabelförmigen Tragwerkbögen wie bei der abgebildeten Müngstener Brücke, der höchsten Eisenbahnbrücke Deutschlands, die das Tal der Wupper zwischen Solingen und Remscheid mit 465 m Länge 107 m hoch überspannt.

Ein solcher Tragwerkbogen kann mathematisch durch eine quadratische Funktion modelliert werden. Das ist eine Funktion mit der Gleichung $f(x) = ax^2 + bx + c$, wobei die Koeffizienten a, b und c reelle Zahlen sind, $a \neq 0$. Ihr Graph wird als *quadratische Parabel* bezeichnet.

Der Graph einer quadratischen Parabel lässt sich durch Verschiebungen, Streckungen und Stauchungen aus dem Graphen der einfachsten quadratischen Funktion $f(x) = x^2$, der sog. Normalparabel, gewinnen.

Diese Methode kann die Untersuchung von komplizierten Funktionen deutlich vereinfachen. Sie wird im Folgenden am Beispiel der quadratischen Funktionen detailliert dargestellt und kann dann später bei anderen Funktionsklassen ebenfalls verwendet werden.

A. Die Normalparabel

Die einfachste aller quadratischen Funktionen ist die Funktion mit der Gleichung

$$f(x) = x^2, \quad D = \mathbb{R}.$$

Ihr Graph wird *Normalparabel* genannt.
Er ist rechts abgebildet.

Die Normalparabel ist achsensymmetrisch zur y-Achse.
Sie ist streng monoton fallend bis für $x \leq 0$ und streng monoton steigend für $x \geq 0$.
Der Punkt $S(0|0)$ ist ihr tiefster Punkt. Er wird als *Scheitelpunkt* der Parabel bezeichnet.

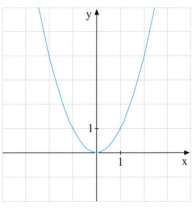

x	−3	−2	−1	0	1	2	3
y	9	4	1	0	1	4	9

Übung 1
a) Zeichnen Sie die Normalparabel im Bereich $-2{,}5 \leq x \leq 2{,}5$ (1 LE = 1 cm).
b) Wo hat die Normalparabel den Funktionswert 6?
c) Zeichnen Sie den Graphen von $f(x) = -x^2$ im Bereich $-2{,}5 \leq x \leq 2{,}5$.

B. Achsenparallele Verschiebungen der Normalparabel

> **Beispiel: Verschiebung längs der y-Achse**
> Die Normalparabel wird um zwei Einheiten in Richtung der positiven y-Achse verschoben. Wie lautet die Gleichung der so entstandenen Funktion g?

Lösung:
Jeder Funktionswert von f wird um zwei erhöht. Daher gilt: $g(x) = f(x) + 2$
▶ Resultat: $g(x) = x^2 + 2$

Übung 2
Wie lautet die Gleichung der Funktion g, die sich ergibt, wenn man die Normalparabel um 2 Einheiten nach unten verschiebt?

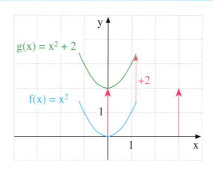

Übung 3
Welche aus der Normalparabel in y-Richtung verschobene Funktion geht durch P?
a) $P(1|8)$ b) $P(-2|1)$ c) $P(20|380)$ d) $P(a|(a+1)^2)$

> **Beispiel: Verschiebung längs der x-Achse**
> Die Normalparabel wird um drei Einheiten in Richtung der positiven x-Achse verschoben. Wie lautet die Gleichung der resultierenden Parabel g?

Lösung:
g besitzt an der Stelle x den gleichen Funktionswert, den f an der Stelle x − 3 hat. Daher gilt: $g(x) = f(x - 3)$.
Resultat: $g(x) = (x - 3)^2$
Durch Auflösen der Klammer erhält man die
▶ äquivalente Gleichung $g(x) = x^2 - 6x + 9$.

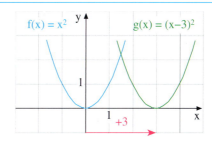

> **Beispiel: Verschiebung längs der x-Achse**
> Durch Verschiebung der Normalparabel längs der x-Achse erhält man die Funktion mit der Gleichung $g(x) = x^2 + 4x + 4$. Wie lautet die Verschiebung? Wo liegt der Scheitelpunkt von g?

Lösung:
Man zeichnet den Graphen von g (GTR).
Der Scheitelpunkt von g liegt bei $S(-2|0)$.
Die Normalparabel wurde also um 2 in negativer x-Richtung verschoben. Daher gilt
▶ $g(x) = f(x + 2) = (x + 2)^2$.

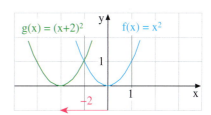

Übung 4
Wie entsteht der Graph von $g(x) = (x + 5)^2$ aus der Normalparabel? Wo liegt der Scheitelpunkt der Parabel mit der Gleichung $h(x) = x^2 - 2x + 1$? Welche Verschiebungen der Normalparabel in x-Richtung führen zu einer Funktion k, die durch den Punkt $P(3|2,25)$ geht?

▶ **Beispiel: Verschiebung längs beider Achsen**
Die Normalparabel $f(x) = x^2$ soll so verschoben werden, dass der Scheitelpunkt der entstehenden Parabel g bei $S(3|2)$ liegt. Wie lautet die Gleichung der Funktion g?

Lösung:
Eine Verschiebung der Normalparabel um 3 Einheiten in positive x-Richtung führt auf die Parabel $g_1(x) = (x-3)^2$ mit dem Scheitelpunkt $S_1(3|0)$.
Eine zweite Verschiebung um +2 in y-Richtung führt auf $g(x) = (x-3)^2 + 2$ mit dem Scheitelpunkt $S(3|2)$.
▶ Resultat: $g(x) = (x-3)^2 + 2 = x^2 - 6x + 11$

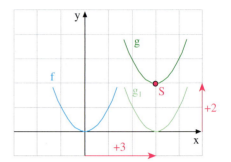

Wir können die Erfahrungen aus den vorhergehenden Beispielen nun verallgemeinern.

Erzeugung von $g(x) = (x - x_s)^2 + y_s$ aus $f(x) = x^2$
Der Graph der Funktion $g(x) = (x - x_s)^2 + y_s$ entsteht aus dem Graphen der Normalparabel $f(x) = x^2$ durch Verschiebung um x_s in Richtung der x-Achse und um y_s in Richtung der y-Achse. x_s und y_s sind die Koordinaten des Scheitelpunktes von g.

Eine verschobene Normalparabel erkennt man an ihrer Funktionsgleichung. Diese hat stets die Form $g(x) = x^2 + bx + c$. Der Koeffizient des quadratischen Terms x^2 ist also 1. Wenn diese Form der Darstellung gegeben ist, kann man den Scheitelpunkt von g mit der Methode der quadratischen Ergänzung berechnen. Andere Möglichkeiten: Zeichnung oder Berechnung mittels GTR.

▶ **Beispiel: Scheitelpunktsberechnung mit quadratischer Ergänzung**
Gesucht ist der Scheitelpunkt der Funktion $g(x) = x^2 + 6x + 11$.

Lösung:
Wir formen den Funktionsterm von g mittels quadratischer Ergänzung in die Form $(x - x_S)^2 + y_S$ um.
$x^2 + 6x + 11 = x^2 + 6x + 9 - 9 + 11$
$\qquad\qquad\quad = (x+3)^2 + 2$
Es handelt sich also um eine Verschiebung um −3 in x-Richtung und um +2 in y-Richtung. g ist also eine verschobene Normalparabel mit dem Scheitelpunkt $S(-3|2)$.
Wir können g auch mit dem GTR zeichnen
▶ und dann das Minimum bestimmen.

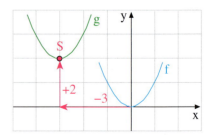

 Übung 5
Bestimmen Sie den Scheitelpunkt von f.
a) $f(x) = x^2 - x + 4$
b) $f(x) = x^2 + bx + c$

Übung 6
Welche Verschiebungen überführen den Graphen von $f(x) = x^2 - 2x - 2$ in den Graphen von $g(x) = x^2 + 5x + 1{,}75$?

C. Streckung der Normalparabel in y-Richtung

▶ **Beispiel: Streckung in y-Richtung**
Erzeugen Sie den Graphen von $g(x) = 2x^2$ aus dem Graphen der Normalparabel $f(x) = x^2$.

Lösung:
Jeder Funktionswert von g ist zweimal so groß wie der Funktionswert von f an der gleichen Stelle. Daher gilt $g(x) = 2f(x)$.
Resultat: $g(x) = 2x^2$
Es handelt sich um eine Streckung des Graphen der Normalparabel in y-Richtung. Die Parabel g ist „schlanker" oder „enger" als
▶ die Normalparabel f.

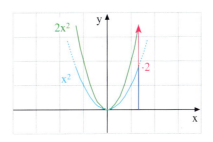

D. Spiegelung der Normalparabel an der x-Achse

Ist der Streckfaktor kleiner als 1, so wird die Funktion f gestaucht. Ist der Streckfaktor negativ, so bewirkt das Minuszeichen einen zusätzliche Spiegelung an der x-Achse. Im folgenden Beispiel wird beides kombiniert.

▶ **Beispiel: Stauchung in y-Richtung und Spiegelung an der x-Achse**
Zeichnen Sie den Graphen von $g(x) = -0{,}5x^2$. Wie entsteht er aus der Normalparabel $f(x) = x^2$?

Lösung:
Wir überführen zunächst x^2 in $0{,}5x^2$ und dann weiter in $-0{,}5x^2$. Die erste Operation halbiert jeden Funktionswert von f (Stauchung). Das Minuszeichen spiegelt ihn an der x-Achse. Rechts sind die beiden Operationen graphisch dargestellt.
Man könnte auch erst spiegeln und dann
▶ stauchen.

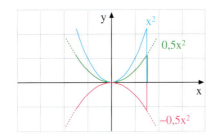

Übung 7
Ordnen Sie Funktionsterm und Graph einander passend zu und begründen Sie. Die Ergebnisse können zusätzlich mit dem GTR überprüft werden.

`GTR`

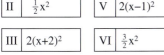

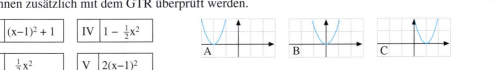

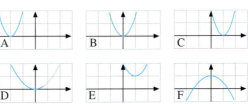

E. Scheitelpunktsform der Gleichung einer Parabel

Wir sind nun in der Lage, den Graphen einer beliebigen quadratischen Funktion durch Streckungen und Verschiebungen der Normalparabel zu erzeugen.

▶ **Beispiel:** Bestimmen Sie, welche Streckungen und Verschiebungen erforderlich sind, um den Graphen der Funktion $g(x) = -2x^2 + 4x + 2$ aus der Normalparabel zu erzeugen.

Rechnung:
Der Streckfaktor -2 wird ausgeklammert:
$f(x) = -2x^2 + 4x + 2 = -2 \cdot (x^2 - 2x - 1)$
Nun wird quadratisch ergänzt und wieder ausmultipliziert:
$f(x) = -2 \cdot (x^2 - 2x + 1 - 1 - 1)$
$\quad = -2 \cdot [(x-1)^2 - 2] = -2 \cdot (x - 1)^2 + 4$

1. Streckung mit Faktor 2
2. Spiegelung an der x-Achse
3. x-Verschiebung um +1
4. y-Verschiebung um +4

Lösung:
Wir stellen die Funktionsgleichung von g in einer Scheitelpunktsform dar:
$$g(x) = -2(x - 1)^2 + 4.$$
Nun können wir ablesen, dass eine Streckung mit dem Faktor 2 mit anschließender Spiegelung an der x-Achse und weiter eine x-Verschiebung um 1 sowie eine y-Verschiebung um 4 vorliegen.

▶ Wir halten das Prinzip in folgender verallgemeinerter Form fest:

Scheitelpunktsform der Parabelgleichung

Die Gleichung einer beliebigen quadratischen Funktion f lässt sich in der Form
$$f(x) = a \cdot (x - x_s)^2 + y_s$$
darstellen, wobei x_s und y_s die Koordinaten des Scheitelpunktes sind.

a: Streckfaktor in y-Richtung
$a < 0$: Spiegelung an der x-Achse*
x_s: Verschiebung in x-Richtung
y_s: Verschiebung in y-Richtung

Übung 8

Bestimmen Sie die Scheitelpunktsform der Funktion f. Erläutern Sie anschließend die zugehörigen Streckungen und Verschiebungen der Normalparabel und skizzieren Sie dann den Graphen von f.
a) $f(x) = 3x^2 + 6x - 3$ b) $f(x) = -3x^2 + 12x$ c) $f(x) = 0,5x^2 - 3x + 2$ d) $f(x) = -4x^2 + 4x - 9$

Übung 9

Bestimmen Sie die Gleichungen der abgebildeten Parabeln, die durch Streckungen und Verschiebungen aus der Normalparabel hervorgegangen sind.

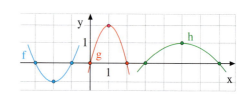

---
* Die Spiegelung an der x-Achse muss vor den Verschiebungen erfolgen.

3. Quadratische Funktionen

Streckungen, Verschiebungen und Scheitelpunkt mit dem GTR

Auch mithilfe des GTR können wir den Scheitelpunkt einer beliebigen quadratischen Parabel bestimmen und dann auch die Scheitelpunktsform aufstellen, aus der wir ablesen können, wie die Parabel sich durch Streckungen und Verschiebungen aus der Normalparabel gewinnen lässt.

▶ **Beispiel: Scheitelpunkt**
Gegeben ist die quadratische Parabel $f(x) = -\frac{1}{2}x^2 + 4x - 6$.
a) Bestimmen Sie den Scheitelpunkt von f.
b) Welche Streckung, Spiegelung und Verschiebung der Normalparabel führen zum Graphen von f?
Fertigen Sie eine Skizze an.

Lösung:
Wir zeichnen den Graphen von f mit dem GTR. Den Scheitelpunkt kann man daraus z. B. angenähert ablesen.

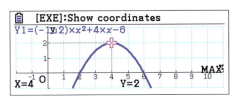

Man kann ihn aber auch errechnen:
[CASIO] Option G-Solve>Maximum

[TI] Option Maximum wählen, links und rechts vom sichtbaren Scheitelpunkt zwei Grenzen auswählen, Maximum bestimmen.

Resultat: $S(4|2)$
Scheitelpunktsform: $f(x) = -\frac{1}{2}(x-4)^2 + 2$

Wir können der Scheitelpunktsform entnehmen, dass die rechts aufgeführten Streckungen, Spiegelungen und Verschiebungen der Normalparabel vorliegen.

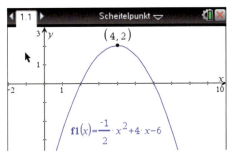

① Stauchung mit dem Faktor $\frac{1}{2}$
② Spiegelung an der x-Achse
③ Verschiebung um 4 nach rechts
④ Verschiebung um 2 nach oben

Übung 10
Bestimmen Sie den Scheitelpunkt der Parabel f. Wie lautet die Scheitelpunktsform? Welche Streckungen und Verschiebungen der Normalparabel führen zum Graphen von f?

a) $f(x) = -2x^2 - 12x - 16$ b) $f(x) = -\frac{1}{4}x^2 - x + 2$ c) $f(x) = x^2 + 2x - 3$
d) $f(x) = x^2 - 6x + 7$ e) $f(x) = 2x^2 - 14x + 18$ f) $f(x) = 2x^2 - 14x + 16$

Übung 11
Durch welche Streckung, Spiegelung und Verschiebung geht die Parabel des Torbogens aus der Normalparabel hervor?
Wie lautet die Gleichung der Torbogenparabel? Kontrollieren Sie Ihr Resultat durch Zeichnung mit dem GTR.

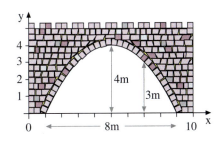

F. Streckung, Verschiebung und Spiegelung beliebiger reeller Fnktionen

Funktionen können durch Streckungen, Stauchungen, Verschiebungen und Spiegelungen modifiziert werden. Im Folgenden werden die Modifikationen systematisch dargestellt.

VERTIKALE STRECKUNG/STAUCHUNG EINER FUNKTION			
Gleichung	**Operation**	**Graph**	
$y = a \cdot f(x)$ $a > 1$	Vertikale **Streckung** des Graphen von f mit dem Faktor a: Jeder Funktionswert wird mit a multipliziert.		$a \cdot f(x)$ $f(x)$
$y = a \cdot f(x)$ $0 < a < 1$	Vertikale **Stauchung** des Graphen von f mit dem Faktor a: Jeder Funktionswert wird mit a multipliziert.		$f(x)$ $a \cdot f(x)$

VERTIKALE VERSCHIEBUNG EINER FUNKTION			
Gleichung	**Operation**	**Graph**	
$y = f(x) + c$ $c > 0$	Vertikale **Hebung** des Graphen von f um c Einheiten **nach oben**.		$f(x)+c$ $f(x)$
$y = f(x) - c$ $c > 0$	Vertikale **Senkung** des Graphen von f um c Einheiten **nach unten**.		$f(x)$ $f(x)-c$

HORIZONTALE VERSCHIEBUNG EINER FUNKTION			
Gleichung	**Operation**	**Graph**	
$y = f(x - c)$ $c > 0$	Horizontale **Verschiebung** des Graphen von f um c Einheiten **nach rechts**.		$f(x)$ $f(x-c)$
$y = f(x + c)$ $c > 0$	Horizontale **Verschiebung** des Graphen von f um c Einheiten **nach links**.		$f(x+c)$ $f(x)$

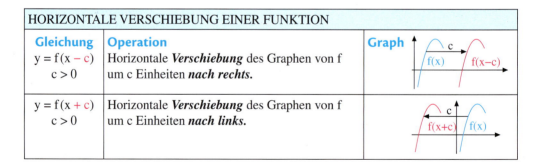

3. Quadratische Funktionen

HORIZONTALE STRECKUNG/STAUCHUNG EINER FUNKTION		Graph
Gleichung y = f(a · x) a > 1	**Operation** Horizontale *Stauchung* des Graphen von f mit dem Faktor $\frac{1}{a}$. Der Schnittpunkt mit der y-Achse bleibt.	
y = f(a · x) 0 < a < 1	Horizontale *Streckung* des Graphen von f mit dem Faktor $\frac{1}{a}$. Der Schnittpunkt mit der y-Achse bleibt.	

SPIEGELUNG EINER FUNKTION		Graph
Gleichung y = −f(x)	**Operation** *Spiegelung* des Graphen von f an der x-Achse.	
y = f(−x)	*Spiegelung* des Graphen von f an der y-Achse.	

Übung 12
Zeichnen Sie den Graphen der Funktion g und bestimmen Sie die Funktionsgleichung.
a) Der Graph von g entsteht aus dem Graphen von $f(x) = x^2$ durch vertikale Stauchung mit dem Faktor 0,25, Rechtsverschiebung um +3 und Spiegelung an der x-Achse.
b) Der Graph von g entsteht aus dem Graphen von $f(x) = 0{,}5\,x^2 - 1$ durch vertikale Streckung mit dem Faktor 2, Linksverschiebung um 2 und Spiegelung an der y-Achse.
c) Der Graph von g entsteht aus dem Graphen von $f(x) = (x - 1)^2$ durch horizontale Stauchung auf die „halbe Breite" und anschließende Verschiebung um eine Einheit nach rechts.

Übung 13
Ordnen Sie die Funktionsgleichungen und die Graphen einander zu.
I. y = 0,5 f(x) − 4
II. y = 0,5 f(x)
III. y = −f(x + 7)
IV. y = f(x − 5) − 1
V. y = f(−x)

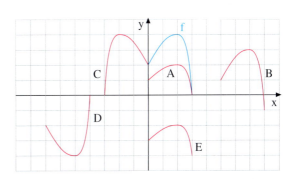

Übungen

Achsenparallele Verschiebungen der Normalparabel

14. Durch Verschiebung der Normalparabel längs der x-Achse erhält man den Graphen der Funktion g. Bestimmen Sie den Scheitelpunkt von g.
  a) $g(x) = x^2 + 6x + 9$
  b) $g(x) = x^2 - 2{,}2x + 1{,}21$
  c) $g(x) = x^2 - 9x + 20{,}25$

15. Zeichnen Sie den Graphen der Funktion f. Bestimmen Sie den Scheitelpunkt.
  a) $f(x) = x^2 - 4x - 1$
  b) $f(x) + 6x + 3$
  c) $f(x) = x^2 - 9x + 20$

16. Gegeben ist die quadratische Funktion f. Berechnen Sie die Scheitelpunktsform der Funktionsgleichung. Zeichnen Sie anschließend den Graphen.
  a) $f(x) = x^2 - x + 5{,}25$
  b) $f(x) = x^2 + x$
  c) $f(x) = x^2 + 22x + 120$

17. Welche Verschiebungen führen den Graphen von f in den Graphen von g über?
  a) $f(x) = x^2 - 12x + 30$; $g(x) = x^2 + x + 4$
  b) $f(x) = x^2 + 3x - 3$; $g(x) = x^2 + x$

18. Bestimmen Sie die Gleichungen der rechts abgebildeten Parabeln.

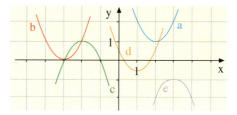

Scheitelpunktsform der Gleichung einer quadratischen Funktion

19. Bestimmen Sie die Scheitelpunktsform der Funktion f. Erläutern Sie die zugehörigen Verschiebungen und Streckungen.
  a) $f(x) = -x^2 - 2x - 2$
  b) $f(x) = 2{,}5x^2 + 5x - 5$
  c) $f(x) = -0{,}5x^2 + 2x - 1$

20. Zeichnen Sie den Graphen von f und bestimmen Sie den Scheitelpunkt
  a) $f(x) = 2x^2 + 6x + 7$
  b) $f(x) = -x^2 + 4x - 3$
  c) $f(x) = \frac{1}{2}x^2 - x + 2$

21. Der Scheitel einer Parabel liege im Punkt S und P sei ein Punkt der Parabel. Bestimmen Sie die Scheitelpunktsform der zugehörigen Funktionsgleichung.
  a) $S(1|1)$; $P(0|-2)$
  b) $S(-1|-1)$; $P(1|1)$
  c) $S(-3|0)$; $P(3|6)$

22. Welche Verschiebungen und Streckungen sind notwendig, um aus der Parabel f die Parabel g zu erhalten?
  a) $f(x) = 2x^2 + 6x - 1$, $g(x) = 2x^2$
  b) $f(x) = 3x^2 - 6x + 2$, $g(x) = -6x^2 + 2x - \frac{1}{6}$

Verschiebungen und Streckungen beliebiger reeller Funktionen

23. Zeichnen Sie den Graphen der Funktion $f(x) = \sqrt{x}$, $D = \mathbb{R}_0^+$. Bestimmen Sie die Funktionsgleichung zu dem um -2 in Richtung der x-Achse und um 3 in Richtung der y-Achse verschobenen Graphen und bestimmen Sie Definitionsmenge und Wertemenge.

G. Nullstellen quadratischer Funktionen

Der Graph einer beliebigen quadratischen Funktion $f(x) = ax^2 + bx + c$ ist stets eine Parabel, die aus der Normalparabel durch Verschiebung und Streckung hervorgeht. Daher besitzt f höchstens zwei Nullstellen (Schnittstellen mit der x-Achse).

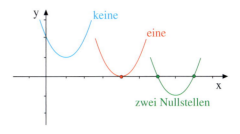

Die Nullstellen einer quadratischen Funktion lassen sich mithilfe der p-q-Formel rechnerisch einfach bestimmen.

Die p-q-Formel
Die Gleichung $x^2 + px + q = 0$ ist nur dann lösbar, wenn $\frac{p^2}{4} - q \geq 0$ gilt.
Die Lösungen sind dann
$x = -\frac{p}{2} + \sqrt{\frac{p^2}{4} - q}$ und $x = -\frac{p}{2} - \sqrt{\frac{p^2}{4} - q}$.

Herleitung der p-q-Formel:
$x^2 + px + q = 0;\ x^2 + px = -q$
$x^2 + px + \frac{p^2}{4} = -q + \frac{p^2}{4}$
$\left(x + \frac{p}{2}\right)^2 = \frac{p^2}{4} - q$
$x + \frac{p}{2} = \pm\sqrt{\frac{p^2}{4} - q},\quad x = -\frac{p}{2} \pm \sqrt{\frac{p^2}{4} - q}$

▶ **Beispiel:** Bestimmen Sie die Nullstellen der quadratischen Funktion f.
a) $f(x) = 2x^2 + 2x - 12$
b) $f(x) = -3x^2 + 30x - 75$
c) $f(x) = 4x^2 + 8x + 8$

Rechnung:
zu a: $2x^2 + 2x - 12 = 0$
$x^2 + x - 6 = 0$ (Normalform)
$x = -0{,}5 \pm \sqrt{0{,}25 + 6}$
$x = 2$ sowie $x = -3$

zu b: $-3x^2 + 30x - 75 = 0$
$x^2 - 10x + 25 = 0$ (Normalform)
$x = 5 \pm \sqrt{25 - 25} = 5 \pm 0$
$x = 5$

zu c: $4x^2 + 8x + 8 = 0$
$x^2 + 2x + 2 = 0$ (Normalform)
$x = -1 \pm \sqrt{1 - 2} = -1 \pm \sqrt{-1} \notin \mathbb{R}$
keine Lösung

Lösungsweg:
Wir führen die Gleichung $f(x) = 0$ in die Normalform über und wenden sodann die p-q-Formel an.
Je nachdem, ob der Ausdruck unter der Wurzel – die Diskriminante – größer, gleich oder kleiner als 0 ist, gibt es zwei, eine oder
▶ gar keine Nullstelle.

Übung 24
Bestimmen Sie den Scheitelpunkt sowie die Achsenschnittpunkte von f. Skizzieren Sie den Graphen unter Verwendung der Resultate. Kontrollieren Sie mit dem GTR.
a) $f(x) = 2x^2 + 4x$
b) $f(x) = -3x^2 - 6x + 9$
c) $f(x) = -x^2 - x + 12$
d) $f(x) = 2x^2 + 12x + 18$

H. Parabeln und Geraden

Schneidet eine Gerade eine Parabel in zwei Punkten, so heißt sie eine *Sekante* der Parabel.
Schneidet eine Gerade, die nicht vertikal verläuft, die Parabel in einem Punkt, so nennt man sie eine *Tangente* der Parabel. Der Schnittpunkt ist ein Berührpunkt.
Schneidet eine Gerade die Parabel überhaupt nicht, so heißt sie eine *Passante*.

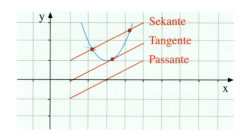

Welcher der drei Fälle jeweils vorliegt, lässt sich mithilfe einer einfachen Rechnung analysieren.

▶ **Beispiel:** Gegeben ist die quadratische Funktion $f(x) = x^2 - 2x + 3$. Prüfen Sie, welche Lage die Gerade g relativ zum Graphen von f einnimmt (Sekante, Tangente, Passante).
a) $g(x) = 2x$ b) $g(x) = 2x - 2$ c) $g(x) = 2x - 1$

Lösung:
Wir setzen die Funktionsterme von f und g gleich. Es entsteht eine quadratische Gleichung.

Wir lösen diese Gleichung mithilfe der p-q-Formel auf.

Aus der Anzahl der Lösungen können wir schließen, wie die Gerade g relativ zur Parabel f liegt, denn die Anzahl der Lösungen ist gleich der Anzahl der Schnittpunkte von f und g.

Resultate:
a) Zwei Lösungen: g ist Sekante.
b) Keine Lösung: g ist Passante.
▶ c) Eine Lösung: g ist Tangente.

Rechnung:
a) $f(x) = g(x)$
$x^2 - 2x + 3 = 2x$ 2 Schnittpunkte
$x^2 - 4x + 3 = 0$ P(1|2); Q(3|6)
$x = 2 \pm \sqrt{1}$ *Sekante*
$x = 1, x = 3$

b) $x^2 - 2x + 3 = 2x - 2$ keine Schnittpunkte
$x^2 - 4x + 5 = 0$
$x = 2 \pm \sqrt{-1}$ *Passante*
keine Lösung

c) $x^2 - 2x + 3 = 2x - 1$ 1 Berührpunkt
$x^2 - 4x + 4 = 0$ P(2|3)
$x = 2 \pm \sqrt{0}$ *Tangente*
$x = 2$

Übung 25
Die Eisenbahnlinie hat zwei Brücken über den Fluss. Wie weit sind diese voneinander entfernt?
(1 LE = 1 km)

$f(x) = x^2 - 5x + 4$
$g(x) = x - 1$

Übung 26
Prüfen Sie, ob die Gerade g Sekante, Passante oder Tangente der Parabel $f(x) = 2x^2 - 3x + 2$ ist.
a) $g(x) = x$ b) $g(x) = 3x - 2$ c) $g(x) = 3x - 3$ d) $g(x) = 5x - 2b$ e) $g(x) = ax + 2$

3. Quadratische Funktionen

Nullstellen von quadratischen Funktionen, Parabeln und Geraden mit dem GTR

Mit dem GTR kann man Nullstellen quadratischer Funktionen ohne p-q-Formel bestimmen und die Lage von Parabeln und Geraden untersuchen.

▶ **Beispiel: Nullstellen einer Parabel**
Das Profil eines Flussbettes wird durch die Parabel $f(x) = \frac{1}{4}x^2 - 4x + 7$ beschrieben. Wie breit und wie tief ist der Fluss?

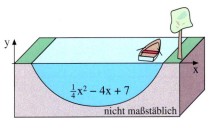

CASIO Lösung:
Die Breite des Flusses ergibt sich aus dem Abstand seiner Nullstellen. Mit der Option G-Solve>Root erhalten wir Nullstellen bei $x = 2$ und $x = 14$. Der Fluss ist also 12 m breit.

Die Tiefe des Flusses bestimmen wir durch Berechnung des Minimums mit der Option G-Solve>Min. Es liegt bei $T(8|-9)$.
▶ Der Fluss ist also 9 m tief.

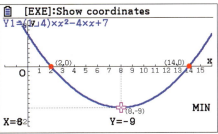

▶ **Beispiel: Lage von Parabel und Gerade**
Untersuchen Sie die Lage der Parabel $f_1(x) = x^2 - 2x + 3$ bezüglich der Geraden $f_2(x) = 2x$, $f_3(x) = 2x - 0{,}99$, $f_4(x) = 2x - 2$.

TI Lösung:
Wir zeichnen die Parabel sowie die drei Geraden. Man erkennt sofort, dass f_2 eine Sekante und f_4 eine Passante ist.

Die Schnittpunkte der Sekante f_2 mit der Parabel f_1 ergeben sich folgendermaßen: Nach der Taste menu und der Wahl 6: Graph analysieren und 4: Schnittpunkt wählt man eine untere und ein obere Schranke und erhält zunächst $P(1|2)$ und dann $Q(3|6)$.

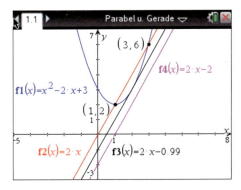

f_3 sieht wie eine Tangente aus.
Aber bei starker Vergrößerung (Zoom) des Graphen um den kritischen Punkt bei $P(2|3)$ zeigt sich, dass f_3 in Wirklichkeit auch eine Sekante ist mit den Schnittpunkten $A(1{,}9|2{,}81)$ und $B(2{,}1|3{,}21)$. Der GTR kann also eine Täuschung verursachen.

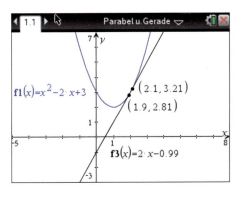

Übungen

Nullstellen quadratischer Funktionen

27. Bestimmen Sie die Nullstellen der Funktion f.
a) $f(x) = x^2 + 2x - 4$
b) $f(x) = -0,5x^2 - 1,25x - 2,5$
c) $f(x) = (x + 1,4)(x - 1,2)$
d) $f(x) = -x^2 + 2x + 3$
e) $f(x) = -2,2x^2 + x - 3,6$
f) $f(x) = -7x^2 + 3x + 1$

28. Stellen Sie den gegebenen Funktionsterm als Produkt von Linearfaktoren dar.
Beispiel: $x^2 + x - 2 = (x - 1)(x + 2)$. Berechnen Sie zunächst die Nullstellen.
a) $f(x) = x^2 - 8x + 16$
b) $f(x) = x^2 - 36$
c) $f(x) = 2x^2 + 2x - 40$
d) $f(x) = 2x^2 + 3x - 9$
e) $f(x) = x^2 + (1 - a)x - a$
f) $f(x) = 2x^2 - (a + 4)x + 2a$

29. Die quadratische Funktion $f(x) = x^2 + bx + c$ habe die Nullstellen x_1 und x_2. Bestimmen Sie die Funktionsgleichung und stellen Sie diese in der Scheitelpunktsform dar.
a) $x_1 = -3,5$; $x_2 = 2,5$
b) $x_1 = 3$; $x_2 = 4$
c) $x_1 = -5$; $x_2 = -2$
d) $x_1 = 1,5$; $x_2 = 0$
e) $x_1 = 0$; $x_2 = 0$
f) $x_1 = -0,4$; $x_2 = a$

30. Atoll

Die Profilkurve eines Atolls in der Südsee wird durch die Funktion $f(x) = -\frac{4}{9}x^2 + \frac{32}{9}x + \frac{8}{9}$ (1 LE = 1 m) beschrieben. Das Wasser ist 4 m tief.
a) Wie breit ist der Teil der Insel, der aus dem Wasser ragt?
b) Wie hoch ragt die Insel aus dem Wasser?

31. Hochbehälter

Die Höhe des Wasserstandes in einem Hochbehälter, welcher entleert wird, wird beschrieben durch die Funktion $h(t) = \frac{1}{8}t^2 - 2t + 8$ (t in min, h in m).
a) Zeichnen Sie den Graphen von h.
b) Wann ist der Hochbehälter leer?
c) Wann ist der Behälter zur Hälfte leer bzw. nur noch 1/4 gefüllt?
d) Wie groß ist die Sinkgeschwindigkeit des Wassers im Durchschnitt?

Parabeln und Geraden

32. Prüfen Sie, welche Lage die Gerade g relativ zum Graphen von f einnimmt.
a) $f(x) = x^2 - 5x$, $g(x) = -x - 4$
b) $f(x) = 2x^2 - 4x + 1$, $g(x) = 3x - 4$
c) $f(x) = 3x^2 - 2x$, $g(x) = -2x + 3$
d) $f(x) = x^2 + 4x + 1$, $g(x) = 2ax$, $a > 0$

3. Quadratische Funktionen

I. Anwendungen von Parabeln

Bestimmung der Gleichung einer Parabel

Zwei Punkte ihres Graphen legen die Gleichung einer Geraden eindeutig fest. Bei einer Parabel reichen drei Punkte aus, wenn sie nicht auf einer Geraden liegen.

▶ **Beispiel: Funktionssteckbrief**
Wie lautet die Gleichung der per Funktionssteckbrief gesuchten Parabel?

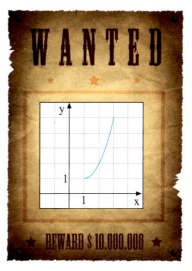

Lösung:
Die Parabel geht offensichtlich durch die Punkte $P_1(1|1)$, $P_2(2|2)$ und $P_3(3|5)$.

Wir verwenden den allgemeinen Parabelansatz $f(x) = ax^2 + bx + c$.

Durch das Einsetzen der Punktkoordinaten in diesen Ansatz erhalten wir drei Gleichungen I, II und III welche ein lineares Gleichungssystem bilden.

Mit dem Subtraktionsverfahren können wir die Variable c eliminieren. Es verbleibt ein System mit zwei Variablen IV ind V.

Nun wird b eliminiert. Es verbleibt Gleichung VI, die wir nach a auflösen können.

Wir erhalten a = 1 und durch Rückeinsetzung in IV und I erst b = –2 und dann c = 2.

▶ Resultat: $f(x) = x^2 - 2x + 2$

Ansatz:
$f(x) = ax^2 + bx + c$

Gleichungssystem:
$P_1(1|1) \in f \Rightarrow$ I: $\quad a + b + c = 1$
$P_2(2|2) \in f \Rightarrow$ II: $\quad 4a + 2b + c = 2$
$P_3(3|5) \in f \Rightarrow$ III: $9a + 3b + c = 5$

Lösung des Gleichungssystems:
II – I: $\Rightarrow$ IV: $3a + b = 1$
III – I: $\Rightarrow$ V: $8a + 2b = 4$

V – 2 · IV $\Rightarrow$ VI: $2a = 2$

aus VI: $a = 1$
aus IV: $b = -2$ $\quad \Rightarrow f(x) = x^2 - 2x + 2$
aus I: $\;\;c = 2$

Übung 33
Im obigen Beispiel wurde das Gleichungssystem manuell gelöst. Lösen Sie es nun zeitsparend mit dem GTR (s. S. 19).

```
   Math Rad Norm1  [d/c] Real
aₙ X+bₙ Y+Cₙ Z=dₙ
       a     b     c     d
   1 [  1    1    1    1 ]
   2    4    2    1    2
   3 [  9    3    1    5 ]
```

Übung 34
Gesucht ist die Gleichung der Parabel f mit den aufgeführten Eigenschaften.
a) $P_1(-1|11)$, $P_2(0|5)$ und $P_3(2|5)$ liegen auf f.
b) f geht durch $P(2|5)$ und hat den Scheitelpunkt $S(1|2)$. Verwenden Sie die Symmetrie zur Scheitelachse um einen zu P symmetrischen dritten Punkt zu gewinnen.

Der Brennpunkt einer Parabel

Fällt Sonnenlicht achsenparallel auf einen Parabolspiegel, so werden alle Lichtstrahlen in den Brennpunkt reflektiert, wo es hell und heiß wird. Dies wird beim Solarkraftwerk, beim Sonnenofen und beim Radioteleskop angewendet.

Kommt umgekehrt Licht aus einer im Brennpunkt montierten Birne, so verlässt es den Parabolspiegel achsenparallel gebündelt. Leuchtturm, Scheinwerfer und Taschenlampe sind Beispiele für dieses Prinzip.

> **Brennpunkt der Parabel**
> Die mathematische Parabel $f(x) = ax^2$ hat ebenfalls einen Brennpunkt. Er liegt bei $F\left(0\,\big|\,\frac{1}{4a}\right)$, was aber hier nicht bewiesen werden soll.

▶ **Beispiel: Parabelbrennpunkt**
Wo liegt der Brennpunkt der Parabel $f(x) = \frac{1}{4}x^2$?

Lösung:
Er liegt bei $F\left(0\,\big|\,\frac{1}{4a}\right)$, d.h. bei $F(0|1)$. Man sagt auch,
▶ dass die Parabel die Brennweite 1 besitzt.

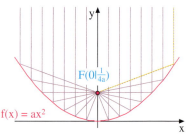

▶ **Beispiel: Satellitenantenne**
Andreas will seine Satellitenantenne neu einstellen. Er weiß nicht genau, an welche Stelle der Empfangskopf kommt. Deshalb mißt er die Schüssel aus. Der Durchmesser beträgt 60 cm und die Tiefe 10 cm. Wie groß ist die Brennweite?

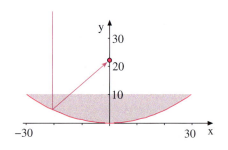

Lösung:
Der Ansatz $f(x) = ax^2$ führt mit dem Messwert $f(30) = 10$ auf $900a = 10$, woraus $a = \frac{1}{90}$ folgt. Die Profilkurve der Antenne ist $f(x) = \frac{1}{90}x^2$ und die Brennweite ist 22,5 cm. Er muss also den Kopf in $F(0|22,5)$
▶ anbringen.

Übung 35 Taschenlampe
Gesucht ist die Gleichung der Profilkurve des abgebildeten Taschenlampenreflektors. Der Koordinatenursprung liege im Scheitelpunkt der Parabel. In welchem Abstand zur vorderen Glasabdeckung muss der Glühfaden der Lampe liegen?

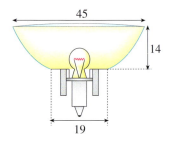

Übungen

36. Bestimmen Sie die Gleichung der Parabel f, die durch die gegebenen Punkte A, B, C geht.
a) A(0|4), B(1|5), C(3|−5) b) A(3|6), B(−3|6), C(6|9)
c) A(1|−5), B(2|4), C(3|19) d) A(−2|22), B(1|7), C(3|2)

37. Die Parabel f geht durch den Punkt P(−1|7) und hat den Scheitelpunkt S(2|1). Wie lautet ihre Gleichung?

38. Die Parabel f sei aus der Normalparabel durch Verschiebung entstanden. Sie schneidet die Achsen an den gleichen Stellen wie die Gerade y = 2x − 5. Wo liegt der Scheitelpunkt der Parabel?

39. 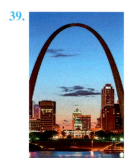 Im Jahre 1947 schrieb die Stadt Saint Louis einen Wettbewerb für ein Bauwerk aus, das die Öffnung Amerikas nach Westen symbolisieren sollte. Der 1. Preis ging an den Finnen Eero Saarinen, dessen Werk eine Art Triumphbogen war und erst 1965, 4 Jahre nach seinem Tod, vollendet wurde. Die Form des inneren und äußeren Bogens kann durch eine Parabel modelliert werden. Bestimmen Sie ein geeignetes Koordinatensystem und geben Sie die zugehörigen Funktionsgleichungen an.

Maße des äußeren Bogens: Höhe: 192 m   Breite: 192 m
Maße des inneren Bogens: Höhe: 187 m   Breite: 163 m

40. An einem Hang mit der Steigung 15% sind zwei Strommasten von 45 m Höhe aufgestellt. Zwischen den Strommasten hängt ein Kabel, das in 150 m Entfernung vom linken Mast wieder die Höhe 45 m zur Horizontalen erreicht. Der horizontale Abstand der Fußpunkte der Strommasten beträgt 200 m.
a) Fertigen Sie eine Skizze an und fügen Sie ein Koordinatensystem so ein, dass dessen Ursprung im Fußpunkt des linken Mastes liegt.
b) Der Kabelverlauf soll durch eine quadratische Parabel approximiert werden. Bestimmen Sie deren Funktionsgleichung. An welcher Stelle hängt das Kabel am stärksten durch?

41. Eine Kette wurde an beiden Enden auf einem großen Brett, auf dem sich ein Koordinatensystem befand, aufgehängt und es wurden folgende Messwerte abgelesen:

x	−2	−1,5	−1	−0,5	0	0,5	1	1,5	2
y	3,8	2,4	1,7	1,1	1	1,0	1,5	2,5	3,8

Modellieren Sie die Kettenlinie durch eine quadratische Parabel, welche annähernd auf die Tabelle passt.

Überblick

Funktionsbegriff Eine Funktion ist eine eindeutige Zuordnung.
Jedem x-Wert ist genau ein y-Wert zugeordnet.

erlaubte Situationen — verbotene Situation

Definitionsmenge D: Menge aller möglichen x-Werte
Wertemenge W: Menge aller zugeordneten y-Werte

Funktionsgleichung
Wertetabelle
Funktionsgraph

$f(x) = x^2$

x	−2	−1	0	1	2
y	4	1	0	1	4

Name Term — Wertetabelle — Graph

Linientest Mithilfe einer senkrechten Linie kann getestet werden, ob eine Funktion vorliegt.
Jede senkrechte Linie schneidet den Graphen maximal nur einmal.
Es gibt eine senkrechte Linie, die den Graphen mindestens zweimal schneidet.

Funktion / keine Funktion

Lineare Funktion Funktion mit linearem Funktionsterm
Gleichung: $f(x) = mx + n$
Graph: gerade Linie
Steigung: $m = \frac{\Delta y}{\Delta x}$

Punktsteigungsform einer Geraden $y = m(x - x_1) + y_1$
Gerade mit der Steigung m durch den Punkt $P(x_1|y_1)$

Zweipunkteform einer Geraden $y = m(x - x_1) + y_1$ mit $m = \frac{y_2 - y_1}{x_2 - x_1}$
Gerade durch die beiden Punkte $P(x_1|y_1)$ und $Q(x_2|y_2)$

Die relative Lage von Geraden Zwei Geraden können echt parallel, identisch oder schneidend sein.

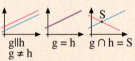

g∥h, g ≠ h   g = h   g ∩ h = S

Steigungswinkel einer Geraden Der Steigungswinkel ist der Winkel α, den die Gerade zur Horizontalen einnimmt (0° < α < 180°).

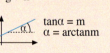

$\tan\alpha = m$
$\alpha = \arctan m$

Schnittwinkel zweier Geraden Zwei Geraden bilden zwei Winkel γ und γ′ miteinander.
Der Schnittwinkel γ ist derjenige davon, der 90° nicht übersteigt.

Bestimmung des Schnittwinkels zweier Geraden $\gamma = |\beta - \alpha|$ oder $\gamma = 180° - |\beta - \alpha|$

$\gamma = \beta - \alpha$ $\gamma = \alpha + |\beta|$

I. Lineare und quadratische Funktionen

Quadratische Funktionen
Die Funktion $f(x) = ax^2 + bx + c$ hat einen quadratischen Funktionsterm, deren Graph eine Parabel ist.
a, b, c heißen Koeffizienten. a bestimmt die Schlankheit der Parabel, c ist der y-Achsenabschnitt.

Normalparabel
Die einfachste Art einer Parabel:
$f(x) = x^2$

Scheitelpunkt einer Parabel
Der lokale Tiefpunkt oder der lokale Hochpunkt einer Parabel.

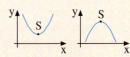

Scheitelpunktsform der Parabel
$f(x) = a(x - x_s)^2 + y_s$
mit dem Scheitelpunkt $S(x_s | y_s)$

Nullstellen quadratischer Funktionen
Parabeln haben 0 bis 2 Nullstellen. Diese werden mit der p-q-Formel berechnet.

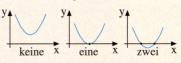

keine x   eine x   zwei x

p-q-Formel
Die quadratische Gleichung
$x^2 + px + q = 0$ hat die Lösung $x_{1/2} = -\frac{p}{2} \pm \sqrt{\frac{p^2}{4} - q}$.

Lage von Parabel und Gerade
Parabel und Gerade können 0 bis 2 Schnittpunkte besitzen.

Sekante
Tangente
Passante

Verschiebungen der Normalparabel

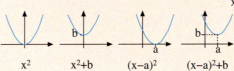

x^2 x^2+b $(x-a)^2$ $(x-a)^2+b$

Streckung/Stauchung der Normalparabel

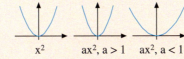

x^2 $ax^2, a > 1$ $ax^2, a < 1$

Spiegelung der Normalparabel an der x-Achse

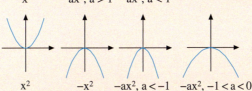

x^2 $-x^2$ $-ax^2, a < -1$ $-ax^2, -1 < a < 0$

Verschiebungen beliebiger Funktionen

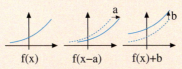

$f(x)$ $f(x-a)$ $f(x)+b$

Streckungen beliebiger Funktionen

Spiegelungen beliebiger Funktionen

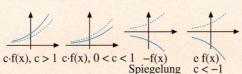

$c \cdot f(x), c > 1$ $c \cdot f(x), 0 < c < 1$ $-f(x)$ Spiegelung $c\, f(x)$ $c < -1$

Test

Lineare und quadratische Funktionen

1. Gleichung einer Geraden
a) Bestimmen Sie die Gleichung der Geraden g durch die Punkte $A(3|1)$ und $B(5|5)$.
b) Liegt der Punkt $C(-1|-6)$ auf der Geraden g?
c) Wo schneidet der Graph von g die Koordinatenachsen?

2. Schnitt zweier Geraden
Gegeben sind die Geraden $f(x) = 2x - 5$ und $g(x) = -3x - 2{,}5$.
a) Begründen Sie ohne Rechnung, dass f und g sich schneiden.
b) Berechnen Sie Schnittpunkt und Schnittwinkel.

3. Streckung und Verschiebung der Normalparabel
Die Normalparabel f wird mit dem Faktor 0,5 gestreckt und der Scheitelpunkt wird nach $S(4|-2)$ verschoben.
a) Wie lautet die Gleichung der resultierenden Funktion g?
b) Bestimmen Sie die Nullstellen der Funktion g.

4. Lage von Gerade und Parabel
Gegeben sind $f(x) = \frac{1}{2}x^2 - 4x + 11$ und $g(x) = 2x + 1$.
a) Zeichnen Sie die Graphen von f und g.
b) Wo liegt der Scheitelpunkt von f?
c) Wo schneiden sich f und g?

5. Anwendung: Urlaubsreise
Johannes F. und Anja G. fahren mit ihren Eltern von Köln zum Urlaubsort in Dänemark, der 800 km entfernt ist.
Familie F startet am Freitagabend und übernachtet bei der Großmutter. So haben sie schon 200 km geschafft.
Am nächsten Morgen starten beide Familien um 7.00 Uhr. Familie G hat sich ein Durchschnittstempo von 120 km/h vorgenommen, Familie F kalkuliert mit 80 km/h.
a) Stellen Sie die Entfernung von Köln für beide Familien als lineare Funktionen f und g dar. Zeichnen Sie die Graphen von f und g.
b) Wann treffen die Familien am Zielort an?
c) Wann überholt das Auto von Familie G das Fahrzeug von Familie F?

6. Anwendung: Fassentleerung
Ein Fass wird durch einen Abflusshahn entleert. Die Höhe des Wasserstandes im Fass wird durch die Gleichung $h(t) = 5t^2 - 60t + 180$ beschrieben, wobei t die Zeit in Minuten und h die Wasserstandshöhe in cm ist.
a) Wann ist das Fass leer?
b) Wie hoch ist der Wasserstand zu Beginn?
c) Wann ist das Fass bis auf ein Viertel geleert?

Lösungen: S. 344

II. Rationale Funktionen

1. Potenzen

A. Potenzen mit ganzzahligen Exponenten

Eine *Potenz* ist ein Term der Gestalt a^n.
a heißt *Basis* der Potenz. Die Hochzahl n bezeichnet man als *Exponent*.
Die Basis ist stets positiv.
Wenn n eine natürliche Zahl ist, so gilt
$a^n = a \cdot a \cdot \ldots \cdot a$ (n Faktoren a).

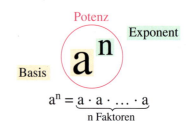

$a^n = \underbrace{a \cdot a \cdot \ldots \cdot a}_{\text{n Faktoren}}$

Zehnerpotenzen der Gestalt 10^n und das Rechnen mit Zehnerpotenzen wurden bereits behandelt, z. B. bei der Anwendung der *wissenschaftlichen Schreibweise* von Zahlen (Beispiele siehe rechts).

Dabei wurden die rechts aufgeführten Rechenregeln für Potenzen verwendet. Diese dienen vor allem der Vereinfachung von Termen.

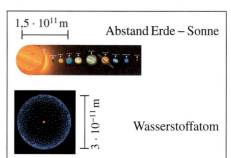

▸ **Beispiel: Potenzgesetz**
Beweisen Sie das Gesetz $a^m \cdot a^n = a^{m+n}$

Rechenregeln für Potenzen

$a^m \cdot a^n = a^{m+n}$ ⎫
$\dfrac{a^m}{a^n} = a^{m-n}$ ⎬ gleiche Basis

$(a \cdot b)^n = a^n \cdot b^n$ ⎫
$\left(\dfrac{a}{b}\right)^n = \dfrac{a^n}{b^n}$ ⎬ gleicher Exponent

$(a^m)^n = a^{m \cdot n}$ Potenzierung

$a^{-n} = \dfrac{1}{a^n}$

$a^1 = a; \quad a^0 = 1$

Lösung:
$a^m \cdot a^n = \underbrace{(a \cdot a \cdot \ldots \cdot a)}_{\text{m Faktoren}} \cdot \underbrace{(a \cdot a \cdot \ldots \cdot a)}_{\text{n Faktoren}}$
▸ $= \underbrace{(a \cdot a \cdot \ldots \cdot a)}_{\text{m + n Faktoren}} = a^{m+n}$

Übung 1 Potenzgesetz
Beweisen Sie das Gesetz $(a \cdot b)^n = a^n \cdot b^n$

▸ **Beispiel: Vereinfachung**
Vereinfachen Sie die Terme.   a) $10^3 \cdot 10^2$ b) $\dfrac{14^{n+2}}{7^n}$ c) $\dfrac{2^4 \cdot 5^4}{100}$ d) $\dfrac{(a \cdot b)^3}{(a^2 b^2)^2} \cdot b^2$

Lösung:
a) $10^3 \cdot 10^2 = 10^{3+2} = 10^5$

c) $\dfrac{2^4 \cdot 5^4}{100} = \dfrac{(2 \cdot 5)^4}{100} = \dfrac{10^4}{10^2} = 10^2 = 100$

▸ b) $\dfrac{14^{n+2}}{7^n} = \dfrac{14^n \cdot 14^2}{7^n} = \left(\dfrac{14}{7}\right)^n \cdot 14^2 = 2^n \cdot 196$

d) $\dfrac{(a \cdot b)^3}{(a^2 b^2)^2} \cdot b^2 = \dfrac{a^3 \cdot b^3}{a^4 \cdot b^4} \cdot b^2 = \dfrac{a^3}{a^4} \cdot \dfrac{b^5}{b^4} = \dfrac{b}{a}$

Übung 2
Vereinfachen Sie die folgenden Terme.
a) $\dfrac{10^5 \cdot 10^2}{10^6}$ b) $\dfrac{12^4 \cdot 3^2 \cdot 5^3}{6^4 \cdot 4^2 \cdot 25}$ c) $\dfrac{(a \cdot b)^2 \cdot a^2}{(a \cdot b^2)^2}$ d) $\dfrac{(a+b)^2 - 2ab - a^2}{(a \cdot b)^2}$

1. Potenzen

Die Potenzgesetze gelten auch für negative Exponenten.
a^{-n} ist der Kehrwert von a^n, also gleich $\frac{1}{a^n}$.

Potenzen mit negativem Exponenten
$$a^{-n} = \frac{1}{a^n}$$

▶ **Beispiel: Umformung einer Potenz mit negativem Exponenten**
Berechnen Sie die Potenz. Formen Sie die gegebene Potenz zunächst in eine Potenz mit positivem Exponenten um.
a) 3^{-4} b) $-0{,}2^{-5}$ c) $6 \cdot \left(\frac{1}{2}\right)^{-2}$ d) $\frac{(ax)^4 \cdot x^{-3}}{x \cdot a^3}$

Lösung:
a) $3^{-4} = \frac{1}{3^4} = \frac{1}{81} \approx 0{,}012$
▶ b) $-0{,}2^{-5} = -\frac{1}{0{,}2^5} = -\frac{1}{0{,}00032} = -3125$
c) $6 \cdot \left(\frac{1}{2}\right)^{-2} = 2 \cdot 3 \cdot 2^2 = 2^3 \cdot 3 = 24$
d) $\frac{(ax)^4 \cdot x^{-3}}{x \cdot a^3} = \frac{a^4 \cdot x^4}{x \cdot a^3 \cdot x^3} = a$

Übungen

3. Wissenschaftliche Schreibweise
Daten zu Erde und Sonne
Masse der Sonne: $1{,}98 \cdot 10^{30}$ kg
Masse der Erde: $5{,}97 \cdot 10^{24}$ kg
Entfernung Erde–Sonne: 149,6 Millionen km
Radius der Sonne: $6{,}96 \cdot 10^8$ m
Radius der Erde: 6370 km
Massenverlust der Sonne durch Strahlung: 4 Millionen Tonnen pro Sekunde
Lichtgeschwindigkeit: 300 000 km/s

Fragen zu Erde und Sonne:
a) Wie viele Erdmassen ergeben die Sonnenmasse?
b) Wie viele Erddurchmesser ergeben den Sonnendurchmesser?
c) Wie viele Sonnendurchmesser ergeben die Entfernung von der Erde zur Sonne?
d) Wie lange dauert es, bis die Sonne durch Strahlung eine Erdmasse verloren hat?
e) Wie lange benötigt das Licht von der Sonne bis zur Erde?

4. Taschenrechner
Berechnen Sie mit dem Taschenrechner.
a) $510\,000 \cdot 47\,800\,000$ b) $2{,}9 \cdot 10^6 + 5{,}4 \cdot 10^7$ c) $2{,}5^3 \cdot (10^{-2} + 4 \cdot 0{,}6^4)$
d) $\frac{2 \cdot 10^4 + 5^{-1}}{6^{-1}}$ e) $6 \cdot \left(\frac{1}{2}\right)^{-3}$ f) $3 \cdot \left(\frac{1}{2}\right)^4 + 24 \cdot 10^{-18}$
g) $\left(\left(3 \cdot \left(\frac{1}{2}\right)^4 + 2\right)^{-2} + 1\right)^2$ h) $\frac{2 \cdot 10^4 + 5^{-2}}{(1 + 0{,}1^3)^{-2}}$

5. Potenzen mit negativen Exponenten
Schreiben Sie die Zahl als Potenz mit einer möglichst kleinen natürlichen Basis.
a) 256 b) 3125 c) 2401 d) $\left(\frac{1}{16}\right)^{-6}$

6. Potenzen mit negativen Exponenten
Formen Sie die Potenzen so um, dass keine negativen Exponenten auftreten.
a) 4^{-5} b) $\left(\frac{1}{3}\right)^{-2}$ c) $2 \cdot x^{-3}$ d) $\frac{a^{-2}}{b^{-2}} \cdot b$

7. Wertentwicklung

Ein im Jahr 1963 für 10 000 DM gekauftes Auto hat in den ersten 15 Jahren jedes Jahr 5 % seines aktuellen Wertes verloren. (Minderungsfaktor: 0,95. Nach einem Jahr beträgt der Wert also $10\,000 \cdot 0{,}95 = 9500$ DM.) Danach blieb der Wert für 5 Jahre konstant. Dann stieg der Wert aufgrund des Oldtimer–Effektes jährlich um 7 % des aktuellen Wertes (Steigerungsfaktor: 1,07).

a) Berechnen Sie den Tiefstand des Wertes.
b) Welchen Wert wird das Auto im Jahr 2020 haben?

8. Homöopathie

Die Homöopathie ist ein von dem Arzt Samuel Hahnemann (1755–1843) entwickeltes und in Deutschland populäres Heilverfahren, das mit extrem schwachen Reizen arbeitet. Alle Medikamente werden in geringsten Dosierungen verabreicht. Sie werden mit Wasser stark verdünnt. D1 bedeutet eine Verdünnung von 1:10 (1 Teil Wirkstoff auf 10 Teile der Arznei), D2 von 1:100 usw.

a) Wie viel Liter Belladonna D5 lassen sich aus 4 ml Wirkstoff herstellen?
b) Ein Fläschchen mit 200 ml Belladonna D3 wird verordnet. Wie viel Wirkstoff wird benötigt?

9. Der Ölfleckversuch

Benjamin Franklin (1706–1790) bemerkte bei seinen Experimenten, dass sich ein Öltropfen auf einem See zwar schnell verbreitet, aber immer nur auf einer begrenzten Fläche, dann ist Schluss. Es zeigte sich, dass 0,1 cm³ Öl stets nur 40 m² Fläche bedeckten. Das liegt daran, dass die Ölschicht sich nicht weiter ausbreiten kann, wenn sie nur noch ein Molekül dick ist. Damit hatte Franklin eine Methode zur Bestimmung des Durchmessers eines Moleküls entdeckt. Berechnen Sie den Durchmesser eines Ölmoleküls. Es ist die Höhe der Ölschicht.

10. Schach

Ein Höfling in Persien schenkte seinem König ein Schachbrett. Der König, der sich oft langweilte, war ihm für den neuen Zeitvertreib sehr dankbar. Ich werde dir einen Wunsch erfüllen, sagte er. Der Höfling dachte etwas nach, dann sagte er: „Ich wünsche mir, dass ihr das Schachbrett mit Reiskörnern auffüllt, ein Korn auf das erste Feld, zwei auf das zweite, vier auf das dritte, acht auf das vierte und so fort." Der König ließ einen Sack Reis holen …

a) Wie viele Reiskörner kommen auf das 64. Feld? Wie viele Dezimalstellen hat die Zahl der Reiskörner auf dem 64. Feld?
b) Wie lang würde eine Kamelkarawane sein, wenn jedes Kamel ca. 200 kg Reis tragen könnte und 3 m lang ist? Ein Reiskorn wiegt ca. 0,025 g. Vergleiche mit der Entfernung der Erde von der Sonne (s. Aufgabe 3).

B. Potenzen mit rationalen Exponenten

Das Delische Problem
Im 4. Jahrhundert v. Chr. war auf der griechischen Insel Delos die Pest ausgebrochen. Die verzweifelten Bewohner wandten sich an das Orakel von Delphi, das ihnen riet, zur Abwendung der Seuche dem Gott Apollon einen würfelförmigen Altar zu bauen, dessen Volumen exakt doppelt so groß werden sollte wie das des bereits vorhandenen Altarwürfels. Weil es ihren Mathematikern nicht gelang, die Kante des neuen Altars zu konstruieren, wandten sich die Delier an Platon, den Philosophen. Platon antwortete: „Apollon braucht einen so großen Altar gar nicht, er wollte euch nur zeigen, dass ihr euch zu wenig um die Geometrie kümmert."

▶ **Beispiel: Lösung des Delischen Problems der Würfelverdopplung**
Ein Würfel hat die Kantenlänge a = 1 und daher das Volumen 1. Wie groß müsste die Kantenlänge sein, damit der Würfel das doppelte Volumen hätte?

Lösung:
Der Würfel mit der Kantenlänge a hat das Volumen $V = a^3$. Bei Verdopplung des Volumens muss also $a^3 = 2$ gelten.
Dies führt auf $a = \sqrt[3]{2}$ bzw. $a = 2^{\frac{1}{3}}$.

$V = 2$
$a^3 = 2$
$a = \sqrt[3]{2}$
$a \approx 1{,}256992105\ldots$

Diese irrationale Zahl konnten die Delier nicht mit Zirkel und Lineal konstruieren, weil dies schlichtweg unmöglich ist. Allerdings wurde das Problem der Würfelverdopplung bereits in der Antike gelöst, z. B. durch die Darstellung als Schnittstelle der
▶ beiden Parabeln $y = x^2$ und $y^2 = 2x$.

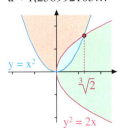

Übung 11
$\sqrt[3]{3}$ ist diejenige Zahl a, für die $a^3 = 3$ gilt. Errechnen Sie a durch Einschachtelung auf drei Nachkommastellen genau: Wegen $1^3 = 1 < 3$ und $2^3 = 8 > 3$ liegt a zwischen 1 und 2.
Wegen $1{,}4^3 = 2{,}744 < 3$ und $1{,}5^3 = 3{,}375 > 3$ liegt a zwischen 1,4 und 1,5. Setzen Sie dies fort.

Übung 12
In Indien soll – ebenfalls bei einem Altar – das Problem der Verdopplung der Fläche eines Quadrates diskutiert worden sein. Mit welchem Faktor a muss die Seitenlänge eines Quadrates multipliziert werden, um seine Fläche zu verdoppeln? Bestimmen Sie a angenähert.

Potenzen als Wurzeln

Wir betrachteten bisher nur Potenzen mit ganzzahligen Exponenten. Beim Delischen Problem trat als Lösung $2^{\frac{1}{3}}$ auf, also eine Potenz, deren Exponent eine rationale Zahl war.

> **Beispiel: Potenz mit einem Stammbruch als Exponent**
> Bestimmen Sie den Wert der Potenz $2^{\frac{1}{2}}$, z. B. mithilfe der Potenzrechengesetze.

Lösung 1: $2^{\frac{1}{2}}$ muss zwischen 2^0 und 2^1 liegen. Daher gilt $2^{\frac{1}{2}} > 1$.
Dann führt der Ansatz $x = 2^{\frac{1}{2}}$ mithilfe der Potenzgesetze zu $x = \sqrt{2}$, wie nebenstehend durchgerechnet.

Lösung 2: Ein Analogieschluss führt zum gleichen Ergebnis: Jeder Term der Folge 2^8, 2^4, 2^2, 2^1 ist die Wurzel aus dem vorhergehenden Term. Daher muss der folgende Term $2^{\frac{1}{2}}$ den Wert $\sqrt{2}$ besitzen.

Potenzgesetze
1. $2^0 < 2^{\frac{1}{2}} < 2^1$
  $\Rightarrow 2^{\frac{1}{2}} > 1$
2. $x = 2^{\frac{1}{2}}$
  $x^2 = \left(2^{\frac{1}{2}}\right)^2$
  $x^2 = 2$
  $x = \pm\sqrt{2}$
  $\Rightarrow 2^{\frac{1}{2}} = +\sqrt{2}$

Analogieschluss
$2^8 = 256$
$2^4 = 16 = \sqrt{256}$
$2^2 = 4 = \sqrt{16}$
$2^1 = 2 = \sqrt{4}$
$\Rightarrow 2^{\frac{1}{2}} = \sqrt{2}$

Übung 13
Bestimmen Sie analog zum obigen Beispiel den Wert der Potenz $8^{\frac{1}{3}}$.
a) Verwenden Sie die Potenzgesetze.
b) Führen Sie eine Herleitung durch Analogie durch. Betrachten Sie dazu die Folge ... 8^9, 8^3, 8^1, $8^{\frac{1}{3}}$.

Konsequenz: Man kann eine Potenz $a^{\frac{1}{n}}$, die den Stammbruchexponenten $\frac{1}{n}$ besitzt, als n-te Wurzel interpretieren. Hieraus folgt, dass die Potenz $a^{\frac{m}{n}}$ mit einem beliebigen Bruch $\frac{m}{n}$ als Exponenten als n-te Wurzel aus der Potenz a^m interpretiert werden kann.

Es gilt also: $a^{\frac{1}{n}} = \sqrt[n]{a}$
Daraus folgt für einen beliebigen Bruchexponenten durch Anwendung eines Potenzrechengesetzes $a^{\frac{m}{n}} = (a^m)^{\frac{1}{n}} = \sqrt[n]{a^m}$.

> **Potenzen als Wurzeln**
> $a^{\frac{1}{n}} = \sqrt[n]{a}$
> $a^{\frac{m}{n}} = \sqrt[n]{a^m}$

> **Beispiel: Potenzen als Wurzeln**
> Berechnen Sie den Wert der Potenzen $4^{1,5}$ und $27^{-\frac{2}{3}}$ durch Umformung zu einer Wurzel.

Lösung:
a) $4^{1,5} = 4^{\frac{3}{2}} = \sqrt[2]{4^3} = \sqrt{64} = 8$

b) $27^{-\frac{2}{3}} = \frac{1}{27^{\frac{2}{3}}} = \frac{1}{\sqrt[3]{27^2}} = \frac{1}{\sqrt[3]{729}} = \frac{1}{9}$

Übung 14
Bestimmen Sie analog zum Beispiel:
a) $9^{1,5}$ b) $0{,}0625^{-\frac{1}{4}}$ c) $8^{\frac{2}{3}} \cdot 16^{\frac{3}{2}}$ d) $\dfrac{4^{-\frac{3}{2}} \cdot 64^{\frac{2}{3}}}{32^{0{,}2}}$

1. Potenzen

Berechnung von Potenzen mithilfe des Taschenrechners **GTR**

Taschenrechner haben eine *Potenztaste* ^ und eine *Wurzeltaste* $\sqrt[x]{}$ zur Eingabe und Berechnung beliebiger Potenzen und Wurzeln.

Damit können Terme wie $\sqrt[3]{81}$ und $40^{\frac{1}{5}}$ direkt berechnet werden.

Terme wie $(\sqrt[3]{6})^{\frac{2}{3}}$ oder $\sqrt[3]{4^{-\frac{2}{3}}}$ können durch Kombination der Tasten berechnet werden.

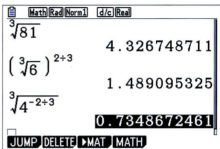

Übung 15
Berechnen Sie den Wert der Terme mithilfe des Taschenrechners.

a) $32^{\frac{1}{4}}$ b) $4^{-\frac{2}{3}} \cdot \sqrt{8}$ c) $(\sqrt{8})^{-\frac{2}{3}}$ d) $8^{\frac{1}{3}} \cdot 16^{-\frac{3}{2}}$ e) $4^{\frac{1}{3}} \cdot 2^{\frac{2}{3}} \cdot \sqrt[3]{4}$

Übung 16
Ordnen Sie jeweils zwei Terme mit dem gleichen Wert einander zu. Kontrollieren Sie mit dem Taschenrechner.

3^3 $12^{\frac{1}{2}}$ $\sqrt[3]{5}$ $256^{\frac{1}{2}}$ $4^{-\frac{3}{2}}$ $5^{\frac{2}{6}}$ $\dfrac{1}{64^{\frac{1}{2}}}$ $2\sqrt{3}$ $8^{\frac{4}{3}}$ $9^{1{,}5}$

C. Potenz- und Wurzelgleichungen

Eine Gleichung der Form $x^r = a$, deren Lösung $x = \sqrt[r]{a}$ bzw. $x = a^{\frac{1}{r}}$ ist, wird als *einfache Potenzgleichung* bezeichnet. Oft treten Gleichungen auf, die sich darauf zurückführen lassen.

▶ **Beispiel: Potenzgleichung**
Lösen Sie die Gleichung $2 \cdot x^{4{,}5} + 4 = 2^6$.

Lösung:
Wir lösen die Gleichung nach der Variablen x auf. Den letzten Schritt erledigt dann der Taschenrechner. Lösung: $x \approx 2{,}13$

$$2 \cdot x^{4{,}5} + 4 = 2^6$$
$$2 \cdot x^{4{,}5} = 60$$
$$x^{4{,}5} = 30$$
$$x = 30^{\frac{1}{4{,}5}}$$
$$x \approx 2{,}13$$

▶ **Beispiel: Wurzelgleichung**
Lösen Sie $x + x^{\frac{1}{2}} - 6 = 0$.

Lösung:
Wir substituieren (ersetzen) x durch u^2.
Wir erhalten eine quadratische Gleichung, die wir mit der p-q-Formel lösen.
Nach der Resubstitution ergibt sich $x = 4$.

$x + x^{\frac{1}{2}} - 6 = 0$ Substitution: $x = u^2$
$u^2 + u - 6 = 0$
$u = -0{,}5 \pm \sqrt{6{,}25}$
$u = -3$ oder $u = 2$ Resubst.: $u = \sqrt{x}$
$\sqrt{x} = -3$ oder $\sqrt{x} = 2$
▶ unlösbar $x = 4$

Übung 17
Lösen Sie die Gleichung.

a) $2 \cdot x^{\frac{3}{2}} = 4$ b) $8 x^{\frac{3}{2}} = 2 x^{\frac{1}{2}}$ c) $x^{\frac{5}{2}} = 8$ d) $x = 15 - 2\sqrt{x}$

Übungen

18. Schreiben Sie die Potenz als Wurzel und berechnen Sie ihren Wert.
a) $8^{\frac{1}{3}}$ 　b) $625^{\frac{1}{4}}$ 　c) $8^{\frac{2}{3}}$ 　d) $32^{\frac{1}{5}}$ 　e) $0{,}001^{-\frac{1}{3}}$ 　f) $100^{1{,}5}$ 　g) $\left(\frac{1}{4}\right)^{-0{,}5}$

19. Wandeln Sie die Wurzel in eine Potenz um.
Berechnen Sie anschließend den Wert der Potenz auf zwei Nachkommastellen genau.
a) $\sqrt{7}$ 　b) $\sqrt[3]{216}$ 　c) $\sqrt[100]{100}$ 　d) $\sqrt{3^3}$ 　e) $\sqrt[3]{2^2 \cdot 5^2}$ 　f) $\sqrt{\sqrt[3]{64}}$ 　g) $\frac{1}{\sqrt[4]{27}}$

20. Ordnen Sie die Terme der Größe nach aufsteigend.

$\sqrt[3]{8}$	$\frac{\sqrt{64}}{8\sqrt{8}}$	$8^{\frac{2}{3}}$	$\sqrt{8}$	$8^{-\frac{1}{4}}$	$2\sqrt{8^3}$	$\frac{1}{8^{0{,}5}}$	$\sqrt{2} \cdot 4^{\frac{3}{2}}$	$\frac{8}{\sqrt{8}}$
I	II	III	IV	V	VI	VII	VIII	IX

21. Vereinfachen Sie mithilfe der Potenzgesetze.
a) $4^{\frac{1}{2}} \cdot 9^{\frac{1}{2}}$ 　b) $2^{\frac{1}{2}} \cdot 72^{\frac{1}{2}}$ 　c) $3^{\frac{1}{2}} \cdot 6^{\frac{1}{2}} \cdot 2^{\frac{1}{2}}$ 　d) $(16a^2)^{\frac{1}{4}}$ 　e) $(2a^2)^{\frac{1}{3}} \cdot (2a)^{\frac{2}{3}} \cdot a^{\frac{2}{3}}$

22. Vereinfachen Sie.
a) $\left(4^{\frac{1}{3}}\right)^6$ 　b) $\left(8^{-\frac{2}{3}}\right)^{-\frac{1}{2}}$ 　c) $(16^2)^{\frac{1}{4}}$ 　d) $\left(\frac{1}{8}\right)^{\frac{1}{3}}$ 　e) $(16x)^{\frac{1}{3}} \cdot (4x^2)^{\frac{1}{3}}$ 　f) $(2^2 x^2)^{\frac{1}{3}} \cdot (2x)^{\frac{4}{3}}$

23. Vereinfachen Sie.
a) $(\sqrt{7})^4$ 　b) $(\sqrt[3]{2})^{-6}$ 　c) $(\sqrt[4]{2^6})^2$ 　d) $\sqrt{\sqrt[3]{8^2}}$ 　e) $\sqrt[3]{x^8} \cdot \sqrt{x^{\frac{2}{3}}}$ 　f) $\sqrt[3]{\sqrt{x^3}} \cdot \sqrt{x}$

24. Lösen Sie die Potenzgleichung.
a) $x^3 = 6$ 　b) $x^4 = 0{,}5$ 　c) $x^{12} = 4096$ 　d) $x^{10} = 10$ 　e) $x^5 = 32$

25. Lösen Sie die Gleichungen a)–d) rechnerisch und e)–g) zeichnerisch (GTR).
a) $x^{\frac{3}{2}} = 5$ 　b) $2 \cdot x^{-\frac{1}{5}} = 4$ 　c) $x^{\frac{1}{2}} = 4 \cdot x^{-\frac{3}{4}}$ 　d) $4x + 4\sqrt{x} = 24$
e) $4 \cdot 1{,}5^{\frac{x}{2}} = 6$ 　f) $2{,}5^{\sqrt{x}} = 10$ 　g) $2^{\sqrt{x}} = 4 - x$

26. Auf Jonas Geburtstagsparty werden Erfrischungsgetränke in würfelförmigen Gläsern mit 330 ml Fassungsvermögen angeboten.
Welche Kantenlänge haben die Gläser?
Wie groß ist die gesamte zu reinigende Glasoberfläche? Wieviel Reinigungsmittel wird benötigt, wenn dies die Glasoberfläche mit einer Schicht von 0,01 mm Dicke benetzt?

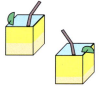

27. Ein Anleger hat ein Kapital von 2 Mio Euro in einem Schwellenland angelegt. Nach drei Jahren ist es auf 2,662 Mio Euro angewachsen.
a) Wie groß ist der durchschnittliche Jahreszins?
b) Wie hoch ist das Kapital nach 10 Jahren?
c) Wann hat sich das Kapital verdoppelt?

1. Potenzen

Komplexe Übungen

1. Vereinfachung
Vereinfachen Sie mit den Potenzgesetzen.

a) $2^{\frac{1}{2}} \cdot 2^{\frac{1}{4}}$ b) $5^{\frac{1}{2}} : 5^{\frac{1}{3}}$ c) $12^{\frac{1}{3}} \cdot \sqrt[3]{144}$ d) $2^{\frac{1}{3}} \cdot \sqrt[3]{108}$

e) $5^{\frac{1}{3}} \cdot 200^{\frac{1}{3}}$ f) $(18^{\frac{1}{2}} + 8^{\frac{1}{2}}) \cdot \sqrt{2}$ g) $\sqrt[3]{a^2 b^2} : (ab^4)^{\frac{1}{3}}$ h) $(a^{\frac{1}{2}} - b^{\frac{1}{2}}) \cdot (a^{\frac{1}{2}} + b^{\frac{1}{2}})$

i) $\sqrt[3]{x} \cdot \sqrt[6]{x}$ j) $\sqrt[4]{48a} : \sqrt[4]{3a}$ k) $(\sqrt[3]{135} - \sqrt[3]{40}) : \sqrt[3]{5}$ l) $(\sqrt[4]{9} - 2) \cdot (\sqrt[4]{9} + 2)$

2. Partielles Wurzelziehen
Die Rechnung $\sqrt[4]{48} = \sqrt[4]{16 \cdot 3} = \sqrt[4]{16} \cdot \sqrt[4]{3} = 2 \cdot \sqrt[4]{3}$ bringt eine Vereinfachung des Radikanden. Sie beruht darauf, dass durch die Faktorisierung $48 = 16 \cdot 3$ aus dem Faktor 16 die vierte Wurzel gezogen werden kann. Man spricht von *partiellem Wurzelziehen*.
Vereinfachen Sie die folgenden Ausdrücke durch partielles Wurzelziehen.

a) $\sqrt[3]{72}$ b) $\sqrt[3]{54} - 2\sqrt[3]{2}$ c) $\sqrt[3]{500} - \sqrt[3]{108}$ d) $2 \cdot \sqrt[4]{32} - \sqrt[4]{162}$

3. Rationaler Nenner
Das Rechnen mit Bruchtermen wird oft durch Wurzeln im Nenner erschwert. Viele Rechnungen erleichtern sich, wenn man die Wurzeln im Nenner durch Erweitern beseitigt.

Beispiel: $\dfrac{2}{\sqrt[3]{4}} = \dfrac{2 \cdot \sqrt[3]{2}}{\sqrt[3]{4} \cdot \sqrt[3]{2}} = \dfrac{2 \cdot \sqrt[3]{2}}{\sqrt[3]{8}} = \dfrac{2 \cdot \sqrt[3]{2}}{2} = \sqrt[3]{2}$

Vereinfachen Sie die folgenden Ausdrücke durch Beseitigen der Nennerwurzeln.

a) $\dfrac{2}{\sqrt{2}}$ b) $\dfrac{6}{\sqrt[3]{9}}$ c) $\dfrac{10}{\sqrt[4]{5^3}}$ d) $\dfrac{1}{\sqrt{2}+1}$

4. Wo steckt der Fehler?
In den folgenden Rechnungen steckt jeweils ein Fehler: Spüren Sie diesen auf und geben Sie das richtige Ergebnis an.

a) $3^{\frac{1}{2}} \cdot 27^{\frac{1}{2}} = 81^{\frac{1}{4}} = 3$ b) $2\sqrt[3]{4} \cdot 4\sqrt[3]{4} = 8\sqrt[3]{4} \approx 12{,}7$ c) $7^{-\frac{2}{5}} : 14^{-\frac{2}{5}} = \left(\dfrac{1}{2}\right)^{-\frac{2}{5}} = 2^{\frac{5}{2}} \approx 5{,}66$

5. Große Zahlen
a) Gesucht: Die größte Zahl aus drei *Zweien*.
b) Gesucht: Die größte Zahl aus drei *Ziffern*.
c) Welche Zahl ist größer, 9999^{10} oder 99^{20}?

6. Ordnen
Ordnen Sie die Terme der Größe nach ($a > 1$).

7. Ein merkwürdiger Term
Der rechts dargestellte Term hat für jede Einsetzung von $x \geq 1$ den gleichen konstanten Wert.
a) Wie lautet dieser Wert?
b) Führen Sie den exakten Nachweis für die Behauptung.

$$\sqrt{x + \sqrt{2x-1}} - \sqrt{x - \sqrt{2x-1}}$$

2. Potenzfunktionen

A. Die Funktion $f(x) = x^n$ $(n \in \mathbb{N})$

Eine Galeere zählte zu den gefährlichsten Schiffstypen der Antike. Sie konnte auch bei Windstille hohe Rudergeschwindigkeiten erreichen und Segelschiffe angreifen. An Nachbauten zeigte sich, dass für eine Geschwindigkeit von v km/h die Leistung $P(v) = 0{,}004 \cdot v^3$ (in kW) erforderlich war. (Siehe Übung 19, S. 67 zu Potenzfunktionen)

> **Definition II.1: Potenzfunktionen**
> Die Funktion $f(x) = x^n$ $(n \in \mathbb{N})$* heißt Potenzfunktion vom Grad n.

▶ | **Beispiel: Potenzfunktionen mit geradem Grad**
Zeichnen Sie die Graphen von $f(x) = x^2$, $f(x) = x^4$ und $f(x) = x^6$ und sammeln Sie gemeinsame Eigenschaften.

Lösung:

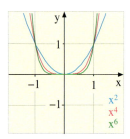

1. **Gemeinsame Punkte/Graph:**
   $P(-1|1)$, $S(0|0)$ und $Q(1|1)$
   Graph liegt im 1. und 2. Quadranten

2. **Steigungsverhalten und Krümmung:**
   $x \leq 0$: fallend
   $x \geq 0$: steigend
   $S(0|0)$ ist ein Tiefpunkt
   Linkskrümmung

3. **Verhalten an den Rändern:**
   Für $x \to -\infty$ strebt $f(x)$ gegen ∞.
   Für $x \to \infty$ strebt $f(x)$ gegen ∞.

4. **Symmetrie:**
▶ | Achsensymmetrie zur y-Achse.

▶ | **Beispiel: Potenzfunktionen mit ungeradem Grad**
Zeichnen Sie die Graphen von $f(x) = x$, $f(x) = x^3$ und $f(x) = x^5$. Listen Sie die gemeinsamen Eigenschaften auf.

Lösung:

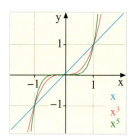

1. **Gemeinsame Punkte/Graph:**
   $P(-1|-1)$, $W(0|0)$ und $Q(1|1)$
   Graph liegt im 1. und 3. Quadranten

2. **Steigung und Krümmung**:
   Durchgängig steigend
   $x \leq 0$: Rechtskrümmung
   $x \geq 0$: Linkskrümmung
   W ist ein sog. Wendepunkt

3. **Verhalten an den Rändern:**
   Für $x \to -\infty$ strebt $f(x)$ gegen $-\infty$.
   Für $x \to \infty$ strebt $f(x)$ gegen ∞.

4. **Symmetrie:**
▶ | Punktsymmetrie zum Ursprung.

---
* Man kann auch $f(x) = 1$ als Potenzfunktion $f(x) = x^0$ betrachten.   ** Ausnahme $f(x) = x^1$

2. Potenzfunktionen

B. Symmetrie von Funktionen

Eine wichtige Rolle bei der Beschreibung der Potenzfunktionen $f(x) = x^n$ ($n \in \mathbb{N}$) spielt das *Symmetrieverhalten*. Diese Eigenschaft kann man am Graphen gut ablesen, aber man benötigt natürlich auch exakte und allgemeine Nachweismethoden. Die folgenden beiden Kriterien gelten für beliebige Funktionen. Sie betreffen die sog. Standardsymmetrien zum Ursprung des Koordinatensystems und zur y-Achse.

Definition II.2: Achsensymmetrie
Eine Funktion f heißt achsensymmetrisch zur y-Achse, wenn für alle $x \in D$ gilt: $f(-x) = f(x)$.

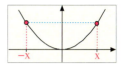

Definition II.3: Punktsymmetrie
Eine Funktion f heißt punktsymmetrisch zum Ursprung, wenn für alle $x \in D$ gilt: $f(-x) = -f(x)$.

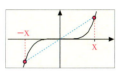

▶ **Beispiel: Rechnerische Symmetrieuntersuchung**
Untersuchen Sie $f(x) = x^2$, $g(x) = x^3$ und $h(x) = \frac{1}{2}x^3 + \frac{3}{2}x^2$ auf Achsensymmetrie zur y-Achse bzw. auf Punktsymmetrie zum Ursprung. Führen Sie den exakten Nachweis.

Lösung:
Die Parabel $f(x) = x^2$ ist achsensymmetrisch zur y-Achse, denn es gilt nach nebenstehender Rechnung $f(-x) = f(x)$.

$g(x) = x^3$ ist punktsymmetrisch zum Ursprung, denn es gilt $g(-x) = -g(x)$.

$h(x) = \frac{1}{2}x^3 + \frac{3}{2}x^2$ weist keine der beiden Standardsymmetrien auf, da weder $h(-x) = h(x)$ noch $h(-x) = -h(x)$ generell gilt.

Dennoch ist die Funktion h zu einem Punkt P punktsymmetrisch, was wir am Graph
▶ sehen können. Es ist der Punkt $P(-1|1)$.

Symmetrie von $f(x) = x^2$:
$f(-x) = (-x)^2 = x^2 = f(x)$

Symmetrie von $g(x) = x^3$:
$g(-x) = (-x)^3 = -x^3 = -g(x)$

Symmetrie von $h(x) = \frac{1}{2}x^3 + \frac{3}{2}x^2$
$h(-x) = \frac{1}{2}(-x)^3 + \frac{3}{2}(-x)^2 = -\frac{1}{2}x^3 + \frac{3}{2}x^2$
$h(x) = \frac{1}{2}x^3 + \frac{3}{2}x^2$
$-h(x) = -\frac{1}{2}x^3 - \frac{3}{2}x^2$
$\Rightarrow$ keine Übereinstimmung

Übung 1
a) Untersuchen Sie durch Zeichnung mit dem GTR, ob die Funktionen I–VIII achsensymmetrisch zur y-Achse oder punktsymmetrisch zum Ursprung sind.
b) Untersuchen Sie die Funktionen rechnerisch auf das Vorliegen der Standardsymmetrien.
   I $f(x) = x$ II $f(x) = x^4$ III $f(x) = x^5$ IV $f(x) = x^6$
   V $f(x) = 3x^2$ VI $f(x) = x + x^3$ VII $f(x) = x^2 + x^4$ VIII $f(x) = x + x^4$
c) Finden Sie durch Zeichnen des Graphen – z.B. mit dem GTR – heraus, zu welchem Punkt bzw. zu welcher Achse $f(x) = x^3 - 3x^2$ bzw. $g(x) = x^2 - 4x$ symmetrisch sind.

C. Das Steigungsverhalten von Funktionen

Das Steigungsverhalten ist ebenfalls eine charakteristische Eigenschaft von Funktionen. In der Mathematik bezeichnet man das Steigungsverhalten als *Monotonieverhalten* und spricht von monotonem Steigen und Fallen. Wir werden dies erst in Kapitel V intensiver benötigen.

Definition II.4: Monotones Steigen
Eine Funktion heißt monoton steigend auf dem Intervall I = [a; b], wenn für je zwei beliebige Stellen x_1, x_2 aus I mit $x_1 < x_2$ stets gilt:
$$f(x_1) \leq f(x_2).$$
Sie heißt streng monoton steigend, wenn sogar $f(x_1) < f(x_2)$ gilt.

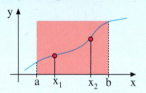

Definition II.5: Monotones Fallen
Eine Funktion heißt monoton fallend auf dem Intervall I = [a; b], wenn für je zwei beliebige Stellen x_1, x_2 aus I mit $x_1 < x_2$ stets gilt:
$$f(x_1) \geq f(x_2).$$
Sie heißt streng monoton fallend, wenn sogar $f(x_1) > f(x_2)$ gilt.

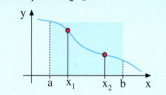

Steigungsverhalten der Potenzfunktionen

Die Potenzfunktionen $f(x) = x^n$ ($n \in \mathbb{N}$) sind für ungerades n streng monoton steigend. Für gerades n sind sie dagegen streng monoton fallend für $x \leq 0$ und streng monoton steigend für $x \geq 0$.

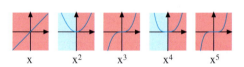

> **Beispiel: Steigen und Fallen**
> Gegeben sind die Funktionen $f(x) = \frac{1}{2}x^2 + 1$ und $g(x) = -x^3$ aufgrund einer Zeichnung des Graphen (Wertetabelle oder GTR). Bestimmen Sie die Bereiche des Steigens und Fallens.

Lösung:
$f(x) = \frac{1}{2}x^2 + 1$ hat zwei Monotoniebereiche. f fällt für $x \leq 0$ und steigt für $x \geq 0$. Bei $x = 0$ liegt ein Tiefpunkt T, der die beiden Bereiche trennt.

▶ $g(x) = -x^3$ verläuft durchgehend fallend.

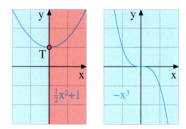

Übung 2
Untersuchen Sie f auf Steigen und Fallen.
a) $f(x) = x^5$
b) $f(x) = x^2 - 4x$
c) $f(x) = 1 - x^3$
d) $f(x) = x^3 - 4x$
e) $f(x) = 1$
f) $f(x) = \frac{1}{x}$
g)

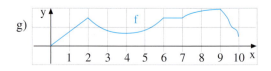

D. Exkurs: Anwendungen

Potenzfunktionen haben zahlreiche Anwendungen, z. B. in technischen Zusammenhängen.

> **Beispiel: Höchstgeschwindigkeit eines Autos**
> Die Geschwindigkeit eines Autos hängt von der Motorleistung und vom Luftwiderstand ab, der mit zunehmender Geschwindigkeit steigt und dazu führt, dass das Fahrzeug dann nicht weiter beschleunigt. Die Formel $P(v) = 10^{-5} \cdot v^3$ gibt an, welche Leistung P in kW ein normales Auto aufbringen muss, um die Höchstgeschwindigkeit v (in km/h) zu erreichen.
>
> a) Zeichnen Sie P für $0 \leq v \leq 400$ km/h.
> b) Wie viel kW bzw. PS benötigt man für 250 km/h?
> c) Vergleichen Sie: Ein VW-Käfer (1959) mit 30 PS schaffte eine Spitze von ca. 115 km/h.
> d) Wie schnell kann ein 100 PS starkes Auto fahren?
>
> **1 kW = 1,36 PS**

Lösung:
a) Der Graph zeigt den mit zunehmender Geschwindigkeit kubisch ansteigenden Leistungsbedarf.

b) Aus der Zeichnung lässt sich die Frage nur ungenau beantworten, also vielleicht ca. 150 kW.
Durch Einsetzen in die Formel erhält man:
$P(250) = 10^{-5} \cdot 250^3 \approx 156$ kW ≈ 212 PS

c) Durch Einsetzen der Höchstgeschwindigkeit in die Formel erhält man:
$P(115) = 10^{-5} \cdot 115^3 \approx 15{,}21$ kW $\approx 20{,}68$ PS
Damals waren Motoren und Windschnittigkeit noch nicht optimal, weshalb man für 115 km/h mehr Leistung brauchte, als die Formel ansagt.

d) 100 PS entsprechen ca 74 kW. Der Zeichnung entnehmen wir, dass man damit unter 200 km/h liegt. Zum exakten Berechnen muss die Formel $P = 10^{-5} \cdot v^3$ nach v aufgelöst werden. Wir erhalten so die „Umkehrfunktion" $v(P) = \sqrt[3]{10^5 \cdot P}$.
Einsetzen von P = 74 kW liefert ca. 195 km/h.*

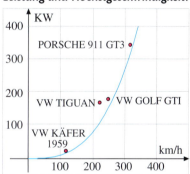

Leistung und Höchstgeschwindigkeit:

Auflösen der Formel nach v:
$P = 10^{-5} \cdot v^3 \qquad | \cdot 10^5$
$10^5 \cdot P = v^3 \qquad | \sqrt[3]{\ }$
$\sqrt[3]{10^5 \cdot P} = v$
$v(P) = \sqrt[3]{10^5 \cdot P}$

Übung 3 Schlittenfahrt
Ein Schlitten erreicht bei der Abfahrt von einem Hügel der Höhe h die Geschwindigkeit $v(h) = \sqrt{20h}$, wenn man von Reibungsverlusten absieht (h in m, v in m/s).
a) Welche Geschwindigkeit erreicht man bei der Abfahrt von einem 20 m hohen Hügel?
b) Stellen Sie h als Funktion von v dar und zeichnen Sie den Graphen von h.
c) Welche Hügelhöhe wird benötigt, um auf 100 km/h Geschwindigkeit zu kommen?

---
* Zum Vergleich: Tragen Sie Daten von aktuellen Autos in die Graphik als Punkte ein.

E. Potenzfunktionen mit negativen Exponenten: $f(x) = \frac{1}{x^n}$ bzw. $f(x) = x^{-n}$

In vielen Anwendungen der Mathematik – z. B. bei antiproportionalen Zuordnungen – kommen Funktionen vom Typ $f(x) = \frac{1}{x^n}$ bzw. $f(x) = x^{-n}$ ($n \in \mathbb{N}$) vor, d. h. Potenzfunktionen mit negativen Exponenten. Die Prototypen sind die Funktionen $f(x) = \frac{1}{x}$ und $f(x) = \frac{1}{x^2}$. Die Graphen der Funktionsklasse heißen *Hyperbeln.* Ihre Eigenschaften stellen wir nun zusammen.

$f(x) = \frac{1}{x^n}$ (n ungerade)

Wertetabelle von $f(x) = \frac{1}{x}$:

x	−10	−2	−1	−0,1	0	0,1	1	2	10
y	−0,1	−0,5	−1	−10	−	10	1	0,5	0,1

Graphen:

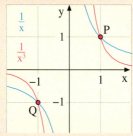

Eigenschaften:
1. f ist für x = 0 nicht definiert.
2. f verläuft im 1. und 3. Quadranten.
3. f ist punktsymmetrisch zum Ursprung.
4. f verläuft überall fallend.
5. x → ±∞: Anschmiegung an x-Achse.
6. x → 0: Anschmiegung an y-Achse.
7. P(1|1) und Q(−1|−1) liegen auf f.

$f(x) = \frac{1}{x^n}$ (n gerade)

Wertetabelle von $f(x) = \frac{1}{x^2}$:

x	−10	−2	−1	−0,1	0	0,1	1	2	10
y	0,01	0,25	1	100	−	100	1	0,25	0,01

Graphen:

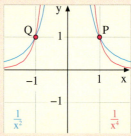

Eigenschaften:
1. f ist für x = 0 nicht definiert.
2. f verläuft im 1. und 2. Quadranten.
3. f ist achsensymmetrisch zur y-Achse.
4. f ist steigend für x < 0 und fallend für x > 0.
5. x → ±∞: Anschmiegung an x-Achse.
6. x → 0: Anschmiegung an y-Achse.
7. P(1|1) und Q(−1|1) liegen auf f.

Einige der Eigenschaften weisen wir in den folgenden Übungen rechnerisch nach.

Übung 4

Zeichnen Sie die Graphen von $f(x) = \frac{1}{x^n}$ mit dem GTR und beschreiben Sie Gemeinsamkeiten.
a) n = 1, n = 3 und n = 5   b) n = 2, n = 4 und n = 6

Übung 5
Untersuchen Sie die Funktion $f(x) = \frac{1}{x^n}$ rechnerisch auf das Vorliegen der Grundsymmetrien.
a) n = 1, n = 3   b) n = 2, n = 4

Übung 6
Wo sind die Funktionswerte von $f(x) = \frac{1}{x^n}$ größer als 400 bzw. kleiner als 0,05?
a) n = 1, n = 3   b) n = 2, n = 4

Übung 7
Zeichnen Sie den Graphen von f. Untersuchen Sie f rechnerisch auf Achsensymmetrie zur y-Achse und Punktsymmetrie zum Ursprung.
a) $f(x) = x^2$ b) $f(x) = x^{-4}$ c) $f(x) = x^2 + x^6$ d) $f(x) = x^{-5} + x^3 + \frac{1}{x}$ e) $f(x) = \sqrt{x}$

Verschiebungen und Streckungen

Mit Hilfe von Verschiebungen, Streckungen und Spiegelungen lässt sich die Klasse der Potenzfunktionen mit negativen ganzzahligen Exponenten beträchtlich erweitern.

> **Beispiel: Manipulation einer Hyperbel**
> Strecken Sie den Graphen von $f(x) = \frac{1}{x^2}$ mit dem Faktor 0,5 in y-Richtung und verschieben Sie ihn anschließend um 2 nach rechts und 1 nach oben.
> Wie lautet die Gleichung der resultierenden Funktion g(x)? Beschreiben Sie Eigenschaften.

Lösung:
Wir führen die Operationen nacheinander aus.

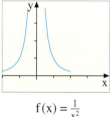 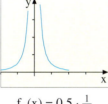 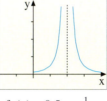 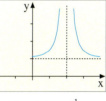

$f(x) = \frac{1}{x^2}$ $\qquad f_1(x) = 0,5 \cdot \frac{1}{x^2}$ $\qquad f_2(x) = 0,5 \cdot \frac{1}{(x-2)^2}$ $\qquad g(x) = 0,5 \cdot \frac{1}{(x-2)^2} + 1$

Durch Eingabe von g(x) in den GTR können wir unser Resultat auch optisch noch einmal auf Richtigkeit kontrollieren. **GTR**

Die Ergebnisfunktion g bezeichnet man übrigens als eine gebrochen-rationale Funktion. Sie ist bei x = 2 nicht definiert, sondern schmiegt sich dort an die senkrechte Gerade x = 2, die man auch als *Polgerade* bezeichnet, beliebig dicht an. Für x → ±∞ nähern sich die Funktionswerte von g immer mehr der waagerechten Geraden y(x) = 1, die man auch als *Asymptote* bezeichnet.

Übung 8
Welche Verschiebungen und Streckungen von $f(x) = \frac{1}{x}$ führen zum Graphen von g(x)?
a) $g(x) = \frac{2}{x+1} - 3$ b) $g(x) = \frac{1}{2(x-1)} + 1$ c) $g(x) = \frac{2}{2x-6}$ d) $g(x) = \frac{x+2,5}{x+2}$

Übung 9
Der Graph von $f(x) = \frac{1}{x^2}$ wird längs der x-Achse so verschoben, dass er durch P(1|4) geht.
Wie lautet die Gleichung der resultierenden Funktion g(x)?

Übung 10
$f(x) = \frac{1}{x^2}$ wird an der x-Achse gespiegelt. Wie lautet die neue Funktionsgleichung? (vgl. S. 37).
$f(x) = \frac{1}{x-2}$ wird an der y-Achse gespiegelt. Wie lautet die neue Funktionsgleichung? (vgl. S. 37).

Übungen

Übung 11 Milchkühe

Ein Bauer besitzt 60 ha (Hektar) Land, auf dem er Milchkühe züchten möchte.

Die Funktion $A(x) = \frac{60}{x}$ (x: Zahl der Kühe) gibt an, wie viel Hektar Weideland pro Kuh zur Verfügung stehen.

a) Zeichnen Sie den Graphen von A.
b) Wie viel Weideland pro Kuh ergibt sich bei 20 Kühen?
c) Die biologische Nutzung des Landes ist nur gewährleistet, wenn man mit einem Bedarf von 1,5–2,5 ha pro Kuh rechnet. Wie viele Kühe kann der Bauer halten?

Übung 12 Vulkane

Das Hangprofil eines Vulkankegels kann grob durch die Funktion $f(x) = \frac{25}{x^2}$ beschrieben werden.
$(2 \leq |x| \leq 6, 1 \text{ LE} = 100\,\text{m})$

a) Der Krater ist 400 m breit. Wie hoch ist der Vulkanberg?
b) In welcher Höhe hat der Vulkanberg einen Durchmesser von 1 km?
c) Ein weiterer Vulkan hat das Profil $g(x) = \frac{100}{x^3}$ $(3 \leq |x| \leq 9)$.
   Der Kraterdurchmesser ist 600 m.
   Welcher Vulkan ist höher?
   In welcher Höhe haben beide Vulkane den gleichen Durchmesser?
d) Zeichnen Sie beide Berge im Schnitt.

Übung 13 Känguru

Die Känguruherde auf Mr. Johns Tierfarm wird durch $K(t) = \frac{2000t}{t+1}$ beschrieben.
t: Zeit in Monaten; K(t): Zahl der Kängurus

a) Zeichnung des Graphen K ($0 \leq t \leq 12$).
b) Zeigen Sie: $K(t) = -\frac{2000}{t+1} + 2000$
c) Wie viele Kängurus gab es Anfang Mai?
d) Wann werden es 1800 Kängurus sein?
e) Welche Zahl von Kängurus kann auch langfristig nicht überschritten werden?

F. Die Wurzelfunktion $f(x) = x^{\frac{1}{n}}$ bzw. $f(x) = \sqrt[n]{x}$

Wir behandeln nun Potenzfunktion mit einem Stammbruch als Exponenten, d.h. $f(x) = x^{\frac{1}{n}}$. Diese Funktion kann man auch als n-te Wurzel darstellen, d.h. $f(x) = \sqrt[n]{x}$.

Quadrat- und Kubikwurzelfunktion

Die einfachsten Vertreter dieser Funktionsklasse sind die Quadratwurzelfunktion $f(x) = \sqrt{x}$ bzw. $f(x) = x^{\frac{1}{2}}$ und die Kubikwurzelfunktion $f(x) = \sqrt[3]{x}$ bzw. $f(x) = x^{\frac{1}{3}}$. Sie sind nur für $x \geq 0$ definiert und verlaufen ganz im ersten Quadranten, streng monoton ansteigend und mit einer Rechtskrümmung versehen, ohne jede Symmetrie.
Es gilt: $D = \mathbb{R}_0^+$, $W = \mathbb{R}_0^+$

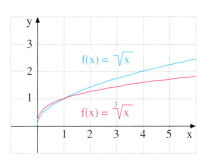

▶ **Beispiel: Das Fadenpendel**
Ein Fadenpendel der Länge l hat auf der Erde die Schwingungsdauer $T(l) \approx 2\sqrt{l}$.
a) Welche Schwingungsdauer (hin und zurück) hat ein 2 m langes Pendel?
b) Wie lang muss ein sog. Sekundenpendel sein (T = 1 Sekunde)?
c) Wie lange dauert es, bis Spiderman die gegenüberliegende Hauswand erreicht hat? Sein Seil ist 30 m lang. Er führt eine Viertelschwingung aus.

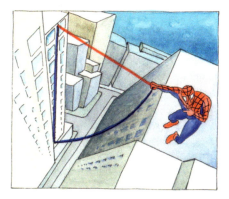

Lösung:
a) Eine Hin- und Herschwingung des Pendelkörpers am Seil dauert bei einer Seillänge von 2 m ca. 2,8 Sekunden.
b) Der Ansatz T(l) = 1 führt auf eine Seillänge von 0,25 m, d.h. 25 cm. Ein 25-cm-Pendel schwingt in einer Sekunde genau einmal hin und her.
c) Ein 30 m langes Seil hat eine Schwingungsdauer von ca 10,95 Sekunden. Da Spiderman aber nur eine Viertelschwingung macht, geht es mit 2,73 Sekunden doch recht schnell.

Schwingungsdauer bei 2 m Länge:
$T(2) \approx 2\sqrt{2} \approx 2{,}82\,s$

Länge des Sekundenpendels:
$T(l) = 1$
$2\sqrt{l} = 1$
$\sqrt{l} = \frac{1}{2}$
$l = \frac{1}{4}$
$l = 0{,}25$

Schwingungsdauer bei 30 m Länge:
$T(30) \approx 2\sqrt{30} \approx 10{,}95\,s$

Übung 14 Pendel auf anderen Planeten
Allgemein gilt die Pendelgleichung $T(l) \approx 2\pi \cdot \sqrt{\frac{l}{g}}$, wobei g die Schwerebeschleunigung in m/s² am Pendelort ist. Auf der Erde gilt g = 9,81 m/s². Lösen Sie die Aufgaben aus dem Beispiel oben für die gleichen Pendelvorgänge auf dem Mond (g = 1,62 m/s²) und dem Jupiter (g = 24,79 m/s²).

Durch Streckungen/Stauchungen, Verschiebungen und Spiegelungen kann man Modifikationen der Quadrat- und der Kubikwurzelfunktion erzeugen.

> **Beispiel: Eine Wurzelfunktion**
> Gegeben ist die Funktion $g(x) = \frac{1}{2}\sqrt{x+2} + 1$.
> a) Wie entsteht der Graph von g aus dem Graphen von $f(x) = \sqrt{x}$?
> b) Zeichnen Sie den Graphen von g. Verwenden sie zur Kontrolle den GTR.
> c) Wie lauten Definitions- und Wertemenge von g?

Lösung zu a:
Folgende Modifikationen von f sind nötig:
① $f(x) = \sqrt{x}$ Ausgangslage
② $f_1(x) = \frac{1}{2}\sqrt{x}$ Stauchung, Faktor: $\frac{1}{2}$
③ $f_2(x) = \frac{1}{2}\sqrt{x+2}$ x-Verschiebung: -2
④ $g(x) = \frac{1}{2}\sqrt{x+2} + 1$ y-Verschiebung: $+1$

Lösung zu b:

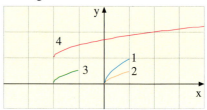

Lösung zu c:
g ist nur dort definiert, wo der Radikand der Wurzel nicht negativ ist, also für $x \geq -2$.
▶ Für die Funktionswerte gilt $g(x) \geq 1$.

Definitions- und Wertemenge von g
$D = \{x \in \mathbb{R}: x \geq -2\}$
$W = \{y \in \mathbb{R}: x \geq 1\}$

 Übung 15
Zeichnen Sie die Graphen von f. Bestimmen Sie außerdem Definitions- und Wertemenge von f.
a) $f(x) = 2\sqrt{x-3}$ b) $f(x) = \sqrt{-x}$ c) $f(x) = \frac{1}{2}\sqrt{2x+4}$ d) $f(x) = 2 - \sqrt{x+4}$

Übung 16
Bestimmen Sie die Achsenabschnittspunkte der Funktionen aus Übung 15. An welcher Stelle haben die Funktionen den Funktionswert 1 bzw. den Funktionswert 4?

GTR Übung 17
Zeichnen Sie die Graphen von $f(x) = \sqrt{x}$ und $g(x) = 3 - \frac{1}{2}\sqrt{x}$ und bestimmen Sie ihren gemeinsamen Schnittpunkt.

Übung 18
Die abgebildete Halfpipe wird aus drei Funktionen f, g und h zusammengesetzt.
a) Bestimmen Sie die Parameter a, b und c aus den Daten der Skizze.
b) In welchem Bereich beträgt die Höhe der Bahn mindestens 1,50 m?

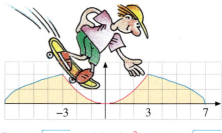

$f(x) = \sqrt{a+x}$ $g(x) = bx^2$ $h(x) = \sqrt{c-x}$

Übungen

19. Galeere (vgl. S. 58)

Bei einer nachgebauten antiken Galeere ist die benötigte Ruderleistung P in Kilowatt eine Funktion der erzielbaren Geschwindigkeit v in km/h. Versuche haben gezeigt, dass $P(v) = 0{,}004\, v^3$ gilt.

Ein Ruderer kann eine länger durchzuhaltende Ruderleistung von ca. 100 Watt erzielen.

a) Wie viele Ruderer können die Galeere auf eine Geschwindigkeit von 10 km/h bringen?
b) Welche Geschwindigkeit ist mit 200 Ruderern erreichbar?
c) Welche Geschwindigkeit könnten 200 Ruderer mit der Leistungsfähigkeit der Ruderer aus dem Team des Deutschland-Achters erreichen? Sie können auf dem Ruder-Ergometer eine Leistung von 500 Watt über eine Distanz von 2 km ziehen.

20. Oberfläche und Volumen von Kugeln

Die Oberfläche O und das Volumen V einer Kugel sind Funktionen des Radius r der Kugel. Angenähert gelten die Formeln:
$O(r) = 12\, r^2$, $V(r) = 4\, r^3$.

$O(r) = 4\pi r^2 \approx 12\, r^2$
$V(r) = \frac{4}{3}\pi r^3 \approx 4\, r^3$

a) Zeichnen Sie die Graphen von O und V für $0 \leq r \leq 7$ LE (Längeneinheiten).
b) Das Verhältnis der Oberfläche O zum Volumen V einer Kugel beträgt $\frac{3}{r}$.

Berechnen Sie das Verhältnis für einen 7,5-Tonnen-Elefant, dessen Volumen einer Kugel von ca. 13 dm Radius entspricht, und einem 20-kg-Hund, dessen Volumen einer Kugel von nur ca. 1,7 dm Radius entspricht. Ein 100-kg-Mensch hat einen Kugelradius von 2,9 dm.

Die von einem Lebewesen produzierte Wärme ist annähernd proportional zu seinem Volumen. Sie muss über die Körperoberfläche abgeführt werden.

Was bedeuten die errechneten Verhältnisse für den Elefant, den Hund und den Menschen praktisch? Welche Konsequenzen haben sich daraus ergeben?

3. Ganzrationale Funktionen

A. Einstiegsbeispiel

Im Folgenden untersuchen wir Polynomfunktionen, die sich aus Potenzfunktionen zusammensetzen lassen. Mit diesen Funktionen lassen sich viele Anwendungsprozesse beschreiben.

▶ **Beispiel: Kuschelkasten**
Anja möchte aus einem 30 cm × 30 cm großen Pappquadrat durch Abschneiden von vier quadratischen Eckstücken und Hochbiegen der Seiten einen Kuschelkasten für ihr Zwergkaninchen bauen.
Welche Seitenlänge x müssen die abgeschnitteten Eckquadrate haben, wenn das Volumen des Kastens maximal sein soll?

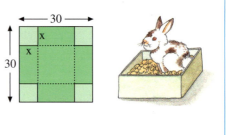

Lösung:
Man kann das Problem durch den Bau einiger Kästen aus Pappe veranschaulichen, z.B. für x = 2, x = 7 und x = 10, deren Inhalt man durch Befüllen direkt vergleicht.

Bastellösung:

Eine systematische Lösung wird möglich, wenn man das Volumen V des Kastens als Funktion der Größe x darstellt.
Die Höhe des Kastens sei also x. Seine Länge ist dann 30 − 2x und die Breite ist ebenfalls 30 − 2x, wobei 0 ≤ x ≤ 15 gilt.
Dann lautet die Funktion für das Volumen:
V(x) = (30 − 2x) · (30 − 2x) · x bzw.
V(x) = 4x³ − 120x² + 900x

Wertetabelle:

x	0	2	4	6	8
V	0	1352	1936	1944	1568

x	10	12	14	15
V	1000	432	56	0

Graph:

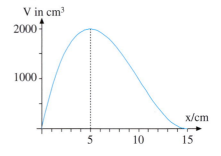

Mittels Wertetabelle zeichnen wir den Graphen von V. Er lässt vermuten, dass das Maximum von V bei x = 5 liegt und den Wert V(5) = 2000 hat.
Man kann dieses Ergebnis auch mit dem GTR automatisiert bestimmen.
(CASIO: Option *G-Solv > MAX*).
Anja sollte also Eckquadrate der Größe
▶ 5 cm × 5 cm abschneiden.

 Übung 1
Wo liegt der höchste Bahnpunkt einer Achterbahn mit der Profilkurve f?
$f(x) = -\frac{1}{8}x^4 - \frac{1}{3}x^3 + \frac{1}{4}x^2 + x + 2$
(1 LE = 10 m, −3 ≤ x ≤ 2)

B. Der Begriff der ganzrationalen Funktion

Die ganzrationalen Funktionen ergeben sich durch Vervielfachung und Addition von Potenzfunktionen. Sie werden auch als Polynome bezeichnet.

Definition II.6
Eine Funktion mit der Gleichung
$f(x) = a_n x^n + a_{n-1} x^{n-1} + \ldots a_1 x + a_0$
heißt *ganzrationale Funktion* oder *Polynom* vom Grad n.
Die reellen Zahlen a_i heißen Koeffizienten von f. Es gilt $a_n \neq 0$.
a_0 heißt absolutes Glied.

Beispiele:

$f(x) = x^3 + 2x : n = 3; a_3 = 1, a_2 = 0, a_1 = 2, a_0 = 0$

$f(x) = 2x^2 + 4 : n = 2; a_2 = 2, a_1 = 0, a_0 = 4$

$f(x) = -3 \quad : n = 0; a_0 = -3$

Ganzrationale Funktionen verhalten sich in der Regel wesentlich komplexer als Potenzfunktionen. Im Folgenden werden sie mit unterschiedlichen Methoden untersucht, wobei die graphische Darstellung zunächst im Vordergrund steht.

▶ **Beispiel: Der Graph eines Polynoms**
Gegeben ist die Funktion $f(x) = \frac{1}{3}x^3 + \frac{1}{2}x^2 - 2x$. Zeichnen Sie den Graphen für $-4 \leq x \leq 3$. **GTR**
Wie verhält sich die Funktion für betragsgroße Werte von x, d. h. für $x \to \infty$ und $x \to -\infty$?*

Lösung: Wir zeichnen den Graphen mithilfe einer Wertetabelle oder gleich automatisiert mit der Graphikoption eines GTR.

Der Graph steigt zunächst an. Er erreicht eine Nullstelle bei $x = -3{,}3$ und dann einen Hochpunkt bei $H(-2|3{,}3)$. Nun fällt er unter Durchlaufen einer Nullstelle bei $x = 0$ bis zum Tiefpunkt $T(1|-1{,}2)$, um dann weiter anzusteigen, wobei er bei $x = 1{,}8$ eine weitere Nullstelle durchläuft.
Er ist zunächst rechtsgekrümmt bis zu einem sog. Wendepunkt $W(-0{,}5|1)$, danach verläuft er mit Linkskrümmung.
Alle diese Eigenschaften werden später genauer untersucht.
Für große Werte von x, für $x \to \infty$*, wie man sagt, steigt er ins Unendliche, er strebt gegen ∞. Für kleine Werte von x, für
▶ $x \to -\infty$, strebt er gegen $-\infty$.

x	−4	−3	−2	−1	0	1	2	3
y	−5,3	1,5	3,3	2,2	0	−1,2	0,7	7,5

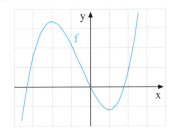

x	1	2	3	5	10	→ ∞
y	−1,2	0,7	7,5	44	363	→ ∞

x	−1	−2	−3	−5	−10	→ ∞
y	2,2	3,3	1,5	−19	−263	→ −∞

Übung 2
Zeichnen Sie den Graphen von f. Beschreiben Sie anschließend seine Eigenschaften.
a) $f(x) = x^2 + 2x - 2$ b) $f(x) = x^3 - 3x$ c) $f(x) = 2x^2 - x^4$ d) $f(x) = x^3 + 3x^2$

---
* $x \to \infty$: Gelesen: „x strebt gegen Unendlich". Gemeint: Die Werte für x werden unbegrenzt größer.

C. Exkurs: Der Globalverlauf einer ganzrationalen Funktion

Man kann den Graphen einer ganzrationalen Funktion stets auf der Basis einer Wertetabelle oder mit einem GTR darstellen. Hat man aber das Ziel, mathematisches Gefühl für diese Funktionsklasse zu entwickeln, so reicht das nicht aus. Dann muss man sich mit der Frage befassen, in welcher Weise die einzelnen Summanden eines Polynoms zusammenwirken.

Der Verlauf jeder ganzrationalen Funktion wird ganz wesentlich von dem Term $a_n x^n$ mit dem höchsten Exponenten geprägt. Dieser dominiert den Verlauf des Graphen von f in den Außenbereichen, also für betragsgroße Werte von x. Aufgrund seiner maximalen Potenzierungswirkung überflügelt er dort alle anderen Teilterme in ihrer Wirkung.

Die weiteren Summanden dominieren jedoch im Innenbereich. Sie bewirken dort lokale Ausschläge, die zu Hoch- und Tiefpunkten führen, oder sie produzieren Verschiebungen.

> **Beispiel: Globalverlauf und lokale Ausschläge**
> Gegeben ist die Funktion $f(x) = x^3 - x$. Zeichnen Sie die Graphen der Terme x^3, $-x$ und $x^3 - x$. Welchen Einfluss haben die Summanden x^3 und $-x$ für den Graphen von f?

Lösung:
Wir stellen nicht nur den Graphen von f selbst, sondern auch die Graphen der beiden Summanden dar, um deren Wirkung erkennen zu können.

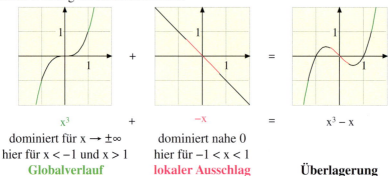

x^3 + $-x$ = $x^3 - x$
dominiert für $x \to \pm\infty$ dominiert nahe 0
hier für $x < -1$ und $x > 1$ hier für $-1 < x < 1$
Globalverlauf   **lokaler Ausschlag**   **Überlagerung**

In den äußeren Bereichen dominiert der Term x^3, denn dort ist er besonders groß. Der Graph von f verläuft dort ähnlich wie der Graph von x^3. Er kommt von unten und geht nach oben.
Im inneren Bereich, also in der Umgebung von $x = 0$, haben sich die Verhältnisse umgekehrt. Hier ist der Betrag von x^3 viel kleiner als der Betrag des Terms $-x$. Der Graph von f ähnelt hier daher dem Graphen von $-x$.
In der Überlagerung beider Terme im dritten Bild entsteht so ein Ausschlag, der zu einem Hoch- und einem Tiefpunkt führt.

Übung 3
Diskutieren Sie den Einfluss der einzelnen Summanden auf den Graphen von f. Welcher Term bestimmt den Globalverlauf? Kontrollieren Sie Ihre graphischen Resultate mit dem GTR. Zeichnen Sie dazu sowohl die Funktion f als auch ihre beiden Summanden ein.
a) $f(x) = 0,5 x^3 - x^2$ b) $f(x) = 0,25 x^4 - x^2$ c) $f(x) = 0,1 x^5 - x^2$ d) $f(x) = -x^3 + x$

3. Ganzrationale Funktionen

Besonderen Einfluss auf den Verlauf des Graphen eines Polynoms nimmt also der Term $a_n x^n$ mit dem größten Exponenten. Aber auch der Term $a_k x^k$ mit dem kleinsten positiven Exponenten im Verein mit dem absoluten Glied a_0 spielt mit. Der folgende Satz beschreibt dies genauer.

> ### Der Globalverlauf einer ganzrationalen Funktion
>
> Die ganzrationale Funktion f habe die Gleichung $f(x) = a_n x^n + a_{n-1} x^{n-1} + \ldots + a_k x^k + a_0$.
> x^n sei also die „größte" und x^k die „kleinste" im Funktionsterm enthaltene Potenz.
>
> **Verhalten für $x \to \pm\infty$**
> In den Außenbereichen, d.h. für $x \to -\infty$ und für $x \to \infty$, verläuft der Graph von f angenähert wie der Graph des Terms $a_n x^n$ mit dem größten positiven Exponenten.
>
> **Verhalten in der Nähe von $x = 0$**
> Im Innenbereich, in der Nähe von $x = 0$, verläuft der Graph von f angenähert wie der Graph des Terms $a_k x^k + a_0$, wobei k der kleinste positive Exponent ist.

▶ **Beispiel: Globalverlauf und Verschiebungswirkung**
Gegeben ist $f(x) = x^2 - 2x - 1$. Zeichnen Sie die Graphen der Terme x^2 und $-2x - 1$ sowie den Graphen von f. Welche Einfluss haben die Summanden x^2 und $-2x - 1$?

Lösung:
Der führende Term x^2 mit dem größten Exponenten prägt den Globalverlauf für $x \to \pm\infty$. Der Term $-2x - 1$ prägt den Verlauf von f in der Nähe von 0.

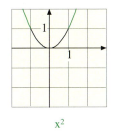 + 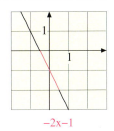 =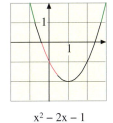

x^2	+	$-2x-1$	=	$x^2 - 2x - 1$
dominiert für $x \to \pm\infty$		dominiert nahe 0		
hier für $x < -1$ und $x > 1$		hier für $-1 < x < 1$		
Globalverlauf		**Verlauf nahe $x = 0$**		**Überlagerung**

▶ ### Übung 4
Skizzieren Sie den Verlauf des Graphen von f. Welcher Term bestimmt den Globalverlauf, welche das Verhalten nahe $x = 0$? Kontrollieren Sie Ihre Graphikresultate mit dem GTR. (Zeichnen Sie dazu sowohl f als auch die Terme $a_n x^n$ und $a_k x^k + a_0$ nach obigem Satz ein).

a) $f(x) = -x^2 - 4x$ b) $f(x) = x^3 - 2x + 2$ c) $f(x) = x^2 - 4x + 5$ d) $f(x) = x^3 - 3x^2 + 3x$
e) $f(x) = x^2 + x + 1$ f) $f(x) = x^4 - 4x^2$ g) $f(x) = x^4 - 2x + 1$ h) $f(x) = 0{,}5 x^4 - 2x^3$

D. Hoch- und Tiefpunkte ganzrationaler Funktionen

Die Graphen ganzrationaler Funktionen zeigen aufgrund der oben beschriebenen Wechselwirkung ihrer Terme oft abenteuerliche Schwankungen mit Hoch- und Tiefpunkten.
Im späteren Kursverlauf können wir Letztere mit neuen Methoden exakt berechnen. Zum jetzigen Stand können wie sie nur angenähert aus Zeichnungen bestimmen.

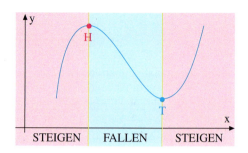

▶ **Beispiel: Hochpunkt**
Bestimmen Sie den lokalen Hochpunkt von $f(x) = -\frac{1}{3}x^3 + 1{,}05\,x^2$ angenähert durch Zeichnen des Graphen.

Lösung:
Wir fertigen eine Wertetabelle an und zeichnen den Graphen von f, aus der wir die Lage des lokalen Hochpunktes ablesen. Er scheint ca. bei H(2|1,5) zu liegen.

Durch Verfeinern der Wertetabelle in der Nähe des Hochpunktes oder durch Zeichnen des Graphen mit dem GTR gefolgt von den GTR-Optionen
[CASIO]: GSolv > MAX
[TI]: Menu > Graph analysieren > Maximum können wir den Hochpunkt noch genauer bestimmen. Resultat: H(2,1|1,54).

f kommt aus dem positiv Unendlichen und fällt bis zum Tiefpunkt T(0|0), steigt dann bis zum Hochpunkt H(2,1|1,54), um dann
▶ ins negativ Unendliche zu fallen.

Wertetabelle:

x	−3	−2	−1	0	1	2	3	4
y	18,5	6,9	1,4	0	0,7	1,5	0,5	−4,5

Graph:

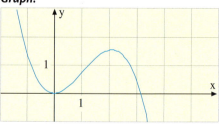

Verfeinerte Wertetabelle:

x	1,9	2,0	2,1	2,2
y	1,50	1,53	1,54	1,53

GTR **Übung 5**
Zeichnen Sie den Graphen von f, bestimmen Sie die Lage der Hoch- und Tiefpunkte angenähert, und beschreiben Sie das Monotonieverhalten von f.
a) $f(x) = \frac{1}{6}x^3 - 0{,}025\,x^2 - 1{,}9\,x$
b) $f(x) = \frac{1}{4}x^4 - 2\,x^2 + 2$
c) $f(x) = -\frac{1}{3}x^3 - 0{,}1\,x^2 + 2{,}2\,x$

GTR **Übung 6**
Zeichnen Sie den Graphen mit dem GTR. Bestimmen Sie Hoch- und Tiefpunkte angenähert.
a) $f(x) = x^2 + 1{,}2\,x - 5{,}4$
b) $f(x) = x^4 - 2\,x^2$
c) $f(x) = \frac{1}{100}(x^5 - 5\,x^4)$

E. Das Symmetrieverhalten ganzrationaler Funktionen

Polynome weisen oft eine der Standardsymmetrien auf, d. h. Punktsymmetrie zum Ursprung oder Achsensymmetrie zur y-Achse. Diese Symmetrien kann man am Graph erkennen, aber auch rechnerisch aufgrund der Kriterien bestimmen, die auf Seite 59 zusammengestellt sind.

> **Beispiel: Symmetrieverhalten**
> Untersuchen Sie, ob eine der Standardsymmetrien vorliegt.
> a) $f(x) = 0{,}25\,x^4 - x^2$ b) $f(x) = x^3 - 2x$ c) $f(x) = x^2 - 2x$

Lösung zu a)   Lösung zu b)   Lösung zu c)

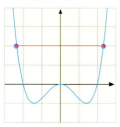 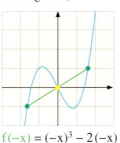 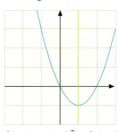

$f(-x) = 0{,}25\,(-x)^4 - (-x)^2$ $f(-x) = (-x)^3 - 2(-x)$ $f(-x) = (-x)^2 - 2(-x)$
$\quad\quad = 0{,}25\,x^4 - x^2$ $\quad\quad = -x^3 + 2x$ $\quad\quad = x^2 + 2x$
$\quad\quad = f(x)$ $\quad\quad = -f(x)$ $\quad\quad \neq f(x)$ und $\neq -f(x)$
$\Rightarrow$ *Symmetrie* $\Rightarrow$ *Symmetrie* $\Rightarrow$ keine Standard-
zur y-Achse   *zum Ursprung*   symmetrie

Bei Polynomen kann man die Standardsymmetrien durch einen besonders einfachen Test feststellen. Er wird im folgenden Kriterium formuliert und in Beispielen demonstriert.

> **Symmetrietest für Polynome**
> Haben alle Summanden eines Polynoms gerade Exponenten, so ist es *achsensymmetrisch* zur y-Achse.
> Haben alle Summanden ungerade Exponenten, so ist es *punktsymmetrisch* zum Ursprung.
> Besitzt es Summanden mit geraden und mit ungeraden Exponenten, so liegt *keine der beiden Standardsymmetrien* vor.

Beispiele:

$f(x) = 0{,}25\,x^4 - x^2$
Achsensymmetrisch zur y-Achse

$f(x) = x^3 - 2x = x^3 - 2x^1$
Punktsymmetrisch zum Ursprung

$f(x) = x^2 - 2x + 1 = x^2 - 2x^1 + 1x^0$
Keine der beiden Standardsymmetrien

Übung 7
Die Funktion f soll auf Symmetrien untersucht werden.
I: $f(x) = x^4 - 2x^2$ II: $f(x) = \frac{1}{3}x^3 - 4x$ III: $f(x) = x^2 - 4x$ IV: $f(x) = \frac{1}{10}(x^5 - 2x)$
a) Führen Sie den allgemeinen rechnerischen Nachweis zu den Standardsymmetrien.
b) Wenden Sie den obigen Symmetrietest für Polynome an.
c) Kontrollieren Sie ihre Ergebnisse durch eine Skizze (z. B. mit dem GTR).

F. Nullstellen ganzrationaler Funktionen

Ein wichtiges Kennzeichen ganzrationaler Funktionen neben Globalverlauf, Monotonieverhalten und Symmetrien sind ihre Nullstellen. Diese kann man z.T. rechnerisch exakt bestimmen, aber oft ist man auf eine Näherung durch Ablesen am Graphen oder dem GTR angewiesen.

▶ **Beispiel: Lineare und quadratische Funktionen**
Bestimmen Sie die Nullstellen von $f(x) = \frac{1}{2}x - 3$ und $g(x) = \frac{1}{2}x^2 + \frac{1}{2}x - 3$ rechnerisch.

Lösung:
Die Nullstelle der linearen Funktion berechnen wir durch Nullsetzen ihres Funktionsterms.

$$f(x) = 0$$
$$\frac{1}{2}x - 3 = 0 \quad |\cdot 2$$
$$x - 6 = 0 \quad +6$$
$$x = 6$$

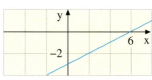

$f(x) = \frac{1}{2}x - 3$

Die Nullstellen der quadratischen Funktion berechnen wir mit der p-q-Formel.

$$f(x) = 0$$
$$\frac{1}{2}x^2 + \frac{1}{2}x - 3 = 0 \quad |\cdot 2$$
$$x^2 + x - 6 = 0 \quad | \text{p-q-Formel}$$
$$x = -\frac{1}{2} \pm \sqrt{\frac{1}{4} + 6}$$
$$x = -\frac{1}{2} \pm \frac{5}{2}$$
$$x = -3, \quad x = 2$$

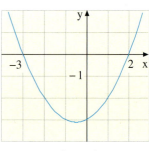

$g(x) = \frac{1}{2}x^2 + \frac{1}{2}x - 3$

Die Nullstellen von Polynomen vom Grad 3 oder höher lassen sich mit unseren Mitteln nur noch in Sonderfällen rechnerisch exakt bestimmen. Hierzu geben wir nun einige Beispiele.

▶ **Beispiel: Kubische Funktion**
Gesucht sind die Nullstellen der kubischen Funktion $f(x) = \frac{1}{4}x^3 - \frac{1}{2}x^2 - 2x$.

Lösung:
Das Besondere am Funktionsterm ist hier, dass jeder Summand den Faktor x enthält. Daher können wir x ausklammern, so dass eine Produktgleichung entsteht:

$$x \cdot \left(\frac{1}{4}x^2 - \frac{1}{2}x - 2\right) = 0$$

Da ein Produkt genau dann null ist, wenn einer der Faktoren null ist, führt der erste Faktor auf die Nullstelle $x = 0$, während der zweite Faktor über die p-q-Formel die Nullstellen $x = -2$ und $x = 4$ liefert.

Berechnung der Nullstellen:
$$f(x) = 0$$
$$\frac{1}{4}x^3 - \frac{1}{2}x^2 - 2x = 0 \quad | \text{ x ausklammern}$$
$$x \cdot \left(\frac{1}{4}x^2 - \frac{1}{2}x - 2\right) = 0 \quad | \text{ Produktsatz}$$
$$x = 0 \text{ oder } \frac{1}{4}x^2 - \frac{1}{2}x - 2 = 0 \quad |\cdot 4$$
$$x = 0 \qquad x^2 - 2x - 8 = 0 \quad | \text{ p-q-Formel}$$
$$x = 1 \pm \sqrt{9}$$
$$x = -2, \quad x = 4$$

3. Ganzrationale Funktionen

> **Beispiel: Kubische Funktion (Faktorisierung vorgegeben)**
> Gegeben ist die Funktion $f(x) = x^3 - x^2 - 4x + 4$. Berechnen Sie die Nullstellen von f.
> Zeigen Sie zunächst, dass $f(x) = (x - 1) \cdot (x^2 - 4)$ gilt.

Lösung:
Wir zeigen durch Ausmultiplikation des Produktes $(x - 1) \cdot (x^2 - 4)$, dass dies den Funktionsterm von f darstellt.
Nun berechnen wir die Nullstellen von f, indem wir die Produktterme null setzen. Dann liefert der Faktor $x - 1$ die Nullstelle $x = 1$ und der Faktor $x^2 - 4$ die beiden Nullstellen $x = -2$ und $x = 2$.

Nachweis der Termengleichheit:
$(x - 1) \cdot (x^2 - 4) = x^3 - 4x - x^2 + 4$
$\qquad\qquad\qquad\quad = x^3 - x^2 - 4x + 4 = f(x)$

Berechnung der Nullstelle:
$f(x) = 0$
$(x - 1) \cdot (x^2 - 4) = 0$
$x - 1 = 0 \quad$ oder $\quad x^2 - 4 = 0$
$\quad x = 1 \qquad\qquad\qquad x^2 = 4$
$\qquad\qquad\qquad\qquad\quad x = 2, x = -2$

> **Beispiel: Biquadratische Funktion (Substitution)**
> Bestimmen Sie die Nullstellen von $f(x) = x^4 - 5x^2 + 4$ und zeichnen Sie den Graphen von f.

Lösung:
Hier ist das Besondere am Funktionsterm, dass er nur geradzahlige Exponenten hat.

Dann kann man die Substitution $x^2 = u$ durchführen, d.h. man ersetzt x^2 durch u und x^4 durch u^2. So entsteht eine quadratische Gleichung $u^2 - 5u + 4 = 0$, die wir mithilfe der p-q-Formel lösen. Die beiden Lösungen sind $u = 1$ und $u = 4$. Nun resubstituieren wir $u = x^2$ und erhalten $x^2 = 1$ und $x^2 = 4$.
Hieraus folgen die vier Nullstellen $x = -1$, $x = 1$, $x = -2$ und $x = 2$.

Den Graphen von f erhalten wir durch Einzeichnen der Nullstellen und mit eine ergänzenden Wertetabelle oder per GTR.

Nullstellen:
$f(x) = 0$
$x^4 - 5x^2 + 4 = 0 \quad | \; x^2 = 0$ Substitution
$u^2 - 5u + 4 = 0 \quad | \;$ p-q-Formel
$\quad u = 2{,}5 \pm \sqrt{6{,}25 - 4}$
$\quad u = 2{,}5 \pm 1{,}5$
$u = 1$ oder $u = 4 \quad |$ Resubstitution $u = x^2$
$x^2 = 1$ oder $x^2 = 4$
$x = 1, x = -1, x = 2, x = -2$

Graph:

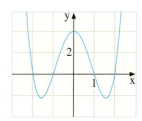

Übung 8 Lineare und quadratische Funktionen
Berechnen Sie die Nullstellen der Funktion f und zeichnen Sie den Graphen von f.
a) $f(x) = 4x - 2$
b) $f(x) = \frac{1}{2}x^2 - 2x - \frac{5}{2}$
c) $f(x) = \frac{1}{2}x^2 - 2x + 2$

Übung 9 Faktorisieren
Gesucht sind die Nullstellen von f. Zeichnen Sie den Graphen von f.
a) $f(x) = x^3 - x^2 - 2x$
b) $f(x) = x^4 - 3x^3$
c) $f(x) = (x - 2) \cdot (x^2 - 3x - 10)$

Übung 10 Biquadratische Funktion (Substitution)
Gesucht sind die Nullstellen von f. Zeichnen Sie den Graphen von f.
a) $f(x) = x^4 - 3x^2 - 4$
b) $f(x) = \frac{1}{8}x^4 + \frac{10}{8}x^2 + 3$
c) $f(x) = \frac{1}{4}x^4 - \frac{5}{4}x^2 + 1$

G. Untersuchung ganzrationaler Funktionen mit dem GTR

Polynomfunktionen und ihre Graphen können zeitsparend mit dem GTR untersucht werden.

▶ **Beispiel: Funktionsuntersuchung**
Gegeben ist die Funktion $f(x) = \frac{1}{6}x^3 - 2x$. Zeichnen Sie den Graphen von f für $-4 \leq x \leq 4$.
Beschreiben Sie den Verlauf des Graphen. Begründen Sie die vorliegende Symmetrie exakt.
Bestimmen Sie die Nullstellen von f. Wo liegt der lokale Hochpunkt von f und wo der lokale Tiefpunkt? Welches Globalverhalten zeigt der Graph von f?

Lösung:
Nach Eingabe der Funktionsgleichung stellen wir im Betrachtungsfenster (Option V-Window) das Intervall $-4 \leq x \leq 4$ ein, wozu der Wertebereich $-3 \leq y \leq 3$ gut passt, den wir ebenfalls einstellen können.

Daraus resultiert der Graph von f (Bild 1).

Er steigt bis zum Gipfel bei $x = -2$ an, fällt dann bis in das Tal bei $x = 2$ und steigt dann wieder an.

Er ist symmetrisch zum Ursprung, denn der Funktionsterm enthält nur Potenzfunktionen mit ungeraden Exponenten.

Die Nullstellen von f bestimmen wir mit der Option G-Solve > ROOT. Sie lauten $x \approx -3{,}46$, $x = 0$ und $x \approx 3{,}46$ (Bild 2).

Den lokalen Hochpunkt bestimmen wir mit der Option G-Solve > MAX. Es ist der Punkt $H(-2|2{,}67)$. Analog ergibt sich der lokale Tiefpunkt $T(2|-2{,}67)$ (Bild 3).

Das Globalverhalten von f ähnelt dem der
▶ Potenzfunktion $g(x) = x^3$.

Graph:

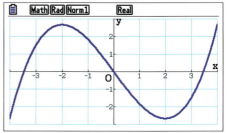

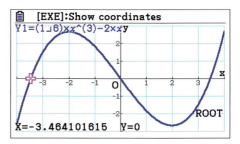

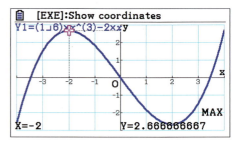

Übung 11
Untersuchen Sie die Funktion f mithilfe eines GTR bezüglich folgender Punkte: Zeichnung und Beschreibung des Graphen, Standardsymmetrien, Nullstellen, Hoch- und Tiefpunkte.
Beweisen Sie die Aussage zu den Standardsymmetrien rechnerisch und argumentativ.
Wie verhält sich f, wenn x gegen $-\infty$ bzw. gegen ∞ strebt?

a) $f(x) = \frac{1}{2}x^4 - x^2$
  $-5 \leq x \leq 5$

b) $f(x) = \frac{1}{4}x^5 - x^3 + x$
  $-4 \leq x \leq 4$

c) $f(x) = -2x^4 - x^3 + 3x^2$
  $-4 \leq x \leq 4$

H. Anwendungen ganzrationaler Funktionen

Mit ganzrationalen Funktionen lassen sich zahlreiche praktische Probleme beschreiben.

> **Beispiel: Funktionsuntersuchung**
> Eine Mine fördert eine seltene Erde, die auf dem Weltmarkt hoch gehandelt wird. Die wöchentlichen Produktionskosten betragen $K(x) = 0{,}1\,x^3 - 2x^2 + 10x + 10$, wobei x die wöchentliche Fördermenge in Tonnen und $K(x)$ die wöchentlichen Kosten in Tausend $ sind. Der wöchentliche Erlös wird bei einem Tonnenpreis von 8000 $ durch $E(x) = 8x$ (in Tausend $) erfasst.
> Stellen Sie die Gewinnfunktion $G = E - K$ auf.
> Zeichnen Sie den Graphen von G.
> Wann ist die Gewinnschwelle erreicht?
> Ab welcher Fördermenge wird die Produktion unprofitabel?
> Welche Fördermenge verspricht den maximalen Gewinn?

Lösung:
Die Gewinnfunktion lautet $G = E - K$, d.h.
$G(x) = -0{,}1\,x^3 + 2x^2 - 2x - 10$.

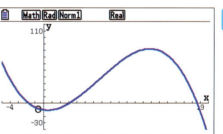

Man kann den Graphen von G mit einer Wertetabelle oder dem GTR erstellen. Die Auswertung kann manuell aus der Zeichnung oder mithilfe des GTR erfolgen.

Man erkennt, dass bis ca. $x = 3$ Verluste geschrieben werden. Dann ist die Funktion im positiven Gewinnbereich. Der maximale Gewinn wird ca. bei $x = 12$ erreicht und beträgt ca. 80 (in Tsd. $).
Der Einsatz der beiden GTR-Optionen g-Solv > ROOT und G-Solve > MAX liefert genauere Werte:
Gewinnzone: Von $x = 3{,}09$ Tonnen/Woche bis $x = 18{,}64$ Tonnen/Woche
Max. Gewinn: $x = 12{,}81$ Tonnen/Woche erbringen 82 365 $ Gewinn/Woche.

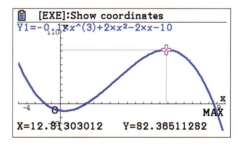

Übung 12
Der Wasservorrat eines Speicherbeckens wird durch die Funktion $W(t) = 0{,}01\,t^3 - 0{,}6\,t^2 + 9t$ beschrieben. t ist die Zeit in Wochen seit Jahresbeginn und W die Wassermenge in m^3. Zeichnen Sie den Graphen von W für den Verlauf eines Jahres. Im Verlauf welcher Woche war das Becken leer, so dass es gereinigt werden konnte? Im März kam es zu einem Hochstand. Wann genau trat dieser ein, und wie viel Wasser war im Becken? Wann droht die maximale Kapazität von $100\,m^3$ überschritten zu werden?

Übungen

Der Begriff der ganzrationalen Funktion

13. Die ganzrationale Funktion $g(x) = \frac{1}{2}x^3 - 2x$ hat den Grad 3 und die Koeffizienten $a_3 = \frac{1}{2}$, $a_2 = 0$, $a_1 = -2$ und $a_0 = 0$. Geben Sie analog Grad und Koeffizienten von f an.
a) $f(x) = 2x^4 - x^2 + x$ b) $f(x) = 4 - x^3 + x^2$ c) $f(x) = 2$
d) $f(x) = 2(x-1)^2$ e) $f(x) = (2-x) \cdot (2+x^4)$ f) $f(x) = (x-1)^3$

14. Welche Terme sind nicht ganzrational? Welche Definitionsmenge hat der jeweilige Term?

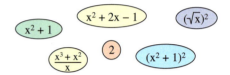

15. Gesucht ist eine ganzrationale Funktion mit folgenden Eigenschaften.
a) f hat den Grad 2, ist symmetrisch zur y-Achse, hat bei $x = -2$ eine Nullstelle und bei $x = 0$ den Funktionswert -2.
b) f hat den Grad 3, ist symmetrisch zum Ursprung und geht durch die Punkte $P(1|-3)$ und $Q(2|0)$.

Nullstellen ganzrationaler Funktionen

16. Bestimmen Sie die Nullstellen von f.
a) $f(x) = 4 - x$ b) $f(x) = ax + b$ c) $f(x) = 2x^2 - 2x$ d) $f(x) = x^2 + 2x - 3$

17. Gesucht sind die Nullstellen von f. Klammern Sie zunächst x aus.
a) $f(x) = x^2 - 4x$ b) $f(x) = x^3 - 3x^2$ c) $f(x) = x^4 - 4x^2$
d) $f(x) = 2x^3 - 4x$ e) $f(x) = \frac{1}{4}x^4 - 2x$ f) $f(x) = x^3 - 2x^2 + x$

18. Bestimmen Sie die Nullstellen der faktorisierten Funktion.
a) $f(x) = (x-2) \cdot (2x+6)$ b) $f(x) = (x+1) \cdot (2x-1) \cdot x$ c) $f(x) = (x^2 - 3x + 2) \cdot (x-2)$

19. Gesucht sind die Nullstellen der biquadratischen Funktion. Substituieren Sie $u = x^2$. Kontrollieren Sie ihre Ergebnisse mit dem GTR.
a) $f(x) = x^4 - 5x^2 + 4$ b) $f(x) = x^4 - 3x^2 - 4$ c) $f(x) = x^4 + 5x^2 + 4$

GTR 20. Zeichnen Sie den Graphen von f mit dem GTR. Verwenden Sie die Option zur Bestimmung der Nullstellen, um diese zu berechnen.
(CASIO : G-Solve > Roots; TI : Algebra > Graph analysieren > Nullstellen)
a) $f(x) = x^3 - 5,25x + 2,5$ b) $f(x) = 0,2x^4 - 1,05x^2 - 1,25$ c) $f(x) = x^3 - 2x^2 - x + 2$

21. Berechnen Sie die Schnittpunkte von f und g sowie die Nullstellen der Funktionen.
a) $f(x) = x^2$, $g(x) = 2x^3 - x$ b) $f(x) = \frac{1}{2}x^2 - 2x + 3$, $g(x) = 3 - \frac{1}{2}x^2$

Graphen ganzrationaler Funktionen

22. Skizzieren Sie den Graphen von f mithilfe einer Wertetabelle.
Prüfen Sie das Verhalten von f für $x \to \pm\infty$ (Wertetabelle oder Argumentation).

a) $f(x) = -\frac{1}{2}x^2 + 2x$
$-2 \leq x \leq 6$

b) $f(x) = (2-x) \cdot \left(\frac{1}{2}x^2 - 2\right)$
$-2 \leq x \leq 3$

c) $f(x) = \frac{1}{2}x^4 - 2x^2$
$-2{,}5 \leq x \leq 2{,}5$

23. Welche Gleichung gehört zu welchem Graphen?

I $f(x) = -\frac{1}{2}x^2 + \frac{5}{2}x - 2$

II $f(x) = \frac{1}{2}x^3 - \frac{5}{2}x^2 + 2x + 1$

III $f(x) = \frac{1}{2}(x^3 - 4x)$

IV $f(x) = -x^3 + 2x^2$

V $f(x) = -x^3 + 2x$

VI $f(x) = x^4 - 2x^2$

A B C

D E F

24. Konstruieren Sie eine Funktionsgleichung, die dem Graphen vom Typ grob entspricht.

a) 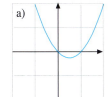 b) c) d)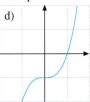

Symmetrie von Funktionen

25. Untersuchen Sie die Funktion f auf Symmetrie zur y-Achse bzw. zum Ursprung.

a) $f(x) = x^3 - 2x$

b) $f(x) = 1 - x^2 + x^4$

c) $f(x) = (x^2 - 1) \cdot 2x$

d) $f(x) = (x^2 - 4) \cdot (x^2 + 1) + 3$

Steigungsverhalten, Hoch- und Tiefpunkte

26. Gegeben ist die Funktion f. Skizzieren Sie den Graphen von f anhand einer Wertetabelle. Lesen Sie die ungefähre Lage der Hoch- und Tiefpunkte ab und beschreiben Sie, wo f steigt und fällt. Präzisieren Sie Ihre Ergebnisse mithilfe des GTR.

a) $f(x) = x^3 - 4x$

b) $f(x) = \frac{1}{6}x^2 \cdot (x-5)$

c) $f(x) = x^4 - 2x^3$

Globalverlauf rationaler Funktionen

27. Skizzieren Sie die Graphen von g und h in einem gemeinsamen Koordinatensystem. Erstellen Sie daraus durch Überlagerung eine Skizze des Graphen von $f(x) = g(x) + h(x)$.
Welcher Term dominiert das Verhalten von f für $x \to \pm\infty$ bzw. in der Umgebung von $x = 0$?
Kontrollieren Sie Ihr Ergebnis mit dem GTR.

a) $g(x) = x^3, h(x) = -2x + 1$
b) $g(x) = -x^3, h(x) = 2x + 2$
c) $g(x) = x^4, h(x) = -3x^2 + 1$

Kreise und Geraden

Drei Fälle sind möglich, wie ein Kreis K und eine Gerade g relativ zueinander liegen können.

1. g und K schneiden sich in 2 Punkten:
   g ist **Sekante** von K.
2. g berührt K in einem Punkt:
   g ist **Tangente** von K.
3. g und K haben keine gemeinsamen Punkte:
   g ist **Passante** von K.

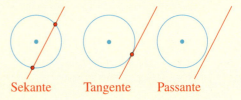

Sekante   Tangente   Passante

Bisher können wir nur Geraden durch Gleichungen beschreiben. Ein Kreis wird durch alle die Punkte der Ebene gebildet, die von einem Punkt der Ebene – dem Kreismittelpunkt – denselben Abstand haben. Damit können wir auch Kreise durch Gleichungen beschreiben.

Die Mittelpunktsform eines Kreises

Ein Kreis K mit dem *Mittelpunkt* M und dem *Radius* r ist definiert als Menge aller Punkte P der Ebene, die vom Punkt M den gleichen Abstand r haben.

Ein Kreis lässt sich nicht durch eine einzige Funktion darstellen. Es ist jedoch möglich, einen Kreis durch eine Relation mit quadratischen Termen zu beschreiben. Diese Relationsgleichung gewinnt man mit dem Lehrsatz des Pythagoras aus den abgebildeten Figuren.

Kreis um den Ursprung mit Radius r

Die Menge aller Punkte $P(x|y)$, welche die Gleichung
$$x^2 + y^2 = r^2$$
erfüllen, stellen einen Kreis K um den Koordinatenursprung mit Radius r dar.

Kreis um $O(0|0)$ mit $r = 3$:
K: $x^2 + y^2 = 9$

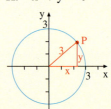

Schnittpunkte eines Kreises mit einer Geraden

Die beiden Stationen A und B, zwischen denen ein kreisförmiger See liegt, sollen durch eine geradlinige Bahnstrecke verbunden werden.
In welchen Punkten schneidet die Verbindung das Seeufer?
Wie lang wird die Brücke über den See?

Maßstab:
1 Einheit = 100 m

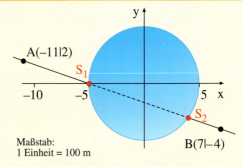

II. Rationale Funktionen

Überblick

Rechenregeln für Potenzen:
$a^m \cdot a^n = a^{m+n}$ gleiche Basis
$\dfrac{a^m}{a^n} = a^{m-n}$
$(a \cdot b)^n = a^n \cdot b^n$ gleicher Exponent
$\left(\dfrac{a}{b}\right)^n = \dfrac{a^n}{b^n}$
$(a^m)^n = a^{m \cdot n}$ Potenzierung
$a^{-n} = \dfrac{1}{a^n}$
$a^{\frac{1}{n}} = \sqrt[n]{a}$
$a^1 = a$
$a^0 = 1$

Potenzfunktion: $f(x) = x^n$ ($n \in \mathbb{N}$) heißt Potenzfunktion n-ten Grades.

Standardsymmetrien:
Achsensymmetrie zur y-Achse: $f(-x) = f(x)$ gilt für alle x
Punktsymmetrie zum Ursprung: $f(-x) = -f(x)$ gilt für alle x
Der Graph einer Polynomfunktion ist achsensymmetrisch zur y-Achse, wenn alle Exponenten gerade sind.
Er ist punktsymmetrisch zum Ursprung, wenn alle Exponenten ungerade sind.

Monotonie:
Folgt aus $x_1 < x_2$ stets $f(x_1) \leq f(x_2)$: monoton steigend
Folgt aus $x_1 < x_2$ stets $f(x_1) < f(x_2)$: streng monoton steigend
Folgt aus $x_1 < x_2$ stets $f(x_1) \geq f(x_2)$: monoton fallend
Folgt aus $x_1 < x_2$ stets $f(x_1) > f(x_2)$: streng monoton fallend

Ganzrationale Funktion: $f(x) = a_n x^n + a_{n-1} x^{n-1} + \ldots + a_1 x + a_0$, $a_n \neq 0$ (Grad $n \in \mathbb{N}$)
(Polynomfunktion)

Nullstellenbestimmung: p-q-Formel, Faktorisierung, biquadratische Gleichung
Arbeiten mit dem GTR

Symmetrie ganzrationaler Funktionen:
Treten nur gerade Exponenten auf, so liegt eine Symmetrie zur y-Achse vor.
Treten nur ungerade Exponenten auf, so liegt eine Symmetrie zum Ursprung vor.

Test

Rationale Funktionen

1. Schreiben Sie als Potenz:

a) $\sqrt[7]{\frac{1}{x}}$, $x > 0$
b) $\frac{1}{243}$
c) $\frac{1}{\sqrt[8]{3^5}}$

2. Berechnen Sie mit Hilfe der Potenzgesetze den exakten Wert des Terms:

a) $\sqrt[20]{\left(\frac{1}{32}\right)^{-4}}$
b) $36^{3,5} \cdot \left(\frac{1}{4}\right)^{\frac{7}{2}}$
c) $4^{\frac{4}{3}} : 0,05^{\frac{4}{3}}$

3. Bestimmen Sie die Nullstellen der Funktion f.
a) $f(x) = x^3 - 6x^2 - 7x$
b) $f(x) = x^4 + x^3 - 2x^2$
c) $f(x) = 4x^4 - 18,25x^2 + 9$

4. Gegeben sei die ganzrationale Funktion $f(x) = \frac{1}{6}x^4 - \frac{4}{3}x^2 - \frac{3}{2}$, $x \in \mathbb{R}$.
   a) Bestimmen Sie die Nullstellen von f.
   b) Untersuchen Sie f auf Symmetrie.
   c) Zeichnen Sie den Graphen von f für $-3,5 \leq x \leq 3,5$.
   d) Wie muss der Graph verschoben werden, damit f genau drei Nullstellen besitzt? Geben Sie die zugehörige Funktionsgleichung an.
   e) Zeigen Sie, dass nach der Verschiebung zu Aufgabenteil d eine doppelte Nullstelle vorliegt.
   f) Bestimmen Sie die Gleichung der quadratischen Funktion g, deren Graph die gleichen Achsenschnittpunkte wie f besitzt.
   g) Wie entsteht der Graph der Funktion g durch Verschiebungen und Streckung aus der Normalparabel?
   h) Bestimmen Sie die Gleichung der Geraden durch je zwei Achsenschnittpunkte der Funktion f.
   i) Unter welchem Winkel schneiden diese Geraden die x-Achse?

5. a) Bestimmen Sie eine ganzrationale Funktion 3. Grades, deren Graph bei $x = 1$, $x = -1$ und $x = 5$ Nullstellen hat.
   b) Welche Veränderung müssen Sie vornehmen, damit der Graph der von Ihnen aufgestellten Funktion zusätzlich noch durch den Punkt $P(-3|3)$ geht?
   c) Erklären Sie, ob die von Ihnen zu den Aufgabenteilen a und b aufgestellten Funktionen die einzig möglichen sind oder ob es mehrere Lösungen geben kann.

6. Untersuchen Sie rechnerisch, ob der Graph von f achsensymmetrisch zur y-Achse oder punktsymmetrisch zum Ursprung ist oder ob keine Symmetrie vorliegt.
a) $f(x) = 3(x+2)^2$
b) $f(x) = (x+2)(x-2)$
c) $f(x) = x(x-1)(x+1)$

Lösungen: S. 344

III. Grenzwerte und Änderungsraten

1. Grenzwerte von Funktionen

Bei der Untersuchung von Funktionen an den Grenzen ihres Definitionsbereichs oder an bestimmten kritischen Stellen werden oft Grenzwertbetrachtungen erforderlich. Dabei kommt es zu zwei unterschiedlichen Arten von Grenzprozessen, zum einen $x \to \infty$ bzw. $x \to -\infty$ und zum anderen $x \to x_0$.

A. Grenzwerte von Funktionen für $x \to \infty$ und $x \to -\infty$

▶ **Beispiel: Grenzwertbestimmung mit Testeinsetzungen**
Die Funktion $f(x) = \frac{2x+1}{x}$, $x > 0$, soll an ihrer rechten Definitionsgrenze untersucht werden.
a) Wie entwickeln sich die Funktionswerte von f, wenn x beliebig groß wird?
b) Zeichnen und kommentieren Sie den Graphen von f.

Lösung zu a:
Wir fertigen eine Wertetabelle an mit zunehmend größer werdenden x-Werten. Wir lassen die x-Werte in Gedanken gegen unendlich streben. Wir erkennen, dass die zugehörigen Funktionswerte sich immer mehr der Zahl 2 annähern, die man als Grenzwert bezeichnet.

Die Funktion $f(x) = \frac{2x+1}{x}$ strebt für x gegen unendlich gegen den *Grenzwert* 2.

x	1	10	100	1000	$\to \infty$
y	3	2,1	2,01	2,001	$\to 2$

Zur Beschreibung dieses Verhaltens verwendet man die rechts dargestellte symbolische *Limesschreibweise*.

$$\lim_{x \to \infty} \frac{2x+1}{x} = 2$$

Gelesen: Der Limes von $\frac{2x+1}{x}$ für $x \to \infty$ ist gleich 2.

Lösung zu b:
Graphisch ist dieses Grenzwertverhalten daran zu erkennen, dass sich der Graph von f für $x \to \infty$ von oben an die horizontale Gerade $y = 2$ anschmiegt. Man bezeichnet diese Schmiegegerade auch als *Asymptote* von f für $x \to \infty$.

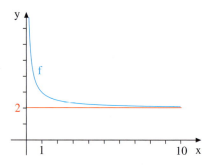

▶

Übung 1
Untersuchen Sie das Verhalten der Funktion f, wenn der angegebene Grenzprozess durchgeführt wird. Verwenden Sie als Methode Testeinsetzungen. Skizzieren Sie den Graphen von f.

a) $f(x) = \frac{2x+1}{x}$, $x < 0$, Grenzprozess: $x \to -\infty$
b) $f(x) = \frac{x+1}{x^2}$, $x > 0$, Grenzprozess: $x \to \infty$

1. Grenzwerte von Funktionen

Das Arbeiten mit Testeinsetzungen ist zwar sehr praktisch und wird daher häufig verwendet, aber es ist nicht ganz sicher. Möglicherweise hätte sich im letzten Beispiel als Grenzwert auch 2,000007 ergeben können anstelle von 2. Unsere dort verwendeten Testeinsetzungen hätten dies nicht erkennen lassen. Will man also sichergehen, so muss man allgemeiner argumentieren.

> **Beispiel: Grenzwertbestimmung mittels Termvereinfachung**
> Beweisen Sie durch eine allgemeingültige Argumentation: $\lim_{x \to \infty} \frac{2x+1}{x} = 2$. Vereinfachen Sie hierzu den zu untersuchenden Term so, dass einfacher zu beurteilende Teilterme entstehen.

Lösung:
Wir bringen den Term $\frac{2x+1}{x}$ durch Division in die Gestalt $2 + \frac{1}{x}$.
Die beiden summativen Teilterme sind einfacher zu beurteilen, was ihr Verhalten für $x \to \infty$ angeht.
Der erste Summand 2 verändert seinen Wert bei diesem Grenzprozess nicht.
Der zweite Summand $\frac{1}{x}$ strebt gegen 0, da der Zähler sich nicht verändert, während sein Nenner über alle Grenzen wächst.
Die Summe der beiden Terme strebt also gegen $2 + 0 = 2$.

Grenzwertrechnung:

$$\lim_{x \to \infty} \frac{2x+1}{x}$$

$$= \lim_{x \to \infty} \left(2 + \frac{1}{x}\right) \quad \text{Termvereinfachung durch Division}$$

$$= \lim_{x \to \infty} 2 + \lim_{x \to \infty} \frac{1}{x} \quad \text{Aufteilung in zwei Grenzwerte}$$

$$= 2 + 0 = 2 \quad \text{Bestimmung der Einzelgrenzwerte}$$

Übung 2
Untersuchen Sie das Verhalten von f für $x \to \infty$ und $x \to -\infty$ mithilfe der Methode der Termvereinfachung. Kontrollieren Sie das Resultat graphisch mit dem GTR.

a) $f(x) = \frac{4x-1}{x}$
b) $f(x) = \frac{3x^2-4}{x^2}$
c) $f(x) = \frac{2x+x^2}{x^2}$
d) $f(x) = \frac{x^2-x}{3x^2}$
e) $f(x) = \frac{3-x^3}{x^3}$
f) $f(x) = \frac{x^2-1}{x(x-1)}$

Übung 3
Im Intercity-Express ist die Klimaanlage ausgefallen.
Die ansteigende Temperatur wird durch
$$T(x) = \frac{200}{4 + \frac{6}{0{,}1t+1}}$$
erfasst (t: Minuten, T: °C).

a) Welche Temperatur herrscht zu Beginn?
b) Welche Temperatur herrscht nach einer Stunde?
c) Welche Grenztemperatur stellt sich ein?

B. Grenzwerte von Funktionen für x → x_0

Gelegentlich kommt es vor, dass eine Funktion f an einer bestimmten Stelle x_0 nicht definiert ist, wohl aber in der Umgebung der Stelle x_0. Man untersucht dann, wie sich die Funktionswerte f(x) verhalten, wenn man die Variable x gegen den Wert x_0 streben lässt. Kurz: Man interessiert sich für den Grenzwert $\lim_{x \to x_0} f(x)$. Es gibt mehrere Methoden zur Grenzwertbestimmung.

> **Beispiel: Grenzwertbestimmung mit Testeinsetzungen**
> Die Funktion $f(x) = \frac{x^2-4}{x-2}$ ist an der Stelle $x_0 = 2$ nicht definiert. Bestimmen Sie den Grenzwert $\lim_{x \to 2} \frac{x^2-4}{x-2}$, sofern dieser Grenzwert existiert. Arbeiten Sie mit Testeinsetzungen.

Lösung
Wir nähern uns der kritischen Stelle $x_0 = 2$ einmal von links und ein zweites mal von rechts. Wir erhalten in beiden Fällen das gleiche Ergebnis 4.

x	1,5	1,9	1,99	1,999	→2
y	3,5	3,9	3,99	3,999	→4

Linksseitiger Grenzwert: $\lim_{\substack{x \to 2 \\ x < 2}} \frac{x^2-4}{x-2} = 4$

Da links- und rechtsseitiger Grenzwert übereinstimmen, billigt man der Funktion insgesamt den Grenzwert 4 zu:

x	2,5	2,1	2,01	2,001	→2
y	4,5	4,1	4,01	4,001	→4

$\lim_{x \to 2} \frac{x^2-4}{x-2} = 4$.

Rechtsseitiger Grenzwert: $\lim_{\substack{x \to 2 \\ x > 2}} \frac{x^2-4}{x-2} = 4$

Die Methode der Testeinsetzungen ist praktisch, aber mit einer gewissen Unsicherheit behaftet. Daher behandeln wir zwei weitere Methoden, die Grenzwertbestimmung durch Termumformung und die Grenzwertbestimmung mit der sogenannten h-Methode.

> **Beispiel: Grenzwertbestimmung mittels Termumformung**
> Bestimmen Sie den Grenzwert $\lim_{x \to 2} \frac{x^2-4}{x-2}$. Vereinfachen Sie hierzu den Term $\frac{x^2-4}{x-2}$.

Lösung:
Wir vereinfachen den Term $\frac{x^2-4}{x-2}$ mit der dritten binomischen Formel und einem anschließenden Kürzungsvorgang.

Es verbleibt der Term x + 2, dessen Grenzwert sich auf die elementaren Grenzwerte der Summanden x und 2 zurückführen lässt. Insgesamt gilt:

$$\lim_{x \to 2} \frac{x^2-4}{x-2} = 4$$

Grenzwertrechnung:

$\lim_{x \to 2} \frac{x^2-4}{x-2}$

$= \lim_{x \to 2} \frac{(x-2) \cdot (x+2)}{x-2}$

$= \lim_{x \to 2} (x+2)$

$= \lim_{x \to 2} x + \lim_{x \to 2} 2$

$= 2 + 2 = 4$

1. Grenzwerte von Funktionen

> **Beispiel: Grenzwertbestimmung mit der h-Methode**
> Es soll festgestellt werden, ob der Grenzwert $\lim\limits_{x \to 2} \frac{x^2-4}{x-2}$ existiert. Setzen Sie hierzu $x = 2 + h$ und führen Sie den Grenzübergang $h \to 0$ durch.

Lösung:
Der Term $\frac{x^2-4}{x-2}$ ist an der Stelle $x = 2$ nicht definiert. Um sein Verhalten für $x \to 2$ zu untersuchen, setzen wir $x = 2 + h$ mit einer kleinen Größe $h \neq 0$.
Dadurch entsteht ein Term, der sich mithilfe der ersten binomischen Formel stark vereinfachen lässt.
Anschließend wird der Grenzübergang $h \to 0$ durchgeführt, der zum Resultat 4 für den gesuchten Grenzwert führt.

Grenzwertrechnung:

$$\lim_{x \to 2} \frac{x^2-4}{x-2}$$
$$= \lim_{h \to 0} \frac{(2+h)^2-4}{(2+h)-2}$$
$$= \lim_{h \to 0} \frac{(4+4h+h^2)-4}{h}$$
$$= \lim_{h \to 0} \frac{4h+h^2}{h}$$
$$= \lim_{h \to 0} (4+h) = 4$$

Ein komplizierteres Beispiel macht den Vorteil der h-Methode noch wesentlich deutlicher.

$$\lim_{x \to 1} \frac{x^3-2x+1}{x-1} = \lim_{h \to 0} \frac{(1+h)^3-2(1+h)+1}{(1+h)-1} = \lim_{h \to 0} \frac{1+3h+3h^2+h^3-2-2h+1}{h}$$
$$= \lim_{h \to 0} \frac{h^3+3h^2+h}{h} = \lim_{h \to 0} (h^2+3h+1) = 0+0+1 = 1$$

Das folgende Beispiel zeigt, dass nicht immer ein Grenzwert existiert.

> **Beispiel:** Gegeben ist die Funktion $f(x) = \frac{x}{2 \cdot |x|}$, $x \neq 0$. Untersuchen Sie das Verhalten der Funktion für $x \to 0$.

Lösung:
Linksseitiger Grenzwert:
Für $x < 0$ gilt $|x| = -x$. Damit folgt:
$$\lim_{\substack{x \to 0 \\ x < 0}} \frac{x}{2|x|} = \lim_{\substack{x \to 0 \\ x < 0}} \frac{x}{2(-x)} = \lim_{\substack{x \to 0 \\ x < 0}} \frac{1}{-2} = -\frac{1}{2}$$

Rechtsseitiger Grenzwert:
Für $x > 0$ gilt $|x| = x$. Damit folgt:
$$\lim_{\substack{x \to 0 \\ x > 0}} \frac{x}{2|x|} = \lim_{\substack{x \to 0 \\ x > 0}} \frac{x}{2x} = \lim_{\substack{x \to 0 \\ x > 0}} \frac{1}{2} = \frac{1}{2}$$

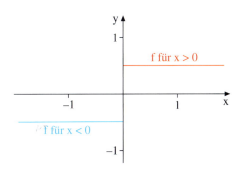

Die Funktion besitzt für $x \to 0$ keinen Grenzwert, da linksseitiger und rechtsseitiger Grenzwert nicht identisch sind. Die Abbildung veranschaulicht, wie sich die Funktion bei Annäherung an die kritische Stelle $x_0 = 0$ verhält. Sie hat dort eine sog. *Sprungstelle*.

Übungen

4. Bestimmen Sie den Grenzwert mithilfe von Testeinsetzungen.

Binomische Formeln:

$(x - a) \cdot (x + a) = x^2 - a^2$
$(x + a)^2 = x^2 + 2ax + a^2$
$(x + a)^3 = x^3 + 3ax^2 + 3a^2x + a^3$

a) $\lim\limits_{x \to 5} \frac{x^2 - 25}{x - 5}$ b) $\lim\limits_{x \to 3} \frac{3x^2 - 27}{x - 3}$

c) $\lim\limits_{x \to 1} \frac{x^3 - x}{x - 1}$ d) $\lim\limits_{x \to -2} \frac{x^4 - 16}{x + 2}$

5. Die Funktion f hat an der Stelle x_0 eine Definitionslücke. Untersuchen Sie mit Testeinsetzungen, wie sich die Funktion verhält, wenn man sich dieser Stelle von links bzw. von rechts nähert.

a) $f(x) = \frac{x^2 - 9}{2x - 6}$, $x_0 = 3$ b) $f(x) = \frac{x + 1}{x}$, $x_0 = 0$ c) $f(x) = \frac{x + 1}{x^2}$, $x_0 = 0$

6. Bestimmen Sie den Grenzwert durch Termumformung.

a) $\lim\limits_{x \to 4} \frac{x^2 - 16}{x - 4}$ b) $\lim\limits_{x \to -1} \frac{x^3 - x}{x + 1}$ c) $\lim\limits_{x \to 3} \frac{3 - x}{2x^2 - 6x}$ d) $\lim\limits_{x \to 2} \frac{x^4 - 16}{x - 2}$

7. Bestimmen Sie den Grenzwert mithilfe der h-Methode.

a) $\lim\limits_{x \to -3} \frac{2x^2 - 18}{x + 3}$ b) $\lim\limits_{x \to 5} \frac{x^2 - 7x + 10}{x - 5}$ c) $\lim\limits_{x \to 1} \frac{x^2 - x}{x - 1}$ d) $\lim\limits_{x \to x_0} \frac{x^2 - x_0^2}{x - x_0}$

8. Gesucht sind die folgenden Grenzwerte. Verwenden Sie Testeinsetzungen.

a) $\lim\limits_{x \to 0} \frac{1}{x^2}$ b) $\lim\limits_{x \to -\infty} 2^x$ c) $\lim\limits_{\substack{x \to 0 \\ x > 0}} \frac{1}{\sqrt{x}}$

9. Eine Treppe mit unendlich vielen Stufen

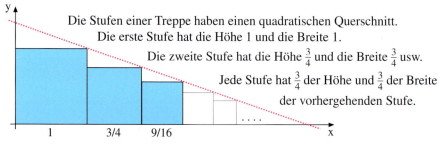

Die Stufen einer Treppe haben einen quadratischen Querschnitt. Die erste Stufe hat die Höhe 1 und die Breite 1. Die zweite Stufe hat die Höhe $\frac{3}{4}$ und die Breite $\frac{3}{4}$ usw. Jede Stufe hat $\frac{3}{4}$ der Höhe und $\frac{3}{4}$ der Breite der vorhergehenden Stufe.

Wie lang ist diese Treppe mit unendlich vielen Stufen? Hinweis: Verwenden Sie die Gerade, welche durch die oberen Ecken der Stufen gelegt werden kann.

10. Interessante Fälle

a) $\lim\limits_{x \to \infty} \left(\sqrt{x^2 + x} - x\right)$ b) $\lim\limits_{x \to 0} x^x$ c) $\lim\limits_{n \to \infty} a_n$, wobei $(a_n)^2 = 4a_n + \frac{1}{n^2} - 4$ gilt für $n \geq 1$ und $a_n > 0$.

C. Exkurs: Anwendungen

Grenzwerte werden in der Regel innermathematisch oder im technischen Bereich angewendet. Sie kommen aber beispielsweise auch bei Abkühlungsprozessen vor.

▶ **Beispiel: Grenztemperatur**
Familie Stein ist im Ferienhaus eingeschneit. In der Nacht fällt auch noch die Heizung aus. Als die Steins um 8.00 Uhr aufwachen, ist es nur noch 20 °C warm statt der üblichen 24 °C. Herr Stein kalkuliert, dass die Temperatur durch $T(t) = \frac{52}{t+2} - 6$ beschrieben werden kann (t: Zeit in Stunden seit 8.00 Uhr, T: °C).
a) Wie tief könnte die Temperatur fallen?
b) Wann wird der Gefrierpunkt erreicht?
c) Wann fiel die Heizung aus?

Lösung zu a:
Wir verwenden eine Wertetabelle mit Testeinsetzungen mit wachsenden Werten für t. Es zeigt sich, dass die Temperatur langfristig gegen −6 °C strebt, keine sehr angenehme Aussicht.

Testeinsetzungen:

t	0	1	10	100	t → ∞
T(t)	20	11,33	−1,67	−5,49	→ −6

$$\lim_{x \to \infty} \left(\frac{52}{t+2} - 6 \right) = -6$$

Lösung zu b:
Der Ansatz $T(t) = 0$ führt nach nebenstehender Rechnung auf $t = 6\frac{2}{3}$ Stunden d. h. 6 Stunden und 40 Minuten. Addiert man dies zu 8.00 Uhr, so erhält man 14.40 Uhr als Beginn der Eiszeit.

Gefrierpunkt:
$$T(t) = 0 \quad \text{(Ansatz)}$$
$$\frac{52}{t+2} - 6 = 0 \quad | \cdot (t+2)$$
$$52 - 6t - 12 = 0$$
$$t = 6\tfrac{2}{3}\,h = 6\,h\,40\,min$$

Lösung zu c:
Der Ansatz $T(t) = 24$ führt nach einer zur Lösung zu b analogen Rechnung auf $t = -\frac{4}{15}$ d. h. −16 min. Es war also 7.44 Uhr, als die Heizung ausfiel.

Heizungsausfall:
$$T(t) = 24 \quad \text{(Ansatz)}$$
$$\frac{52}{t+2} - 6 = 24 \quad | \cdot (t+2)$$
$$t = -\tfrac{4}{15}\,h = -16\,min$$

Übung 11
Die Höhe eines schnell wachsenden Bambusrohres wird durch die Funktion $h(t) = \frac{360t + 90}{2t + 3}$ beschrieben (t in Wochen, h(t) in cm).
a) Welche maximale Höhe erreicht das Bambusrohr?
b) Wie hoch war das Rohr am Beginn der Messung?
c) Wann erreicht der Bambus eine Höhe von 150 cm?

D. Grenzwertbestimmung mit dem GTR

> **Beispiel: Grenzwert für x → ∞**
> Untersuchen Sie die Entwicklung der Funktionswerte von $f(x) = \frac{3x+5}{2x}$ für $x \to \infty$

Lösung:
Wir definieren die Funktion f und berechnen einige Funktionswerte für zunehmend größer werdende x-Werte.

Wir erkennen, dass sich die Funktionswerte mit wachsendem x immer mehr dem Wert 1,5 nähern. Daher gilt zumindest angenähert: $\lim_{x \to \infty} f(x) = 1{,}5$.

Graphisch erkennt man das Grenzverhalten, indem man im Grafikfester den Graphen der Funktion f zeichnet.
Zur Kontrolle kann man auch die Grenzgerade y = 1,5 einzeichnen.

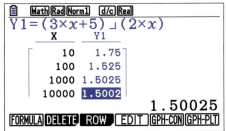

> **Beispiel: Grenzwert für x → x_0**
> Die Funktion $f(x) = \frac{x^3-1}{x-1}$ ist an der Stelle $x_0 = 1$ nicht definiert. Bestimmen Sie $\lim_{x \to 1} f(x)$ durch Testeinsetzungen.

Lösung:
Wir definieren die Funktion f im Funktionseditor und nähern uns der kritischen Stelle $x_0 = 1$. Wir nähern uns einmal von links und ein zweites Mal von rechts mithilfe von Testeinsetzungen nahe 1.
In beiden Fällen streben die Funktionswerte gegen 3, daher ist $\lim_{x \to 1} f(x) = 3$.

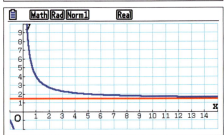

Übung 12 Grenzwert für x → ∞
Bestimmen Sie rechnerisch und zeichnerisch $\lim_{x \to \infty} f(x)$ und $\lim_{x \to -\infty} f(x)$.

a) $f(x) = \frac{3x^2-1}{1-x^2}$ b) $f(x) = \frac{2x^3+5}{x(x^2-1)}$

c) $f(x) = \sqrt{x^2+x} - x$ d) $f(x) = \sin x$

Übung 13 Grenzwert für x → x_0
Bestimmen Sie den Grenzwert mithilfe von Testeinsetzungen.

a) $\lim_{x \to 3} \frac{x^2-9}{x-3}$ b) $\lim_{x \to -3} \frac{x^4-81}{x+3}$

c) $\lim_{x \to 2} \frac{2x^3-16}{x-2}$ d) $\lim_{x \to 3} \frac{27-3x^2}{x-3}$

Übungen

14. Testeinsetzungen
Bestimmen Sie den Grenzwert durch Testeinsetzungen
a) $\lim\limits_{x \to \infty} \frac{2x+1}{x}$
b) $\lim\limits_{x \to \infty} \frac{1-2x}{x+1}$
c) $\lim\limits_{x \to -\infty} \frac{x^2-x}{1-x^2}$

15. Termumformung
Bestimmen Sie den Grenzwert aus Übung 14 mithilfe von Termumformungen bzw. mit der h-Methode. Kontrollieren Sie durch Testeinsetzungen (TR oder GTR).

16. Einseitige Grenzwertuntersuchungen
Untersuchen Sie, ob der Grenzwert existiert, indem Sie sich der kritischen Stelle x_0 einmal von links und einmal von rechts annähern.
Zeichnen Sie zur Kontrolle den Graphen von f mit dem GTR.
a) $f(x) = \frac{1}{x}$, $x_0 = 0$
b) $f(x) = \begin{cases} x-1, & x \leq 0 \\ x^2, & x > 0 \end{cases}$, $x_0 = 0$
c) $f(x) = \begin{cases} x^2+1, & x \leq 1 \\ 3-x, & x > 1 \end{cases}$, $x_0 = 1$

17. Zuordnung
Ordnen Sie jedem Grenzwertterm den zugehörigen Grenzwert zu.

$\lim\limits_{x \to \infty} \frac{2x}{x-2}$ $\lim\limits_{x \to 0} \frac{x^2-x}{x}$

$\lim\limits_{x \to 2} \frac{2x^2-8}{x-2}$ $\lim\limits_{x \to 2} \left(x^2 + \frac{1}{x}\right)$

$\lim\limits_{x \to \infty} \frac{3x}{x-x^2}$ $\lim\limits_{x \to \infty} \frac{x^2+1}{x}$

−1   0   2   8   4,5   ∞

18. Wärmepack
Ein Thermopack enthält eine Flüssigkeit, die bei Erschütterung zu Kristallen erstarrt und dabei die zuvor beim Erhitzen gespeicherte Schmelzwärme wieder freigibt.
Die Temperatur steigt dann nach der Funktion $T(t) = \frac{40t+20}{t+1}$ (t in min).
a) Welche Temperatur liegt zu Beginn vor?
b) Welche Temperatur liegt nach vier Minuten vor?
c) Welche Temperatur kann langfristig erreicht werden?
d) Wann erreicht die Temperatur 35 °C?

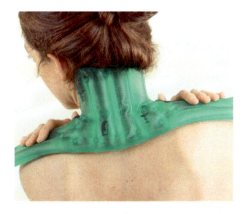

2. Die mittlere Änderungsrate

Mit Funktionen kann man die Abhängigkeit einer Größe y von einer Größe x erfassen. Beispielsweise kann der Weg s eines Läufers als Funktion der Zeit t dargestellt werden, die seit dem Start vergangen ist.

Dabei kann zur Analyse des Laufes die mittlere Geschwindigkeit in verschiedenen Laufphasen errechnet werden. Die mittlere Geschwindigkeit ist der Quotient aus zurückgelegtem Weg s und benötigter Zeit t, d. h. die Änderungsrate $\frac{\Delta s}{\Delta t}$ des Weges nach der Zeit.

A. Der Begriff der mittleren Änderungsrate in einem Intervall

▶ **Beispiel: Die mittlere Geschwindigkeit**
Der Rekordlauf über 100 m des jamaikanischen Sprinters Usain Bolt bei der Weltmeisterschaft 2009 in Deutschland wurde zur Analyse in fünf Zeitintervalle aufgeteilt. Die jeweils erreichte Wegstrecke s wurde per Videoaufzeichnung registriert.

Zeit t in sec	0	1	3	6	8	9,58
Weg s in m	0	5,4	21	56	81	100

a) Skizzieren Sie den Graphen der Weg-Zeit-Funktion s(t) angenähert.
b) Bestimmen Sie die mittlere Geschwindigkeit in jedem der fünf Beobachtungsintervalle. In welchem der fünf Intervalle war der Sprinter am schnellsten?

Lösung zu a:
Wir kennen nur sechs Punkte des Graphen von s. Wenn wir sie durch Strecken verbinden, erhalten wir zwar nicht den exakten Graphen von s, aber dennoch eine ungefähre Vorstellung von seinem Verlauf.

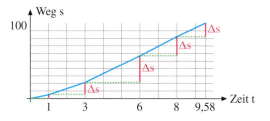

Lösung zu b:
Die *Änderung* des Weges bezeichnen wir mit dem Symbol Δs. Dieses Symbol steht für eine Differenz, denn eine Änderung ist mathematisch eine Differenz. Als Beispiel betrachten wir das Zeitintervall [3; 6]. Für die Änderung von s in diesem Intervall gilt:
▼ Δs = s(6) − s(3) = 56 m − 21 m = 35 m.

Die Änderung Δs in den Einzelintervallen:

[0; 1]: Δs = s(1) − s(0) = 5,4 − 0 = 5,4 m
[1; 3]: Δs = s(3) − s(1) = 21 − 5,4 = 15,6 m
[3; 6]: Δs = s(6) − s(3) = 56 − 21 = 35 m
[6; 8]: Δs = s(8) − s(6) = 81 − 56 = 25 m
[8; 9,58]: Δs = s(9,58) − s(8) = 100 − 81 = 19 m

2. Die mittlere Änderungsrate

Um beurteilen zu können, wie schnell sich die Funktion s in einem Intervall ändert, muss man die Wegänderung errechnen, die in diesem Intervall pro Sekunde erzielt wird. Man muss also die gesamte Wegänderung Δs im Intervall durch die Intervalllänge Δt dividieren.

Dazu wird der *Differenzenquotient* $\frac{\Delta s}{\Delta t}$ berechnet. Für das Intervall [3; 6] ergibt sich:
$\frac{\Delta s}{\Delta t} = \frac{s(6) - s(3)}{6 - 3} = \frac{56 - 21}{3} = \frac{35}{3} \approx 11{,}67 \frac{m}{s}$.

Das Resultat dieser Rechnung bezeichnet man als *mittlere Änderungsrate* der Funktion s im Intervall [3; 6].
Man spricht hier auch von der *mittleren Geschwindigkeit* im Intervall [3; 6].
Rechts sind alle fünf Änderungsraten aufgeführt. Die höchste Änderungsrate liegt im Intervall [6; 8] vor. Dort läuft der Sprinter am schnellsten, nämlich mit $12{,}5 \frac{m}{s}$ oder mit
▶ $45{,}5 \frac{km}{h}$. (1 m/s = 3,6 km/h)

Die Änderungsrate $\frac{\Delta s}{\Delta t}$ des Weges s:

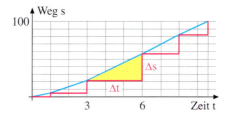

[0; 1]: $\frac{\Delta s}{\Delta t} = \frac{s(1) - s(0)}{1 - 0} = \frac{5{,}4 - 0}{1} = 5{,}4 \frac{m}{s}$

[1; 3]: $\frac{\Delta s}{\Delta t} = \frac{s(3) - s(1)}{3 - 1} = \frac{21 - 5{,}4}{2} = \frac{15{,}6}{2} = 7{,}8 \frac{m}{s}$

[3; 6]: $\frac{\Delta s}{\Delta t} = \frac{s(6) - s(3)}{6 - 3} = \frac{56 - 21}{3} = \frac{35}{3} \approx 11{,}67 \frac{m}{s}$

[6; 8]: $\frac{\Delta s}{\Delta t} = \frac{s(8) - s(6)}{8 - 6} = \frac{81 - 56}{2} = \frac{25}{2} = 12{,}5 \frac{m}{s}$

[8; 9,58]: $\frac{\Delta s}{\Delta t} = \frac{s(9{,}58) - s(8)}{9{,}58 - 8} = \frac{100 - 81}{1{,}58} \approx 12{,}02 \frac{m}{s}$

Den Begriff der mittleren Änderungsrate kann man auf beliebige Funktionen verallgemeinern. Sie ist ein Maß dafür, wie schnell sich die Funktion in einem Intervall im Mittel ändert.

Definition III.1: Differenzenquotient und mittlere Änderungsrate

Die Funktion f(x) sei auf dem Intervall [a; b] definiert. Dann bezeichnet man den Quotienten

$$\frac{\Delta f}{\Delta x} = \frac{f(b) - f(a)}{b - a}$$

als *Differenzenquotienten* von f im Intervall [a; b] bzw.
als *mittlere Änderungsrate* von f im Intervall [a; b].
Die mittlere Änderungsrate entspricht der Steigung der Sekante durch $P(a|f(a))$ und $Q(b|f(b))$.

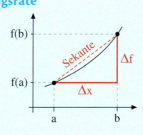

Übung 1

Die Tabelle gibt die Entwicklung der Bevölkerungszahl eines Landes an.

Jahr	1870	1890	1920	1930	1950	1990	2000
Bevölkerungszzahl in Mio	10	20	55	65	70	65	70

a) Fertigen Sie eine Graphik des Bevölkerungsverlaufs an. Berechnen Sie für alle sechs Messabschnitte die mittleren Wachstumsraten. Setzen Sie die Zeit t = 0 für das Jahr 1870.
b) Wie groß ist die Wachstumsrate im Intervall [1930,1990]? Kommentieren Sie das Resultat.

Die folgende anschauliche Überlegung soll den Begriff der mittleren Änderungsrate weiter verdeutlichen.

Eine Gerade hat in jedem Intervall die gleiche *konstante Änderungsrate*, denn sie steigt immer gleich schnell an.

In Gegensatz hierzu hat eine gekrümmte Kurve *wechselnde Änderungsraten*.

Betrachtet man eine solche Kurve über einem größeren Intervall, so kann man dort nur die *mittlere Änderungsrate* bestimmen. Diese entspricht der Änderungsrate der Sekante, welche den Kurvenpunkt P am Intervallanfang mit dem Kurvenpunkt Q am Intervallende verbindet.

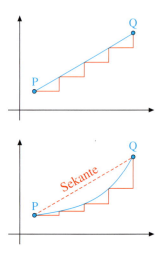

Sind nicht nur punktuelle Wertepaare einer Funktion bekannt, sondern ist die Funktionsgleichung gegeben, so kann man für beliebige Intervalle die mittlere Änderungsrate berechnen.

▶ **Beispiel: Mittlere Änderungsrate bei gegebener Funktionsgleichung**
Bestimmen Sie die mittleren Änderungsraten der Funktion $f(x) = x^2$ in den Intervallen $[0; 1]$ und $[1; 2]$. Interpretieren Sie die Resultate.

Lösung:
Im ersten Intervall beträgt die mittlere Änderungsrate 1, im zweiten Intervall beträgt sie 3. Das heißt, dass die Funktion f im zweiten Intervall durchschnittlich dreimal so schnell steigt wie im ersten Intervall. Graphisch macht sich das in einem steileren
▶ Verlauf des Graphen bemerkbar.

Berechnung der Änderungsraten:

$[0; 1]$: $\quad \frac{\Delta f}{\Delta x} = \frac{f(1) - f(0)}{1 - 0} = \frac{1 - 0}{1 - 0} = \frac{1}{1} = 1$

$[1; 2]$: $\quad \frac{\Delta f}{\Delta x} = \frac{f(2) - f(1)}{2 - 1} = \frac{4 - 1}{2 - 1} = \frac{3}{1} = 3$

Übung 2
Berechnen Sie die mittlere Änderungsrate von f im angegebenen Intervall.
a) $f(x) = 2x$, $I = [0; 1]$ b) $f(x) = 0{,}5 x^2$, $I = [1; 4]$ c) $f(x) = 1 - x^2$, $I = [1; 3]$

Übung 3
a) Gegeben ist die Funktion $f(x) = ax^2$. Wie muss der Parameter a gewählt werden, wenn die mittlere Änderungsrate der Funktion auf dem Intervall $[1; 4]$ den Wert 15 annehmen soll?
b) Die Funktion $f(x) = x^3$ hat im Intervall $[0; a]$ (mit $a > 0$) die mittlere Änderungsrate 9. Bestimmen Sie a.

B. Die mittlere Steigung einer Kurve

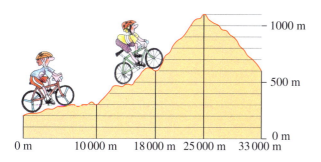

In unserem ersten Beispiel in Abschnitt A wurde ein 100-m-Sprint analysiert. Die Änderungsrate hatte die Bedeutung der Laufgeschwindigkeit.

Links ist das Höhenprofil einer Route der Tour de France abgebildet. Hier hat die Änderungsrate eine ganz andere Bedeutung, nämlich die einer Kurvensteigung.

▶ **Beispiel: Bestimmung der mittleren Steigung einer Kurve in einem Intervall**
Bestimmen Sie die mittleren Steigungen der vier oben dargestellten Streckenabschnitte der Tour-de-France-Route. Beurteilen Sie die Brauchbarkeit der Ergebnisse für die Fahrer.

Lösung:
Im ersten Streckenabschnitt werden in der Horizontalen 10000 m zurückgelegt. Folglich gilt $\Delta x = 10000$. In der Vertikalen werden 100 Höhenmeter gewonnen. Daher ist $\Delta y = 100$. Der Differenzenquotient $\frac{\Delta y}{\Delta x} = 0{,}01 = 1\%$ ist die Steigung der Sekante, welche den Anfangspunkt des Abschnitts mit dem Endpunkt verbindet. Dies ist gleichzeitig die mittlere Steigung auf diesem Streckenabschnitt. Die Fahrer müssen also hier auf 100 m in der Horizontalen nur 1 m Höhe überwinden.

Im zweiten Streckenabschnitt ergibt sich die mittlere Steigung $\frac{\Delta y}{\Delta x} = \frac{300}{8000} = 0{,}0375 = 3{,}75\%$.

Im dritten Streckenabschnitt gilt $\frac{\Delta y}{\Delta x} = \frac{500}{7000} \approx 0{,}071 = 7{,}1\%$.

Im vierten Streckenabschnitt ist $\frac{\Delta y}{\Delta x} = \frac{-500}{8000} \approx -0{,}063 = -6{,}3\%$.

Im ersten, dritten und vierten Streckenabschnitt verläuft die Profilkurve relativ geradlinig. Hier trifft die mittlere Steigung die realen Steigungsverhältnisse gut. Im zweiten Streckenabschnitt ist das anders. Hier muss der Fahrer teilweise wesentlich steilere Anstiege bewältigen, als die mittlere Steigung dies vermuten lässt. Eigentlich müsste man diesen Abschnitt noch einmal unterteilen, um eine bessere Anpassung an den
▶ realen Verlauf zu erreichen.

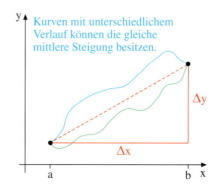

Kurven mit unterschiedlichem Verlauf können die gleiche mittlere Steigung besitzen.

Übung 4
Gegeben sei die Funktion $f(x) = x^2 - 2x$.
a) Zeichnen Sie den Graphen von f für $-2 \leq x \leq 3$.
b) Berechnen Sie die mittlere Steigung von f in den Intervallen $[-2; 0]$ und $[0; 3]$.
c) Wie groß ist die mittlere Steigung von f im Intervall $[-1; 3]$? Erklären Sie das Resultat.

C. Die mittlere Geschwindigkeit in einem Zeitintervall

Die amerikanische Raumfähre Space-Shuttle wird beim Start stark beschleunigt und steigert ihre Geschwindigkeit beständig bis auf einen Maximalwert von 8 km/s, der benötigt wird, um eine Umlaufbahn zu erreichen. Mittels Radar kann zu jedem Zeitpunkt die Höhe der Fähre festgestellt werden. Mit den so gewonnenen Daten kann die Durchschnittsgeschwindigkeit in den verschiedenen Phasen des Aufstiegs errechnet werden. Bei einem Start wurden die folgenden Daten aufgenommen.

Startphasen	Start	Beginn Rollmanöver (1)	Ende Rollmanöver (2)	Drosselung des Triebwerks (3)	Abwurf der Booster (4)
Zeit t in sec	0	9	17	30	125
Höhe h in m	0	250	850	2850	47 000

▶ **Beispiel: Berechnung der mittleren Geschwindigkeit**
Bestimmen Sie die mittlere Geschwindigkeit in den vier Startphasen der Raumfähre.

Lösung:
Legt ein Körper in der Zeit Δt den Weg Δs zurück, so errechnet sich seine mittlere Geschwindigkeit v nach der Formel $\frac{\Delta s}{\Delta t}$.
Die mittlere Geschwindigkeit ist also die mittlere Änderungsrate des Weges in einem Zeitintervall.
Wir erhalten die rechts aufgeführten Resultate. In Phase 4 des Starts ist die Durchschnittsgeschwindigkeit schon sehr hoch,
▶ nämlich ca. 0,5 Kilometer pro Sekunde.

Mittlere Geschwindigkeiten:

Phase 1: $\frac{\Delta s}{\Delta t} = \frac{s(9) - s(0)}{9 - 0} = \frac{250}{9} \approx 28 \text{ m/s}$

Phase 2: $\frac{\Delta s}{\Delta t} = \frac{s(17) - s(9)}{17 - 9} = \frac{600}{8} \approx 75 \text{ m/s}$

Phase 3: $\frac{\Delta s}{\Delta t} = \frac{s(30) - s(17)}{30 - 17} = \frac{2000}{13} \approx 154 \text{ m/s}$

Phase 4: $\frac{\Delta s}{\Delta t} = \frac{s(125) - s(30)}{125 - 30} = \frac{44150}{95} \approx 465 \text{ m/s}$

Übung 5
Ein Schlitten fährt den Hang hinab. Nach einer Sekunde hat er 0,4 m zurückgelegt. Nach 4 Sekunden Fahrzeit sind es 10 m und nach 15 *weiteren* Sekunden sogar 160 m. Berechnen Sie in allen drei Zeitintervallen die mittlere Geschwindigkeit. Wie groß ist die Durchschnittsgeschwindigkeit der gesamten Fahrt?

Übung 6
Ein Schienenfahrzeug bewegt sich nach dem Weg-Zeit-Gesetz $s(t) = 0,9 t^2$.
a) Welchen Weg legt das Fahrzeug in den ersten drei Sekunden zurück?
b) Wie groß ist die mittlere Geschwindigkeit des Fahrzeugs in den ersten 3 Sekunden?
c) Berechnen Sie die mittlere Geschwindigkeit in der Zehntelsekunde, die auf die ersten drei Sekunden folgt. Vergleichen Sie mit dem Ergebnis von b).

Übungen

7. Jesusechsen

Helmbasilisken, auch Jesusechsen genannt, können über das Wasser rennen. Eine Kolonie vermehrt sich gemäß der Funktion

$N(t) = \frac{8}{1 + 3 \cdot 2^{-0,4t}}$ (t in Jahren, N(t) in Hundert).

a) Zeichnen und interpretieren Sie den Graphen.
b) Vergleichen Sie die mittlere Wachstumsrate in den ersten beiden Jahren mit der im 3. Jahr, im 4. Jahr und im 10. Jahr.

8. Berechnung mittlerer Änderungsraten

Berechnen Sie die mittlere Änderungsrate von f im angegebenen Intervall.

a) $f(x) = \frac{1}{2}x$, I = [0; 1]   b) $f(x) = \frac{1}{2}x^3$, I = [1; 3]   c) $f(x) = x^2 - 4x$, I = [0; 2]

9. Berechnung mittlerer Änderungsraten

Gegeben ist die Funktion $f(x) = x^2$.

a) Bestimmen Sie die mittlere Änderungsrate der Funktion auf dem Intervall [2; a] für a > 2.
b) Wie muss der Parameter a > 2 gewählt werden, wenn die mittlere Änderungsrate der Funktion auf dem Intervall [2; a] den Wert 6 annehmen soll?

10. Bogenschießen

Die Sehne eines Bogens beschleunigt den Pfeil auf einer Strecke von 0,6 m angenähert nach dem Weg-Zeit-Gesetz $s(t) = 1500 t^2$.

a) Wie lange dauert der Vorgang?
b) Welche mittlere Geschwindigkeit erreicht der Pfeil? Die Endgeschwindigkeit ist übrigens doppelt so groß.

11. Steigung einer Kurve

Berechnen Sie die mittlere Steigung der Funktion f in jedem der drei Intervalle.

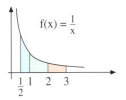 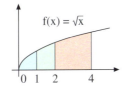 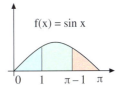

12. Durchschnittsgeschwindigkeit

Ein Flugkörper gewinnt an Höhe nach der Formel $h(t) = 80 - \frac{80}{1,5t + 1}$. Dabei ist t die Zeit in Sekunden und h die Höhe in Metern.

a) Skizzieren Sie den Graphen von h für 0 ≤ t ≤ 4. Nach welcher Zeit hat der Flugkörper eine Höhe von 60 m erreicht? Welche Höhe kann er maximal erreichen?
b) Wie groß ist die mittlere Steiggeschwindigkeit in der 1. Sekunde des Fluges bzw. in der 4. Sekunde? Wie groß ist die mittlere Steiggeschwindigkeit auf den ersten 30 Metern?

13. Bevölkerungswachstum

Die Tabelle zeigt die Bevölkerungsentwicklung der Vereinigten Staaten von Nordamerika sowie die Bevölkerungsentwicklung von Indien.

a) Zeichnen Sie die zugehörigen Graphen in ein gemeinsames Koordinatensystem ein.
   Maßstab x-Achse: 1 cm = 10 Jahre
   Maßstab y-Achse: 1 cm = 200 Mio.
b) Berechnen Sie für jedes Zeitintervall die mittleren Änderungsraten und stellen Sie einen Vergleich an.

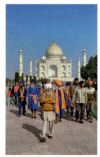

Jahr	1950	1960	1970	1980	1990	2000	2050	rot: Prognose
USA in Mio.	152	181	205	227	250	282	420	
Indien in Mio.	370	446	555	687	842	1003	1600	

14. Section-Control

Ein Tunnel ist in vier Abschnitte mit unterschiedlichen Geschwindigkeitsbegrenzungen eingeteilt. Bei der Ein- und Ausfahrt in eine solche Sektion wird die Zeit gemessen und ein Photo des Fahrzeugs mit Fahrer aufgenommen. Die Polizei erfasst einen Fahrer mit den rechts dargestellten Messdaten. Sie stellt eine Durchschnittsgeschwindigkeit von 89,03 km/h fest und wirft ihm daher gleich zwei Geschwindigkeitsüberschreitungen vor.
Überprüfen Sie den Vorwurf durch Rechnungen.

Segment	I	II	III	IV
Fahrzeit	30 s	20 s	25 s	18 s

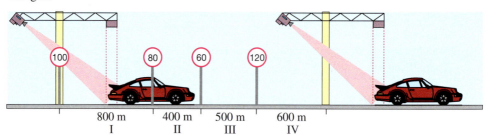

15. Effizienzvergleich

Die beiden Standorte A und B eines Herstellers von Omnibussen erreichten in einem Jahr die aufgeführten Stückzahlen pro Monat.

Werk	Jan–Feb	Mär–Mai	Jun	Jul–Dez
		Zeitraum		
A	400/Mon	380/Mon	400/Mon	600/Mon
B	480/Mon	400/Mon	600/Mon	500/Mon

Der Leiter von Standort A wird von der Geschäftsführung aufgefordert, rationeller zu arbeiten. Ist das gerechtfertigt?

16. Sprungschanze

Das Profil einer Skischanze wird durch
$f(x) = \frac{1}{120}x^2 - x + 60$ $(0 \leq x \leq 30)$
beschrieben. Zeichnen sie den Graphen.
a) Wie groß ist die mittlere Steigung der Schanze?
b) Wie groß ist die mittlere Steigung auf dem ersten bzw. auf dem letzten Meter der Schanze?

17. Geschwindigkeitskontrolle

Ein LKW-Fahrer wird von der Polizei beschuldigt, auf einer 5 km langen Strecke die Geschwindigkeitsbegrenzung von 80 km/h überschritten zu haben.
Der Fahrer bestreitet dies und verweist auf ein Computerprotokoll seiner Fahrt, aus dem hervorgeht, dass er die 5 km in 4 Minuten durchfahren hat, was nur einer Geschwindigkeit von 75 km/h entspreche.
Bestätigt das Diagramm die Polizei oder den Fahrer?

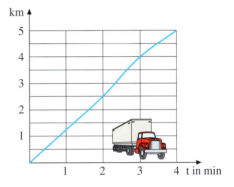

18. Auswertung von Streckenprotokollen

Eine Gruppe von Paddlern zeichnet die Fahrt mithilfe eines Navigationsgerätes auf.
Sie erhalten folgendes Streckenprotokoll:

Zeit in Std.	0	1	2	3	4	5	6	7	8
Weg in km	0	10	18	24	24	32	38	46	56

Eine zweite Paddlergruppe erhält auf der gleichen Strecke folgendes Protokoll:

Zeit in Std.	0	1	2	3	4	5	6	7	8
Weg in km	0	5	9	15	30	35	40	45	56

a) Zeichnen Sie jeweils das Weg-Zeit-Diagramm (1 Std. = 1 cm, 10 km = 1 cm).
b) Berechnen Sie jeweils die Durchschnittsgeschwindigkeit für die Gesamtstrecke.
c) Welche Gruppe hatte die schnelleren Paddler?
d) Interpretieren Sie Besonderheiten der beiden Routen.

3. Die lokale Änderungsrate

A. Der Begriff der lokalen Änderungsrate an einer Stelle

Wir zeigen nun, wie man von der mittleren zur lokalen Änderungsrate gelangt.

1. Die mittlere Änderungsrate im Intervall [x_0; x]

Wir betrachten ein Intervall [x_0; x]. Die mittlere Änderungsrate von f in diesem Intervall lautet:

> **Mittlere Änderungsrate**
> von f im Intervall [x_0; x]: $\frac{\Delta f}{\Delta x} = \frac{f(x) - f(x_0)}{x - x_0}$
> (SEKANTENSTEIGUNG)

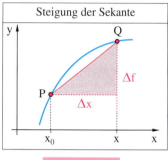

Anschaulich ist dies die Steigung der Sekante durch die Punkte P und Q (vgl. Abb. rechts).
Diese erste Sekante ist keine gute Näherung für den Graphen von f in der lokalen Umgebung von x_0. Sie verläuft dort viel flacher als der Graph von f.

2. Verkleinerung des Intervalls [x_0; x]

Um eine verbesserte Näherung zu erhalten, schieben wir die Stelle x näher an die Stelle x_0 heran. Im verkleinerten Intervall [x_0; x] ist die Sekante eine bessere Näherung für den Graphen von f in der Nähe von x_0, da dieser hier „linearer" verläuft als im vorherigen größeren Intervall.
Die mittlere Änderungsrate (mittlere Steigung) von f im Intervall [x_0; x] ist nun eine ganz gute Näherung für die lokale Änderungsrate (lokale Steigung) von f an der Stelle x_0.

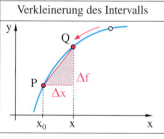

3. Ein Grenzprozess: x strebt gegen x_0

In einem letzten Schritt lassen wir die Stelle x nun in einem Grenzprozess immer dichter und dichter an die Stelle x_0 heranrücken. Sekante und Graph von f werden sich immer ähnlicher und verschmelzen miteinander. Die Sekante wird zur Tangente. Die Steigung dieser Tangente wird mit $f'(x_0)$ bezeichnet und als Grenzwert der Sekantensteigung errechnet.

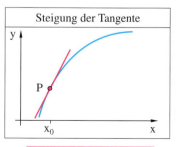

> **Lokale Änderungsrate**
> von f an der Stelle x_0: $f'(x_0) = \lim\limits_{x \to x_0} \frac{f(x) - f(x_0)}{x - x_0}$
> (TANGENTENSTEIGUNG)

3. Die lokale Änderungsrate

Es gibt zwei Möglichkeiten, lokale Änderungsraten praktisch zu berechnen.

▶ **Beispiel: Näherungstabelle**
Gesucht ist die lokale Änderungsrate von $f(x) = x^2$ an der Stelle $x_0 = 1$.

Lösung:
Wir berechnen die mittlere Änderungsrate von f im Intervall [1; x], wobei wir x schrittweise an $x_0 = 1$ heranschieben.
Zunächst wählen wir $x = 2$, dann $x = 1{,}1$, dann $x = 1{,}01$ usw.
Die Ergebnisse sind rechts tabellarisch dargestellt.
Die Tabelle ergibt, dass die lokale Änderungsrate gegen 2 strebt, wenn x gegen 1 strebt.
▶ f hat also bei $x_0 = 1$ die Steigung 2: $f'(1) = 2$.

x > 2	Mittlere Änderungsrate von f im Intervall [1; x]	
2	$\frac{f(2)-f(1)}{2-1} = \frac{4-1}{2-1}$	$= 3$
1,1	$\frac{f(1{,}1)-f(1)}{1{,}1-1} = \frac{1{,}21-1}{1{,}1-1}$	$= 2{,}1$
1,01	$\frac{f(1{,}01)-f(1)}{1{,}01-1} = \frac{1{,}0201-1}{1{,}01-1}$	$= 2{,}01$
1,001	$\frac{f(1{,}001)-f(1)}{1{,}001-1} = \frac{1{,}002001-1}{1{,}001-1}$	$= 2{,}001$
↓		↓
1		2

▶ **Beispiel: Grenzwertrechnung**
Bestimmen Sie die lokale Änderungsrate von $f(x) = x^2$ an der Stelle $x_0 = 1$ durch eine Grenzwertberechnung nach der Formel $f'(x_0) = \lim_{x \to x_0} \frac{f(x) - f(x_0)}{x - x_0}$.

Lösung:
Wir berechnen die lokale Änderungsrate bei $x_0 = 1$ nach der Formel
$f'(x_0) = \lim_{x \to x_0} \frac{f(x) - f(x_0)}{x - x_0}$.
Die Berechnung des Grenzwertes gelingt nach einer Termumformung mit der 3. Binomischen Formel.
▶ Wir erhalten das alte Resultat $f'(1) = 2$.

Grenzwertrechnung:
$$f'(1) = \lim_{x \to 1} \frac{f(x) - f(1)}{x - 1} = \lim_{x \to 1} \frac{x^2 - 1}{x - 1}$$
$$= \lim_{x \to 1} \frac{(x+1) \cdot (x-1)}{x-1}$$
$$= \lim_{x \to 1} (x + 1)$$
$$= 2$$

Übung 1
Bestimmen Sie die lokale Änderungsrate von f an der Stelle x_0 näherungsweise.
a) $f(x) = x^2$, $x_0 = 2$
b) $f(x) = 2x$, $x_0 = 1$
c) $f(x) = 1 - x^2$, $x_0 = 1$

Übung 2
Bestimmen Sie die lokale Änderungsrate von f an der Stelle x_0 exakt.
a) $f(x) = 0{,}5 x^2$, $x_0 = 1$
b) $f(x) = 4x$, $x_0 = 2$
c) $f(x) = 4 - x^2$, $x_0 = 2$

Definition III.2 Lokale Änderungsrate
Lokale Änderungsrate von f an der Stelle x_0:
$$f'(x_0) = \lim_{x \to x_0} \frac{f(x) - f(x_0)}{x - x_0}$$

Alternative Bezeichnungen und Schreibweisen:
1. Lokale Steigung von f an der Stelle x_0
2. Ableitung von f an der Stelle x_0: $f'(x_0)$
3. Differentialquotient von f an der Stelle x_0: $\frac{df}{dx}$

GTR Bestimmung der lokalen Änderungsrate/Steigung einer Kurve mit dem GTR

Man kann lokale Steigungen einer Funktion mittels GTR schrittweise oder direkt bestimmen.

> **Beispiel: Lokale Änderungsrate/Steigung**
> Ermitteln Sie mit dem GTR die lokale Änderungsrate von $f(x) = \frac{1}{5}(12x - x^2)$ im Punkt $P(5|7)$
> a) schrittweise mit Sekantensteigungen.   b) direkt mittels Tangentensteigung.

Lösung:
Zuerst wird der Graph der Funktion in einem geeigneten Ausschnitt gezeichnet:
$-3 \leq x \leq 13; -1 \leq y \leq 8$.

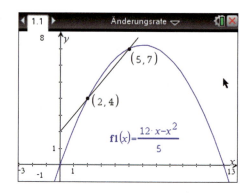

Dann erzeugt man zwei beliebige Punkte auf dem Graphen von f. Einen der Punkte verschiebt man durch Ändern der x-Koordinate auf $x = 5$ in den Zielpunkt P.
(TI: Punkte und Geraden/Punkte auf)
Nun legt man eine Sekante durch diese beiden Punkte Q und P
(TI: Punkte und Geraden/Gerade)
und ermittelt die Sekantensteigung m.
(TI: Messung/Steigung)

Nun lässt man den Punkt Q zum Punkt P wandern und beobachtet dabei die Änderung der Sekante und ihrer Steigung m.

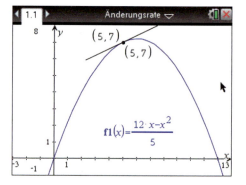

Je näher Q an P heranrückt, desto mehr nähert sich die Sekantensteigung der lokalen Steigung im Punkt P an. Es ist zu erkennen, dass diese den Wert 0,4 hat.
Resultat: $f'(5) = \lim_{x \to 5} \frac{f(x) - f(5)}{x - 5} = 0{,}4$.

Direktbestimmung der lokalen Steigung:

Man kann Tangente und lokale Steigung im Punkt P auch sofort und ohne Umschweife bestimmen, wie rechts dargestellt.

CASIO: f eingeben und Graph zeichnen.
Die Option Sketch > Tangent aufrufen und Punkt P mit dem Cursor bei $x = 5$ wählen.
▶ Angezeigt wird: $f'(5) = dy/dx = 0{,}4$

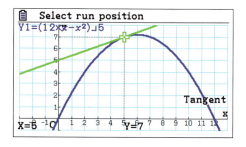

Übung 3
Ermitteln Sie die lokale Änderungsrate/Steigung der Funktion f an der Stelle x_0.
a) $f(x) = x^2 - x - 1;\ x_0 = 2$ b) $f(x) = x^3 - 4x + 1;\ x_0 = 1$

B. Die Momentangeschwindigkeit

t = 0   s = 0
t = 1   s = 5
t = 2   s = 20
t = 3   s = 45

Der italienische Mathematiker Galileo Galilei (1564–1642) untersuchte die *Gesetze des freien Falls*. Er führte seine Versuche an einer schiefen Ebene durch. Am schiefen Turm von Pisa soll er ebenfalls Fallversuche unternommen haben, aber das ist nicht belegt.
Seine Versuche haben gezeigt, dass der Fallweg s quadratisch mit der Fallzeit t zunimmt.
Das Weg-Zeit-Gesetz des freien Falls lautet angenähert $s(t) = 5t^2$. Dabei ist t die Fallzeit in Sekunden und s der Fallweg in Metern.

Nun stellt sich eine interessante Frage: Welche *Momentangeschwindigkeit* $v(t_0)$ hat der fallende Körper nach einer bestimmten Fallzeit t_0?

▶ **Beispiel: Bestimmung der Momentangeschwindigkeit beim freien Fall**
Das Weg-Zeit-Gesetz des freien Falls lautet angenähert $s(t) = 5t^2$. Bestimmen Sie die Momentangeschwindigkeit eines frei fallenden Körpers zur Zeit $t_0 = 2$.

Lösung:
Wir errechnen die mittlere Geschwindigkeit für mehrere Intervalle der Gestalt [2; t]. Beginnend mit t = 3 nähern wir uns über t = 2,1 und t = 2,01 immer mehr dem Zeitpunkt $t_0 = 2$.
Die berechneten mittleren Geschwindigkeiten nähern sich zunehmend einem Grenzwert. Dieser ist die gesuchte Momentangeschwindigkeit zur Zeit $t_0 = 2$.
Sie beträgt ca. $20 \frac{m}{s}$, also etwa $72 \frac{km}{h}$.

Zeit t > 2	Mittlere Geschwindigkeit im Intervall [2; t]
3	$\frac{s(3) - s(2)}{3 - 2} = 25 \frac{m}{s}$
2,1	$\frac{s(2,1) - s(2)}{2,1 - 2} = 20,5 \frac{m}{s}$
2,01	$\frac{s(2,01) - s(2)}{2,01 - 2} = 20,05 \frac{m}{s}$
2,001	$\frac{s(2,001) - s(2)}{2,001 - 2} = 20,005 \frac{m}{s}$
↓	↓
2	$20 \frac{m}{s}$

Eine weitere Möglichkeit zur Lösung der Aufgabe besteht darin, anstelle der Näherungstabelle eine exakte Grenzwertrechnung durchzuführen.
Diese Rechnung ist rechts dargestellt. Sie führt auf mathematisch eleganterem Weg
▶ zum Endergebnis.

Exakte Grenzwertrechnung:
$$v(2) = \lim_{t \to 2} \frac{s(t) - s(2)}{t - 2} = \lim_{t \to 2} \frac{5t^2 - 5 \cdot 2^2}{t - 2}$$
$$= \lim_{t \to 2} \frac{5(t - 2)(t + 2)}{t - 2} = \lim_{t \to 2} 5(t + 2)$$
$$= 5 \cdot 4 = 20$$

Übung 4
Ein anfahrendes Fahrzeug bewegt sich in den ersten drei Sekunden näherungsweise nach dem Weg-Zeit-Gesetz $s = 4t^2$. Bestimmen Sie die Momentangeschwindigkeit nach der ersten, der zweiten und der dritten Sekunde.

C. Anwendungsprozesse

Änderungsraten können in Anwendungen unterschiedliche Bedeutungen besitzen. Man kann z. B. Fallgeschwindigkeiten, Wachstumsgeschwindigkeiten und Kostensteigerung erfassen.

> **Beispiel: Landeanflug**
> Die Höhe eines Sportflugzeugs beim Landeanflug wird durch $h(t) = 40t^2 - 400t + 1000$ beschrieben. Dabei steht t für die Zeit in Minuten und h für die Flughöhe in Metern. Der Landeanflug beginnt um Zeitpunkt $t = 0$.
> a) Welche Höhe hat das Flugzeug zu Beginn des Landeanflugs? Wie lange dauert es bis zur Landung?
> b) Bestimmen Sie die durchschnittliche vertikale Sinkgeschwindigkeit während der gesamten Landephase und in der letzten Minute vor der Landung.
> c) Wie groß ist die momentane Sinkgeschwindigkeit eine Minute vor der Landung angenähert?

Lösung zu a:
Zum Zeitpunkt $t = 0$ hat das Flugzeug die Höhe $h(0) = 1000$ m.

Die Landung erfolgt zu dem Zeitpunkt t, an dem $h(t) = 0$ ist. Das Flugzeug landet nach exakt 5 Minuten.

Höhe zu Beginn des Landeanflugs:
$h(0) = 1000$

Dauer der Landung:
$h(t) = 0$: $\quad 40t^2 - 400t + 1000 = 0$
$\quad\quad\quad\quad\quad t^2 - 10t + 25 = 0$
$\quad\quad\quad\quad\quad (t-5)^2 = 0 \Leftrightarrow t = 5$

Lösung zu b:
Die mittlere Sinkgeschwindigkeit, d.h. die mittlere Änderung der Höhe h, wird mit dem Differenzenquotienten $\frac{\Delta h}{\Delta t}$ berechnet. Sie beträgt für den gesamten Landeanflug -200 m/min. In der letzten Flugminute ist sie auf -40 m/min gesunken.

Mittlere Sinkgeschwindigkeit:

[0; 5] $\quad \frac{\Delta h}{\Delta t} = \frac{0 - 1000}{5 - 0} = -200 \frac{m}{min}$

[4; 5] $\quad \frac{\Delta h}{\Delta t} = \frac{0 - 40}{5 - 4} = -40 \frac{m}{min}$

Lösung zu c:
Die momentane Sinkgeschwindigkeit eine Minute vor der Landung, d.h. zum Zeitpunkt $t = 4$, bestimmen wir angenähert, indem wir ersatzweise die mittlere Änderungsrate im Intervall [3,99; 4,01] bestimmen. Da Momentangeschwindigkeiten nur für kleine Zeiträume gelten, rechnen wir sie auf m/s um. Es sind ca. $-1,33$ m/s.

Momentane Sinkgeschwindigkeit:
$h'(4) \approx \frac{\Delta h}{\Delta t} = \frac{h(4,01) - h(3,99)}{4,01 - 3,99}$
$\quad\quad\quad = \frac{39,20 - 40,80}{4,01 - 3,99}$
$\quad\quad\quad = \frac{-1,60}{0,02} = -80 \frac{m}{min}$
$\quad\quad\quad \approx -1,33 \frac{m}{s}$

GTR Übung 5 Herzfrequenz

Während einer Trainingseinheit wird der Puls eines Sportlers über 5 Minuten gemessen. Die Funktion $p(t) = -2t^3 + 9t^2 + 15t + 75$ beschreibt die Pulsfrequenz (t in Minuten).
a) Berechnen Sie den mittleren Anstieg der Pulsfrequenz während des Trainings.
b) Wie hoch ist der Puls zur Zeit $t = 3$? Mit welcher momentanen Rate steigt er an?

Übungen

6. Lokale Änderungsrate [GTR]
Skizzieren Sie den Graphen von f, und bestimmen Sie die lokale Änderungsrate von f an der Stelle x_0 graphisch oder mithilfe einer Näherungstabelle.
a) $f(x) = 0{,}5\,x^2$, $x_0 = 2$ b) $f(x) = 1 - x^2$, $x_0 = 2$ c) $f(x) = \frac{1}{x}$, $x_0 = 1$

7. Lokale Änderungsrate
Skizzieren Sie den Graphen von f, und bestimmen Sie die lokale Änderungsrate von f an der Stelle x_0 mithilfe einer exakten Grenzwertrechnung.
a) $f(x) = 0{,}5\,x^2$, $x_0 = 2$
b) $f(x) = 1 - x^2$, $x_0 = 2$ c) $f(x) = 2x + 1$; $x_0 = 3$

8. Momentangeschwindigkeit
Ein Snowboarder gleitet einen relativ flachen, aber spiegelglatten Hang hinab.
Das Weg-Zeit-Gesetz der Bewegung wird durch die Formel $s(t) = 1{,}5\,t^2$ beschrieben.
Dabei ist t die Zeit in Sekunden und s der zurückgelegte Weg im Metern.

a) Welchen Weg hat das Snowboard nach 1 Sekunde bzw. nach 5 Sekunden zurückgelegt?
b) Wie groß ist die mittlere Geschwindigkeit in den ersten fünf Sekunden der Fahrt?
c) Wie groß ist die Momentangeschwindigkeit exakt fünf Sekunden nach Fahrtbeginn? Verwenden Sie eine Näherungstabelle oder eine exakte Grenzwertrechnung.

9. Lokale Steigung
Schätzen Sie die lokale Steigung in den eingezeichneten Punkten P und Q aus der Zeichnung ab. Bestimmen Sie anschließend zur Überprüfung die lokale Steigung
a) mithilfe einer Tabelle.
b) mit einer exakten Grenzwertrechnung.

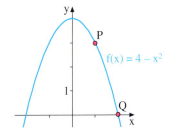

10. Freier Fall auf dem Mond
Auf dem Mond lautet das Weg-Zeit-Gesetz des freien Falles $s(t) = 0{,}8\,t^2$.

a) Welche Fallstrecke durchläuft ein fallender Körper dort in der ersten Fallsekunde? Wie groß ist die Durchschnittsgeschwindigkeit des Körpers in der ersten Fallsekunde?
b) Welche Momentangeschwindigkeit erreicht der Körper nach einer Sekunde im freien Fall? Verwenden Sie eine Näherungstabelle.
c) Wie groß ist die Momentangeschwindigkeit nach 10 Sekunden im freien Fall? Verwenden Sie eine exakte Grenzwertrechnung.
d) Mit welcher Geschwindigkeit würde ein Astronaut auf den Boden treffen, wenn er von der ca. 4 m hohen Mondfähre abstürzen würde?

11. Meeresboden
Ein Forschungs-U-Boot hat mit einem Echolot den Meeresboden abgetastet.
Die Funktion
f(x) = −0,05 (3 x^4 − 28 x^3 + 84 x^2 − 96 x)
beschreibt die Profilkurve des Bodens.
(1 LE = 100 m)
a) Zeichnen Sie den Graphen von f für 0 < x < 5.
b) Lesen Sie die Koordinaten der Gipfelpunkte und des Talpunktes ab.
c) Begründen Sie, dass der Talpunkt bei P(2|1,6) liegt, indem Sie mit einer Näherungstabelle nachweisen, dass die lokale Steigung dort 0 beträgt.
d) Das U-Boot möchte auf Grund gehen. Der Boden am Landepunkt darf aber nicht steiler als 45° geneigt sein. Ist dies im Punkt L(3|2,25) der Fall? Verwenden Sie auch hier eine Näherungstabelle, um die lokale Steigung bei x = 3 zu bestimmen.

12. Explosion
Bei der Explosion eines Öltanks betrug die Hitze im Zentrum über 1000 °C. Die weglaufenden Menschen wurden von der Strahlungshitze erfasst und erlitten z.T. schwere Verbrennungen, wenn sie nicht schnell genug Deckung fanden. Die Temperatur kann angenähert erfasst werden durch die Funktion T(x) = 10 x^3 − 90 x^2 + 1100, 0 < x < 6, wobei x die Entfernung vom Zentrum in 100 m und T die Temperatur in °C ist.
a) Zeichnen Sie den Graphen von T.
b) Welche Temperatur herrschte in 300 m Entfernung vom Zentrum?
c) Wie groß ist die mittlere Temperaturänderung auf den ersten 300 m?
(Angabe in °C/m oder in °C/100 m)
Wie groß ist sie zwischen 400 m und 500 m?
d) Wie groß ist die momentane Temperaturänderung 300 m vom Zentrum entfernt? Ermitteln Sie diese zeichnerisch.

13. Wetterballon
Ein Wetterballon funkt beim Aufsteigen unter anderem seine Positionsdaten.
Seine Steighöhe wird durch die Funktion h(t) = −2 t^2 + 16 t erfasst (t: Std., h: km)
a) Zeichnen Sie den Graphen von h für 0 ≤ t ≤ 3 und interpretieren Sie ihn.
b) Wie groß ist die mittlere Steiggeschwindigkeit des Ballons in den ersten 30 Minuten?
c) Wie groß ist momentane Steiggeschwindigkeit beim Start? (Verwenden Sie eine Näherungstab.)
d) Wie groß ist die momentane Steiggeschwindigkeit in 24 km Höhe? (Berechnen Sie zunächst die Zeit t für 24 km Aufstieg).

III. Grenzwerte und Änderungsraten

Überblick

Grenzwert einer Funktion

Nähern sich die Funktionswerte f(x) einer Funktion f für $x \to x_0$ einer festen reellen Zahl g „beliebig dicht", so heißt diese Zahl Grenzwert von f für $x \to x_0$.

Symbolische Schreibweise: $\lim\limits_{x \to x_0} f(x) = g$

Analog: $\lim\limits_{x \to \infty} f(x) = g$ bzw. $\lim\limits_{x \to -\infty} f(x) = g$

Methoden zur Grenzwertberechnung

1. Testeinsetzungen (angenähert)
2. Termumformung (exakt)
3. h-Methode (exakt)

Mittlere Änderungsrate von f im Intervall [a; b] (Sekantensteigung)

$$\frac{\Delta f}{\Delta x} = \frac{f(b) - f(a)}{b - a}$$

Lokale Änderungsrate von f an der Stelle x_0 (Tangentensteigung)

$$f'(x_0) = \lim\limits_{x \to x_0} \frac{f(x) - f(x_0)}{x - x_0}$$

Methoden zur Bestimmung von $f'(x_0)$

1. Näherungsbestimmung
   $f'(x_0) \approx \frac{f(x) - f(x_0)}{x - x_0}$, wenn x nahe bei x_0.
   Berechnung durch Testeinsetzungen

2. Exakte Bestimmung
   Termumformung
   h-Methode

Mittlere Geschwindigkeit $\bar{v}$ im Intervall [a; b]

$$\bar{v} = \frac{\Delta s}{\Delta t} = \frac{s(b) - s(a)}{b - a}$$

(s ist hierbei die Weg-Zeit-Funktion des Bewegungsvorgangs)

Momentangeschwindigkeit v zur Zeit t_0

$$v(t_0) = s'(t_0) = \lim\limits_{t \to t_0} \frac{s(t) - s(t_0)}{t - t_0}$$

Test

Grenzwerte und Änderungsraten

1. Bestimmen Sie den Grenzwert von $f(x) = \frac{1-2x}{x+2}$ für $x \to \infty$ und $x \to -\infty$ durch Testeinsetzungen.

2. Bestimmen Sie den Grenzwert $\lim\limits_{x \to 4} \frac{2x^2 - 32}{x - 4}$ durch Termumformung oder mit der h-Methode.

3. Ordnen Sie jedem Term seinen Grenzwert für $x \to \infty$ zu.

4. Das Höhenwachstum einer Tulpe wurde protokolliert.
   a) Skizzieren Sie den Graphen der Höhenfunktion h(t).
   b) Wie groß ist die mittlere Zuwachsrate der Höhe der Blume während des Beobachtungszeitraums?
   c) In welchem der vier Zeitintervalle wuchs die Tulpe am schnellsten?

5. **Flughöhe**
   Ein Segelflugzeug ändert seine Flughöhe gemäß der abschnittsweise definierten Funktion h (t in min, h in m).
   a) Skizzieren Sie den Graphen von h.
   b) Bestimmen Sie die mittlere Steig- bzw. Sinkgeschwindigkeit in den drei Flugphasen.
   c) Bestimmen Sie angenähert den Zeitpunkt, in dem das Flugzeug mit 400 m/min steigt.

Zeit t (Tage)	0	3	5	9	14
Höhe h (cm)	0	1	3	6	7

   $$h(t) = \begin{cases} 1000 \cdot \sqrt{t}, & 0 \leq t < 4 \quad \text{Startphase} \\ 3200 - 300\,t, & 4 \leq t < 10 \quad \text{Schwebephase} \\ \frac{12000}{t} - 1000, & 10 \leq t \leq 12 \quad \text{Landephase} \end{cases}$$

6. Gegeben ist die Funktion $f(x) = \frac{1}{2}x^2$.
   a) Bestimmen Sie die mittlere Änderungsrate von f auf dem Intervall [0; 2].
   b) Bestimmen Sie die lokale Änderungsrate von f bei $x_0 = -1$ zeichnerisch.
   c) Bestimmen Sie die lokale Änderungsrate von f bei $x_0 = 2$ rechnerisch.

7. Ein Auto bremst ab. Der zur Zeit t zurückgelegte Weg ist $s(t) = 40t - 4t^2$ (Zeit t in s, Weg s in m).
   a) Skizzieren Sie den Graphen von s für $0 \leq t \leq 6$.
   b) Wann steht das Auto?
   c) Wie groß ist die mittlere Geschwindigkeit des Autos?
   d) Bestimmen Sie die Momentangeschwindigkeit des Autos zu Beginn des Bremsmanövers (t = 0) angenähert.

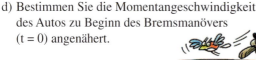

Lösungen: S. 345

IV. Steigung und Ableitung

1. Die Steigung einer Kurve

A. Tangente und Kurvensteigung

Eine Gerade hat eine konstante Steigung. Eine gekrümmte Kurve ändert ihre Steigung laufend. Um die Steigung einer solchen Kurve f an einer Stelle x_0 zu erfassen, verwendet man ebenfalls eine Gerade.
Man zeichnet im Punkt $P(x_0|f(x_0))$ die Tangente an die Kurve ein. Das ist diejenige Gerade durch den Punkt P, die sich in der unmittelbaren Umgebung des Punktes am besten an den Graph von f anschmiegt.

Definition IV.1: Steigung von f an der Stelle x_0

Die Steigung der Funktion f an der Stelle x_0 ist die Steigung der Tangente an den Graphen von f durch den Punkt $P(x_0|f(x_0))$.
Diese Steigung heißt Ableitung von f an der Stelle x_0.
Sie wird mit $f'(x_0)$ bezeichnet.

Man kann $f'(x_0)$ mithilfe eines Steigungsdreiecks der Tangente bestimmen.

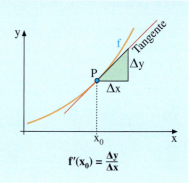

$$f'(x_0) = \frac{\Delta y}{\Delta x}$$

▶ Beispiel: Steigung an einer Stelle
Bestimmen Sie die Steigung der Funktion $f(x) = 1 - x^2$ an den Stellen $x_0 = -0{,}5$ und $x_0 = 1$.

Lösung:
Wir zeichnen den Graphen von f auf mm-Papier oder auf Karopapier. Dann zeichnen wir, z. B. mithilfe eines Geodreiecks, in den Punkten $P(-0{,}5|0{,}75)$ und im Punkt $Q(1|0)$ die Tangenten von f ein.
Diese versehen wir mit Steigungsdreiecken. Wir messen in den Steigungsdreiecken Δy und Δx aus und bilden den Quotienten $\frac{\Delta y}{\Delta x}$. So erhalten wir:

$$f'(-0{,}5) = \frac{\Delta y}{\Delta x} = \frac{0{,}5}{0{,}5} = 1$$
$$f'(1) = \frac{\Delta y}{\Delta x} = \frac{-1}{0{,}5} = -2$$

Tangenten und Steigungsdreiecke:

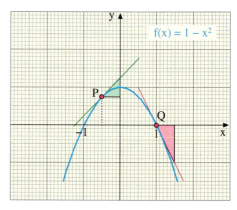

Bei $x = -0{,}5$ steigt die Kurve moderat an,
▶ bei $x = 1$ fällt sie relativ stark ab.

1. Die Steigung einer Kurve

Übungen

1. Graphische Steigungsbestimmung
Bestimmen Sie die Steigung der Funktion in den Punkten A bis E durch Anlegen einer Tangente.
Gibt es eine Stelle, an der die Steigung ungefähr gleich 0,5 ist?
Sollte dies der Fall sein, geben Sie die Lage der Stelle an.
In welchen Intervallen ist die Steigung von f positiv bzw. negativ?

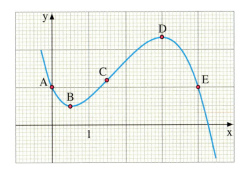

2. Steigungsdreiecke
Welches der drei dargestellten Steigungsdreiecke ist richtig, welche sind falsch? Begründen Sie.
Wie groß ist die Steigung der Funktion f an der Stelle x_0 angenähert?

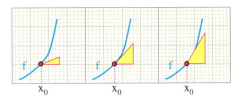

3. Steigung der Wurzelfunktion
Die Abbildung zeigt den Graphen der Funktion $f(x) = \sqrt{x}$.
Wie groß ist die Steigung an der Stelle $x_0 = 1$ und $x_0 = 4$ angenähert?
Beschreiben Sie, bei $x = 0$ beginnend, wie sich die Steigung verändert, wenn x immer größer wird.

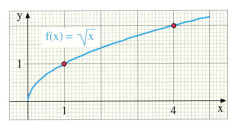

4. Vergrößerung
Man kann die Steigung einer Funktion f an der Stelle x_0 angenähert bestimmen, indem man sie in einer kleinen Umgebung der Stelle x_0 *stark vergrößert* zeichnet, so dass der Graph von f dort fast geradlinig verläuft.
Bestimmen Sie auf diese Weise die Steigung von f an der Stelle x_0.

a) $f(x) = \frac{1}{2}x^2$ an der Stelle $x_0 = 2$. Zeichnen Sie f im Intervall [1,9; 2,1].
Versuchen Sie es dann mit [1,99; 2,01].

b) $f(x) = \frac{1}{x}$ an der Stelle $x_0 = 0,5$. Zeichnen Sie f im Intervall [0,49; 0,51].

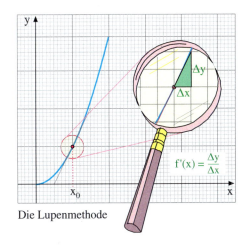

Die Lupenmethode

B. Die Steigung einer Kurve in einem Punkt

▶ **Beispiel:** Ein Raupenfahrzeug mit einer Steigfähigkeit von 78%* fährt einen Hang mit parabelförmigem Profil hinauf. Die Profilkurve lässt sich näherungsweise durch die Funktion $f(x) = \frac{1}{50}x^2$ beschreiben.
Kann das Fahrzeug die Markierungsstange erreichen?

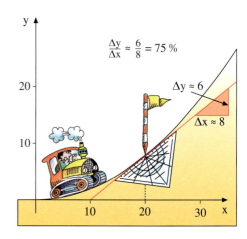

Lösung:
Um festzustellen, wie steil der Hang bei der Markierungsstange ist, legen wir dort das Geodreieck – so gut es geht – tangential an die Kurve an. Wir erhalten auf diese Weise eine Tangente an die Profilkurve, deren Steigung wir nun mithilfe eines Steigungsdreiecks ablesen können.

Sie beträgt ungefähr 75%. Etwa die gleiche Steigung hat der Hang in der Nähe der Stange. Danach dürfte die Raupe also bis zu der Markierungsstange kommen. Allerdings können wir nicht ganz sicher sein, denn die zur Steigungsmessung verwendete Tangente haben wir durch Anlegen des
▶ Geodreiecks nach „Augenmaß" gewonnen.

Es ist jedoch möglich, ein Verfahren zu entwickeln, das die exakte rechnerische Bestimmung der Tangente an eine Kurve in einem beliebigen Kurvenpunkt gestattet.
Wir erläutern das Verfahren zunächst allgemein, wobei wir uns an der Abbildung orientieren.

$P(x_0|y_0)$ sei ein fester Punkt auf dem Graphen einer gegebenen Funktion f.
$Q(x|y)$ sei ein weiterer, von P verschiedener Punkt des Graphen. Die durch P und Q eindeutig festgelegte Gerade bezeichnet man als *Sekante*. Lassen wir nun den Punkt $Q(x|y)$ auf der Kurve zum Punkt $P(x_0|y_0)$ „hinwandern", so dreht sich die zugehörige Sekante um den Punkt P. Je näher Q an P heranrückt, umso mehr nähert sich die zugehörige Sekante einer bestimmten „Grenzgeraden", die mit dem Graphen nur den Punkt $P(x_0|y_0)$ gemeinsam hat. Diese Grenzgerade nennen wir *Tangente* an die Kurve im Punkt $P(x_0|y_0)$.

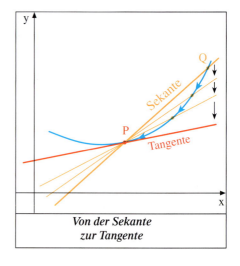

Von der Sekante zur Tangente

---

* 78%: 78 m Höhenunterschied auf 100 m in der Horizontalen

1. Die Steigung einer Kurve

Es ist nun naheliegend, unter der Steigung einer Funktion in einem Punkt $P(x_0|y_0)$ ihres Graphen die Steigung der Tangente t zu verstehen, die den Graphen in P berührt. Uns interessiert daher vor allem die Berechnung der Tangentensteigung.

Da sich die Tangente t als Grenzgerade von Sekanten ergibt, ist ihre Steigung der Grenzwert der zugehörigen Sekantensteigungen.

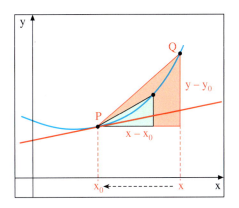

Das abgebildete Steigungsdreieck zeigt: Die Sekante durch $P(x_0|y_0)$ und $Q(x|y)$ hat die Steigung
$\frac{f(x) - f(x_0)}{x - x_0}$ *(Differenzenquotient)*.
Daher hat die Tangente durch $P(x_0|y_0)$ die Steigung
$\lim\limits_{x \to x_0} \frac{f(x) - f(x_0)}{x - x_0}$ *(Differentialquotient)*.
Die Bestimmung der Tangentensteigung als Grenzwert des Differenzenquotienten bezeichnet man als *Differenzieren* der Funktion.

Wir wenden das Verfahren nun auf unser Einstiegsbeispiel an.

In diesem Beispiel gilt $f(x) = \frac{1}{50}x^2$.
Zur rechnerischen Bestimmung der Steigung der Tangente durch den Punkt $P(20|f(20))$ müssen wir den Grenzwert

$\lim\limits_{x \to 20} \frac{f(x) - f(20)}{x - 20}$ untersuchen.

Direktes Einsetzen von $x = 20$ liefert nur den *unbestimmten Ausdruck $\frac{0}{0}$*.

Durch Ausklammern von $\frac{1}{50}$ und Anwenden der dritten binomischen Formel gelingt es, den störenden Nennerterm $x - 20$ zu kürzen. Anschließend ist die Grenzwertbildung problemlos möglich.
Wir erhalten so den Wert 0,8 bzw. 80 % für die Tangentensteigung bei $x = 20$.

Das bedeutet: Das Raupenfahrzeug erreicht die Markierungsstange nicht ganz.

Berechnung der Tangentensteigung:

$$\lim\limits_{x \to 20} \frac{f(x) - f(20)}{x - 20} = \lim\limits_{x \to 20} \frac{\frac{1}{50}x^2 - 8}{x - 20}$$

$$= \lim\limits_{x \to 20} \frac{\frac{1}{50}(x^2 - 400)}{x - 20}$$

$$= \lim\limits_{x \to 20} \frac{\frac{1}{50}(x - 20)(x + 20)}{x - 20}$$

$$= \lim\limits_{x \to 20} \frac{1}{50}(x + 20)$$

$$= \frac{40}{50}$$

$$= 0{,}8$$

Resultat:
Die Steigung des Hanges an der Stelle $x_0 = 20$ beträgt 80 %.
Die Raupe schafft aber nur 78 %.

Wir fassen nun unsere Überlegung in der folgenden Definition zusammen.

Definition IV.2: Differenzierbarkeit
Die Funktion f heißt *differenzierbar* an der Stelle $x_0 \in D$, wenn der Grenzwert

$$\lim_{x \to x_0} \frac{f(x) - f(x_0)}{x - x_0} \text{ existiert:}$$

Dieser Grenzwert wird mit $f'(x_0)$ bezeichnet und *Ableitung von f an der Stelle x_0* genannt (gelesen: f-Strich).
$f'(x_0)$ gibt die Steigung der Tangente von f an der Stelle x_0 an.

Formeln zur Berechnung von $f'(x_0)$

Methode I: $x \to x_0$

(I) $\quad f'(x_0) = \lim\limits_{x \to x_0} \dfrac{f(x) - f(x_0)}{x - x_0}$

Methode II: $h \to 0$

(II) $\quad f'(x_0) = \lim\limits_{h \to 0} \dfrac{f(x_0 + h) - f(x_0)}{h}$

Bemerkung: Setzt man in der ersten Formel $x = x_0 + h$, so erhält man die zweite Formel.

Wir zeigen nun anhand von Beispielen, wie die obigen beiden Formeln im konkreten Fall zur exakten Steigungsberechnungen eingesetzt werden.

▶ **Beispiel: Exakte Steigungsberechnung**
Berechnen Sie die Steigung der Funktion $f(x) = x^2$ an der Stelle $x_0 = 2$.
Verwenden Sie einmal Formel I ($x \to x_0$) und zum Vergleich auch Formel II ($h \to 0$).

Lösung mit Formel I:
Bei Verwendung von Formel I muss der störende Nennerterm $x - x_0$ gekürzt werden. Um das zu ermöglichen, muss zuvor der Zählerterm mit der dritten binomischen Formel umgeformt werden.

$f'(2) = \lim\limits_{x \to 2} \dfrac{f(x) - f(2)}{x - 2}$

$\quad = \lim\limits_{x \to 2} \dfrac{x^2 - 4}{x - 2}$

$\quad = \lim\limits_{x \to 2} \dfrac{(x + 2) \cdot (x - 2)}{x - 2}$

$\quad = \lim\limits_{x \to 2} (x + 2)$

$\quad = 2 + 2$

▶ $\quad = 4$

Aufstellen des Differenzenquotienten

Umformen des Differenzenquotienten

Kürzen von $x - x_0$ bzw. h

Bestimmen des Grenzwertes

Lösung mit Formel II:
Bei Verwendung von Formel II muss der störende Nennerterm h gekürzt werden. Dies erfordert die vorherige Umformung des Zählerterms mit der ersten binomischen Formel.

$f'(2) = \lim\limits_{h \to 0} \dfrac{f(2 + h) - f(2)}{h}$

$\quad = \lim\limits_{h \to 0} \dfrac{(2 + h)^2 - 4}{h}$

$\quad = \lim\limits_{h \to 0} \dfrac{4 + 4h + h^2 - 4}{h}$

$\quad = \lim\limits_{h \to 0} \dfrac{4h + h^2}{h}$

$\quad = \lim\limits_{h \to 0} (4 + h)$

$\quad = 4$

Übung 5
Berechnen Sie die Steigung der Funktion f an der Stelle x_0.
a) $f(x) = x^2$, $x_0 = -1$
b) $f(x) = 0{,}5\,x^2$, $x_0 = 2$
c) $f(x) = a\,x^2$, $x_0 = 1$

1. Die Steigung einer Kurve

Leider funktioniert die Bestimmung der Ableitung von f an einer Stelle x_0 mithilfe der Formeln I und II nur bei quadratischen Funktionen so einfach wie im vorigen Beispiel. Schon bei Polynomen dritten Grades wird die Technik deutlich komplizierter.

▶ **Beispiel: h-Methode bei kubischer Funktion**
Berechnen Sie die Steigung von $f(x) = x^3$ an der Stelle $x_0 = 1$ mit der h-Methode (Formel II).

Lösung:
Wir benötigen die binomische Formel der Ordnung 3, um den Differenzenquotienten so umzuformen, dass der Faktor h gekürzt werden kann:
$(a + b)^3 = a^3 + 3a^2b + 3ab^2 + b^3$
Für $a = 1$ und $b = h$ folgt:
$(1 + h)^3 = 1 + 3h + 3h^2 + h^3$
Damit können wir die h-Methode – wie rechts dargestellt – anwenden.
▶ Resultat: $f'(1) = 3$

Ableitung bei $x_0 = 1$:
$$f'(1) = \lim_{h \to 0} \frac{f(1+h) - f(1)}{h}$$
$$= \lim_{h \to 0} \frac{(1+h)^3 - 1^3}{h}$$
$$= \lim_{h \to 0} \frac{1 + 3h + 3h^2 + h^3 - 1}{h}$$
$$= \lim_{h \to 0} \frac{3h + 3h^2 + h^3}{h}$$
$$= \lim_{h \to 0} (3 + 3h + h^2)$$
$$= 3$$

▶ **Beispiel: $(x - x_0)$-Methode bei kubischer Funktion**
Berechnen Sie die Steigung von $f(x) = x^3$ bei $x_0 = 1$ mit der $(x - x_0)$-Methode (Formel I).
Hilfestellung: Zeigen Sie zunächst, dass die Darstellung $x^3 - 1 = (x^2 + x + 1) \cdot (x - 1)$ gilt.

Lösung:
Wir weisen zunächst die Gültigkeit der als Hilfe vorgegebenen Faktorisierung nach:

$(x^2 + x + 1) \cdot (x - 1)$
$= x^3 + x^2 + x - x^2 - x - 1$
$= x^3 - 1$

Damit können wir die nebenstehende Rechnung durchführen und erhalten $f'(1) = 3$. Ohne die vorgegebene Faktorisierung wäre
▶ es allerdings schwierig geworden*.

Ableitung bei $x_0 = 1$:
$$f'(1) = \lim_{x \to 1} \frac{f(x) - f(1)}{x - 1}$$
$$= \lim_{x \to 1} \frac{x^3 - 1}{x - 1}$$
$$= \lim_{x \to 1} \frac{(x^2 + x + 1) \cdot (x - 1)}{x - 1}$$
$$= \lim_{x \to 1} (x^2 + x + 1)$$
$$= 3$$

Übung 6
Berechnen Sie die Steigung von f an der Stelle x_0 mithilfe der h-Methode.
a) $f(x) = x^2$, $x_0 = 1$ b) $f(x) = 2x^2$, $x_0 = -1$ c) $f(x) = x^3$, $x_0 = 2$ d) $f(x) = 2x$, $x_0 = 1$

Übung 7
Gegeben ist $f(x) = x^4$. Berechnen Sie die Ableitung von f bei $x_0 = 2$ mit der h-Methode.
Hilfe: Vewenden Sie die Binomische Formel $(a + b)^4 = a^4 + 4a^3b + 6a^2b^2 + 4ab^3 + b^4$.

---

* Man kann eine solche Faktorisierung durch *Polynomdivision* gewinnen (hier nicht behandelt).

Auch bei zusammengesetzten Funktionstermen kann man die h-Methode anwenden.

▶ **Beispiel: Zusammengesetzter Funktionsterm**
Gesucht ist die Steigung von $f(x) = x^2 + 2x$ an der Stelle $x_0 = 3$.

Lösung:
Wegen des Vorkommens eines quadratischen Summanden im Funktionsterm von f wird wie im Beispiel auf Seite 114 (rechts) die erste binomische Formel benötigt.

Die Rechnung – rechts dargestellt – verläuft dann routinemäßig.

▶ Resultat: $f'(3) = 8$

Ableitung bei $x_0 = 1$:

$$f'(3) = \lim_{h \to 0} \frac{f(3+h) - f(3)}{h}$$
$$= \lim_{h \to 0} \frac{(3+h)^2 + 2 \cdot (3+h) - 15}{h}$$
$$= \lim_{h \to 0} \frac{9 + 6h + h^2 + 6 + 2h - 15}{h}$$
$$= \lim_{h \to 0} \frac{h^2 + 8h}{h}$$
$$= \lim_{h \to 0} (h + 8)$$
$$= 8$$

Übung 8
Berechnen Sie die Steigung von f an der Stelle x_0 mit Hilfe der h-Methode.
a) $f(x) = x^2 - x$, $x_0 = 1$ b) $f(x) = 2x^2 + 1$, $x_0 = -2$ c) $f(x) = 3x + 2$, $x_0 = 2$

C. Exkurs: Nicht differenzierbare Funktionen

Eine Funktion ist *differenzierbar* an der Stelle x_0, wenn sie an dieser Stelle eine eindeutig bestimmte Tangente besitzt (Bild 1).
In der näheren Umgebung von x_0 stimmen Funktion und Tangente nahezu überein (Vergrößerungslupe). Man sagt auch, dass differenzierbare Funktionen im lokalen Mikrobereich *linear approximierbar* sind.

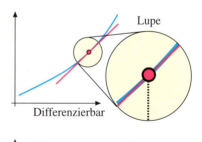
Differenzierbar

Eine Funktion ist in x_0 *nicht differenzierbar*, wenn sie dort keine eindeutige Tangente besitzt oder nur eine einseitige Tangente bzw. wenn sie in der unmittelbaren Nähe von x_0 nicht nahezu linear verläuft.

Dies ist der Fall, wenn f bei x_0 einen *Knick* (Bild 2) oder sogar einen *Sprung* (Bild 3) besitzt.

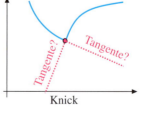
Knick

Übung 9
Zeichnen Sie den Graphen von f. An welcher Stelle ist f nicht differenzierbar? Begründen Sie.
a) $f(x) = |x|$ b) $f(x) = \frac{|x|}{x}$ c) $f(x) = \sqrt{x}$

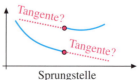
Sprungstelle

2. Die Ableitungsfunktion

A. Zeichnerische Bestimmung

Unten ist eine Funktion f abgebildet. Sie besitzt in jedem Punkt ihres Graphen eine Steigung, die man mithilfe eines kleinen tangentialen Steigungsdreiecks angenähert bestimmen kann. Ordnet man *jeder* Stelle x die dort vorliegende Steigung f'(x) zu, so erhält man eine neue Funktion f', die man als *Ableitungsfunktion von f* bezeichnet.

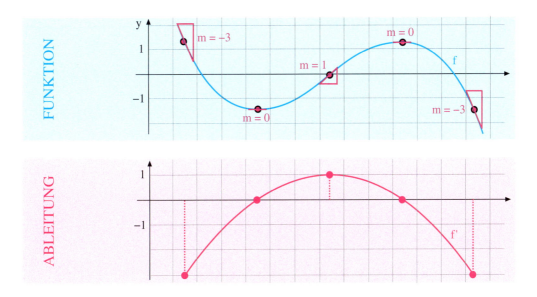

An der Ableitungsfunktion f' kann man erkennen, in welchen Bereichen die Funktion f *steigt* bzw. *fällt*. Ist f' positiv, so steigt f, und ist f negativ, so fällt f.
Außerdem kann man sehen, wo *Hochpunkte* und *Tiefpunkte* liegen, denn in diesen ist die Steigung f' gleich null.

Übung 1
Gegeben ist der Graph der Funktion f. Lesen sie an einigen Stellen die Steigung von f näherungsweise ab und skizzieren Sie damit den Graphen von f' in einem geeigneten Koordinatensystem.

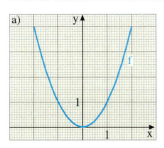
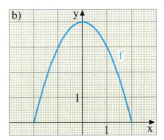
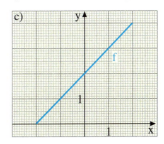

Übungen

2. Schluss von f auf f′

Gegeben ist der Graph der Funktion f. Skizzieren Sie den Graphen von f′. Stellen Sie zunächst fest, wo die Nullstellen der Ableitung f′ liegen müssen.

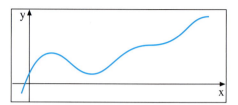

3. Schluss von f′ auf f

Gegeben ist der Graph einer Ableitungsfunktion f′ (s. Bild I bzw. II).
a) In welchen Bereichen verläuft f steigend, in welchen fallend?
b) An welchen Stellen liegen Hochpunkte und Tiefpunkte von f?
c) Skizzieren Sie einen möglichen Verlauf des Graphen von f, wenn angenommen wird, dass f durch den Ursprung geht.

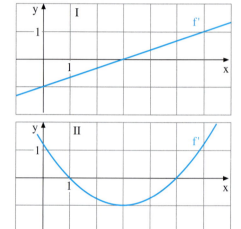

4. Drachenflieger

Die Graphik zeigt die Höhe h eines Drachenfliegers als Funktion der Zeit t. (t in min, h in Metern).
a) Beschreiben Sie den Flugverlauf. Wie lange dauerte der Flug? Welche Gipfelhöhe wurde erreicht?
b) Skizzieren Sie den Graphen der Ableitungsfunktion h′. Welche Bedeutung hat h′ in diesem Anwendungszusammenhang?

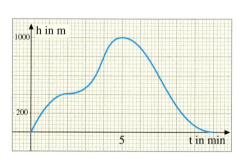

c) Wie groß war die mittlere Steiggeschwindigkeit während des Aufstiegs, wie groß die mittlere Fallgeschwindigkeit während des Abstiegs? Bestimmen Sie angenähert, wann die Aufstiegsgeschwindigkeit maximal war. Wie groß war sie?

5. Zuordnen

Ordnen Sie Funktion und Ableitung zu.

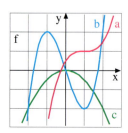 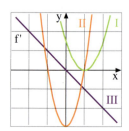

B. Die rechnerische Bestimmung der Ableitungsfunktion

In den vorigen Abschnitten wurde die Ableitungsfunktion f′ einer Funktion f zeichnerisch bestimmt.

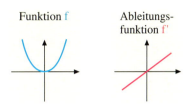

Nun geht es um die rechnerische Bestimmung der Ableitungsfunktion f′. Diese erhält man, indem man den Differentialquotienten für eine beliebige, nicht konkret festgelegte Stelle x_0 allgemein berechnet.

Dabei kann man sowohl Formel I (Grenzprozess $x \to x_0$) als auch Formel II (Grenzprozess $h \to 0$) anwenden.

Differentialquotient

I: $f'(x_0) = \lim\limits_{x \to x_0} \dfrac{f(x) - f(x_0)}{x - x_0}$

II: $f'(x_0) = \lim\limits_{h \to 0} \dfrac{f(x_0 + h) - f(x_0)}{h}$

▶ **Beispiel: Ableitung der Normalparabel**
Bestimmen Sie die Ableitungsfunktion von $f(x) = x^2$.

Lösung mit Formel I ($x \to x_0$):
Bei Anwendung von Formel I kommt die
3. binomischen Formel zum Einsatz:

$f'(x_0) = \lim\limits_{x \to x_0} \dfrac{f(x) - f(x_0)}{x - x_0}$

$= \lim\limits_{x \to x_0} \dfrac{x^2 - x_0^2}{x - x_0}$

$= \lim\limits_{x \to x_0} \dfrac{(x + x_0) \cdot (x - x_0)}{x - x_0}$

$= \lim\limits_{x \to x_0} (x + x_0)$

$= 2x_0$

Aufstellen des Differenzenquotienten

Umformen des Differenzenquotienten

Kürzen von $x - x_0$ bzw. h

Bestimmen des Grenzwertes

Lösung mit Formel II ($h \to 0$):
Bei Anwendung von Formel II muss die
1. binomischen Formel verwendet werden:

$f'(x_0) = \lim\limits_{h \to 0} \dfrac{f(x_0 + h) - f(x_0)}{h}$

$= \lim\limits_{h \to 0} \dfrac{(x_0 + h)^2 - x_0^2}{h}$

$= \lim\limits_{h \to 0} \dfrac{x_0^2 + 2x_0 h + h^2 - x_0^2}{h}$

$= \lim\limits_{h \to 0} \dfrac{2x_0 h + h^2}{h}$

$= \lim\limits_{h \to 0} (2x_0 + h)$

$= 2x_0$

Also ist $f'(x_0) = 2x_0$ für beliebiges x_0.
Daher gilt: $f(x) = x^2$ hat die Ableitungsfunk-
▶ tion $f'(x) = 2x$.

$f(x) = x^2 \qquad f'(x) = 2x$
Kurzschreibweise: $(x^2)' = 2x$

Übung 6
Bestimmen Sie die Ableitung der Funktion f rechnerisch.
a) $f(x) = 2x^2$ b) $f(x) = x$ c) $f(x) = 2x$
d) $f(x) = 5$ e) $f(x) = -x^2$ f) $f(x) = 2x + 2$
g) $f(x) = ax + b$ h) $f(x) = ax^2$ i) $f(x) = ax^2 + bx + c$

Wir behandeln nun noch ein etwas komplizierteres Beispiel.
Dabei verwenden wir den Grenzprozess h → 0, also Formel II, die sogenannte *h-Methode*.

▶ **Beispiel: Bestimmung der Ableitung mit der h-Methode.**
Bestimmen Sie die Ableitung von $f(x) = x^3$.

Lösung:
Wir erhalten nach der rechts aufgeführten
Rechnung $f'(x_0) = 3x_0^2$.

Also ist $f'(x) = 3x^2$ die Ableitung von
$f(x) = x^3$. Kurzschreibweise: $(x^3)' = 3x^2$.

Hierbei haben wir die binomische Formel
$(a+b)^3 = a^3 + 3a^2b + 3ab^2 + b^3$
▶ angewendet mit $a = x_0$ und $b = h$.

$$f'(x_0) = \lim_{h \to 0} \frac{f(x_0+h) - f(x_0)}{h}$$
$$= \lim_{h \to 0} \frac{(x_0+h)^3 - x_0^3}{h} \quad \text{Binom. Formel}$$
$$= \lim_{h \to 0} \frac{x_0^3 + 3x_0^2h + 3x_0h^2 + h^3 - x_0^3}{h}$$
$$= \lim_{h \to 0} \frac{3x_0^2h + 3x_0h^2 + h^3}{h} \quad \text{Kürzen}$$
$$= \lim_{h \to 0} (3x_0^2 + 3x_0h + h^2)$$
$$= 3x_0^2$$

Auch Funktionsterme, die komplexer als $f(x) = x^2$ bzw. $f(x) = x^3$ aufgebaut sind, können mit der h-Methode *abgeleitet* oder *differenziert* werden, wie man die Tätigkeit der rechnerischen Bestimmung der Ableitungsfunktion bezeichnet.

▶ **Beispiel: Ableitung einer zusammengesetzten Funktion**
Bestimmen Sie die Ableitung von $f(x) = x^2 + 2x$.

Lösung:
Wir erhalten nach der rechts aufgeführten
Rechnung:
$$f'(x_0) = 2x_0 + 2$$
Also ist $f'(x) = 2x + 2$ die Ableitung von
$f(x) = x^2 + 2x$.
Kurzschreibweise: $(x^2 + 2x)' = 2x + 2$

Die Terme wurden zwar etwas umfangreicher als oben, aber das Prinzip des Vor-
▶ gehens blieb gleich.

$$f'(x_0) = \lim_{h \to 0} \frac{f(x_0+h) - f(x_0)}{h}$$
$$= \lim_{h \to 0} \frac{(x_0+h)^2 + 2(x_0+h) - (x_0^2 + 2x_0)}{h}$$
$$= \lim_{h \to 0} \frac{x_0^2 + 2x_0h + h^2 + 2x_0 + 2h - x_0^2 - 2x_0}{h}$$
$$= \lim_{h \to 0} \frac{2x_0h + h^2 + 2h}{h}$$
$$= \lim_{h \to 0} (2x_0 + h + 2)$$
$$= 2x_0 + 2$$

Übung 7
Bestimmen Sie die Ableitung der Funktion
f rechnerisch.
a) $f(x) = 2x + 1$
b) $f(x) = x^2 - x$
c) $f(x) = x - 2x^2$
d) $f(x) = (x-1)^2$

Übung 8
Berechnen Sie die Ableitung von $f(x) = x^4$.
Verwenden Sie die binomische Formel
$(a+b)^4 = a^4 + 4a^3b + 6a^2b^2 + 4ab^3 + b^4$,
um den auftretenden Term $(x_0 + h)^4$ aufzulösen.

3. Elementare Ableitungsregeln

A. Die Ableitung von $f(x) = x^n$ (Potenzregel)

Wenn man rechnerisch die Ableitungen der Potenzfunktionen $f(x) = x^2$, $f(x) = x^3$ und $f(x) = x^4$ bildet, so erhält man die rechts dargestellten Resultate.

Welche Vermutung ergibt sich hieraus für die Ableitung der allgemeinen Potenzfunktion $f(x) = x^n$?

Satz IV.1 Potenzregel
Für jede natürliche Zahl $n \in \mathbb{N}$ gilt:
$$(x^n)' = n \cdot x^{n-1}$$

Man differenziert eine Potenz, indem man den Exponenten der Potenz um 1 verringert und die Potenz mit dem alten Exponenten multipliziert.

Beweis:
Wir führen den Beweis exemplarisch für $f(x) = x^4$, d. h. für $n = 4$. Er lässt sich wörtlich auf beliebiges n übertragen.

Entwickelt man den Term $(x + h)^4$ nach der binomischen Formel, so ergibt sich
$(x + h)^4 = x^4 + 4hx^3 + h^2 \cdot P$
Dabei ist P ein Polynom, welches die Variablen x und h enthält. Wir müssen P nicht ausrechnen.

$$(x + h)^4 = x^4 + 4x^3h + 6x^2h^2 + 4xh^3 + h^4$$
$$= x^4 + 4x^3h + h^2 \cdot (6x^2 + 4xh + h^2)$$
$$= x^4 + 4x^3h + h^2 \cdot \text{Polynom}$$

$$f'(x) = \lim_{h \to 0} \frac{f(x+h) - f(x)}{h} = \lim_{h \to 0} \frac{(x+h)^4 - x^4}{h}$$
$$= \lim_{h \to 0} \frac{x^4 + 4x^3h + h^2 \cdot P - x^4}{h} = \lim_{h \to 0} \frac{4x^3h + h^2 \cdot P}{h}$$
$$= \lim_{h \to 0} (4x^3 + h \cdot P)$$
$$= 4x^3$$

Nun wenden wir die h-Methode an, um die Ableitung f′ zu berechnen (vgl. rechts). Wir erhalten $f'(x) = 4x^3$.

Übung 1
Bilden Sie die Ableitungsfunktion von f.
a) $f(x) = x^3$ b) $f(x) = x^5$
c) $f(x) = x^{2n}$ d) $f(x) = x$
e) $f(x) = x^{n+4}$ f) $f(x) = x^{2014}$

Übung 2
a) Beweisen Sie die Potenzregel für n = 5.
b) Beweisen Sie die Potenzregel für beliebiges $n \in \mathbb{N}$.
Verallgemeinern Sie hierzu den oben für n = 4 geführten Beweis.

Übung 3
Zwei der folgenden vier Aussagen sind falsch. Welche sind es?
(1) $f(x) = x^3 \Rightarrow f'(x) = 3 \cdot x^2$
(2) $f(x) = x^x \Rightarrow f'(x) = x \cdot x^{x-1}$
(3) $f(x) = x^{2a} \Rightarrow f'(x) = 2 \cdot x^a$
(4) $f(x) = x^{a+1} \Rightarrow f'(x) = (a+1) \cdot x^a$

B. Die Ableitung von f(x) = C (Konstantenregel)

Eine konstante Funktion f(x) = C hat überall die Steigung null. Folglich ist ihre Ableitungsfunktion f′(x) = 0.

Konstante Funktion
Steigung 0

Satz IV.2: Die Konstantenregel
Für jede reelle Konstante C gilt:
$$(C)' = 0.$$

Beweis:
$$f'(x) = \lim_{h \to 0} \frac{f(x+h) - f(x)}{h} = \lim_{h \to 0} \frac{C - C}{h} = \lim_{h \to 0} 0 = 0$$

C. Die Ableitung von f(x) + g(x) (Summenregel)

Berechnet man die Ableitungsfunktion von $s(x) = x^2 + x^3$ mithilfe der Definition der Ableitung, also z. B. mit der h-Methode, so wird das Ganze aufwendig (s. rechts). Das Ergebnis zeigt, dass man sich die ganze Mühe sparen kann, wenn man die Summanden einzeln nach der Potenzregel differenziert.

Berechnung der Ableitung einer Summe
$s(x) = x^2 + x^3$

$$s'(x) = \lim_{h \to 0} \frac{s(x+h) - s(x)}{h}$$
$$= \lim_{h \to 0} \frac{[(x+h)^2 + (x+h)^3] - [x^2 + x^3]}{h}$$
$$= \lim_{h \to 0} \frac{x^2 + 2xh + h^2 + x^3 + 3x^2h + 3xh^2 + h^3 - x^2 - x^3}{h}$$
$$= \lim_{h \to 0} \frac{2xh + h^2 + 3x^2h + 3xh^2 + h^3}{h}$$
$$= \lim_{h \to 0} (2x + h + 3x^2 + 3xh + h^2)$$
$$= 2x + 3x^2$$

$(x^2 + x^3)' = 2x + 3x^2$

Satz IV.3: Die Summenregel
Sind die Funktionen f und g auf dem Intervall I differenzierbar, so ist auch ihre Summenfunktion f + g dort differenzierbar und es gilt
$$(f(x) + g(x))' = f'(x) + g'(x).$$

Beweis der Summenregel
$s(x) = f(x) + g(x)$

$$s'(x) = \lim_{h \to 0} \frac{s(x+h) - s(x)}{h}$$
$$= \lim_{h \to 0} \frac{[f(x+h) + g(x+h)] - [f(x) + g(x)]}{h}$$
$$= \lim_{h \to 0} \frac{f(x+h) - f(x) + g(x+h) - g(x)}{h}$$
$$= \lim_{h \to 0} \frac{f(x+h) - f(x)}{h} + \lim_{h \to 0} \frac{g(x+h) - g(x)}{h}$$
$$= f'(x) + g'(x)$$

Übung 4
Bilden Sie die Ableitungsfunktion von f.
a) $f(x) = x^3 + x^2$
b) $f(x) = 1 - x^4$
c) $f(x) = x^3 + x^5 + x + 2$

D. Die Faktorregel

Eine weitere Erleichterung beim Differenzieren bringt die folgende Regel:

Satz IV.4: Die Faktorregel
f sei eine differenzierbare Funktion und a eine beliebige Konstante. Dann gilt:

$$(a \cdot f(x))' = a \cdot f'(x).$$

In Worten: Konstante Faktoren bleiben beim Differenzieren erhalten.

Beispiele zur Faktorregel:

$$(3 \cdot x^2)' = 3 \cdot (x^2)' = 3 \cdot 2x = 6x$$

$$(8 \cdot x^5)' = 8 \cdot (x^5)' = 8 \cdot 5x^4 = 40x^4$$

$$\left(\tfrac{1}{2}x^6\right)' = \tfrac{1}{2}(x^6)' = \tfrac{1}{2} \cdot 6x^5 = 3x^5$$

Beweis:
Sei $g(x) = a \cdot f(x)$. Dann gilt:
$$g'(x) = \lim_{h \to 0} \frac{g(x+h) - g(x)}{h} = \lim_{h \to 0} \frac{a \cdot f(x+h) - a \cdot f(x)}{h} = a \cdot \lim_{h \to 0} \frac{f(x+h) - f(x)}{h} = a \cdot f'(x)$$

E. Die Ableitung von Polynomen

Mit der Summen-, der Konstanten-, der Potenz- und der Faktorregel sind wir nun in der Lage, jede beliebige Polynomfunktion abzuleiten und ihre Steigung zu untersuchen.

▶ **Beispiel:** Berechnen Sie die Ableitung von f.
  a) $f(x) = 4x^2 + \tfrac{1}{3}x^6$
  b) $f(x) = ax^n + bx^3$, $n \in \mathbb{N}$

Lösung zu a:
$$f'(x) = \left(4x^2 + \tfrac{1}{3}x^6\right)' = (4x^2)' + \left(\tfrac{1}{3}x^6\right)' = 4 \cdot (x^2)' + \tfrac{1}{3} \cdot (x^6)' = 4 \cdot 2x + \tfrac{1}{3} \cdot 6x^5 = 8x + 2x^5$$
  ↑ Summenregel   ↑ Faktorregel   ↑ Potenzregel

Lösung zu b:
▶ $f'(x) = (ax^n + bx^3)' = a \cdot nx^{n-1} + b \cdot 3x^2 = anx^{n-1} + 3bx^2$

Übung 5
Bilden Sie die Ableitungsfunktion von f.
a) $f(x) = 2x + x^3$ b) $f(x) = 5x$ c) $f(x) = ax^2$ d) $f(x) = ax^n$
e) $f(x) = 2x^2 + 4x$ f) $f(x) = \tfrac{1}{2}x^2 + 5$ g) $f(x) = 2x^3 - 3x^2 + 2$ h) $f(x) = ax^3 + bx + c$

Übung 6
Berechnen Sie f' und zeichnen Sie die Graphen von f und f'.
a) $f(x) = \tfrac{1}{2}x^2 - 2x + 2$ b) $f(x) = 4 - x^2$ c) $f(x) = \tfrac{1}{2}x^3 - 2x$ d) $f(x) = 3x - \tfrac{1}{3}x^3$

F. Exkurs: Die Ableitungen von $\sqrt{x}$ und $\frac{1}{x}$

Bisher haben wir nur ganzrationale Funktionen differenziert. Wir werden das Spektrum durch die *Quadratwurzelregel* und die *Reziprokenregel* auf neue Funktionsklassen ausdehnen.

Satz IV.5: Die Quadratwurzelregel
Für $x > 0$ gilt die Ableitungsregel:
$$(\sqrt{x})' = \frac{1}{2\sqrt{x}}$$

Satz IV.6: Die Reziprokenregel
Für $x \neq 0$ gilt die Ableitungsregel:
$$\left(\frac{1}{x}\right)' = -\frac{1}{x^2}$$

Beweis:
Wir setzen $f(x) = \sqrt{x}$. Dann gilt:

$$f'(x) = \lim_{h \to 0} \frac{f(x+h) - f(x)}{h}$$
$$= \lim_{h \to 0} \frac{\sqrt{x+h} - \sqrt{x}}{h}$$
$$= \lim_{h \to 0} \frac{(\sqrt{x+h} - \sqrt{x}) \cdot (\sqrt{x+h} + \sqrt{x})}{h \cdot (\sqrt{x+h} + \sqrt{x})}$$
$$= \lim_{h \to 0} \frac{(x+h) - x}{h \cdot (\sqrt{x+h} + \sqrt{x})}$$
$$= \lim_{h \to 0} \frac{1}{\sqrt{x+h} + \sqrt{x}}$$
$$= \frac{1}{2\sqrt{x}}$$

Beweis:
Wir setzen $f(x) = \frac{1}{x}$. Dann gilt:

$$f'(x) = \lim_{h \to 0} \frac{f(x+h) - f(x)}{h}$$
$$= \lim_{h \to 0} \frac{\frac{1}{x+h} - \frac{1}{x}}{h}$$
$$= \lim_{h \to 0} \frac{\frac{x}{(x+h) \cdot x} - \frac{x+h}{x \cdot (x+h)}}{h}$$
$$= \lim_{h \to 0} \frac{\frac{-h}{(x+h) \cdot x}}{h}$$
$$= \lim_{h \to 0} \frac{-1}{(x+h) \cdot x}$$
$$= -\frac{1}{x^2}$$

Wir zeigen in einer Anwendung, wie die Quadratwurzelregel praktisch verwendet werden kann.

▶ **Beispiel:**
Das Profil eines Hangs kann durch die Funktion $f(x) = \sqrt{x}$ modelliert werden. Er soll links vom Punkt $P(4|2)$ so aufgeschüttet werden, dass eine gerade, tangential anschließende Abfahrt entsteht. In welcher Entfernung vom Hangende beginnt die Aufschüttung?

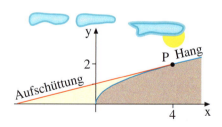

Lösung:
Wir bestimmen die Gleichung der Tangente t an den Graphen von f im Punkt $P(4|2)$. Die Funktion f besitzt dort die Steigung $m = f'(4) = \frac{1}{2\sqrt{4}} = \frac{1}{4}$, da $f'(x) = \frac{1}{2\sqrt{x}}$ ist. Damit ergibt sich die Tangentengleichung $t(x) = \frac{1}{4}x + 1$.

Diese schneidet die x-Achse bei $x = -4$.
▶ Dort also beginnt die Aufschüttung.

Tangentengleichung:
$t(x) = m \cdot (x - x_0) + y_0$
$f'(4) = \frac{1}{4}$ $P(4|2)$
$t(x) = \frac{1}{4} \cdot (x - 4) + 2 = \frac{1}{4}x + 1$

Nullstelle der Tangente:
$x = -4$

3. Elementare Ableitungsregeln

▶ **Beispiel: Vulkanberg**
Ein Vulkanberg wird für $\frac{1}{2} \leq x \leq 2$ durch die Funktion $f(x) = \frac{1}{x}$ modelliert, wobei 1 LE einem Kilometer entspricht.
a) Wie hoch erhebt sich der Vulkan über die Ebene am Fuß des Berges?
b) Wie steil ist sein Hang am unteren Hangende, wie steil ist er am Gipfel?
c) Ein Tourist möchte gerne in 1 km Höhe aufsteigen. Touristen dürfen nur mit Bergführer Steigungen über 60° begehen. Wird ein Führer benötigt?

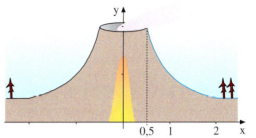

Lösung zu a:
Bei x = 2 beginnt der Hang in 0,5 km Höhe.
Bei x = 0,5 endet der Hang in 2 km Höhe.
Die Höhe des Vulkans ist die Differenz dieser beiden Werte, also 1,5 km.

Höhe des Berges:
$\left.\begin{array}{l} f\left(\frac{1}{2}\right) = 2 \\ f(2) = \frac{1}{2} \end{array}\right\} \Rightarrow$ Höhe = 1,5 km

Lösung zu b:
Die Hangkurve $f(x) = \frac{1}{x}$ hat die Ableitung $f'(x) = -\frac{1}{x^2}$. Am Fuß des Hanges, also bei x = 2, beträgt die Steigung $f'(2) = -\frac{1}{4}$.
Für den Steigungswinkel α am Hangfuß gilt also $\tan \alpha = -\frac{1}{4}$.
Hieraus folgt $\alpha = \boxed{\tan^{-1}}\left(-\frac{1}{4}\right) \approx -14{,}04°$.
Analog erhalten wir am oberen Ende des Hanges $\alpha \approx -75{,}96°$.

Steilheit am unteren Hangende:
$f'(x) = -\frac{1}{x^2}$
$f'(2) = -\frac{1}{4}$
$\tan \alpha = -\frac{1}{4}$
$\alpha = \boxed{\tan^{-1}}\left(-\frac{1}{4}\right)$
$\alpha \approx -14{,}04°$

Lösung zu c:
Der Tourist möchte eine Höhe von 1 km über dem Fuß des Hanges erreichen. Dies entspricht dem Funktionswert f(x) = 1,5 km. Diese Höhe liegt nach nebenstehender Rechnung bei x ≈ 0,67 km. Dort ist die Steigung f' gleich −2,25, was einem Winkel von ca. −66,04° entspricht.
▶ Also ist ein Führer erforderlich.

Steigung in 1 km Höhe:
Höhe = f(x) − 0,5
1 = f(x) − 0,5
f(x) = 1,5
x ≈ 0,67
$f'(0{,}67) = -\frac{1}{0{,}67^2} = -2{,}25$
$\tan \alpha = -2{,}25$
$\alpha = \boxed{\tan^{-1}}(-2{,}25) \approx -66{,}04°$

Übung 7
Differenzieren Sie:
$f(x) = \frac{2}{x}$, $\quad g(x) = -\frac{3}{x}$, $\quad h(x) = 2\sqrt{x}$, $\quad k(x) = \frac{\sqrt{x}}{2}$, $\quad m(x) = \frac{2}{3x} + \frac{1}{2}\sqrt{x}$

Übung 8
Wo hat f die Steigung m?
a) $f(x) = \frac{2}{x}$, m = −0,5
b) $f(x) = 2\sqrt{x}$, m = 0,5
c) $f(x) = x - \frac{1}{x}$, m = 3

Übungen

9. Graphisch ableiten
Zeichnen Sie den Graphen der Funktion $f(x) = \frac{1}{4}x^3 - x$, $-2{,}5 \leq x \leq 2{,}5$.
Bestimmen Sie die Steigungen in den eingezeichneten Punkten graphisch. Skizzieren Sie mithilfe der Ergebnisse den Graphen von f'.

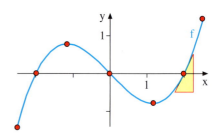

10. Funktion und Ableitung
Ordnen Sie jeder Funktion die richtige Ableitungsfunktion zu.

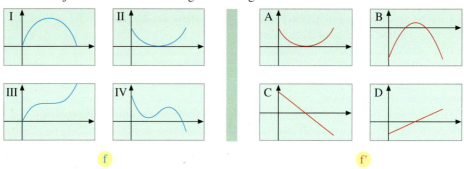

11. Ableitungsfunktion als Grenzwert des Differenzenquotienten
Berechnen Sie die Ableitungsfunktion f' von f durch Anwendung der Formel
$f'(x) = \lim\limits_{h \to 0} \frac{f(x+h) - f(x)}{h}$.

a) $f(x) = \frac{1}{2}x^2$ b) $f(x) = 2x - 1$ c) $f(x) = x - x^2$

12. Ableitungsregeln anwenden
Berechnen Sie die Ableitungsfunktion f' von f mithilfe der Ableitungsregeln.

a) $f(x) = \frac{1}{4}x^4 - 2x^2$ b) $f(x) = -3x^2 + 4$ c) $f(x) = 3(x-2)^2 + x$
d) $f(x) = ax^3 + bx^2 + cx + d$ e) $f(x) = 2\sqrt{x}$ f) $f(x) = \frac{4}{x} + 1$

13. Lokale Steigungen
Welche Steigung hat der Graph von f an der Stelle x_0?

a) $f(x) = \frac{1}{2}x^2 - 2$, $x_0 = 2$ b) $f(x) = 4 - 2x$, $x_0 = 3$ c) $f(x) = 2x^2 - 2x$, $x_0 = 0$
d) $f(x) = \sqrt{x} + 1$, $x_0 = 4$ e) $f(x) = 2(\sqrt{x} + 1)^2$, $x_0 = 1$ f) $f(x) = x + \frac{1}{x}$, $x_0 = 1$

14. Lokale und mittlere Steigungen
Gegeben sind die Funktionen $f(x) = \frac{1}{2}x$ und $g(x) \ -\frac{1}{4}x^2 + x$.

a) Skizzieren Sie die Graphen von f und g für $0 \leq x \leq 2$.
b) Wie groß sind die lokalen Steigungen von f und g an der Stelle $x = 1$?
c) Wie groß sind die mittleren Steigungen von f und g im Intervall $[0; 2]$?

3. Elementare Ableitungsregeln

15. Stellen mit bestimmter Steigung
An welchen Stellen hat f die Steigung m?
a) $f(x) = \frac{1}{4}x^4 - 6x$, $m = 2$
b) $f(x) = -\frac{1}{6}x^3 + x^2$, $m = -2{,}5$
c) $f(x) = \frac{2}{x} - x$, $m = -3$
d) $f(x) = 3\sqrt{x}$, $m = 3$

16. Parallelstellen zweier Graphen
An welcher Stelle verlaufen die Graphen von f und g parallel?
a) $f(x) = \frac{1}{2}x^2$, $g(x) = 2x$
b) $f(x) = 2x^3 - 1$, $g(x) = 3 + 6x$
c) $f(x) = \frac{3}{x} + 1$, $g(x) = -\frac{1}{3}x$
d) $f(x) = \frac{1}{2}\sqrt{x}$, $g(x) = \frac{1}{8}x + 2$

17. Wo steckt der Fehler?
Die Ableitung wurde falsch gebildet. Wo stecken Fehler?
a) $f(x) = 2x^3 - 4x^2 + 5$
 $f'(x) = 6x^2 + 8x + 5$
b) $f(x) = 4x^2 + \frac{1}{x} + 2$
 $f'(x) = 8x + \frac{1}{x^2}$
c) $f(x) = x^2 + c^3 + 2x + 3$
 $f'(x) = 2x + 3c^2 + 2$
d) $f(x) = \sqrt{x} + x^3 + \frac{1}{x}$
 $f'(x) = \frac{1}{\sqrt{x}} + 3x^2 + \frac{1}{x^2}$

18. Ableitungsgraph skizzieren
Übertragen Sie den Graphen f in Ihr Heft auf kariertes Papier und skizzieren Sie dann den ungefähren Verlauf des Graphen von f′.

a)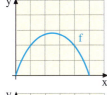
b)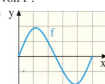
c)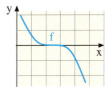
d)
e)
f)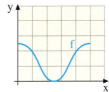

19. Stellen mit gegebenem Steigungswinkel α
An welcher Stelle hat f den Steigungswinkel α?
a) $f(x) = \frac{1}{2}x^2$, $\alpha = 45°$
b) $f(x) = 2\sqrt{x}$, $\alpha = 30°$
c) $f(x) = 6\sqrt{x}$, $\alpha = 60°$
d) $f(x) = \frac{4}{x}$, $\alpha = -45°$

4. Anwendung des Ableitungsbegriffs

A. Übersicht

In den vorhergehenden Abschnitten wurde behandelt, wie man die Ableitung f′ einer Funktion f bestimmt. Nun geht es um die Frage, wozu man die Ableitung praktisch verwenden kann. Wir behandeln einige typische Anwendungsprobleme, die auch in den folgenden Kapiteln eine wichtige Rolle spielen. Hierzu stellen wir zunächst eine tabellarische Übersicht auf.

Das Steigungsproblem
Welche Steigung hat die Funktion f an der Stelle x_0?
An welcher Stelle x_0 hat die Funktion f die vorgegebene Steigung m?

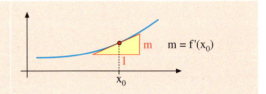

Das Steigungswinkelproblem
Wie groß ist der Steigungswinkel α einer Funktion f an der Stelle x_0?

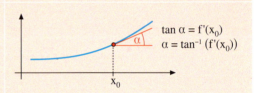

Das Extremalproblem
Wo liegen die Hochpunkte und Tiefpunkte einer Funktion f?

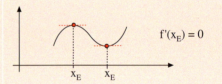

Das Tangentenproblem
Wie lautet die Gleichung der Tangente der Funktion f an der Stelle x_0?

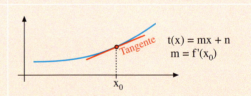

Das Schnittwinkelproblem
Wie groß ist der Schnittwinkel γ der Funktionen f und g?

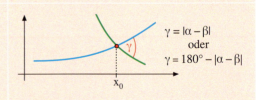

Das Berührproblem
Welche Bedingungen müssen gelten, damit sich zwei Funktionen f und g an der Stelle x_0 berühren?
Wie berechnet man die Lage des Berührpunktes?

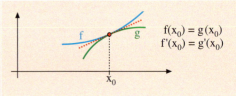

B. Das Steigungsproblem

Die Ableitung f′(x) gibt die Steigung der Tangente von f an der Stelle x an. Mit ihrer Hilfe kann man also berechnen, wie steil die Funktion f an der Stelle x verläuft, wie groß ihr Steigungswinkel dort ist. Auch Gipfel und Täler kann man identifizieren, denn dort ist die Ableitung null.

▶ **Beispiel: Steigung und Steigungswinkel**
Gesucht sind die Steigung sowie der Steigungswinkel α von $f(x) = \frac{1}{2}x^2 - 2x$ an der Stelle $x = 3$.

Lösung:
Wir skizzieren die Funktion zwecks Überblick zunächst für $0 \leq x \leq 5$.

Wir zeichnen zusätzlich die Tangente im Punkt P(3|−1,5) ein. Die Funktion hat die Ableitung f′(x) = x − 2. Die Tangente hat daher die Steigung m = f′(3) = 1.

Geht man also bei x = 3 eine kleine Strecke nach rechts, so geht es um die gleiche Strecke nach oben.

Für den Steigungswinkel der Tangente gilt tan α = m, d. h. tan α = 1.
▶ Daraus folgt mit der tan⁻¹-Taste des Taschenrechners: α = tan⁻¹ 1 = 45°.

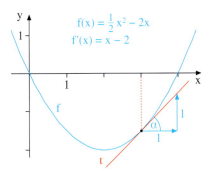

Tangentensteigung bei x = 3:
m = f′(3) = 1

Steigungswinkel bei x = 3:
tan α = f′(3) = 1
α = tan⁻¹ 1
α = 45°

Übung 1
Die Profilkurve eines Hügels wird durch die Funktion $f(x) = -\frac{1}{2}x^2 + 4x - 6$ beschrieben.
a) Wo liegen die Fußpunkte des Hügels?
b) Wie steil ist der Hügel am westlichen Fußpunkt? Wie groß ist dort der Steigungswinkel?

Zusammenfassung: Steigung und Steigungswinkel
Steigung von f an der Stelle x_0: $f'(x_0)$
Steigungswinkel von f an der Stelle x_0: $\alpha = \tan^{-1}(f'(x_0))$

C. Das Extremalproblem

Oft sucht man das Optimum einer Größe, d.h. ihre extremalen Werte, z.B. ein Maximum des Gewinns oder ein Minimum der Kosten. Bei einer Funktion kann man die lokalen Extremwerte an der Steigung erkennen. Diese ist nämlich dort gleich null.

> **Beispiel: Hoch- und Tiefpunkte**
> Gesucht ist der höchste Punkt des Graphen der Funktion $f(x) = -\frac{1}{2}x^2 + 4x - 6$.

Lösung:
Wir fertigen mithilfe einer Wertetabelle eine Skizze des Graphen von f an, um die Situation besser überblicken zu können.

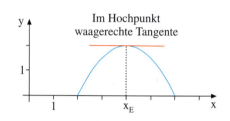

Im Hochpunkt waagerechte Tangente

Der Graph der Funktion besitzt einen lokalen *Hochpunkt* (Gipfel). Dieser ist dadurch gekennzeichnet, dass dort eine waagerechte Tangente verläuft.
Die Steigung von f ist dort also null, d.h. es gilt $f'(x_E) = 0$.

Ableitung von f:
$f(x) = -\frac{1}{2}x^2 + 4x - 6$
$f'(x) = -x + 4$

Diese Bedingung führt auf die Gleichung $-x_E + 4 = 0$, d.h. $x_E = 4$.

Lage des Hochpunktes:
$f'(x) = 0$
$-x + 4 = 0$
$x = 4, \; y = f(4) = 2$
$\Rightarrow$ Hochpunkt $H(4|2)$

Der Hochpunkt der Funktion liegt also bei $H(4|2)$.

Übung 2

Das abgebildete Landschaftsprofil wird durch die Randfunktion $f(x) = \frac{1}{5}(3x - x^3)$ beschrieben für $-\sqrt{3} \leq x \leq \sqrt{3}$; 1 LE = 10 m.
a) Wie weit ist es vom Westufer des Kanals bis zum östlichen Fußpunkt des Erdwalls?
b) Wo liegt die tiefste Stelle des Kanals, wo liegt der Gipfel des Erdwalls?

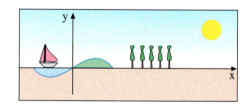

> **Zusammenfassung: Hoch- und Tiefpunkte**
> Hochpunkte und Tiefpunkte einer Funktion f besitzen waagerechte Tangenten. Sie erfüllen notwendigerweise die Bedingung $f'(x_0) = 0$.
>
> Allerdings: Es gibt auch Stellen x_0 mit waagerechter Tangente, d.h. $f'(x_0) = 0$, die weder Hochpunkt noch Tiefpunkt sind (z.B. Sattelpunkte).

Stellen mit waagerechter Tangente
Hochpunkt   Tiefpunkt
Sattelpunkt

D. Das Tangentenproblem

Im Anschluss an eine Kurve laufen Straßen in der Regel so aus, dass ein glatter Übergang an das folgende gerade Straßenstück besteht. Dies bedeutet, dass das gerade Straßenstück als *Tangente* an die Kurve anschließt.

▶ **Beispiel: Tangentengleichung**
Gegeben ist die Funktion $f(x) = \frac{1}{2}x^2$.
Im Punkt $P\left(1 \mid \frac{1}{2}\right)$ soll die Tangente an den Graphen von f gelegt werden. Wie lautet die Gleichung der Tangente?

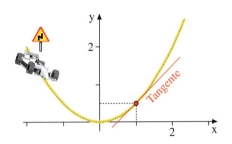

Lösung:
Wir verwenden für die Gleichung der Tangente den Ansatz $t(x) = mx + n$.

Außerdem berechnen wir die Ableitung von f: $f'(x) = x$.

Wir wissen, dass die Steigung m der Tangente gleich der Kurvensteigung im Punkt P ist, also $m = f'(1) = 1$.

Außerdem geht die Tangente t durch den Punkt $P\left(1 \mid \frac{1}{2}\right)$.
Daher gilt $t(1) = \frac{1}{2}$, d.h. $m + n = \frac{1}{2}$.
Hieraus folgt wegen $m = 1$ sofort $n = -\frac{1}{2}$.

▶ **Resultat:** $t(x) = x - \frac{1}{2}$.

Ansatz für die Tangente:
$t(x) = mx + n$

Bestimmung von m und n:
I: $\quad m = f'(1)$
II: $\quad t(1) = f(1)$

I: $\quad m = 1$
II: $\quad m + n = \frac{1}{2}$

I in II: $1 + n = \frac{1}{2}$
$\qquad\qquad n = -\frac{1}{2}$

Resultat:
$t(x) = x - \frac{1}{2}$

Übung 3

Ein kleiner Hund hat sich auf den Kletterhügel verirrt und kommt nicht mehr herunter. Helfer wollen bei $P(4|4)$ eine Leiter tangential anlegen.
a) Wie hoch ist der Hügel?
b) Wie lang ist die Leiter?

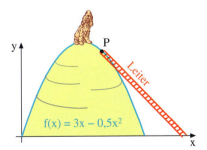

$f(x) = 3x - 0{,}5x^2$

Zusammenfassung: Gleichung der Tangente an eine Kurve

Die Gleichung der Tangente $t(x) = mx + n$ an die Funktion f an der Stelle x_0 kann mithilfe der Bedingungen I und II ermittelt werden.

Ansatz: $t(x) = mx + n$

I: $\quad m = f'(x_0) \quad$ gleiche Steigungen
II: $t(x_0) = f(x_0) \quad$ gleiche Funktionswerte

E. Das Schnittwinkelproblem

Schneiden sich die Graphen von f und g an der Stelle x_0, so bilden ihre Tangenten dort zwei Winkel γ und γ' miteinander.

Den kleineren dieser beiden Winkel bezeichnet man als *Schnittwinkel* γ von f und g an der Stelle x_0 ($0 \leq \gamma \leq 90°$).

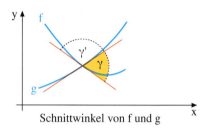

Schnittwinkel von f und g

> **Beispiel: Schnittwinkel von f und g**
> $f(x) = x^2$ und $g(x) = 2 - x$ schneiden sich bei $x_0 = -2$ und bei $x_0 = 1$.
> Wie groß ist der Schnittwinkel von f und g an der Stelle $x = 1$?

Lösung:
Rechts ist eine Skizze der Situation zu sehen. Man erkennt, dass der Schnittwinkel sich aus den beiden Steigungswinkeln α und β von f und g an der Stelle $x_0 = 1$ bestimmen lässt.

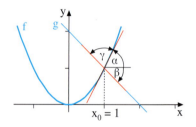

Die Berechnung ergibt $\alpha \approx 63{,}43°$ und $\beta = -45°$.

Steigungswinkel α von f bei $x_0 = 1$:
$\tan \alpha = f'(1) = 2$
$\alpha = \tan^{-1}(2) \approx 63{,}43°$

Die Winkel zwischen den beiden Kurventangenten betragen daher $108{,}43°$ und $71{,}57°$.

Steigungswinkel β von g bei $x_0 = 1$:
$\tan \beta = g'(1) = -1$
$\beta = \tan^{-1}(-1) = -45°$

▶ Der Schnittwinkel beträgt also $\gamma \approx 71{,}57°$.

Übung 4
Ein Motorboot rast längs der Kurve $f(x) = \frac{1}{4}x^2 - x + 2$ auf die Kaimauer zu, die durch die Gerade $g(x) = 2x - 6$ beschrieben wird.
a) Kommt es zur Kollision?
b) Wie groß ist der Kollisionswinkel?

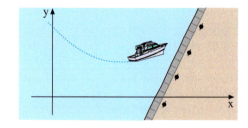

> **Zusammenfassung: Der Schnittwinkel von zwei Kurven**
> Der Schnittwinkel γ zweier Funktionen f und g an der Schnittstelle x_0 lässt sich aus den Steigungswinkeln α und β der Funktionen f und g an der Stelle x_0 berechnen.
> Es gilt: $\alpha = \arctan(f'(x_0))$, $\beta = \tan^{-1}(g'(x_0))$.
> γ ist dann der kleinere der beiden Werte $|\alpha - \beta|$ und $180° - |\alpha - \beta|$.

F. Das Berührproblem

Zwei Funktionen f und g berühren sich an der Stelle x_B, wenn dort ihre Funktionswerte und ihre Steigungen übereinstimmen.

Berührbedingung
$f(x_B) = g(x_B)$
$f'(x_B) = g'(x_B)$

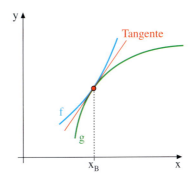

f und g besitzen im *Berührpunkt* eine gemeinsame Tangente, die Berührtangente.

▶ **Beispiel: Berührpunkt**
Untersuchen Sie, ob $f(x) = x^2 + 2$ und $g(x) = 4x - x^2$ sich berühren. Wie lautet die Gleichung der Berührtangente?

Lösung:
Wir berechnen die Schnittstelle von f und g, indem wir die beiden Funktionsterme gleichsetzen, denn ein Berührpunkt ist immer auch Schnittpunkt.
Die Schnittstelle liegt bei $x = 1$. f und g schneiden sich im Schnittpunkt $P(1|3)$.

Nachweis gleicher Funktionswerte:
$f(x) = g(x)$
$x^2 + 2 = -x^2 + 4x$
$2x^2 - 4x + 2 = 0$
$x^2 - 2x + 1 = 0$
$x = 1$

Mithilfe der Ableitungen $f'(x) = 2x$ sowie $g'(x) = 4 - 2x$ können wir nachweisen, dass $f'(1) = g'(1)$ gilt. Also ist auch die zweite Berührbedingung erfüllt. $P(1|3)$ ist tatsächlich Berührpunkt von f und g.

Nachweis gleicher Steigung:
$f'(x) = 2x \Rightarrow f'(1) = 2$
$g'(x) = 4 - 2x \Rightarrow g'(1) = 2$
$\Rightarrow f'(1) = g'(1)$

Für die Gleichung der Berührtangente verwenden wir den Ansatz $t(x) = mx + n$.
Aus $t(1) = f(1)$ und $t'(1) = f'(1)$ folgt $m = 2$
▶ und $n = 1$. Daher gilt $t(x) = 2x + 1$.

Berührtangente:
$t(1) = f(1) \Rightarrow m + n = 3$
$t'(1) = f'(1) \Rightarrow m = 2$
$\Rightarrow m = 2, n = 1$
$\Rightarrow t(x) = 2x + 1$

Übung 5
Zeigen Sie, dass sich $f(x) = x^2 + 1$ und $g(x) = 1 - x^3$ auf der y-Achse berühren.

Übung 6
Wie muss a gewählt werden, damit der Graph von $f(x) = a + x^2$ die Winkelhalbierende $g(x) = x$ berührt? Wie lautet die Gleichung der Berührtangente?

Übung 7
Wie müssen a und b gewählt werden, damit der Graph von $f(x) = ax^2 + b$ den Graphen von $g(x) = \frac{1}{x}$ bei $x = 1$ berührt? Wie lautet die Gleichung der Berührtangente?

Übungen

8. Gegeben ist die Funktion $f(x) = x^2 \cdot (x - 3)$.
   a) Skizzieren Sie den Graphen von f mithilfe einer Wertetabelle für $-1 \leq x \leq 3$.
   b) Bilden Sie die Ableitungsfunktion f' und skizzieren Sie deren Graph.
   c) Welche Bedeutung haben die Nullstellen von f' für den Graphen von f?

9. Gegeben ist die Funktion $f(x) = x^2 - 3x$.
   a) Skizzieren Sie den Graphen von f für $-1 \leq x \leq 4$.
   b) Wie groß ist die Steigung von f bei $x_0 = 2$?
   c) Wie groß ist der Steigungswinkel von f bei $x_0 = 2$?
   d) Unter welchem Winkel schneidet der Graph von f die y-Achse?

10. Gegeben sind die Funktionen $f(x) = -x^2 + 8x - 11$ und $g(x) = x - 1$.
   a) In welchen Punkten schneiden sich f und g?
   b) Wie groß sind die Schnittwinkel von f und g in den beiden Schnittpunkten?

11. Gegeben ist die Funktion $f(x) = -\frac{1}{2}x^2 + 2x + 2$.
   a) Wo liegen die Nullstellen von f?
   b) Wo liegt der Hochpunkt von f?
   c) Unter welchem Winkel schneidet der Graph von f die y-Achse?
   d) Eine Gerade g geht durch den Punkt $P(-1|0)$ und schneidet den Graphen von f bei $x = 0$.
      Wie lautet die Gleichung von g?
      Wie groß ist der Schnittwinkel von f und g?

12. Gegeben sind die Funktionen $f(x) = \sqrt{x}$ und $g(x) = \frac{1}{x}$.
   a) Skizzieren Sie die Graphen von f und g in ein gemeinsames Koordinatensystem für $0 \leq x \leq 4$.
   b) Wie lauten die Gleichungen der Tangenten von f und g im Schnittpunkt der beiden Graphen?
   c) Unter welchem Winkel schneiden sich f und g?
   d) An welcher Stelle x_0 hat f die Steigung 1?

13. Gegeben ist die Funktion $f(x) = x + \frac{4}{x}$.
   a) Zeichnen Sie den Graphen von f für $x > 0$.
   b) Der Graph von f hat einen Tiefpunkt. Bestimmen Sie seine Koordinaten.
   c) An welcher Stelle hat f die Steigung 0,5?
   d) Begründen Sie: Der Steigungswinkel von f ist überall kleiner als 45°.

14. Gegeben sind die Funktionen $f(x) = x^2$ und $g(x) = -x^2 + 4x - 2$.
   a) Zeichnen Sie die Graphen von f und g für $-1 \leq x \leq 3$.
   b) Zeigen Sie, dass die Graphen von f und g sich berühren.

15. Marsmission

Während einer Marsmission soll ein Raupenfahrzeug auf dem Grund eines Kraters abgesetzt werden, der 800 m breit und 200 m tief ist.

a) Modellieren Sie die Profilkurve des Kraters durch eine quadratische Funktion im abgebildeten Koordinatensystem.

b) Die Steigfähigkeit des Fahrzeugs beträgt 30°. Kann der Kraterrand erreicht werden?

c) Das Fahrzeug muss in einem Bereich des Kraters landen, in welchem der Steigungswinkel des Hanges maximal 5° beträgt. Wie groß ist der Durchmesser dieses Bereichs?

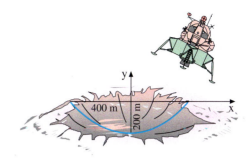

Vulkankrater Albor Tholus auf dem Mars

16. Verkehrswege

Eine Straße s kreuzt den Fluss f und die Bahnlinie b. Für $x > 0$ können diese Verkehrswege durch die Funktionen $s(x) = 2 - \frac{1}{4}x^2$, $f(x) = \frac{1}{4}x^2$ und $b(x) = 0$ beschrieben werden.

a) Wo und unter welchem Winkel kreuzt die Straße die Bahnlinie?

b) Wie lauten die Koordinaten der Straßenbrücke über den Fluss?

c) An welchen Koordinaten bewegt sich ein Schiff auf dem Fluss genau nach Nordosten?

d) Der Fluss soll zwischen $P(0|0)$ und $Q(4|4)$ begradigt werden. Wo kreuzt der entstehende Kanal die Straße?

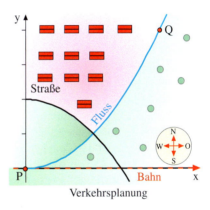

Verkehrsplanung

17. Bahnstrecke

Eine neue Bahnstrecke verläuft längs der Geraden $f(x) = \frac{1}{2}x + 2$.

Vom Reparaturwerk $P(0|0)$ ausgehend soll das Anschlussgleis $g(x) = a\sqrt{x}$ tangential an die Strecke angeschlossen werden.

a) Wie muss a gewählt werden? Wo liegt der Anschlusspunkt B?

b) In welchem Punkt verläuft das Anschlussgleis exakt in Richtung Nordosten?

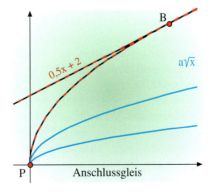

Anschlussgleis

18. Lawine

Ein Skiwanderer im Hochgebirge abseits der normalen Wanderpfade hört plötzlich, wie sich mit lautem Getöse am Berg oberhalb seiner Position eine Lawine löst. Nach einer Schrecksekunde versucht er, sich talwärts zu retten, wobei er die Strecke $s(t) = 1{,}5\,t^2$ (t in Sekunden, s in Metern) zurücklegt. Die Lawine bewegt sich talwärts mit einer konstanten Geschwindigkeit von $30\,\tfrac{m}{s}$.

a) Die Lawine befinde sich zum Zeitpunkt t = 0 genau 180 m oberhalb des Skiläufers. Stellen Sie die Weg-Zeit-Funktionen für die Lawinenbewegung und für den Skiwanderer auf. Welchen Vorsprung hat der Skiwanderer vor der Lawine?
Bestimmen Sie den Term, der den Vorsprung beschreibt.
Wann holt die Lawine den Skiwanderer ein?
b) Welche Situation ergibt sich, wenn sich die Lawine weniger beziehungsweise mehr als 180 m oberhalb des Skiwanderers löst?
c) Angenommen, das Weg-Zeit-Gesetz des vor der Lawine flüchtenden Skifahrers ist $s(t) = a\,t^2$. Wie groß muss der Faktor a mindestens sein, damit der Skifahrer entkommt, wenn zum Zeitpunkt t = 0 die Lawine genau 180 m oberhalb seines Standortes ist?

19. Straßeneinmündung

Die nördliche Umgehungsstraße einer Kleinstadt verläuft in der Modellierung längs des Graphen der quadratischen Funktion f mit $f(x) = x^2 - 2x + 2$. Eine von Süden kommende Straße soll längs des Graphen einer Funktion $g(x) = a(x-4)^2 + b$ so verlaufen, dass beide Straßen im Punkt P(2|2) ohne Knick zusammenstoßen.

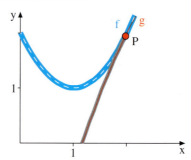

Wie müssen die Parameter a und b gewählt werden? Wie lautet die Gleichung der gemeinsamen Tangente an die Graphen von f und g im Punkt P?

20. Müngstener Eisenbahnbrücke

Die über 100 Jahre alte Müngstener Brücke ist eine der technisch interessantesten Eisenbahnbrücken in Deutschland. Ihr Bogen hat eine Spannweite von 170 m, der Scheitelpunkt des Bogens liegt 69 m höher als die Bodenverankerungen.

a) Modellieren Sie den Brückenbogen durch eine ganzrationale Funktion 2. Grades (Parabel).
b) Die Verankerung des Brückenbogens hat dann optimale Stabilität, wenn der Brückenbogen senkrecht auf der Verankerung endet. Wie stark muss die Verankerung gegenüber der Horizontalen geneigt sein, damit diese Bedingung für die Müngstener Brücke erfüllt ist?

IV. Steigung und Ableitung

Überblick

Ableitung einer Funktion an der Stelle x_0 (Differentialquotient)

$(x - x_0)$-Form des Differentialquotienten	h-Form des Differentialquotienten
$f'(x_0) = \lim\limits_{x \to x_0} \dfrac{f(x) - f(x_0)}{x - x_0}$	$f'(x_0) = \lim\limits_{h \to 0} \dfrac{f(x_0 + h) - f(x_0)}{h}$

Allgemeine Ableitungsregeln

u und v seien differenzierbare Funktionen.

Name der Regel	Kurzform der Regel
Summenregel	$(u + v)' = u' + v'$
Faktorregel	$(c \cdot u)' = c \cdot u'$ (c konstant)

Wichtige spezielle Ableitungsregeln

Name der Regel	Kurzform der Regel
Konstantenregel	$(c)' = 0$ (c konstant)
Potenzregel	$(x^n)' = n\, x^{n-1}$ $n \in \mathbb{N}$
Reziprokenregel	$\left(\dfrac{1}{x}\right)' = -\dfrac{1}{x^2}$
Wurzelregel	$(\sqrt{x})' = \dfrac{1}{2\sqrt{x}}$

Anwendungen des Ableitungsbegriffs

Anwendungsproblem	Berechnungsformel
Steigung m der Funktion f an der Stelle x_0	$m = f'(x_0)$
Steigungswinkel α der Funktion f an der Stelle x_0	$\tan \alpha = f'(x_0)$ $\alpha = \tan^{-1} f'(x_0)$
Gleichung der Tangente t von f an der Stelle x_0	$t(x) = f'(x_0)(x - x_0) + f(x_0)$
Gleichung der Normalen q von f an der Stelle x_0	$q(x) = -\dfrac{1}{f'(x_0)}(x - x_0) + f(x_0)$

Geometrische Bestimmung von Extrema, Wendepunkten und Steigungen

In diesem Streifzug wird gezeigt, wie man Extrema, Steigungen und Wendepunkte mit einfachen Hilfsmitteln wie Geodreieck, Taschenspiegel und OH-Folie relativ genau experimentell bestimmen kann.

1. Bestimmung der Extrema mit dem Geodreieck

Extremalpunkte können auch ohne Hilfsmittel gut abgelesen werden. Mit dem Geodreieck geht es noch etwas genauer. Orientieren Sie sich an der Bildfolge.

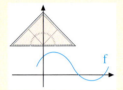
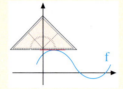
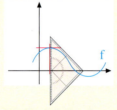
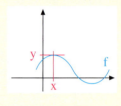

Das Geodreieck orthogonal an die y-Achse legen.

Das Geodreieck senkrecht nach unten schieben, bis es den Graphen von f tangential berührt. Tangente zeichnen bis zur y-Achse.

Das Geodreieck orthogonal an der x-Achse anlegen und verschieben bis es durch den Extrempunkt geht. Normale bis zur x-Achse zeichnen.

Koordinaten des Extrempunktes an den Achsen ablesen.

2. Bestimmung der Wendepunkte mit einer Geraden auf OH-Folie

Man verwendet einen etwa 1 cm breiten Streifen OH-Folie mit aufgezeichneter Geraden, auf der ein Punkt P markiert ist. P soll den Wendepunkt und die Gerade die Wendetangente darstellen. Nun geht man folgendermaßen vor:

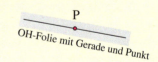

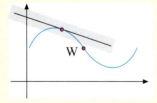
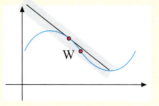
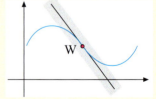

Folie mit dem aufgezeichneten Punkt auf der Kurve tangential anlegen.

Den aufgezeichneten Punkt auf der Kurve in Richtung des vermuteten Wendepunktes verschieben.

Der Wendepunkt ist gefunden, wenn die Tangente die Kurve im aufgezeichneten Punkt durchdringt und hier die Seiten wechselt.

3. Bestimmung der Steigung in einem Punkt mithilfe eines Spiegels

Man kann die Steigung einer Kurve in einem Punkt P mithilfe der OH-Folien-Tangente aus dem vorigen Abschnitt oder durch eine Tangente mithilfe eines Geodreiecks bestimmen.
Wesentlich genauer ist die folgende Methode mithilfe eines kleinen Taschenspiegels, die unten fotografisch dargestellt ist und darunter schrittweise beschrieben wird.

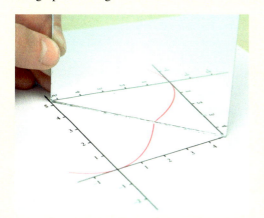
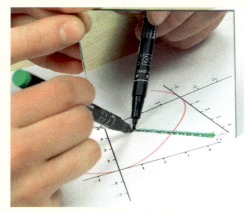

| Spiegel in vertikaler Position im Punkt P auf die Kurve stellen, ungefähr senkrecht zur Kurve. | Den Spiegel durch Drehen so ausrichten, dass das originale Kurvenstück und sein Spiegelbild eine Linie bilden. | Am Spiegel entlang die Kurvennormale einzeichnen. | Spiegel entfernen. Mit dem Geodreieck Senkrechte zur Normalen durch P zeichnen. Dies ist die Tangente. | An die Tangente ein Steigungsdreieck zeichnen und daraus $f'(x_0) = \frac{\Delta y}{\Delta x}$ berechnen. |

Übung

Gegeben ist der abgebildete Graph einer Funktion f.
a) Bestimmen Sie die Lage der Extremalpunkte.
b) Bestimmen Sie Lage des Wendepunktes mithilfe der OH-Folienmethode. Zeichnen Sie die Wendetangente ein. Wie lautet die Gleichung der Wendetangente?
c) Bestimmen Sie die Steigung von f an der Stelle x = 1 (2, 3, 4, 5) mithilfe der Spiegelmethode.

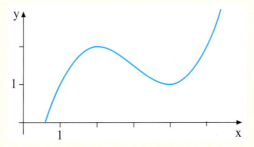

Test

Steigung und Ableitung

1. Sind die abgebildeten Funktionen differenzierbar oder nicht? Begründen Sie ihre Entscheidung.

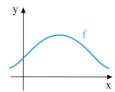 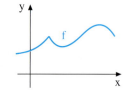 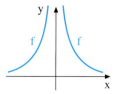

2. Abgebildet ist der Graph der Funktion
   $f(x) = \frac{3}{2}x - \frac{1}{2}x^2$.
   a) Ermitteln Sie die Steigung von f an der Stelle $x_0 = 1$.
   b) Wie lautet die Gleichung der Tangente von f an der Stelle $x_0 = 1$?

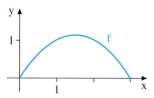

3. Berechnen Sie die Ableitungsfunktion von f.
   a) $f(x) = 2x^3 + 3x^2$
   b) $f(x) = 3x^4 + 5$
   c) $f(x) = ax^{n-2}$
   d) $f(x) = x + 2\sqrt{x}$
   e) $f(x) = \frac{2}{x^3} + x^3$
   f) $f(x) = (2x - 1)^2$

4. Die Höhe eines Turmspringers kann durch die Funktion $h(t) = 10 - 5t^2$ beschrieben werden.
   (t in Sekunden, h in Metern)
   a) Wie lange dauert der Sprung bis zum Eintauchen ins Wasser?
   b) Mit welcher Vertikalgeschwindigkeit taucht der Springer ins Wasser ein?
   c) Wie hoch ist die durchschnittliche vertikale Fallgeschwindigkeit des Springers?

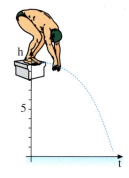

5. Gegeben sind die Funktionen $f(x) = 4x - x^2$ und $g(x) = x$.
   a) An welchen Stellen schneiden sich f und g?
   b) Wie groß ist der Schnittwinkel γ der Graphen von f und g an der Stelle $x = 0$?
   c) Die Gerade $y = 2x + 1$ ist Tangente an den Graphen von f. Wie lautet der Berührpunkt P?

Lösungen: S. 346

V. Kurvenuntersuchungen

Überblick

Viele technische und wirtschaftliche Prozesse können durch Funktionen beschrieben werden. Diese kann man durch Gleichungen und durch Graphen darstellen. Bei der Untersuchung solcher Funktionen spielen diejenigen Punkte des Graphen eine besondere Rolle, in denen eine Eigenschaft der Funktion ihre Ausprägung wechselt.
Beispiele sind die Achsenschnittpunkte (Vorzeichenwechsel), die lokalen Hochpunkte und Tiefpunkte (Wechsel vom Steigen zum Fallen bzw. vom Fallen zum Steigen). In der Qualifikationsphase kommen auch noch die sog. Wendepunkte hinzu, die den Wechsel des Graphen von Rechts- zu Linkskrümmung bzw. umgekehrt markieren. Hier werden diese Punkte manchmal als Punkte mit lokal extremer (maximaler oder minimaler) Steigung einbezogen.
Kennt man die Lage dieser charakteristischen Punkte, kann man den Verlauf des Graphen und damit die wichtigsten Eigenschaften einer Funktion gut beurteilen.
Mithilfe der Differentialrechnung gelingt die rechnerische Bestimmung der charakteristischen Punkte in den meisten Fällen. Im Folgenden wird eine geeignete Untersuchungssystematik Schritt für Schritt entwickelt.

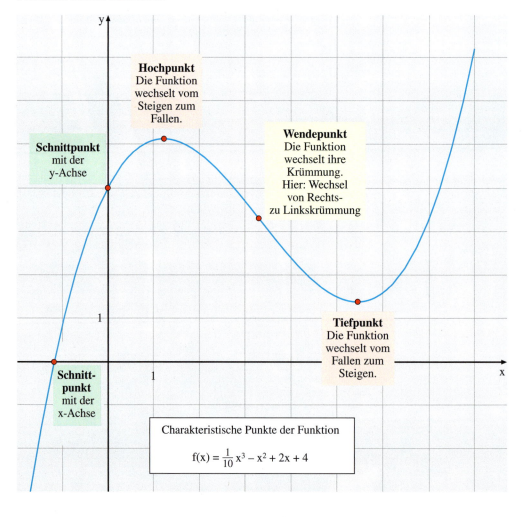

Charakteristische Punkte der Funktion

$$f(x) = \frac{1}{10}x^3 - x^2 + 2x + 4$$

1. Monotonie und erste Ableitung

Das Steigungsverhalten einer Funktion, in der Fachsprache als *Monotonieverhalten* bezeichnet, prägt den Kurvenverlauf besonders. Man unterscheidet zwei Arten des Steigens und Fallens.

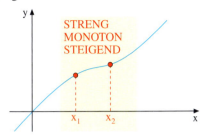
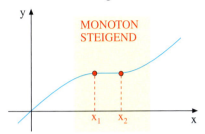

Definition V.1: Strenge Monotonie
Gilt für zwei beliebige Stellen x_1 und x_2 des Intervalls I mit $x_1 < x_2$ stets $f(x_1) < f(x_2)$, so wird die Funktion f als *streng monoton steigend* auf dem Intervall I bezeichnet.

Gilt für zwei beliebige Stellen x_1 und x_2 des Intervalls I mit $x_1 < x_2$ stets $f(x_1) > f(x_2)$, so wird die Funktion f als *streng monoton fallend* auf dem Intervall I bezeichnet.

Definition V.2: Monotonie
Gilt für zwei beliebige Stellen x_1 und x_2 des Intervalls I mit $x_1 < x_2$ stets $f(x_1) \leq f(x_2)$, so wird die Funktion f als *monoton steigend* auf dem Intervall I bezeichnet.

Gilt für zwei beliebige Stellen x_1 und x_2 des Intervalls I mit $x_1 < x_2$ stets $f(x_1) \geq f(x_2)$, so wird die Funktion f als *monoton fallend* auf dem Intervall I bezeichnet.

Mithilfe dieser Definitionen lassen sich Monotonieuntersuchungen nur schwer direkt vornehmen. Man verwendet daher meistens das graphische Verfahren des folgenden Beispiels oder das so genannte Monotoniekriterium, welches auf der folgenden Seite steht.

▶ **Beispiel: Graphische Monotonieuntersuchung**
Untersuchen Sie das Monotonieverhalten von $f(x) = x^2 - 2x$ und $g(x) = x^2(x-2)$.

Lösung:
Wir zeichnen den Graphen (Tabelle oder GTR) und lesen die Monotoniebereiche direkt ab.

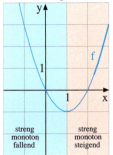
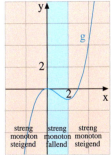

Exakte Monotonieuntersuchungen können besonders leicht an differenzierbaren Funktionen mithilfe der Ableitung durchgeführt werden, wie im Folgenden dargestellt.

Die schon im vorigen Beispiel betrachtete Funktion $f(x) = x^2 - 2x$ besitzt die Ableitung $f'(x) = 2x - 2$. f' hat bei $x = 1$ eine Nullstelle. Dort ist die Steigung von f gleich null.
Links davon, für $x < 1$, gilt $f'(x) < 0$. Dort also ist die Steigung von f negativ. f fällt dort streng monoton.
Rechts davon, für $x > 1$, gilt $f'(x) > 0$. Dort ist die Steigung von f positiv. f steigt dort streng monoton.

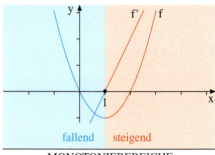

MONOTONIEBEREICHE

Die genauen Zusammenhänge zwischen Monotonie und Ableitung stellen wir im folgenden anschaulich klaren Monotoniekriterium zusammen. Der Beweis dieses hinreichenden Kriteriums für Monotonie ist allerdings recht theoretisch, sodass wir hier auf ihn verzichten.

Das Monotoniekriterium

Die Funktion f sei auf dem Intervall I differenzierbar. Dann gelten folgende Aussagen:

Ist $\mathbf{f'(x) > 0}$ für alle $x \in I$, so ist $\mathbf{f(x)}$ **streng monoton steigend** auf I.

Ist $\mathbf{f'(x) < 0}$ für alle $x \in I$, so ist $\mathbf{f(x)}$ **streng monoton fallend** auf I.

Ist $\mathbf{f'(x) \geq 0}$ für alle $x \in I$, so ist $\mathbf{f(x)}$ **monoton steigend** auf I.

Ist $\mathbf{f'(x) \leq 0}$ für alle $x \in I$, so ist $\mathbf{f(x)}$ **monoton fallend** auf I.

▶ **Beispiel:** Untersuchen Sie die Funktion $f(x) = \frac{1}{3}x^3 - x^2 + 4$ mithilfe des Monotoniekriteriums auf strenge Monotonie.

Lösung:
$f(x) = \frac{1}{3}x^3 - x^2 + 4$ besitzt die Ableitung $f'(x) = x^2 - 2x$.
f' hat Nullstellen bei $x = 0$ und $x = 2$.
Für $x < 0$ ist $f'(x) > 0$, also ist f nach dem Monotoniekriterium in diesem Bereich streng monoton steigend.
Für $0 < x < 2$ ist $f'(x) < 0$. f ist dort streng monoton fallend.
Für $x > 2$ ist $f'(x) > 0$. f ist dort also streng monoton steigend.

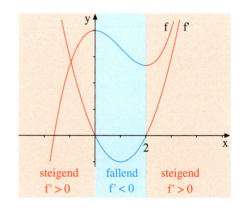

Übungen

1. Entscheiden Sie für jeden der abgebildeten Graphen, welche der folgenden Monotonieeigenschaften auf dem farbig gekennzeichneten, offenen Intervall vorliegt.
A: streng monotones Fallen/Steigen, B: monotones Fallen/Steigen, C: keine Monotonie

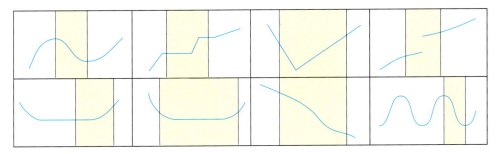

2. Untersuchen Sie rechnerisch mithilfe der ersten Ableitung f', wo die Funktion f streng monoton steigt bzw. fällt.
a) $f(x) = x^2 - 3x + 0{,}25$
b) $f(x) = \frac{1}{6}x^3 - 2x$
c) $f(x) = 2ax^2 - a^3x + 1$
d) $f(x) = \frac{1}{3}x^3 - a^2x$

3. Zeichnen Sie den Graphen von f mit dem GTR und geben Sie die Monotoniebereiche von f angenähert an.
a) $f(x) = x^2 - 6x + 9$
b) $f(x) = x^2 - 8x$
c) $f(x) = \frac{1}{9}x^3 + \frac{1}{6}x^2 - 2x$
d) $f(x) = \frac{1}{3}x^3 + 0{,}5x^2 - 2x + 1$
e) $f(x) = 0{,}1x^4 + 0{,}4x^3$
f) $f(x) = \frac{1}{18}x^4 - x^2$

4. Bestimmen Sie das Monotonieverhalten der Funktion f mithilfe des Monotoniekriteriums und skizzieren Sie anschließend den Graphen von f.
a) $f(x) = x^2 - 4x$
b) $f(x) = \frac{1}{3}x^3 - x$
c) $f(x) = \frac{1}{3}x^3 + x^2 + x$

5. Die Abbildungen zeigen den Graphen von f'. Skizzieren Sie den Verlauf des Graphen von f, der durch den Ursprung geht.

6. Untersuchen Sie die Funktion f auf Monotonie. Bestimmen Sie zunächst f'.
a) $f(x) = x^3 + x$
b) $f(x) = x^4 + x^2$
c) $f(x) = x + \frac{1}{x}, x > 0$

7. Gegeben ist die Ableitungsfunktion $f'(x) = (x - 2) \cdot (0{,}5x^2 + 1)$ auf dem Intervall $I = [0; 3]$. Bestimmen Sie das Monotonieverhalten der Funktion f auf dem Intervall I.

EXKURS: Höhere Ableitungen

Differenziert man die Ableitungsfunktion f′ (kurz: 1. Ableitung) einer Funktion f, so erhält man die so genannte zweite Ableitungsfunktion (kurz: 2. Ableitung) von f, die man mit f″ (f-zwei-Strich) bezeichnet. Analog ist die dritte Ableitung von f definiert. Man schreibt f‴.
Ab der vierten Ableitung verwendet man an Stelle der hochgestellten Striche hochgestellte, eingeklammerte Indizes: $f^{(4)}$, $f^{(5)}$, …, $f^{(n)}$.*

Beispiel:
$f(x) = x^6 + 2x^4$
$f'(x) = 6x^5 + 8x^3$ (1. Ableitung)
$f''(x) = 30x^4 + 24x^2$ (2. Ableitung)
$f'''(x) = 120x^3 + 48x$ (3. Ableitung)
$f^{(4)}(x) = 360x^2 + 48$ (4. Ableitung)
$f^{(5)}(x) = 720x$ (5. Ableitung)

▶ **Beispiel:**
Berechnen Sie die dritte Ableitung von $f(x) = x^4 - 8x^3 + x$ sowie die zweite Ableitung von $g(x) = \frac{1}{5}x^5 - ax^4$.

Lösung:
Unter Verwendung der Ableitungsregeln berechnen wir der Reihe nach f′, f″ und f‴.
Resultat: $f'''(x) = 24x - 48$.
▶ Analog erhalten wir: $g''(x) = 4x^3 - 12ax^2$.

Rechnung:
$f(x) = x^4 - 8x^3 + x$
$f'(x) = 4x^3 - 24x^2 + 1$
$f''(x) = 12x^2 - 48x$
$f'''(x) = 24x - 48$

$g(x) = \frac{1}{5}x^5 - ax^4$
$g'(x) = x^4 - 4ax^3$
$g''(x) = 4x^3 - 12ax^2$

Übung 8
Berechnen Sie die jeweils angegebene höhere Ableitung von f.
a) $f(x) = x^8$
   $f'''(x) = ?$
b) $f(x) = 4(x^3 - 3x^2 + 1) - 2$
   $f''(x) = ?$
c) $f(x) = x^n + x^2$ ($n \in \mathbb{N}$; $n \geq 5$)
   $f^{(5)}(x) = ?$

Übung 9
Geben Sie jeweils zwei Funktionen f an, für die gilt:
a) $f''(x) = x^2$
b) $f'''(x) = 6$
c) $f''(x) = 6ax + 2$
d) $f^{(4)}(x) = 0$

Übung 10
a) Welchen Wert hat die dritte Ableitung von $f(x) = x^2 - 5x^3 + 4x^4$ an der Stelle -1?
b) An welchen Stellen hat die vierte Ableitung von $f(x) = 0{,}5x^6 + 25x^3 - 5$ den Wert 720?
c) Zeigen Sie, dass die zweite Ableitung von $f(x) = 0{,}75x^4 + 3x^2 - 4$ keine Nullstelle hat.

---

* $f^{(n)}$ heißt n-te Ableitung von f oder Ableitung n-ter Ordnung von f.
Eine Funktion, deren erste n Ableitungen f′, f″, …, $f^{(n)}$ existieren, heißt n-mal differenzierbar.

2. Extrempunkte

A. Hinführung

Kennt man charakteristische Punkte einer Funktion wie ihre Nullstellen, den Schnittpunkt mit der y-Achse und ihre Extrempunkte, so ist es relativ einfach, den Graphen zu skizzieren. Im Folgenden zeigen wir, wie Hoch- und Tiefpunkte systematisch und exakt ermittelt werden.

▶ **Beispiel: Hochpunkt**
Durch einen Wasserschaden im Magazin wurde eine wichtige Zeichnung stark beschädigt.
Ausgerechnet der wichtige Hochpunkt ist nicht mehr ablesbar.
Versuchen Sie, die exakte Lage des Hochpunktes wiederzugewinnen.

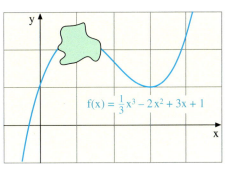

Lösung:
Im Hochpunkt $H(x_E|y_E)$ besitzt der Graph offensichtlich eine waagerechte Tangente. Die Steigung des Funktionsgraphen ist dort also null. Die Ableitung hat dort den Wert null: $f'(x_E) = 0$.

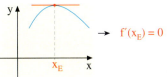

Wegen $f'(x) = x^2 - 4x + 3$ führt dies auf die Gleichung $x^2 - 4x + 3 = 0$, die nach nebenstehender Rechnung die beiden Lösungen $x = 1$ und $x = 3$ besitzt. Das sind die einzigen Stellen mit waagerechten Tangenten. Betrachten wir die verbliebenen Reste des Graphen, so kommen wir zu dem Schluss, dass der verdeckte Hochpunkt bei $x = 1$ liegt: $H\left(1\big|\tfrac{7}{3}\right)$.

Berechnung der Ableitung:
$f(x) = \tfrac{1}{3}x^3 - 2x^2 + 3x + 1$
$f'(x) = x^2 - 4x + 3$

Berechnung der Stellen mit $f'(x) = 0$:
$f'(x) = 0$
$x^2 - 4x + 3 = 0$
$x = 2 \pm \sqrt{1}$
$x_1 = 1 \quad x_2 = 3$

Die zweite Stelle mit waagerechter Tangente bei $x = 3$ muss dann der x-Wert des in der Zeichnung ebenfalls zu erkennenden Tiefpunkts sein: $T(3|1)$.

Das Beispiel zeigt, dass man lokale Hoch- und Tiefpunkte mithilfe der ersten Ableitung berechnen kann, da diese Punkte ein besonderes Kennzeichen haben, nämlich eine waagerechte Tangente bzw. die Steigung 0 ($f'(x) = 0$).

B. Notwendiges Kriterium für lokale Extrema

Nach der anschaulichen Hinführung werden wir nun die Begriffe mathematisch präzisieren.

Definition V.3: Lokale Extremalpunkte

Ein Graphenpunkt $H(x_H|f(x_H))$ heißt *Hochpunkt* von f, wenn es eine Umgebung U von x_H gibt, sodass für alle $x \in U$ gilt: $f(x) \leq f(x_H)$.

Ein Graphenpunkt $T(x_T|f(x_T))$ heißt *Tiefpunkt* von f, wenn es eine Umgebung U von x_T gibt, sodass für alle $x \in U$ gilt: $f(x) \geq f(x_T)$.

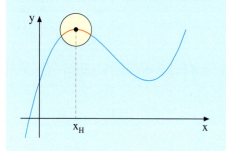
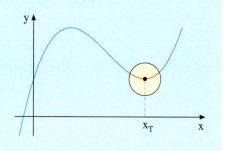

Ein lokaler Hochpunkt ist also ein Graphenpunkt, in dessen unmittelbarer Nachbarschaft es nur tiefer liegende Graphenpunkte gibt. Der Funktionswert im Hochpunkt wird als *lokales Maximum* der Funktion bezeichnet. Analoges gilt für Tiefpunkte.

In einem Hoch- bzw. in einem Tiefpunkt einer *differenzierbaren* Funktion verläuft die Tangente an den Funktionsgraphen waagerecht. Die Steigung der Funktion dort ist daher notwendigerweise null. Diese Tatsache ist so wichtig, dass sie als „Kriterium" formuliert wird.

Notwendiges Kriterium für lokale Extrema

Die Funktion f sei an der Stelle x_E differenzierbar. Dann gilt:
Wenn bei x_E ein lokales Extremum von f liegt, dann ist $f'(x_E) = 0$.

Die Punkte mit $f'(x) = 0$ sind die einzigen Kandidaten für lokale Hoch- und Tiefpunkte. Manchmal werden sie auch als *potentielle Extrema* bezeichnet.

Übung 1
Untersuchen Sie, ob die Funktion f Stellen mit waagerechten Tangenten besitzt, d.h. potentielle Extrempunkte. Prüfen Sie durch Zeichnen des Graphen, ob es sich tatsächlich um Extrempunkte handelt.
a) $f(x) = x^2 - 4x + 2$
b) $f(x) = (x-2)^2 + x$
c) $f(x) = x^3 + 3x$

Übung 2
Die Funktion f hat zwei Stellen mit waagerechten Tangenten. Erläutern Sie den Unterschied. Wie verhält sich die Ableitung f' an diesen Stellen?

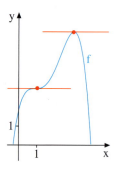

C. Hinreichendes Kriterium für lokale Extrema

Die Punkte einer Funktion mit einer waagerechten Tangente – d.h. mit $f'(x) = 0$ – sind die Kandidaten für Extremwerte.
Aber eben auch nur Kandidaten, nicht mehr, wie schon das einfache Beispiel rechts zeigt. Die dort dargestellte Funktion hat an der Stelle x_E eine waagerechte Tangente, aber dort liegt weder ein Hochpunkt noch ein Tiefpunkt, sondern ein sogenannter Sattelpunkt, halb Hochpunkt und halb Tiefpunkt.

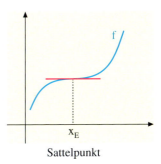
Sattelpunkt

Um Extremstellen und Sattelstellen voneinander unterscheiden zu können, untersuchen wir das Verhalten der Ableitung in der näheren Umgebung der Stelle.

Minimalstelle

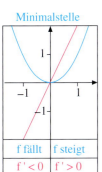

f fällt	f steigt
f' < 0	f' > 0

Maximalstelle

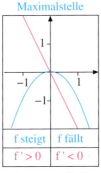

f steigt	f fällt
f' > 0	f' < 0

Sattelstelle

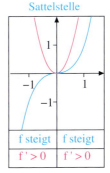

f steigt	f steigt
f' > 0	f' > 0

Wir erkennen: Bei einer Extremstelle hat die Ableitung f' eine Nullstelle mit Vorzeichenwechsel. Der Vorzeichenwechsel von f' findet bei einem Minimum von Minus nach Plus statt.

Es wird klar: Bei einer Sattelstelle hat die Ableitung f' eine Nullstelle ohne Vorzeichenwechsel.

Auch bei einem Maximum erhält man einen Vorzeichenwechsel von f', allerdings nun von Plus (Steigen) nach Minus (Fallen).

Insgesamt erhält man folgendes Kriterium.

> **Hinreichendes Kriterium für lokale Extrema (Vorzeichenwechselkriterium)**
> Die Funktion f sei in der Umgebung der Stelle x_E differenzierbar und es gelte $f'(x_E) = 0$
> Wenn dann die Ableitung f' bei x_E
> einen **Vorzeichenwechsel von + nach −** hat, so liegt bei x_E ein **lokales Maximum** von f,
> einen **Vorzeichenwechsel von − nach +** hat, so liegt bei x_E ein **lokales Minimum** von f.
>
> Wenn die Ableitung f' bei x_E **keinen Vorzeichenwechsel** hat, so liegt bei x_E **kein Extremum** von f. Für jede ganzrationale Funktion liegt in diesem Fall bei x_E ein **Sattelpunkt** von f.

Wir wenden nun notwendiges und hinreichendes Kriterium im Verbund an.

> **Beispiel: Kurve mit Extrema**
> Untersuchen Sie die Funktion $f(x) = \frac{1}{3}x^3 + \frac{1}{2}x^2$ auf Nullstellen und Extrema und zeichnen Sie den Graphen von f für $-2 \leq x \leq 2$.

Lösung:
Die Nullstellen liegen bei $x = 0$ sowie bei $x = -1{,}5$ (siehe Rechnung rechts).

Bei $x = 0$ liegt eine ‚doppelte' Nullstelle, die wie bei der Normalparabel als lokales Extremum auf der x-Achse aufsitzt.

Die notwendige Bedingung für Extrema lautet $f'(x) = 0$. Wir berechnen also mit der Summen- und Potenzregel die Ableitung $f'(x) = x^2 + x$ und setzen diese null.

Wir erhalten zwei Kandidaten für Extrema bei $x = 0$ und $x = -1$. Die zugehörigen y-Werte notieren wir ebenfalls.

Nun überprüfen wir mit der hinreichenden Bedingung, ob es sich bei den Kandidaten wirklich um Extremstellen handelt oder vielleicht nur um Sattelstellen.
Mit Testeinsetzungen wird geprüft, ob f' dort einen Vorzeichenwechsel hat.

Beim Kandidaten $x = 0$ setzen wir die Teststellen* bei $-0{,}5$ und $+0{,}5$. Wir stellen einen Vorzeichenwechsel von $-$ nach $+$ fest, was einem Minimum entspricht.
Beim Kandidaten $x = -1$ setzen wir die Teststellen bei $x = -1{,}5$ und $-0{,}5$, erhalten einen Vorzeichenwechsel von $+$ nach $-$ und folglich ein Maximum.

Resultate: Tiefpunkt $T(0|0)$
Hochpunkt $H(-1|0{,}17)$

Nun tragen wir die Ergebnisse ins Koordinatensystem ein und zeichnen f.

Nullstellen:
$$f(x) = 0$$
$$\frac{1}{3}x^3 + \frac{1}{2}x^2 = 0$$
$$x^2\left(\frac{1}{3}x + \frac{1}{2}\right) = 0$$
$x^2 = 0$ oder $\frac{1}{3}x + \frac{1}{2} = 0$
$x = 0$ bzw. $x = -1{,}5$

Notwendige Bedingung für Extrema:
$f'(x) = 0$
$x^2 + x = 0$
$x \cdot (x + 1) = 0$
$x = 0$ oder $x + 1 = 0$
$x = 0$ bzw. $x = -1$
$y = 0$ $\qquad y = \frac{1}{6} \approx 0{,}17$

Hinreichende Bedingung für Extrema:
Untersuchung von $x = 0$:
$f'(-0{,}5) = -0{,}25 < 0$
$f'(+0{,}5) = +0{,}75 > 0$
$\Rightarrow$ Vorzeichenwechsel von $-$ nach $+$
$\Rightarrow$ Minimum bei $x = 0$

Untersuchung von $x = -1$:
$f'(-1{,}5) = +0{,}75 > 0$
$f'(-0{,}5) = -0{,}25 < 0$
$\Rightarrow$ Vorzeichenwechsel von $+$ nach $-$
$\Rightarrow$ Maximum bei $x = -1$

Graph von f:

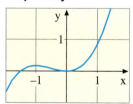

---

* Achtung: Zwischen den beiden Teststellen darf *kein weiterer Kandidat* für Extremstellen liegen.

2. Extrempunkte

Wir rechnen nun ein Beispiel, bei dem auch Sattelpunkte vorkommen.

▶ **Beispiel: Kurve mit Sattelpunkt**
Untersuchen Sie die Funktion $f(x) = \frac{1}{4}x^4 - x^3$ auf Extrema und zeichnen Sie den Graphen von f für $-2 \leq x \leq 5$.

Lösung:
Die notwendige Bedingung für Extrema $f'(x) = 0$ liefert zwei potentielle Extrema bei $x = 0$ und $x = 3$.

Zu den zwei Kandidaten für Extrema bei $x = 0$ und $x = 3$ werden die zugehörigen y-Werte ebenfalls notiert.

Nun überprüfen wir die Kandidaten mit dem hinreichenden Vorzeichenwechselkriterium.

Beim Kandidaten $x = 0$ setzen wir die Teststellen bei -1 und $+1$. Wir stellen fest, dass f' bei $x = 0$ keinen Vorzeichenwechsel hat. Also liegt dort ein Sattelpunkt.

Beim Kandidaten $x = 3$ setzen wir die Teststellen bei 2 und bei 4. Wir finden einen Vorzeichenwechsel von − nach +. Folglich liegt bei $x = 3$ ein Minimum.

Resultate: Sattelpunkt $S(0|0)$
Tiefpunkt $T(3|-6{,}75)$

Nun legen wir eine zusätzliche Wertetabelle an und zeichnen den Graphen von f.

Notwendige Bedingung für Extrema:
$f'(x) = 0$
$x^3 - 3x^2 = 0$
$x^2 \cdot (x - 3) = 0$
$x^2 = 0$ oder $x - 3 = 0$
$x = 0$ bzw. $x = 3$
$y = 0$ $\quad\quad\quad y = -6{,}75$

Hinreichende Bedingung für Extrema:
Untersuchung von $x = 0$:
$f'(-1) = -4 < 0$
$f'(+1) = -2 < 0$
⇒ kein Vorzeichenwechsel von f'
⇒ Sattelpunkt bei $x = 0$

Untersuchung von $x = 3$:
$f'(2) = -4 < 0$
$f'(4) = +16 > 0$
⇒ Vorzeichenwechsel von − nach +
⇒ Minimum bei $x = 3$

Wertetabelle:

x	−1	0	1	2	3	4	5
y	1,25	0	−0,75	−4	−6,75	0	31,25

Graph:

Übung 3
Untersuchen Sie die Funktion f auf Nullstellen und lokale Extrema. Skizzieren Sie den Graphen von f.
Prüfen Sie ihr Ergebnis mit einem GTR.
a) $f(x) = 2x^2 + 3x - 5$
b) $f(x) = \frac{1}{3}x^3 + \frac{1}{2}x^2 - 3x$
c) $f(x) = \frac{1}{4}x^3 - 2$

Man kann bei einer Kurvenuntersuchung die manuelle Untersuchung mit dem Einsatz eines GTR relativ beliebig kombinieren, wobei die Ansätze meistens manuell sind.

> **Beispiel: Kurvenuntersuchung mittels GTR**
> Gegeben ist die Funktion $f(x) = \frac{1}{4}x^4 - 2x^2 + 3$. Zeichnen Sie die Graphen von f und f'. Untersuchen Sie f mit dem GTR auf Nullstellen und Extrema. Weisen Sie nachträglich exakt nach, dass bei $x = \sqrt{6}$ eine Nullstelle und bei $x = 2$ ein Tiefpunkt von f liegt.
> Wie steil fällt f bei $x = 1$ ab?

CASIO Lösung:
Wir berechnen zunächst manuell die Ableitung f'. Sie lautet $f'(x) = x^3 - 4x$.
Nun zeichnen wir f und f' mit dem GTR, um einen Überblick zu erhalten.

Die Nullstellen von f können mit der GTR-Option G-Solv>ROOT bestimmt werden. Sie liegen bei $x \approx \pm 2{,}45$ und bei $x \approx \pm 1{,}41$.
Die genauen Werte könnte man auch manuell bestimmen, da f eine biquadratische Funktionsgleichung hat. Sie lauten $x = \pm\sqrt{6}$ und $x = \pm\sqrt{2}$.
Der nachträgliche exakte Nachweis für $x = \sqrt{6}$ durch Einsetzen in die Funktionsgleichung von f ist rechts dargestellt.

Die Extrempunkte von f können mit der GTR-Option G-Solv>MAX bzw. mit G-Solv>MIN bestimmt werden.
Sie lauten $T_1(-2|-1)$, $H(0|3)$ und $T_2(2|-1)$.

Der nachträgliche exakte Nachweis für das Minimum mithilfe des Vorzeichenwechselkriteriums ist rechts aufgeführt.

Die Steigung an der Stelle $x = 1$ beträgt $f'(1) = -3$. Daraus ergibt sich ein Steigungswinkel von $-71{,}57°$.

Graphen von f und f':

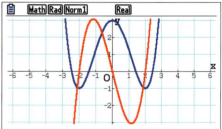

Nachweis des Nullstelle bei $x = \sqrt{6}$:
$f(\sqrt{6}) = \frac{1}{4} \cdot (\sqrt{6})^4 - 2 \cdot (\sqrt{6})^2 + 3$
$= \frac{1}{4} \cdot 36 - 2 \cdot 6 + 3 = 0$

Exakter Nachweis des Tiefpunktes T_2:
$f'(2) = 2^3 - 4 \cdot 2 = 0$
Teststelle $x = 1$: $f'(1) = -3 < 0$
Teststelle $x = 3$: $f'(3) = +15 > 0$
$\Rightarrow$ Vorzeichenwechsel von $-$ nach $+$
$\Rightarrow$ Minimum bei $x = 2$

Steigungswinkel bei $x = 1$:
$m = f'(1) = -3$
$a = \tan^{-1}(-3)$
$a = -71{,}57°$

Übung 4
Gegeben ist die Funktion $f(x) = \frac{1}{4}x^4 - \frac{1}{2}x^2 - 2$. Zeichnen Sie die Graphen von f und f' mithilfe eines GTR. Untersuchen Sie f mit einem GTR auf Nullstellen und Extrema. Zeigen Sie rechnerisch, dass f bei $x = 2$ eine Nullstelle und bei $x = 1$ einen Tiefpunkt besitzt.
Untersuchen Sie die Steigung von f in einer Umgebung von $\frac{1}{\sqrt{3}}$. Was fällt auf?

2. Extrempunkte

▶ **Beispiel: Verschuldung einer Stadt** [GTR]
Die Verschuldung einer Stadt kann durch die Funktion $s(t) = \frac{1}{100}(-t^3 + 12t^2 + 60t + 200)$ beschrieben werden (t: Zeit in Jahren seit 1.1.2009; s(t): Schuldenstand in Millionen Euro).
a) Zeichnen und interpretieren sie die Graphen von s und von s′ (GTR ist erlaubt).
b) Wann war der maximale Schuldenstand erreicht? Weisen Sie das Maximum nach.
c) Wann stiegen die Schulden am schnellsten?

Lösung zu a:
Die Ableitung der Schuldenfunktion s lautet $s'(t) = \frac{1}{100}(-3t^2 + 24t + 60)$.

Graphen von s und s′:

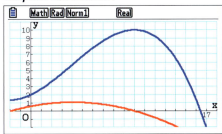

[CASIO] Wir zeichnen die Graphen von s und von s′ mit dem GTR oder manuell. Sie zeigen: Die Schulden steigen bis zu einem Maximum an, das nach etwa 10 Jahren erreicht wird. In den folgenden 6 Jahren gehen sie auf Null zurück.
Die Anstiegsgeschwindigkeit s′ der Schulden ist nach etwa 4 Jahren maximal.

Lösung zu b:
Notwendige Bedingung für das Maximum der Schuldenfunktion s ist $s'(t) = 0$.
Die manuelle Auflösung dieser Gleichung liefert die Zeitpunkte $t = -2$ und $t = 10$. Laut Graph kommt nur $t = 10$ in Frage. Wir weisen das Maximum mit dem Vorzeichenwechselkriterium nach. Als Teststellen verwenden wir $t = 9$ und $t = 11$.
Der maximale Schuldenbetrag lautet $s(10) = 10$ (Millionen Euro).

Maximum der Schulden s:

$s'(t) = 0: \frac{1}{100}(-3t^2 + 24t + 60) = 0$
$t^2 - 8t - 20 = 0$
$t = 4 \pm 6$
$t = -2$ bzw. $t = 10$

$\left.\begin{array}{l} s'(9) = +0{,}33 > 0 \\ s'(11) = -0{,}39 < 0 \end{array}\right\} \Rightarrow$ Maximum bei $t = 10$

$s_{max} = s(10) = 10$ (Mio. Euro)

Lösung zu c:
s′ beschreibt die Anstiegsgeschwindigkeit der Schulden. Wir suchen daher nun das Maximum von s′. Dessen Lage bestimmen wir durch Nullsetzen von s″. Die Lösung lautet $t = 4$. Zum Jahreswechsel 2013/2014 wuchsen die Schulden also am schnellsten
▶ mit 1,08 Mio. Euro pro Jahr.

Maximum des Schuldenanstiegs s′:

$s''(t) = 0$
$\frac{1}{100}(-6t + 24) = 0$
$t = 4$

$\left.\begin{array}{l} s''(3) = +0{,}06 > 0 \\ s''(5) = -0{,}06 < 0 \end{array}\right\} \Rightarrow$ Maximum bei $t = 4$

$s'_{max} = s'(4) = 1{,}08$ (Mio. Euro/Jahr)

Übung 5 [GTR]
Die Funktion $G(t) = t^3 + 3t^2 - 105t + 300$ beschreibt den monatlichen Gewinn eines Handyherstellers (t ist die Zeit in Monaten; $t = 0$: Januar 2015; G(t): Gewinn in Mio. Euro). Wann begannen die Gewinne zu sinken? Wann werden sie einen Tiefstand erreichen? In welchem Monat war der Gewinneinbruch maximal?

Übungen

6. Weisen Sie nach, dass der Graph von f an der Stelle x einen Extremwert hat. Liegt dort ein Maximum oder ein Minimum von f?
a) $f(x) = x^4$, $x = 0$
b) $f(x) = 2x^3 + 6x^2 - 18x + 1$, $x = 1$ und $x = -3$

7. Untersuchen Sie, ob an der Stelle x ein Hochpunkt, Tiefpunkt oder ein Sattelpunkt vorliegt.
a) $f(x) = 2x^3 - 6x^2$, $x = 0$ und $x = 2$
b) $f(x) = \frac{1}{6}x^6 - \frac{1}{3}x^3$, $x = 0$ und $x = 1$

8. Rechts dargestellt sind die Graphen einer Funktion f und ihrer Ableitungsfunktion f'.
Geben Sie an, welcher Graph zu f bzw. f' gehört. Kommentieren Sie den Verlauf des Graphen von f anhand der Eigenschaften des Graphen von f'.

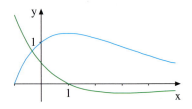

9. Zeichnen Sie den Graphen einer Funktion f, welche die abgebildeten Ableitungsfunktionen f' und f'' besitzt. f soll durch den Ursprung gehen.

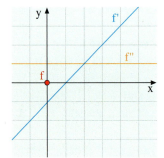 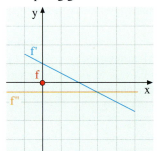 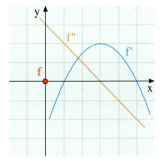

10. Untersuchen Sie f auf Extrema und Sattelpunkte. Fertigen Sie eine Skizze an.
a) $f(x) = \frac{1}{2}x^2 - 2x + 3$
$-1 \leq x \leq 5$
b) $f(x) = \frac{1}{3}x^3 + \frac{1}{2}x^2 - 2x$
$-3,5 \leq x \leq 2,5$
c) $f(x) = \frac{1}{3}x^3 + x^2 + x$
$-3 \leq x \leq 2$

11. Untersuchen Sie f auf Extrema.
a) $f(x) = \left(\frac{1}{2}x - 1\right)^2$
b) $f(x) = x - 2\sqrt{x}$
c) $f(x) = ax^2 + 2x$

12. Beweisen Sie die folgenden Aussagen rechnerisch.
a) Eine quadratische Funktion besitzt genau ein Extremum.
b) Eine Funktion dritten Grades hat genau zwei Extrema oder keine.
c) Eine Funktion vierten Grades hat mindestens ein Extremum.

2. Extrempunkte

13. Untersuchen Sie die Funktion f auf Hoch-, Tief- und Sattelpunkte.
a) $f(x) = -\frac{1}{2}x^2 - 4x$
b) $f(x) = \frac{1}{50}x^3 - 1{,}5x$
c) $f(x) = 0{,}5x^4 - x^3$
d) $f(x) = x^2(x-2)$
e) $f(x) = x^5 + 2{,}5x^4$
f) $f(x) = \frac{1}{5}x^5 - \frac{2}{3}x^3 + x$

14. Untersuchen Sie die Funktion f auf Nullstellen und Extrema. Skizzieren Sie anschließend den Verlauf des Graphen.
a) $f(x) = -\frac{1}{6}x^3 + 2x$
b) $f(x) = x^3 - 3x^2 + 3x$
c) $f(x) = x^4 - 2x^3$

15. Strandbad
Im Punkt $P(1|2)$ der Flussbiegung liegt das Strandbad. Ein neuer Pflasterweg soll es mit der Straße verbinden. Der Weg soll exakt rechtwinklig vom Fluss weglaufen. Der Fluss kann durch die Funktion
$f(x) = \frac{1}{2}(x^3 - 3x^2 + 4x + 2)$
modelliert werden (1 LE $\cong$ 100 m).
a) Was kostet der Bau des Weges, wenn pro Meter 500 Euro kalkuliert werden?
b) Unter welchem Winkel α mündet der Weg in die Straße ein?

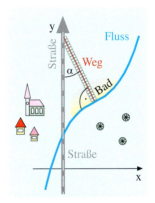

16 In den ersten Monaten der Markteinführung beschreibt $a(t) = 100 \cdot (15t^2 - t^3)$ die Absatzrate eines neuen Handys. (t in Monaten, a(t) in Handys/Monat)
a) Wann ist die Absatzrate maximal?
b) Wo ist die Steigung der Funktion a maximal?
c) Wann beträgt die Absatzrate 17 600 Handys/Monat?
d) Wie groß ist die mittlere Absatzrate in den ersten fünf Monaten?

17. Von welcher der Funktionen g, h, bzw. k kann f′ die Ableitung sein? Begründen Sie Ihre Antwort und erläutern Sie, warum die anderen Funktionen die Bedingung nicht erfüllen.

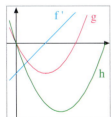 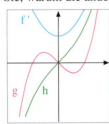 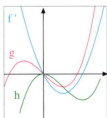 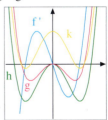

3. Exkurs: Tangenten und Normalen

Bei der Untersuchung von Funktionen werden häufig spezielle Geraden verwendet, wie z. B. Tangenten und Normalen.

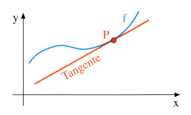

Die *Tangente* an den Graphen einer Funktion f im Punkt $P(x_0|f(x_0))$ ist diejenige Gerade durch den Punkt P, deren Steigung m mit der Steigung von f an der Stelle x_0 übereinstimmt, d. h. es gilt $m = f'(x_0)$.

Tangente und Funktion stimmen in der Nähe der Stelle x_0 nahezu überein.

Steigung der Tangente
$y(x) = mx + n$ sei die Gleichung der Tangente von f an der Stelle x_0. Dann gilt
$$m = f'(x_0).$$

▶ **Beispiel: Gleichung der Tangente**

Die Funktion $f(x) = -\frac{1}{8}x^2 + x$ beschreibt das Randprofil einer Sanddüne am Nordseestrand. Für eine Treppe soll eine Aufschüttung angelegt werden, die tangential im Punkt $P(2|1,5)$ endet (Maße im m).
a) Wie lautet die Gleichung der Tangente?
b) Wie lang wird die Treppe?

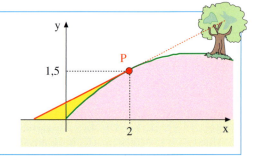

Lösung zu a:
Wir bestimmen zunächst die Ableitung von f. Diese lautet: $f'(x) = -\frac{1}{4}x + 1$.
Für die Gleichung der gesuchten Tangente verwenden wir den Ansatz $y(x) = mx + n$. Es gilt $m = f'(2) = 0,5$. Dies führt zum Zwischenstand $y(x) = 0,5x + n$.
Da im Punkt P die Funktionswerte von Funktion f und Tangente übereinstimmen, gilt $y(2) = f(2)$, d. h. $1 + n = 1,5$. Daraus folgt $n = 0,5$.
Endresultat: $y(x) = 0,5x + 0,5$

Lösung zu b:
Die Nullstelle der Tangente liegt im Punkt $Q(-1|0)$. Die Länge L der Treppe ist der Abstand der beiden Punkte P und Q, der mit dem Satz des Pythagoras berechnet wird.
▶ Resultat: $L = 3,35$ m.

Ableitung von f:
$f'(x) = -\frac{1}{4}x + 1$

Gleichung der Tangente:
$y(x) = mx + n$
$m = f'(2) \Rightarrow m = 0,5$
$\Rightarrow y(x) = 0,5x + n$
$y(2) = f(2)$
$1 + n = 1,5 \Rightarrow n = 0,5$
$\Rightarrow y(x) = 0,5x + 0,5$

Länge der Treppe:

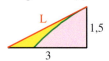

$L = \sqrt{3^2 + 1,5^2} = \sqrt{11,25} \approx 3,35$

3. Exkurs: Tangenten und Normalen

Die *Normale* an den Graphen einer Funktion f im Punkt $P(x_0|f(x_0))$ ist die zur Tangente in diesem Punkt senkrecht stehende Gerade. Ihre Steigung m ist der *negative Kehrwert* der Tangentensteigung.

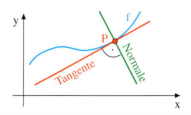

Wenn die Funktion f an der Stelle x_0 die Steigung $f'(x_0)$ hat, so besitzt die Kurvennormale y durch den Punkt $P(x_0|f(x_0))$ die negativ reziproke Steigung $m = -\frac{1}{f'(x_0)}$.

Steigung der Normalen
$y(x) = mx + n$ sei die Gleichung der Normalen von f an der Stelle x_0.
Dann gilt: $m = -\frac{1}{f'(x_0)}$.

▶ **Beispiel: Gleichung der Normalen**

Die Funktion $f(x) = \frac{1}{8}x^2$ beschreibt das Profil einer Rutschbahn. Die Konstruktion soll durch einen Stahlträger abgestützt werden, der im Punkt $P(2|0,5)$ senkrecht an der Bahn angeschweißt und im Boden verankert wird.
a) Wie lautet die Gleichung des Trägers?
b) Wie lang wird der Träger?

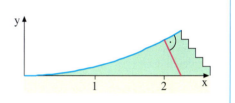

Lösung zu a:
Die Ableitung von f lautet $f'(x) = \frac{1}{4}x$.
Für die Gleichung der gesuchten Normale verwenden wir den Ansatz $y(x) = mx + n$.
Es gilt $f'(2) = 0,5$: Daher ist der negativ reziproke Wert $m = -2$ die Steigung der Normale. Dies ergibt als Zwischenstand $y(x) = -2x + n$.
Da im Punkt P die Funktionswerte von Funktion f und Normale übereinstimmen, gilt $y(2) = f(2)$, d.h. $-4 + n = 0,5$. Daraus folgt $n = 4,5$.
Endresultat: $y(x) = -2x + 4,5$

Ableitung von f:
$f'(x) = \frac{1}{4}x$

Gleichung der Normalen:
$y(x) = mx + n$
$\quad m = -\frac{1}{f'(2)} \Rightarrow m = -2$
$\Rightarrow y(x) = -2x + n$
$\quad y(2) = f(2)$
$\quad -4 + n = 0,5 \Rightarrow n = 4,5$
$\Rightarrow y(x) = -2x + 4,5$

Lösung zu b:
Die Nullstelle der Normalen liegt im Punkt $Q(2,25|0)$. Die Länge L des Trägers ist der Abstand der beiden Punkte P und Q, nach
▶ Pythagoras also $L = 0,56$ m.

Länge der Trägers:
$L = \sqrt{0,25^2 + 0,5^2}$
$\quad = \sqrt{0,3125} \approx 0,56$

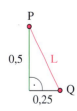

Übung 1
Bestimmen Sie die Gleichungen von Tangente und Normalen von f im Punkt P.
a) $f(x) = 2x^2 + 2x$, $P(-3|12)$ b) $f(x) = x^3$, $P(1|1)$ c) $f(x) = \frac{1}{x}$, $P(0,5|2)$

Man kann die *Gleichungen von Tangente und Normale* in einem Kurvenpunkt auch durch jeweils eine allgemeine Formel darstellen, in die man nur noch einzusetzen braucht. Das spart gegenüber der eher „manuellen" Berechnung mit dem Ansatz y(x) = mx + n Zeit. Die manuellen Ansätze fördern jedoch das Verständnis und die Rechenfertigkeiten stärker.

Eine Gerade durch den Punkt $P(x_0|y_0)$ hat bekanntlich ganz allgemein die Gleichung
$$y(x) = m(x - x_0) + y_0.$$

Setzen wir nun im Fall der Tangente hier $m = f'(x_0)$ und $y_0 = f(x_0)$ ein, so erhalten wir die rechts aufgeführte allgemeine Tangentengleichung.

Gleichung der Tangente
Die Gleichung der Tangente an den Graphen von f im Punkt $P(x_0|f(x_0))$ lautet:
$$y(x) = f'(x_0)(x - x_0) + f(x_0)$$

Setzen wir analog im Fall der Normalen $m = -\frac{1}{f'(x_0)}$ und $y_0 = f(x_0)$ ein, so erhalten wir die rechts aufgeführte allgemeine Normalengleichung.

Gleichung der Normalen
Die Gleichung der Normalen an den Graphen von f im Punkt $P(x_0|f(x_0))$. lautet:
$$y(x) = -\frac{1}{f'(x_0)} \cdot (x - x_0) + f(x_0)$$

▶ **Beispiel: Gleichung von Tangente und Normale**
Gegeben ist die Funktion $f(x) = x^2 - x$
sowie der Punkt $P(1|0)$. Wie lautet
a) die Gleichung der Tangente von f in P?
b) die Gleichung der Normalen von f in P?

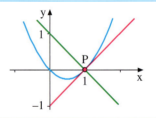

Lösung zu a:

Ableitung von f:
$f'(x) = 2x - 1$

Gleichung der Tangente:
$y(x) = f'(x_0) \cdot (x - x_0) + f(x_0)$
$ = f'(1) \cdot (x - 1) + f(1)$
$ = 1 \cdot (x - 1) + 0$
$ = x - 1$

Lösung zu b:

Ableitung von f:
$f'(x) = 2x - 1$

Gleichung der Normalen:
$y(x) = -\frac{1}{f'(x_0)} \cdot (x - x_0) + f(x_0)$
$ = -\frac{1}{f'(1)} \cdot (x - 1) + f(1)$
$ = -\frac{1}{1} \cdot (x - 1) + 0$
$ = -x + 1$

Übung 2
Gegeben sind die Funktion $f(x) = 1 - x^2$ sowie die Punkte $P(1|0)$ und $Q(-1|0)$.
Wie lautet die Gleichung
a) der Tangente von f in P?
b) der Normalen von f in Q?

Übung 3
$y = 4x + 2$ ist Tangente der Funktion $f(x) = ax^3 + bx^2$ bei $x = 1$.
a) Wie lautet die Gleichung der Normalen von f bei $x = 1$?
b) Bestimmen Sie die Gleichung von f.

3. Exkurs: Tangenten und Normalen

Bestimmung von Tangente und Normale mit dem GTR

▶ **Beispiel: Tangente und Normale mit dem GTR**
Zeichnen Sie die Graphen und bestimmen Sie die Gleichungen der Tangente und der Normalen an den Graphen der Funktion $f(x) = -\frac{1}{8}x^2 + x$ im Punkt $P(2|1,5)$ mit dem GTR.

CASIO Lösung:
Im SETUP muss die Option Derivative auf *On* gesetzt sein. Dann zeichnet man den Graphen von f.
Mit der Auswahl Sketch > Tangent wird die Tangente an der Stelle $x = 0$ dargestellt. Man kann nun mit dem Cursortasten andere Stellen auswählen oder nach Wahl der x,Θ,T-Taste direkt den x-Wert 2 eingeben, wonach die Zeichnung der Tangente und die Ausgabe der Tangentengleichung $y(x) = 0,5x + 0,5$ erfolgt.

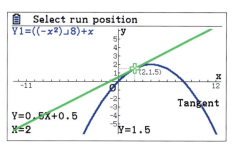

Die Bestimmung der Normalen erfolgt analog durch die Auswahl Sketch > Norm. Man erhält für den x-Wert 2 das nebenstehende Bild und die Normalengleichung $y(x) = -2x + 5,5$.

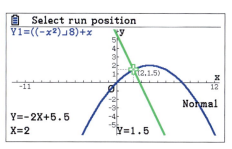

TI Lösung:
Auf einer Notes-Seite werden zunächst die Funktionen f, a, t und n definiert. Anschließend werden die Graphen der Funktion f, der Tangente t und der Normalen n dargestellt.

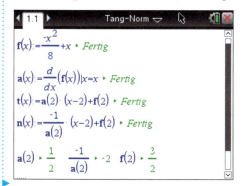
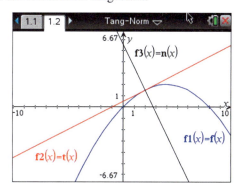

▶ **Übung 4 Tangenten und Normalen mit dem GTR**
Zeichnen Sie f sowie die Tangente und die Normale an f in x_0. Bestimmen Sie die Gleichungen.
a) $f(x) = x^2$, $\quad x_0 = 1$
b) $f(x) = x - 0,5x^2$, $x_0 = 2$
c) $f(x) = 0,5x^3 - x$, $\quad x_0 = 0$
d) $f(x) = x - 0,5x^2$, $x_0 = 3$
e) $f(x) = 0,1x^2$, $\quad x_0 = 4$
f) $f(x) = x^2 - 4x$, $\quad x_0 = 0$
g) $f(x) = x^3 - x^2$, $\quad x_0 = 2$
h) $f(x) = x - 0,5x^2$, $x_0 = 1$
i) $f(x) = 2 - 0,25x^2$, $x_0 = -1$

4. Diskussionen ganzrationaler Funktionen

Bei einer Kurvendiskussion werden charakteristische Eigenschaften der gegebenen Funktion untersucht. In der folgenden Tabelle sind die Standarduntersuchungen aufgelistet.

1. Symmetrie	Der Term $f(-x)$ wird berechnet und mit $f(x)$ bzw. $-f(x)$ verglichen: $f(-x) = +f(x)$ ⇒ **Achsensymmetrie zur y-Achse** $f(-x) = -f(x)$ ⇒ **Punktsymmetrie zum Ursprung**
2. Nullstellen 	Die Gleichung $f(x) = 0$ wird nach x aufgelöst. Ihre Lösungen sind die Nullstellen der Funktion f. Lösungsmethoden: p-q-Formel bei quadratischen Gleichungen Faktorisierung bei Gleichungen dritten und höheren Grades Näherungslösung durch Testeinsetzungen Bestimmung mit der Solve-Option des GTR
3. Lokale Extremalpunkte 	Die notwendige Bedingung $f'(x) = 0$ wird nach x aufgelöst. Die Lösungen x_E werden mit den hinreichenden Vorzeichenwechselkriterien überprüft. *Vorzeichenwechsel-Kriterium* **Vorzeichenwechsel von f' bei x_E: +/− ⇒ Maximum** **Vorzeichenwechsel von f' bei x_E: −/+ ⇒ Minimum**
4. Lokale Extrema der Steigung f	Notwendige Bedingung für ein lokales Steigungsmaximum: $f''(x) = 0$ Steigungsmaximum Steigungsminimum 
5. Graph 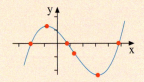	Der Graph von f wird mithilfe der Nullstellen, Extrema und einer zusätzlichen Wertetabelle entweder skizziert oder genau gezeichnet. Falls gewünscht, kann der Graph mit dem GTR erstellt werden. Man achtet auf die richtige Beschriftung der Koordinatenachsen.
6. Tangente/Normale 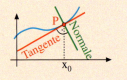	Die Gleichung der Tangente an der Stelle x_0 lautet: $y(x) = f'(x_0) \cdot (x - x_0) + f(x_0)$ Die Gleichung der Normalen an der Stelle x_0 lautet: $y(x) = -\frac{1}{f'(x_0)} \cdot (x - x_0) + f(x_0)$

4. Diskussionen ganzrationaler Funktionen

Wir führen nun beispielhaft einige einfache Kurvendiskussionen durch.

> **Beispiel:** Diskutieren Sie die Funktion $f(x) = -\frac{1}{4}x^2 + 2x - 1$ (Untersuchungspunkte: Symmetrie, Nullstellen, Extrema). Zeichnen Sie den Graphen für $-1 \leq x \leq 8$.

Lösung:

1. Ableitung:
Wir berechnen zunächst mit der Summenregel und der Potenzregel die Ableitung von f. Sie lautet $f'(x) = -\frac{1}{2}x + 2$.

2. Symmetrie:
Wir berechnen $f(-x)$ und vergleichen diesen Term mit $f(x)$ und mit $-f(x)$. In beiden Fällen liegt keine Übereinstimmung vor. Daher ist der Graph von f weder symmetrisch zur y-Achse noch zum Ursprung.

3. Nullstellen:
Die Bestimmungsgleichung $f(x) = 0$ kann mithilfe der p-q-Formel gelöst werden. Nullstellen: $x \approx 0{,}54$ und $x \approx 7{,}46$.

4. Extrema:
Die notwendige Bedingung für Extrema lautet $f'(x) = 0$. Die einzige Lösung dieser Gleichung ist $x = 4$.
Es handelt sich um ein Maximum, denn der Test mit dem Vorzeichenwechselkriterium ergibt einen Vorzeichenwechsel von f' von + nach −.
Der Funktionswert des Maximums ist $y = 3$. Resultat: Hochpunkt $H(4|3)$.

6. Graph:
Der Graph von f ist eine nach unten geöffnete rechtsgekrümmte Parabel mit Nullstellen bei $x \approx 0{,}54$ und $x \approx 7{,}46$, deren Scheitelpunkt der Hochpunkt $H(4|3)$ ist.

Ableitung:
$f(x) = -\frac{1}{4}x^2 + 2x - 1$
$f'(x) = -\frac{1}{2}x + 2$

Symmetrie:
$f(-x) = -\frac{1}{4}(-x)^2 + 2(-x) - 1$
$\quad\quad = -\frac{1}{4}x^2 - 2x - 1$
$\Rightarrow f(-x) \neq f(x)$ und $f(-x) \neq -f(x)$
$\Rightarrow$ keine Symmetrie zur y-Achse
keine Symmetrie zum Ursprung

Nullstellen:
$f(x) = 0$
$-\frac{1}{4}x^2 + 2x - 1 = 0$
$x^2 - 8x + 4 = 0$
$x = 4 \pm \sqrt{12} \quad\quad x \approx 0{,}54, \quad x \approx 7{,}46$

Extrema:
$f'(x) = 0$
$-\frac{1}{2}x + 2 = 0 \quad x = 4, \, y = 3$
Überprüfung mit dem Vorzeichenwechselkriterium:
$f'(3) = +0{,}5 > 0$
$f'(5) = -0{,}5 < 0$ $\Big\} \Rightarrow$ Maximum

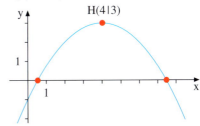

Übung 1 Benzinverbrauch

Der Benzinverbrauch zweier Automodelle wird durch die Funktionen $a(v) = 0{,}0005\,v^2 - 0{,}04\,v + 5$ bzw. $b(v) = 0{,}0003\,v^2 - 0{,}03\,v + 5{,}5$ erfasst. v ist die Geschwindigkeit in km/h, $a(v)$ und $b(v)$ stellen den Benzinverbrauch dar in Litern/100 km.
a) Zeichnen Sie die Graphen von a und b für $0 \leq v \leq 150$. Vergleichen Sie.
b) Bei welchen Geschwindigkeiten sind die Verbräuche minimal?
c) Bei welcher Geschwindigkeit verbrauchen beide Autos gleich viel?
d) Bei welcher Geschwindigkeit überschreitet der Verbrauch von Auto a 10 Liter/100 km.
e) Wie stark steigt der Verbrauch von Auto a, wenn es 120 km/h fährt statt 100 km/h.

Auch Wachstumsprozesse können angenähert durch Polynomfunktionen beschrieben werden. Hierbei werden auch lokale Änderungsraten betrachtet (vgl. Seiten 81–85).

▶ **Beispiel: Virusinfektion**
Der Verlauf einer leichten Viruserkrankung wird durch die Funktion $N(t) = 6t^2 - t^3$ modelliert. Dabei ist t die Zeit seit Infektionsbeginn in Tagen und N die Anzahl der Viren in Millionen in einem ml Blutflüssigkeit. Untersuchen Sie die Funktion N. Zeichnen Sie die Graphen von N und N' für $0 \leq t \leq 6$. Interpretieren Sie die Ergebnisse unter Bezugnahme auf den realen Prozess.

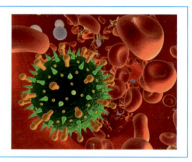

Lösung:

Nullstellen:
$N(t) = 6t^2 - t^3 = 0$
$t^2 \cdot (6 - t) = 0$
$t = 0, t = 6$

Extrema:
$N'(t) = 12t - 3t^2 = 0$
$t \cdot (12 - 3t) = 0$
$t = 0, N = 0$ Minimum
$t = 4, N = 32$ Maximum

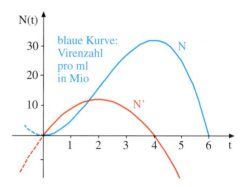

blaue Kurve: Virenzahl pro ml in Mio

Punkte mit maximaler Steigung:
Der Punkt S der Kurve N mit dem steilsten Anstieg liegt ca. bei x = 2. Dort hat N' ein Maximum. Dessen Lage können wir bestimmen, indem wir die Ableitung von N', also N'' gleich null setzen.
Wir erhalten den Punkt S(2|16).

Maximum von N':
$N''(t) = 0$
$\frac{1}{8} \cdot (12 - 6t) = 0$
$12 - 6t = 0$
$t = 2, N(2) = 2$,   S(2|16)

Interpretation:
Die Funktion N gibt die Anzahl der Viren in Mio. an, die sich in einem ml Blut befinden. Die Ableitung N' gibt die Zunahme/Abnahme der Viruszahl in Mio. in einem ml pro Tag an.
Die Konzentration der Viren steigt zunächst langsam, dann zunehmend schneller an. Im Punkt S, d. h. nach 2 Tagen, ist die momentane Zuwachsrate N' am größten. Nun antwortet das Immunsystem auf die Infektion und bremst die Zuwachsrate. Die Anzahl der Viren wächst langsamer und hat am 4. Tag ihr Maximum erreicht. Danach bricht die Infektion schnell zusammen. Die Änderungsrate N' wird negativ. Nach 6 Tagen sind die Viren vollständig eliminiert. ◀

Übung 2
a) Die Funktion $f(x) = \frac{1}{4}x^2 - \frac{1}{2}x + 2$ soll diskutiert werden (s. Beispiel S. 161).
b) Zeigen Sie, dass der Graph der Funktion $g(x) = -x^2 + 4{,}5x - 3$ den Graphen der Funktion f berührt.
c) Wie lautet die Gleichung der gemeinsamen Tangente im Berührpunkt?

Übung 3
Diskutieren Sie wie im Beispiel auf S. 161 die folgenden Funktionen und zeichnen Sie anschließend den Graphen von f.
a) $f(x) = x^3 + x$, $-1 \leq x \leq 3$
b) $f(x) = x^4 - 2x^2$, $-2 \leq x \leq 2$
c) $f(x) = x^4 + x$, $-2 \leq x \leq 1$
d) $f(x) = x^4 - 2x^3$, $-1 \leq x \leq 2{,}5$

4. Diskussionen ganzrationaler Funktionen

▶ **Beispiel:** Diskutieren Sie die Funktion $f(x) = \frac{1}{6}x^3 - \frac{1}{4}x^2 - 3x$ und zeichnen Sie den Graphen der Funktion f für $-5 \leq x \leq 6$.

1. Ableitungen:
$f(x) = \frac{1}{6}x^3 - \frac{1}{4}x^2 - 3x$
$f'(x) = \frac{1}{2}x^2 - \frac{1}{2}x - 3$
$f''(x) = x - \frac{1}{2}$
$f'''(x) = 1$

2. Symmetrie:
Da der Funktionsterm sowohl gerade als auch ungerade Exponenten enthält, liegt keine der beiden Standardsymmetrien vor.

3. Nullstellen:
Die Lage der Nullstellen kann durch Faktorisieren der Bestimmungsgleichung $f(x) = 0$ und anschließende Anwendung der p-q-Formel festgestellt werden.

$f(x) = 0$
$\frac{1}{6}x^3 - \frac{1}{4}x^2 - 3x = 0$
$x \cdot \left(\frac{1}{6}x^2 - \frac{1}{4}x - 3\right) = 0$

Lösungen: $x = 0$
$x = 0{,}75 + \sqrt{18{,}5626} \approx 5{,}06$
$x = 0{,}75 + \sqrt{18{,}5626} \approx -3{,}56$

4. Extrema:
Die Lage der Extremalstellen wird mithilfe der p-q-Formel errechnet.

$f'(x) = 0$
$\frac{1}{2}x^2 - \frac{1}{2}x - 3 = 0$
$x^2 - x - 6 = 0$
$x = 0{,}5 \pm \sqrt{6{,}25}$
$= 0{,}5 \pm 2{,}5$
$x = 3,\ y = -6{,}75$
$x = -2,\ y = 3{,}67$

Überprüfung von $x = 3$:
$\left.\begin{array}{l} f'(2{,}5) < 0 \\ f'(3{,}5) > 0 \end{array}\right\} \Rightarrow$ Minimum

Überprüfung von $x = -2$:
$\left.\begin{array}{l} f'(-2{,}5) < 0 \\ f'(-3{,}5) > 0 \end{array}\right\} \Rightarrow$ Maximum

$\Rightarrow T(3 | 6{,}75),\ H(-2 | 3{,}67)$

5. Graph:

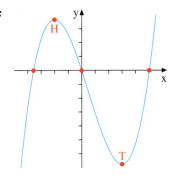

Übung 4
Diskutieren Sie die Funktion f. Bestimmen Sie dazu Nullstellen und Extrema. Zeichnen Sie den Graphen im angegebenen Bereich.

a) $f(x) = x^3 + 1{,}5x^2 - 2{,}25x$, $-2{,}5 \leq x \leq 1{,}5$
b) $f(x) = x^3 + 3x^2 + 2{,}25x$, $-2{,}5 \leq x \leq 0{,}5$
c) $f(x) = x^3 - 6x^2 + 9x$, $-0{,}5 \leq x \leq 4$

Übung 5
Diskutieren Sie die Funktion f. Skizzieren Sie anschließend den Graphen von f in einem sinnvoll gewählten Bereich.

a) $f(x) = x^3 + x^2 - x$
b) $f(x) = -2x^3 + x^2 + 4x$
c) $f(x) = 0{,}25x^3 + 0{,}5x^2 - 3{,}75x$

Übungen

6. Untersuchen Sie f auf Symmetrie, Null- und Extremstellen und machen Sie eine Aussage über das Monotonieverhalten.
a) $f(x) = x^2 - 8x + 15;$ $2 \leq x \leq 6$
b) $f(x) = x^3 - 3x;$ $-2 \leq x \leq 2$
c) $f(x) = x^4 - 2x^2;$ $-2 \leq x \leq 2$
d) $f(x) = \frac{1}{3}x^3 + 0{,}5x^2 - 2x;$ $-4 \leq x \leq 3$
e) $f(x) = 4 - x^3;$ $-1 \leq x \leq 2$
f) $f(x) = -x^4 + 5x^2 - 4;$ $-2 \leq x \leq 2$

7. Führen Sie mit dem GTR eine Kurvendiskussion durch.
Graph – Nullstellen – Hoch- und Tiefpunkte – Steigung bei x = 0
a) $f(x) = \frac{1}{4}(x^2 + 2x - 8),$ $-6 \leq x \leq 4$
b) $f(x) = \frac{1}{2}x^4 - \frac{3}{2}x^2 - 2,$ $-3 \leq x \leq 3$
c) $f(x) = \frac{1}{6}x^3 + \frac{1}{2}x^2 - \frac{3}{2}x,$ $-6 \leq x \leq 4$
d) $f(x) = x^3 - x^2 + 4,$ $-2 \leq x \leq 3$
e) $f(x) = \frac{1}{3}x^5 - 2x^3,$ $-3 \leq x \leq 3$
f) $f(x) = x^5 - 5x^3 + 5x,$ $-3 \leq x \leq 3$

8. Gegeben sei die Funktion $f(x) = x^3 - 3x^2 - x + 3$.
a) Bestimmen Sie die Ableitungsfunktionen f′, f″ und f‴.
b) Zeigen Sie, dass f Nullstellen bei x = −1, 1 und 3 hat.
c) Untersuchen Sie die Funktion auf Hoch- und Tiefpunkte.
d) Zeichnen Sie den Graphen von f für $-1{,}5 \leq x \leq 3{,}5$ mithilfe einer Wertetabelle mit exakt der Schrittweite 0,5.
e) An welcher Stelle fällt die Funktion am steilsten ab? Welche Steigung liegt hier vor?
f) Wie lautet die Gleichung der Tangente von f im Punkt P(1|0)?

9. Gegeben sind der Funktionstyp von f und der Graph von f. Bestimmen Sie die Funktionsgleichung von f. Verwenden Sie dazu Informationen aus der Zeichnung.
a) Typ: $f(x) = ax^3 + bx + c$
b) Typ: $f(x) = ax^3 + bx^2 + c$

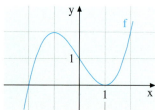
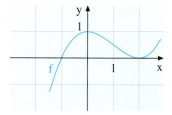

10. Die Flughöhe eines Segelflugzeugs in einer zweistündigen Flugphase wird durch die Funktion $h(t) = \frac{1}{1000}(t^3 - 180t^2 + 6000t) + 400$ modelliert (t: Zeit in min, h(t): Höhe in m).
a) Berechnen Sie die in dieser Flugphase erreichte größte bzw. geringste Höhe.
b) In welchem Zeitpunkt hat das Flugzeug den größten Höhenverlust?
c) Wie groß ist der durchschnittliche Höhengewinn in den ersten 10 Minuten?
d) In welchem Zeitraum beträgt die momentane Höhenänderung $2{,}7 \frac{m}{min}$?

11. Eine Firma stellt Ferienhäuser her. Der Verkaufspreis beträgt 100 000 Euro pro Hütte.

Die Firma kalkuliert, dass die Herstellungskosten $K(x) = x^3 + 19x + 154$ Euro (in Tausend) bei x Häusern pro Monat betragen.

a) Zeigen Sie, dass $G(x) = -x^3 + 81x - 154$ den Gewinn der Firma bei x verkauften Häusern beschreibt.
b) Stellen Sie die Gewinnfunktion G(x) graphisch dar ($0 \leq x \leq 10$).
c) Bei welcher Herstellungsmenge x erreicht die Firma die Gewinnschwelle, bei welcher Herstellungsmenge wird der Gewinnbereich wieder verlassen?
d) Bestimmen Sie das Maximum der Gewinnfunktion.

12. Fahrradproduktion

Ein Hersteller produziert Fahrräder, welche zu einem Stückpreis von 120 € verkauft werden. Die täglichen Kosten können durch die Funktion $K(x) = 0{,}02x^3 - 3x^2 + 172x + 2400$ beschrieben werden, wobei x die Anzahl der täglich produzierten Fahrräder ist. Pro Tag können maximal 130 Fahrräder hergestellt werden.

a) Die Funktion U(x) beschreibt den täglichen Umsatz, die Funktion G(x) beschreibt den täglichen Gewinn. Stellen Sie die Gleichungen der Umsatz- und Gewinnfunktion auf.
b) Skizzieren Sie den Graphen von G(x) für $0 \leq x \leq 140$ mithilfe des GTR.
c) Bestimmen Sie, welche Tagesstückzahlen zu Gewinnen führen.
d) Welche Zahl von Fahrrädern würde den Tagesgewinn maximieren?
e) Die volle Produktionskapazität von 130 Fahrrädern soll ausgeschöpft werden. Wie hoch ist der Verkaufspreis nun zu wählen, wenn kein Verlust entstehen soll?

13. Blutspiegel eines Medikaments

Nach der Einnahme einer Schmerztablette steigt die Konzentration c des Wirkstoffs im Blut zunächst auf ein Maximum und wird dann wieder abgebaut. Der Prozess wird durch die Funktion $c(t) = t^3 - 17t^2 + 63t + 81$ beschrieben (t: Zeit in Stunden seit der Einnahme; c: Konzentration im Blut in µg/ml).

a) Zeichnen Sie den Graphen von c für $0 \leq t \leq 9$.
b) Entnehmen Sie dem Graphen, wie hoch die Konzentration zur Zeit der Einnahme ist und wann das Medikament gänzlich abgebaut ist.
c) Berechnen Sie, wie hoch die Maximalkonzentration ist und wann sie erreicht wird.
d) Über welchem Zeitintervall steigt die Konzentration, wann fällt sie wieder?
e) Zu welchem Zeitpunkt verringert sich die Konzentration c am stärksten?

Zusammengesetzte Übungen

1. Gegeben ist die Funktion $f(x) = \frac{1}{6}x \cdot (x-6)^2$.
   a) Untersuchen Sie die Funktion f auf Nullstellen und Extrema.
   b) Weisen Sie nach, dass die Gerade $g(x) = 6x$ Tangente an den Graphen der Funktion f ist.
   c) Welche zu g parallele Gerade ist ebenfalls Tangente an den Graphen von f?
   d) Jede Ursprungsgerade hat mindestens einen Punkt mit dem Graphen von f gemeinsam. Ermitteln Sie die genaue Anzahl der gemeinsamen Punkte einer Ursprungsgeraden mit dem Graphen von f in Abhängigkeit von der Geradensteigung.

2. Sei $f_1(x) = x^3 - 9x$, $f_2(x) = x(x+3)^2$, $f_3(x) = -x^2 \cdot (x+3)$.

   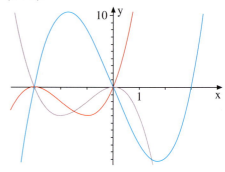

   a) Die Abbildung zeigt die Graphen der drei Funktionen. Ordnen Sie jeder Funktion den entsprechenden Graphen zu. Begründen Sie Ihre Entscheidung.
   b) Sei $g(x) = f_1(x) + f_2(x) + f_3(x)$. Bestimmen Sie die Nullstellen und Extrema von g. Skizzieren Sie den Graphen von g.
   c) Aus welchem der drei Graphen f_1, f_2, f_3 kann der Graph von g durch eine Spiegelung gewonnen werden?
   d) Bestimmen Sie die Gleichung der Tangente von g an der Stelle $x = -1$. An welcher Stelle und unter welchem Winkel schneidet die Tangente die x-Achse?
   e) Bestimmen Sie die Schnittpunkte der Graphen von f_1 und f_3.

3. Sei $f(x) = -\frac{1}{8}(x^3 - 6x^2 + c)$, $c \in \mathbb{R}$.
   a) f_4 ist die Funktion, die bei $x_0 = 4$ eine Nullstelle hat. Wie groß ist c?
   b) Zeichnen Sie den Graphen von f_4 mithilfe des GTR.
   c) Welche Nullstellen hat f_4?
   d) Ermitteln Sie manuell die Extrema von f_4.
   e) In welchem Punkt P steigt der Graph von f_4 am steilsten an?
   f) Bestimmen Sie die Gleichung der Tangente g von f_4 im Punkt P aus e).
   g) Wo schneidet die Tangente g aus f) die Koordinatenachsen?

4. Sei $f(x) = -\frac{1}{6}x^3 - x^2 + \frac{16}{3}$.
   a) Skizzieren Sie den Graphen von f mithilfe einer Wertetabelle für $-5 \leq x \leq 1$.
   b) Berechnen Sie die Extrema von f.
   c) Wo hat f den Funktionswert $\frac{16}{3}$?
   d) Für $-5 \leq x \leq 0$ beschreibt der Graph von f modellhaft den Querschnitt einer Senke. Am tiefsten Punkt wird ein Osterfeuer angezündet. Beschreiben Sie, welche Punkte der Senke vom Feuer erleuchtet werden.
   e) Eine Einheit entspricht 10 m im Gelände. Wie hoch muss eine Aussichtsplattform am rechten Rand der Senke mindestens sein, damit eine Person, deren Augenhöhe 1,67 m beträgt, von dort das Feuer beobachten kann?

4. Diskussionen ganzrationaler Funktionen

5. Wurf auf den Mond

Auf dem Mond schleudert ein Astronaut einen Stein senkrecht nach oben.
Seine Höhe über dem Boden kann durch die Funktion $h(t) = -0{,}8t^2 + 30t + 2$ beschrieben werden.
(t: Zeit in s; h: Höhe in m)

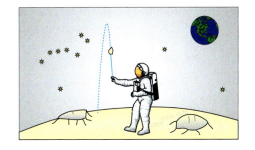

a) Wie hoch ist der Stein nach 1 s?
b) Nach welcher Zeit ist der Stein 50 m hoch?
c) Wie lautet die Gleichung für die vertikale Steiggeschwindigkeit v des Steins?
d) Welche Gipfelhöhe hat der Stein? Nach welcher Zeit erreicht er den Boden?
e) Wie lang ist die Flugzeit des Steines bis zum Aufschlag auf den Boden?
f) Mit welcher Geschwindigkeit schlägt der Stein auf?

6. Gegeben ist die Funktion $f(x) = \frac{1}{4}x^4 - 2x^2$.

Abgebildet sind die Graphen von f und f'.

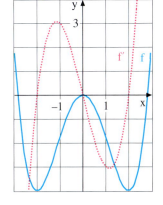

a) Untersuchen Sie die Funktion f anhand der Abbildung auf Symmetrie.
Weisen Sie Ihr Ergebnis rechnerisch nach.
b) Untersuchen Sie die Funktion f anhand der Abbildung von f' auf Monotonie.
c) Der Abbildung kann man entnehmen, das f die Tiefpunkte $T_1(-2|-4)$ und $T_2(2|-4)$ sowie den Hochpunkt $H(0|0)$ besitzt.
Weisen Sie dies rechnerisch mithilfe von f' nach.
d) Bestimmen Sie die Gleichung der Geraden g durch die Punkte T_1 und H (Kontrolle: $g(x) = 2x$).
e) Begründen Sie anhand der Abbildung, dass der Graph von f an drei Stellen zu g parallele Tangenten besitzt.
f) Der Graph von f soll achsenparallel so verschoben werden, dass T_1 im Ursprung liegt.
Stellen Sie eine Funktionsgleichung f_1 des so entstandenen Graphen auf.
Nun wird die Gerade g aus Teil d) in gleicher Weise verschoben. Begründen Sie, dass die neue Gerade g_1 mit g übereinstimmt.

7. Gegeben ist die Funktion $g(x) = -x^3 + 3x^2$.
a) Zeichnen Sie den Graphen von g.
b) Die Funktion g zeigt das Steigungsverhalten einer Funktion f. Erläutern Sie das Steigungsverhalten von f anhand des Graphen von g.
c) Sei $f(x) = \frac{1}{4}(4x^3 - x^4)$. Zeichnen Sie den Graphen von f und ermitteln Sie den Hochpunkt.
d) Wie lautet die Gleichung der Tangente an den Graphen von f an der Stelle $x_0 = 2$?
e) Der Graph von f wird an der y-Achse gespiegelt. Wie lautet die Funktionsgleichung des gespiegelten Graphen? Überprüfen Sie das Ergebnis grafisch.
f) Der Graph von f wird so verschoben, dass sein Hochpunkt im Koordinatenursprung liegt. Welche Funktionsgleichung hat der Graph der verschobenen Funktion?

8. Polynom dritten Grades

Gegeben ist die Funktion $f(x) = x^3 - 2x^2$.

a) Berechnen Sie die Nullstellen von f.
b) Zeigen Sie: $H(0|0)$ ist Hochpunkt und $T\left(\frac{4}{3}\Big|-\frac{32}{27}\right)$ Tiefpunkt von f.
c) Zeichnen Sie den Graphen von f.
d) Bestimmen Sie die Gleichung der Geraden g durch H und T.
e) An welchen Stellen hat f die Steigung -1? Wo beträgt die Steigung 4?
f) Die Funktion f ist die Ableitung einer Funktion F. Welcher der drei f rechts abgebildeten Graphen a, b, c könnte F darstellen?

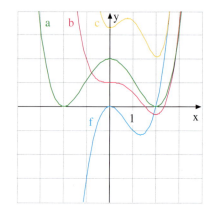

9. Funktionsschar

Gegeben ist die Schar $f_a(x) = ax^2 + a^2 x$, $a > 0$.

a) Berechnen Sie die Nullstellen von f_a.
b) Wo liegt der Tiefpunkt von f_a? Auf welcher Kurve liegen alle Tiefpunkte der Kurvenschar?
c) Welche der Graphen der Schar f_a sind rechts abgebildet?
d) Für welches a hat der Tiefpunkt von f_a die Ordinate $y = -2$?
e) Für welches a schneidet der Graph von f_a die x-Achse im Ursprung mit dem Winkel $\alpha = 45°$?
f) Welche beiden Graphen der Schar schneiden sich im Punkt $S(-3|6)$?
g) Skizzieren Sie den Graphen einer Funktion F, die durch den Ursprung geht und deren Ableitung die Scharfunktion f_2 ist.

10. Kurvenuntersuchung

Gegeben ist die Funktion $f(x) = 0,5 x^3 - 1,5 x$.

a) Begründen Sie, dass f punktsymmetrisch zum Ursprung ist.
b) Bestimmen Sie die Nullstellen und die Extrema von f.
c) Zeichnen Sie den Graphen von f im Intervall $-2,5 \leq x \leq 2,5$.
d) Zeichnen Sie nun den Graphen der Funktion $g(x) = 2 \cdot f(x-1) + 1$ ein. Wo liegt der Hochpunkt von g? Bestimmen Sie die Funktionsgleichung von g.
e) Sei $g(x) = a \cdot f(x-b) + 1$ Bestimmen Sie a und b so, dass $P(2|3)$ Hochpunkt von g ist.
f) In welchem Punkt fällt der Graph von f am steilsten ab? Welche negativen, reellen Zahlen kommen als Steigung von f vor?
g) Wie heißt die Gleichung einer Geraden h, welche den Graphen von f im Ursprung senkrecht schneidet?

11. Kurvenschar

Gegeben ist $f_a(x) = \frac{a}{6}(x-2)^2 \cdot (x+4)$, $a > 0$.

a) Gesucht sind die Achsenschnittpunkte von f_a.

b) Zeigen Sie, das $f_a(x) = \frac{a}{6}(x^3 - 12x + 16)$ gilt. Berechnen Sie die Ableitungen f_a' und f_a''.

b) Zeigen Sie: $H\left(-2 \mid \frac{16}{3}a\right)$ ist Hochpunkt und $T(2 \mid 0)$ ist Tiefpunkt von f_a. Für welches a hat der Hochpunkt von f_a die Ordinate $y = 4$?

c) Für welches $a > 0$ stimmt f_a mit der Funktion $h(x) = 0{,}2x^3 - 2{,}4x + 3{,}2$ überein?

d) Welche der Funktionen f_a sind rechts abgebildet? Begründen Sie ihre Antworten.

e) An welcher Stelle fällt f_1 am steilsten ab? Wie groß ist der Steigungswinkel hier?

f) Zeigen Sie, dass $F(x) = \frac{1}{24}(x-241)^3 \cdot (x+6)$ die Ableitung f_1 besitzt.

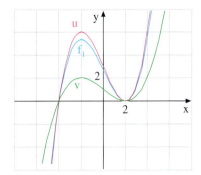

12. Populationswachstum

Die Anzahl der Ameisen einer Kolonie wird durch $N(t) = \frac{1}{64}t^3 - \frac{9}{32}t^2 + \frac{3}{2}t + 1$ ($0 \leq t \leq 9$) erfasst.

t: Zeit in Wochen; N(t): Bev. Zahl in Millionen.

a) Zeichnen Sie den Graphen von N. Legen Sie dazu eine Wertetabelle an.

b) Zu welchem Zeitpunkt des Beobachtungszeitraums war die Kolonie am größten?

c) In welchem Zeitraum schrumpfte die Population?

d) Wie groß war die mittlere Wachstumsrate im Beobachtungszeitraum?

e) Wie groß war die momentane Wachstumsrate zur Zeit $t = 5$? Wann war die momentane Wachstumsrate maximal? Wann war sie minimal?

13. Verkaufsprognose

Ein StartUp Unternehmen hat eine neue Spiele App entwickelt und erwartet, dass die monatlichen Downloads sich gemäß der Funktion $f(t) = t^3 - 24t^2 + 150t + 100$ (t: Zeit in Monaten, f(t): Downloads in Tausend) entwickeln.

a) Zeichnen Sie den Graphen von f. Legen Sie dazu eine Wertetabelle an.

b) Wann steigt nach der Prognose die Anzahl der Downloads, wann fällt sie?

c) Welche Anzahl von Downloads wird maximal erreicht? Wie hoch ist die minimale Anzahl der Downloads innerhalb des Jahres?

d) Zu welchem Zeitpunkt sinkt die Anzahl der Downloads am stärksten?

e) Wie groß ist die mittlere Download-Anzahl während der ersten 6 Monate?

f) Wie hoch ist die momentane Download-Rate zum Zeitpunkt $t = 2$?

g) Wann beträgt die momentane Änderungsrate an Downloads 6000/Monat?

5. Trigonometrische Funktionen

A. Trigonometrische Definitionen und Formeln

Im Folgenden stellen wir die wichtigsten Grundlagen für den Umgang mit *Sinus*, *Kosinus* und *Tangens* noch einmal in kompakter Wiederholungsform zusammen.

Darstellung von Sinus, Kosinus und Tangens im rechtwinkligen Dreieck

Sinus, Kosinus und Tangens eines Winkels α können besonders einfach im rechtwinkligen Dreieck definiert werden. Allerdings gelten diese Definitionen nur für spitze Winkel.

$$\sin \alpha = \frac{\text{Gegenkathete von } \alpha}{\text{Hypotenuse}}$$

$$\cos \alpha = \frac{\text{Ankathete von } \alpha}{\text{Hypotenuse}}$$

$$\tan \alpha = \frac{\text{Gegenkathete von } \alpha}{\text{Ankathete von } \alpha}$$

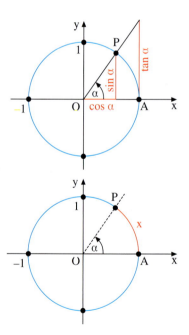

Darstellung am Einheitskreis

Eine Erweiterung dieser Definition auf beliebige Winkel ergibt sich, wenn α als *Drehwinkel im Einheitskreis* betrachtet wird. Orientiert man sich am mittleren Bild, so wird der Radius OA in den Radius OP gedreht, um den Winkel α zu erzeugen. cos α und sin α werden dann als Koordinaten des Punktes P definiert.

Auf diese Weise werden sin α und cos α auch für solche Winkel α definiert, deren Winkelmaß 360° überschreitet.

Ebenso ist – je nach mathematischer Drehrichtung – die Unterscheidung zwischen Winkeln mit positivem bzw. negativem Winkelmaß möglich.

Gradmaß und Bogenmaß

Als Winkelmaß wird im Folgenden anstelle des Gradmaßes α meistens das sog. *Bogenmaß* x verwendet. Das ist die dem Winkel α zugeordnete Bogenlänge x auf dem Umfang des Einheitskreises.
Die Formel zur Umrechnung zwischen Grad- und Bogenmaß steht rechts.

Umrechnung: Gradmaß/Bogenmaß

$$\frac{x}{2\pi} = \frac{\alpha}{360°}$$

α = Gradmaß
x = Bogenmaß

Sinusfunktion und Kosinusfunktion

Tragen wir auf der x-Achse eines Koordinatensystems das Bogenmaß und auf der y-Achse den zugehörigen, am Einheitskreis gewonnenen Sinuswert ab, so erhalten wir den Graphen der Sinusfunktion. Analog erhalten wir den Graphen der Kosinusfunktion.

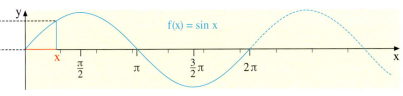

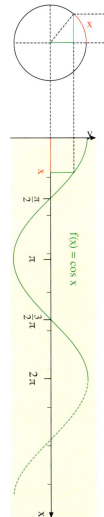

Den abgebildeten Graphen können wir einige wichtige Eigenschaften der beiden Funktionen entnehmen.

1. Sinus- und Kosinusfunktion haben die Definitionsmenge $\mathbb{R}$ und die Wertemenge $[-1; 1]$.

2. Sinus- und Kosinusfunktion sind periodisch mit der Periode 2π.
   Für alle $x \in \mathbb{R}$ gilt daher:
   $$\sin(x + 2k\pi) = \sin x$$
   $$\cos(x + 2k\pi) = \cos x \quad k \in \mathbb{Z}$$

3. Der Graph der Kosinusfunktion entsteht durch Verschiebung des Graphen der Sinusfunktion um $-\frac{\pi}{2}$ in x-Richtung.
   $$\cos x = \sin\left(x + \frac{\pi}{2}\right)$$

4. Der Graph der Sinusfunktion ist symmetrisch zum Ursprung.
   Der Graph der Kosinusfunktion ist symmetrisch zur y-Achse.
   $$\sin(-x) = -\sin x$$
   $$\cos(-x) = \cos x$$

5. Die Nullstellen der Sinusfunktion liegen bei $x = k\pi$ und die Nullstellen der Kosinusfunktion liegen bei $x = \frac{\pi}{2} + k\pi$ ($k \in \mathbb{Z}$).

Übung 1

a) Begründen Sie die aus den Graphen gewonnenen Eigenschaften 1 bis 5 mithilfe der Darstellung von Sinus und Kosinus in der Einheitskreisfigur.

b) Berechnen Sie die folgenden Funktionswerte mithilfe des Taschenrechners. Stellen Sie den korrekten Modus ein für Winkel in Bogenmaß bzw. für Winkel in Gradmaß.

$\sin(30°) \quad \sin(\pi/3) \quad \sin(60°) \quad \sin(2) \quad \sin(8{,}3\pi) \quad \cos(0{,}5) \quad \cos(-\pi/3) \quad \cos(35°)$

B. Sinusfunktionen: f(x) = a sin(bx + c) + d

Mit einem Oszilloskop können elektrische und akustische Signale visualisiert und analysiert werden.
Häufig handelt es sich um sinusartige Schwingungen, die durch Variation der Grundfunktionen erfasst und modelliert werden können.

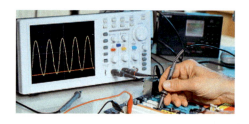

Viele dieser Funktionen besitzen Funktionsgleichungen der Gestalt f(x) = a sin(bx + c) + d. Der Graph einer solchen *sinoidalen Funktion* kann durch Verschiebungen und Streckungen aus dem Graphen des Standardsinus f(x) = sin x gewonnen werden.

Einfache Beispiele

> **Beispiel:** Die Graphen der Funktionen g(x) = sin(x − 2) und h(x) = sin x + 1 sollen aus dem Graphen der normalen Sinusfunktion f(x) = sin x gewonnen werden. Welche Operationen sind erforderlich?

Lösung:
Der Graph von g(x) = sin(x − 2) geht aus dem Graphen von f(x) = sin x durch eine *Verschiebung* um den Wert +2 hervor.
Die Verschiebung erfolgt nach rechts, d.h. in Richtung der positiven x-Achse.
Bei der Funktion g(x) = sin(x + 2) dagegen wäre eine Verschiebung um den Wert 2 nach links erforderlich gewesen.

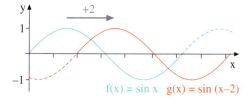

Der Graph von h(x) = sin x + 1 entsteht aus dem Graphen von f(x) = sin x durch eine *Anhebung* um den Wert 1 in Richtung der positiven y-Achse.
Hätte die Funktionsgleichung dagegen h(x) = sin x − 1 gelautet, so wäre eine *Absenkung* um den Wert 1 erforderlich gewesen.

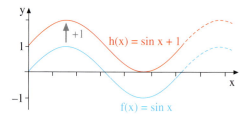

Übung 2
Skizzieren Sie die Graphen der folgenden Funktionen.
a) g(x) = sin(x + 3)
b) g(x) = cos(x − π)
c) $g(x) = \sin\left(x + \frac{\pi}{2}\right)$
d) g(x) = cos x + 1
e) g(x) = −cos x + 3
f) g(x) = 2 − sin x

5. Trigonometrische Funktionen

▶ **Beispiel:** Gesucht sind die Graphen der Funktionen $g(x) = 2\sin x$ und $h(x) = \sin(3x)$.

Lösung:
Der Graph von $g(x) = 2\sin x$ geht aus dem Graphen von $f(x) = \sin x$ durch eine Verdoppelung aller Funktionswerte hervor. Dabei verdoppelt sich insbesondere die *Amplitude*, d.h. die Größe des Maximalausschlags der Sinusschwingung.
Hätte die Funktionsgleichung dagegen $f(x) = -2\sin x$ gelautet, so wäre es neben der Amplitudenverdoppelung außerdem zu einer Spiegelung an der x-Achse gekommen.

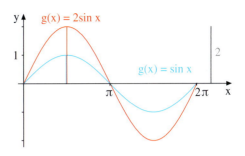

Der Faktor 3 im Argument der Funktion $h(x) = \sin(3x)$ bewirkt gegenüber dem Graphen von $f(x) = \sin x$ eine Verdreifachung der *Frequenz* bzw. eine Drittelung der *Periodenlänge*.
$f(x) = \sin x$ hat die Periodenlänge 2π,
▶ $h(x) = \sin(3x)$ hat die Periodenlänge $\frac{2}{3}\pi$.

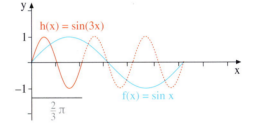

Übung 3
Skizzieren Sie die Graphen der folgenden Funktionen.
a) $g(x) = 3\cos x$ b) $g(x) = -\sin x$ c) $g(x) = \sin(2x)$
d) $g(x) = \cos(0{,}5x)$ e) $g(x) = \sin(\pi x)$ f) $g(x) = 2\sin\left(\frac{\pi}{2}x\right)$

Komplexe Beispiele

Durch Kombination der oben behandelten Verschiebungen und Streckungen können auch kompliziertere Sinus- und Kosinusschwingungen aufgebaut werden.

▶ **Beispiel:** Skizzieren Sie den Graphen der Funktionen $h(x) = \sin(2x - 4)$.

Lösung:
Wir gehen von der Funktion $f(x) = \sin x$ aus, die wir zu $g(x) = \sin(x - 2)$ verändern, was einer Verschiebung um 2 nach rechts entspricht. Nun verändern wir weiter zu $h(x) = \sin(2(x - 2))$, was einer zusätzlichen Halbierung der Periode entspricht. Auf diese Weise erhalten wir den rechts dargestellten Graphen von
▼ $h(x) = \sin(2x - 4)$.

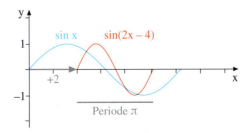

Wir verallgemeinern nun unsere Betrachtungen auf beliebige sinoidale Funktionen. Jede sinoidale Funktion lässt sich sehr einfach zeichnen, wenn man ihre Funktionsgleichung in die **Normgestalt** $f(x) = A \sin(B(x - C)) + D$ bringt.

$f(x) = A \cdot \sin[B \cdot (x - C)] + D$

1 Verschiebung um +D in y-Richtung
2 Verschiebung um +C in x-Richtung
3 Die Periode beträgt $\frac{2\pi}{B}$
4 Die Amplitude beträgt A

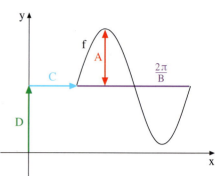

▶ **Beispiel:** Zeichnen Sie die Funktion $g(x) = 3 \sin(2x - 2) + 2$.

Lösung:
Wir bringen den Funktionsterm zunächst auf die oben angegebene Normgestalt.

$g(x) = 3 \sin[2(x - 1)] + 2$.

Mit folgenden Operationen können wir den Graphen von g aus dem Graphen der Standardfunktion sin x generieren.

y-Verschiebung: $D = 2$
x-Verschiebung: $C = 1$
Periodenlänge: $\frac{2\pi}{B} = \frac{2\pi}{2} = \pi$
▶ Amplitude: $A = 3$

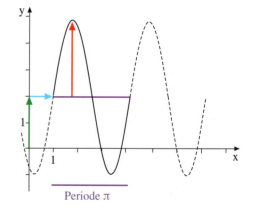

Übung 4
Skizzieren Sie den Graphen der Funktion f über eine Periodenlänge.
a) $f(x) = 3 \cdot \sin(2x - 6) - 1$
b) $f(x) = 2 \cdot \sin(0{,}5x - 2) - 2$
c) $f(x) = \sin(\pi x - \pi) + 1$
d) $f(x) = 2 \cdot \cos\left(\frac{\pi}{2}x + \pi\right)$
e) $f(x) = 0{,}5 \sin(2\pi x - \pi)$
f) $f(x) = -2 \sin(2x) + 1$

Übung 5
Wie lauten die Funktionen?

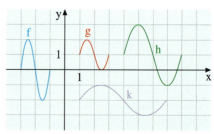

Abschließend betrachten wir eine Kosinusfunktion der Gestalt $f(x) = A\cos(Bx + C) + D$. Das Prinzip zum Erstellen des Graphen ist das gleiche wie bei den Sinusfunktionen.

▶ **Beispiel:** Skizzieren Sie den Graphen der Funktionen $f(x) = 1{,}5\cos(-\pi x + \pi)$.

Lösung:
In diesem Beispiel tritt ein negativer Periodenfaktor $-\pi$ auf, den wir zunächst nicht interpretieren können. Er kann jedoch leicht beseitigt werden, da wegen der Achsensymmetrie des Kosinus gilt: $\cos(-\pi x + \pi) = \cos(\pi x - \pi)$. Also erhalten wir die gleichwertige Funktionsgleichung $f(x) = 1{,}5 \cdot \cos(\pi x - \pi)$, die wir in die Normgestalt bringen:

$$f(x) = 1{,}5 \cdot \cos[\pi(x - 1)] + 0$$

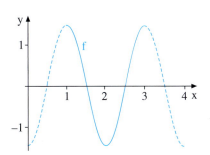

Der Graph von f entsteht aus dem Graphen der Kosinusfunktion durch folgende Operationen:
Verschiebung um 1 nach rechts
Keine Verschiebung nach oben/unten
Verkürzung der Periode auf $\frac{2\pi}{\pi} = 2$
▶ Vergrößerung der Amplitude auf 1,5

Gelegentlich steht man vor der Aufgabe, die Gleichung einer Funktion aus einigen ihrer Eigenschaften oder aus ihrem Graph erschließen zu müssen.

▶ **Beispiel:** Gesucht ist die Gleichung der Funktion f, die unten rechts abgebildet ist.

Lösung:
Es handelt sich um eine kosinusartige Funktion, für welche wir den Normansatz $f(x) = A\cos[B(x + C)] + D$ verwenden.
Die Periode beträgt 2 und die Amplitude ist gleich 1. Daher ist $A = 1$ und $B = \pi$.
Der Graph liegt nicht symmetrisch zur y-Achse. Er ist um 1 nach unten verschoben. Daher gilt $D = -1$.
Er liegt achsensymmetrisch zur y-Achse, also liegt keine x-Verschiebung vor. Daher gilt $C = 0$.
▶ Resultat: $f(x) = \cos(\pi x) - 1$

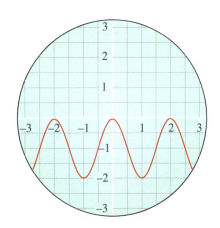

Übung 6
Skizzieren Sie die Graphen der folgenden Funktionen.
a) $g(x) = \cos(x + \pi)$
b) $g(x) = \cos(2x - 2)$
c) $g(x) = 3\cos(0{,}5x - 2)$
d) $g(x) = 3\cos(-x + \pi)$
e) $g(x) = -\cos(2x - 2)$
f) $g(x) = 2\cos(-\pi x - \pi)$

C. Ableitung von sin x und cos x

Viele periodische Vorgänge können mithilfe trigonometrischer Funktionen modelliert werden. Im Folgenden untersuchen wir auf graphischem Weg, welche Ableitungen die Funktionen $f(x) = \sin x$ und $g(x) = \cos x$ besitzen.

> **Beispiel:** Zeichnen Sie den Graphen von $f(x) = \sin x$ für $0 \leq x \leq 2\pi$. Tragen Sie einige Tangenten ein und ermitteln Sie deren Steigung aus der Graphik. Skizzieren Sie mit den so gewonnenen Daten die Ableitungsfunktion f'. Welche Vermutung ergibt sich?

Lösung:
An den Stellen $x = \frac{1}{2}\pi$ und $x = \frac{3}{2}\pi$ beträgt die Steigung der Sinusfunktion 0, da dort Extremalpunkte liegen.
Die Stellen $x = 0$ und $x = 2\pi$ durchläuft die Sinusfunktion mit einem Winkel von 45°, sodass dort die Steigung 1 ist. Bei $x = \pi$ beträgt sie -1.
Bei $x = \frac{1}{4}\pi$ sowie $x = \frac{7}{4}\pi$ können wir näherungsweise eine Steigung von ca. 0,7 ablesen. Bei $x = \frac{3}{4}\pi$ sowie $x = \frac{5}{4}\pi$ beträgt die Steigung ca. $-0{,}7$.

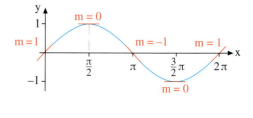

Die Funktion $f(x) = \sin x$:

Tragen wir diese Steigungen über den entsprechenden x-Werten in einem zweiten Koordinatensystem auf, so ergibt sich grob der Graph der Ableitungsfunktion f' der Sinusfunktion.

Wir erkennen, dass es sich um den Graphen der Kosinusfunktion handelt.

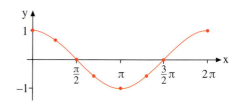

Die Ableitung von $f(x) = \sin x$:

Diese Vermutung kann man auch rechnerisch herleiten, allerdings verzichten wir an dieser Stelle auf den nicht ganz leichten Beweis.

> **Satz V.1: Sinusregel und Kosinusregel**
>
> Die Ableitung der Sinusfunktion ist die Kosinusfunktion.
>
> $$(\sin x)' = \cos x$$
>
> Die Ableitung der Kosinusfunktion ist die negierte Sinusfunktion.
>
> $$(\cos x)' = -\sin x$$

Übung 7
Zeichnen Sie $f(x) = \cos x$ ($0 \leq x \leq 2\pi$) und konstruieren Sie die Ableitung f' zeichnerisch.

5. Trigonometrische Funktionen

▶ **Beispiel: Tangente und Normale**
Bestimmen Sie die Gleichung der Tangente t sowie die Gleichung der Normalen n an den Graphen von $f(x) = 3\sin x - 1$ an der Stelle $x_0 = \frac{\pi}{3}$. Zeichnen Sie f, t und n.

Lösung:
Die Tangente geht durch den Punkt
$P\left(\frac{\pi}{3} \mid \frac{3}{2}\sqrt{3} - 1\right)$.

Die Ableitung von f lautet:
$f'(x) = 3\cos x$.

Die Tangente besitzt somit die Steigung
$f'\left(\frac{\pi}{3}\right) = 3 \cdot \cos\frac{\pi}{3} = \frac{3}{2}$.

Die Tangentengleichung lautet daher:
$t(x) = \frac{3}{2}\left(x - \frac{\pi}{3}\right) + \frac{3}{2}\sqrt{3} - 1 \approx 1{,}5x + 0{,}03$

Die Normalengleichung lautet:
▶ $n(x) = -\frac{2}{3}\left(x - \frac{\pi}{3}\right) + \frac{3}{2}\sqrt{3} - 1 \approx -0{,}67x + 2{,}30$

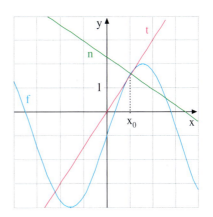

Mit dem GTR bestimmt man auch Tangenten und Normalen von komplexeren Funktionen.

▶ **Beispiel: Tangentengleichung mit dem GTR**
Bestimmen Sie die Tangente t an den Graphen von $f(x) = 2\sin(2x) + 1$ an der Stelle $x_0 = \frac{\pi}{6}$.

[TI] Lösung:
f wird in der Calculator Applikation definiert. Danach werden Funktionswert und Steigung an der Stelle x_0 ermittelt:
$f\left(\frac{\pi}{6}\right) = \sqrt{3} + 1 \approx 2{,}73$, $\frac{d}{dx}(f(x))\big|_{x=\frac{\pi}{6}} = 2$.
Daher lautet die Tangentengleichung
$t(x) = 2\left(x - \frac{\pi}{6}\right) + 2{,}73 \approx 2x + 1{,}68$.

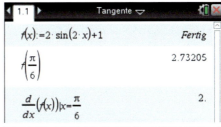

[CASIO] Lösung:
Nach Eingabe der Funktion f über Menu 5 führt die Option Sketch>Tangent nach Eingabe von x_0 mit $x : \frac{\pi}{6}$ zum Zeichnen der Tangente und Angabe ihrer Steigung, und des Funktioinswertes bei x_0, woraus sich leicht die Gleichung ergibt.
▶ $t(x) = 2x + 1{,}68$.

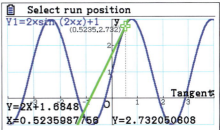

Übung 8 Tangentengleichungen
a) $f(x) = 2\cos x$, $x_0 = \frac{\pi}{2}$
b) $f(x) = 2\sin x + 1$, $x_0 = \frac{\pi}{2}$
c) $f(x) = -\sin x + 2$, $x_0 = \frac{\pi}{6}$
d) $f(x) = 2\cos(3x)$, $x_0 = \frac{\pi}{6}$
e) $f(x) = 4\sin\left(\frac{x}{2}\right)$, $x_0 = \frac{\pi}{3}$
f) $f(x) = -2\cos(2x) + 3$, $x_0 = \frac{\pi}{3}$

Übungen

9. Funktionsgraphen trigonometrischer Funktionen
Skizzieren Sie den Graphen von f über einem Periodenintervall.
a) $f(x) = 3 \cdot \sin(0{,}5x)$
b) $f(x) = \cos\left(x - \frac{\pi}{4}\right)$
c) $f(x) = \tan(2x)$
d) $f(x) = -1{,}5 \cdot \cos\left(\frac{x}{2}\right)$
e) $f(x) = \cos\left(\frac{\pi}{2} \cdot x\right) + 1$
f) $f(x) = \cos(\pi x) - 2$
g) $f(x) = 2 \cdot \cos(x - 2)$
h) $f(x) = \sin(0{,}4\pi \cdot x) + 3$
i) $f(x) = -\sin\left(x - \frac{\pi}{2}\right) + 1{,}5$
j) $f(x) = -2 \cdot \cos(-x - 2)$
k) $f(x) = 2 \cdot \sin(1 - x)$
l) $f(x) = \sin x + \cos x$

10. Wirkung einer Modifikation des Funktionsterms
Die Funktion $f(x) = \sin x$ wird durch veränderte Koeffizienten zur Funktion g modifiziert. Beschreiben Sie verbal die graphischen Auswirkungen der Modifikation.
a) $g(x) = 2{,}5 \sin x$
b) $g(x) = \cos x - 1$
c) $g(x) = \sin(x + \pi)$
d) $g(x) = \cos(2x)$
e) $g(x) = -2 \sin x$
f) $g(x) = \sin(2x + 6)$

11. Graphen und ihre Gleichungen
Ordnen Sie jedem Graphen die zugehörige Funktionsgleichung zu. Begründen Sie Ihre Ordnungswahl argumentativ.

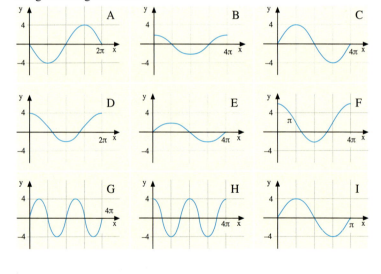

1. $-4\cos(x - \pi)$
2. $4\cos(x - 0{,}5\pi)$
3. $2\cos(0{,}5x)$
4. $3\cos(x + 2\pi) + 1$
5. $4\sin(x + \pi)$
6. $4\sin(0{,}5x)$
7. $2\sin(0{,}5x)$
8. $4\sin(2x)$
9. $4\cos(0{,}5x) + 2$

12. Aufstellen der Funktionsgleichung
Die rechts abgebildete Funktion f soll auf zwei Arten dargestellt werden.
a) $f(x) = A\cos(Bx + C) + D$
b) $f(x) = A\sin(Bx + C) + D$
Bestimmen Sie jeweils die Parameter A bis D.

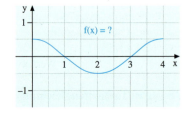

D. Regressionsgleichung einer trigonometrischen Funktion mit dem GTR

Das Aufstellen einer passenden Funktionsgleichung zu gemessenen Tabellenwerten ist keine leichte Aufgabe. Mit dem GTR kann oft eine passende Funktionsgleichung konstruiert werden.

▶ **Beispiel: Temperatur in Arizona**

Welche Sinusfunktion beschreibt die Temperatur in Arizona?

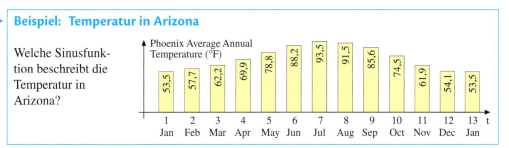

Lösung:
[CASIO] Wir rufen mit *Menu>2* das Statistik-Menu auf. Es erscheint der Statistik-Editor, In Liste 1 geben wir die x-Werte 0,1, …,12 und in Liste 2 die y-Werte 53,5 ; 57,7; …; 53,5 ein. Dann wählen wir die Optionen *Graph> Graph1* und erhalten eine sinusartige Punktgraphik.

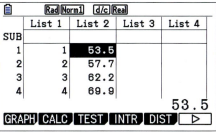

Nun wählen wir die Optionen *Calc > F3> Sin*, worauf uns die Koeffizienten der Regressionsfunktion y = a sin (bx + c) + d angezeigt werden. Wir erhalten so als Ergebnis:
y = 19,61 sin (0,55 x − 2,36) + 73,45.
Mit der Option *Draw* wird y als Liniengraphik gezeichnet. Es ist gut zu erkennen, wie genau die Kurve die gegebenen Datenpunkte erfasst.

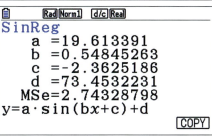

[TI] In der Tabellenkalkulation des TI-GTR bezeichnen wir die erste Spalte mit xw und tragen dort die x-Werte 1,2, … 12 ein.
Die zweite Spalte wird mit yw bezeichnet und mit den y-Werte 53.5 ; 57.5 ; …; 53.5 gefüllt.
Im Hauptmenu wählen wir die Option *Data & Statistics*, wodurch die Tabellenwerte graphisch als wirre Punktmenge erscheinen.

Im Menu weist man über die Ploteigenschaften der x-Variablen den Wert xw und der y-Variablen den Wert yw zu, was zu einer sinusartig geordneten Punktmenge führt.
Über *Menu/Analysieren/Regression* wird der Liniengraph gezeichnet und f angegeben:
▶ f (t) = 19,61 sin (0,55 t − 2,36) + 73,45.

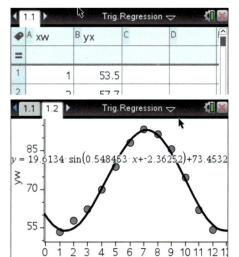

E. Trigonometrische Gleichungen

Enthält eine Gleichung einen trigonometrischen Term, so ist die rechnerische Lösung oft schwierig. Der GTR erlaubt jedoch eine recht einfache graphische Lösungsmethode.

> **Beispiel: Lösen einer trigonometrischen Gleichung**
> Lösen Sie die Gleichung $4\sin(2x-5) = 1$.

Lösung:
Wir zeichnen im Graphikfenster des GTR die Graphen der beiden Funktionen $f_1(x) = 4\sin(2x-5)$ und $f_2(x) = 1$. Ihre Schnittstellen sind die Lösungen. Das Fenster wird verkleinert, bis nur noch zwei Schnittpunkte sichtbar sind, denen die sogenannten *Basislösungen* entsprechen.

[TI] Mit den Optionen Menu/Punkte und Geraden/Schnittpunkte werden die Schnittpunkte angezeigt; es sind die Punkte $P_1(-0{,}515\,|\,1)$ und $P_2(0{,}803\,|\,1)$.
Damit sind $-0{,}515$ und $0{,}803$ Näherungswerte für die Basislösungen.

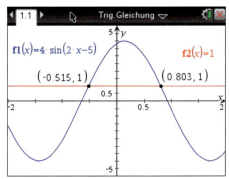

[CASIO] Nach dem Zeichnen der Funktionen f_1 und f_2 führen die beiden Optionen G-Solv>Intsect zur graphischen und rechnerischen Anzeige der ersten im Fenster liegenden Lösung.
Mit der Cursortaste > und < können wir nun von Lösung zu Lösung springen.

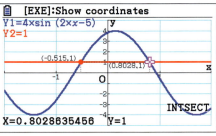

Ausgehend von den Basislösungen erhalten wir durch Hinzufügen der Periode alle Lösungen. Da die Funktion f_1 wegen des Periodenfaktors 2 die Periode $2\pi/2 = \pi$ besitzt, lautet die Lösungsgesamtheit: $x_1 = -0{,}515 + k\pi$ und $x_2 = 0{,}803 + k\pi$, $k \in \mathbb{Z}$.

Bemerkung: Manchmal sind nur solche Lösungen gefragt, die innerhalb eines bestimmten Intervalls liegen. Dann reicht es, dieses Intervall als Bildausschnitt einzustellen und dort die Schnittpunkte zu berechnen. Die Hinzuaddition der Periode entfällt dann.

Übung 13
Lösen Sie die Gleichung angenähert mithilfe des GTR. Bestimmen Sie alle Lösungen.
a) $\sin x = 0{,}8$ b) $2\cos(1-x) = 1$ c) $3\sin(2x+1) = 2$

Übung 14
Die Gleichung soll mithilfe des GTR auf Lösungen im gegebenen Intervall untersucht werden.
a) $\sin x = 0{,}8$; $-2 \le x \le 4$ b) $2\cos(1-x) = 1$; $-2 \le x \le 4$ c) $3\sin(2x+1) = 2$; $-2 \le x \le 4$

V. Kurvenuntersuchungen

Überblick

Monotoniekriterium:
Die Funktion f sei auf dem Intervall I differenzierbar. Dann gilt:
Ist $f'(x) > 0$ für alle $x \in I$, so ist $f(x)$ streng monoton steigend auf I.
Ist $f'(x) < 0$ für alle $x \in I$, so ist $f(x)$ streng monoton fallend auf I.
Ist $f'(x) \geq 0$ für alle $x \in I$, so ist $f(x)$ monoton steigend auf I.
Ist $f'(x) \leq 0$ für alle $x \in I$, so ist $f(x)$ monoton fallend auf I.

Notwendiges Kriterium für lokale Extrema:
Die Funktion f sei an der Stelle x_E differenzierbar. Dann gilt:
Wenn bei x_E ein lokales Extremum von f liegt, dann ist $f'(x_E) = 0$.

Hinreichendes Kriterium für lokale Extrema (Vorzeichenwechselkriterium)
Die Funktion f sei in der Umgebung der Stelle x_E differenzierbar und es gelte $f'(x_E) = 0$
Wenn dann die Ableitung f' bei x_E
einen **Vorzeichenwechsel von + nach −** hat, so liegt bei x_E ein **lokales Maximum** von f,
einen **Vorzeichenwechsel von − nach +** hat, so liegt bei x_E ein **lokales Minimum** von f.
Wenn die Ableitung f' bei x_E **keinen Vorzeichenwechsel** hat, so liegt bei x_E **kein Extremum** von f. Für jede ganzrationale Funktion liegt in diesem Fall bei x_E ein **Sattelpunkt** von f.

Tangente an f in $P(x_0 | f(x_0))$: $\quad t(x) = f'(x_0) \cdot (x - x_0) + f(x_0)$

Normale an f in $P(x_0 | f(x_0))$: $\quad n(x) = -\frac{1}{f'(x_0)} \cdot (x - x_0) + f(x_0)$

Gradmaß und Bogenmaß
Winkel können im Gradmaß α (0° bis 360°) oder im Bogenmaß x (Bogenlänge am Einheitskreis 0 bis 2π) gemessen werden.

Umrechnungsformel

$$\frac{x}{2\pi} = \frac{\alpha°}{360°}$$

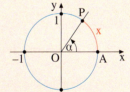

Verallgemeinerte Sinusfunktion (Normgestalt)
Oft kann eine sinusartige Funktion f in der folgenden Normgestalt dargestellt werden, welche eine sehr einfache Entwicklung des Graphen von f gestattet, ausgehend vom Graph von $g(x) = \sin x$.

$$f(x) = A \cdot \sin[B \cdot (x - C)] + D$$

D: Verschiebung in y-Richtung
C: Verschiebung in x-Richtung
B: Änderung der Periode auf $\frac{2\pi}{B}$
A: Änderung der Amplitude auf A

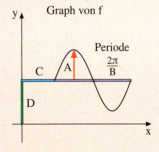

Ableitung trigonometrischer Funktionen: Sinusregel und Kosinusregel
Die Ableitung der Sinusfunktion ist die Kosinusfunktion: $(\sin x)' = \cos x$

Die Ableitung der Kosinusfunktion ist die negierte Sinusfunktion: $(\cos x)' = -\sin x$

Die 2. Ableitung bei Kurvenuntersuchungen

Die 1. Ableitung einer Funktion charakterisiert das Steigungsverhalten ihres Graphen. Liegt eine überall differenzierbare Funktion vor und liefert die Untersuchung, dass ihre Ableitung an einzelnen Stellen gleich 0 ist, so können dort Extrempunkte vorliegen. Wir fragen uns im Folgenden, ob auch die 2. Ableitung Hinweise auf Eigenschaften des Graphen liefert. Dazu setzen wir voraus, dass die betrachteten höheren Ableitungen der Funktion f existieren.

Die 2. Ableitung in einem Extremalpunkt

Der Graph einer differenzierbaren Funktion f besitzt an der Stelle x_E einen Hochpunkt, wenn folgende Bedingungen erfüllt sind:
1. Es gilt $f'(x_E) = 0$.
2. Die Ableitung f' hat an der Stelle x_E eine Vorzeichenwechsel von + nach –.

Die erste Aussage betrifft nur die Stelle x_E, die zweite Aussage erfordert dagegen die Überprüfung des Verhaltens von f' in der Umgebung von x_E. Das erschwert die Untersuchung.
Der Vorzeichenwechsel von + nach – bedeutet: Links von x_E gilt $f'(x) > 0$ und rechts von x_E gilt $f'(x) < 0$; dies ist erfüllt, wenn f' streng monoton fallend in einer Umgebung von x_E ist, also wenn dort $f''(x) < 0$ gilt, insbesondere wenn $f''(x_E) < 0$ ist. Damit gilt:

> **Hinreichendes Kriterium für einen Hochpunkt (f''-Kriterium)**
> Ist die Funktion f zweimal differenzierbar, so hat f an der Stelle x_E einen Hochpunkt, wenn folgende Bedingungen erfüllt sind: 1. Es gilt $f'(x_E) = 0$.
> 2. Es gilt $f''(x_E) < 0$.

Übung 1

Begründen Sie:

> **Hinreichendes Kriterium für einen Tiefpunkt (f -Kriterium)**
> Ist die Funktion f zweimal differenzierbar, so hat f an der Stelle x_E einen Tiefpunkt, wenn folgende Bedingungen erfüllt sind: 1. Es gilt $f'(x_E) = 0$.
> 2. Es gilt $f''(x_E) > 0$.

Die Krümmung einer Kurve

Ein weiteres wichtiges Merkmal eines Funktionsgraphen ist sein Krümmungsverhalten. Bewegt man sich auf dem unten abgebildeten Graphen in Richtung der positiven x-Achse, so durchfährt man zunächst eine Rechtskurve, dann eine Linkskurve. Denjenigen Punkt, in dem sich die Krümmungsart ändert, nennt man *Wendepunkt*.

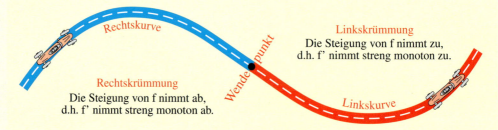

Die 2. Ableitung bei Kurvenuntersuchungen

Aufgrund des Monotoniekriteriums (vgl. S. 144) – angewendet auf f′ – stellt man fest:
Die Ableitungsfunktion f′ fällt in einem Intervall I streng monoton, wenn auf I gilt: $f''(x) < 0$.
Die Ableitungsfunktion f′ steigt in einem Intervall I streng monoton, wenn auf I gilt: $f''(x) > 0$.

Damit folgt:

Das Krümmungskriterium
Die Funktion f sei auf dem Intervall I zweimal differenzierbar.
Gilt $f''(x) < 0$ für alle $x \in I$,
so ist f auf I rechtsgekrümmt.

Gilt $f''(x) > 0$ für alle $x \in I$,
so ist f auf I linksgekrümmt.

Übung 2

Untersuchen Sie das Krümmungsverhalten der Funktion $f(x) = \frac{1}{6}x^3 - \frac{1}{2}x^2$.

Die 2. Ableitung in einem Wendepunkt

Wir beschäftigen uns nun mit Wendepunkten. Es gibt zwei Arten von Wendepunkten: *Linksrechts-Wendepunkte* und *Rechts-links-Wendepunkte*. Betrachten wir den Kurvenanstieg in der Umgebung eines Wendepunktes, so können wir Folgendes beobachten:

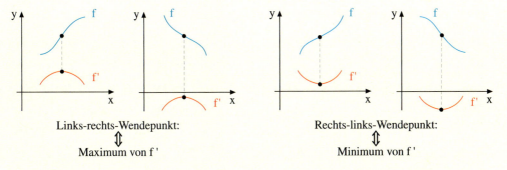

Links-rechts-Wendepunkt:
⇕
Maximum von f′

Rechts-links-Wendepunkt:
⇕
Minimum von f′

Wendepunkte zu suchen bedeutet also, Extremwerte von f′ zu suchen. Wir erhalten daher Wendepunktkriterien für f, indem wir die Extremwertkriterien auf f′ anwenden:

Notwendiges Kriterium für Wendepunkte
Die Funktion f sei an der Stelle x_W zweimal differenzierbar. Wenn bei x_W ein Wendepunkt von f liegt, dann ist $f''(x_W) = 0$.

Hinreichendes Kriterium für Wendepunkte (f‴-Kriterium)
Die Funktion f sei in einer Umgebung der Stelle x_W dreimal differenzierbar. Gilt $f''(x_W) = 0$ und $f'''(x_W) \neq 0$, so liegt an der Stelle x_W ein Wendepunkt von f.

Übung 3

Begründen Sie die beiden Kriterien, indem Sie das entsprechende Extremwertkriterien auf f′ anwenden.

Übung 4

Untersuchen Sie die Funktion f auf Wendepunkte.
a) $f(x) = -\frac{1}{6}x^3 + 2x$
b) $f(x) = x_3 - 3x_2 + 3x$
c) $f(x) = x^4 - 2x^3$

Test

Kurvenuntersuchungen

1. Untersuchen Sie anhand einer Zeichnung, in welchen Bereichen die Funktion $f(x) = -x^3 + 3x^2$ streng monoton steigend bzw. fallend ist.

2. Nennen Sie ein notwendiges Kriterium für die Existenz eines Extremums.

3. Nennen Sie ein hinreichendes Kriterium für die Existenz
   a) eines Hochpunktes,
   b) eines Tiefpunktes.

4. Diskutieren Sie die Funktion $f(x) = x^3 - 6x^2 + 9x$ (Symmetrie, Nullstellen, Extrema) und zeichnen Sie den Graphen in einem geeigneten Intervall.

5. Wie entsteht die Funktion $g(x) = 4\sin(2x + 6) - 5$ aus der Funktion $f(x) = \sin x$?

6. **Durchflussmenge**
   Ein Fluss verändert seine Durchflussmenge (in m³/min) in den ersten 20 Minuten nach dem Anbruch eines Unwetters nach der Formel $D(t) = -\frac{1}{5}t^3 + 5t^2 + 100$ (t in min, D in m³).

   a) Stellen Sie eine Wertetabelle auf und skizzieren Sie den Graphen von D ($0 \leq t \leq 20$).
   b) Wann ist die Durchflussmenge am größten, wie groß ist sie dann?
   c) Wann ändert sich die Durchflussmenge am stärksten, wie stark ist sie dann?
   d) Beim Erreichen einer Durchflussmenge von 300 m³/min wird Alarm gegeben. Wann ist das der Fall? Lösen Sie das Problem durch eine Näherung mit dem GTR.

7. Gegeben ist die abgebildete Funktion f.
   a) Stellen Sie eine passende Funktionsgleichung auf.
   b) Im Intervall $0 \leq x \leq \pi$ schneidet der Graph von f die horizontale Gerade $y = 1$. Bestimmen Sie die x-Koordinate des Schnittpunktes.
   c) Wie viele Schnittpunkte haben der Graph von f und die Gerade $g(x) = \frac{1}{6}x$?

   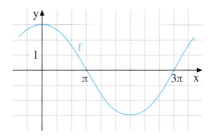

8. Lösen Sie die trigonometrische Gleichungen
   a) $\cos x = 0{,}5$, $0 \leq x < \pi/2$
   b) $\sin(2x) = -0{,}8$, $0 \leq x \leq \pi$

Lösungen: S. 347

VI. Stochastik

1. Grundbegriffe der Wahrscheinlichkeitsrechnung

Glücksspiele haben die Menschen seit jeher fasziniert. Schon Richard de Fournival (1201–1260) beschäftigte sich in seinem Gedicht „De Vetula" mit der Häufigkeit der Augensummen beim Werfen von drei Würfeln. Doch erst Galileo Galilei (1564–1642) gelang die Lösung dieses Problems. Die systematische Mathematik des Zufalls – die Wahrscheinlichkeitsrechnung – entwickelte sich im 17. Jahrhundert. Antoine Gombaud (1607–1684) – auch Chevalier de Méré genannt – traktierte den berühmten Mathematiker Blaise Pascal (1623–1662) mit Würfelproblemen. Schließlich trat Pascal in einen Briefwechsel mit Pierre de Fermat (1601–1665) ein, in dem beide mehrere Probleme lösten und systematische Methoden zur Kalkulation des Zufalls fanden.

Das Grundgesetz der Wahrscheinlichkeitstheorie – das Gesetz der großen Zahl – entdeckte 1688 der Mathematiker Jakob Bernoulli (1654–1705). Seine legendäre Abhandlung, die „Ars conjectandi", wurde 1713 veröffentlicht, acht Jahre nach Bernoullis Tod. Ars conjectandi steht hier für die Kunst des vorausschauenden Vermutens. Heute ist diese Kunst ein Teilgebiet der Mathematik, das als *Stochastik* bezeichnet wird und in die *Wahrscheinlichkeitsrechnung* und die *Statistik* unterteilt ist. Die Stochastik befasst sich mit dem Beurteilen von zufälligen Prozessen und mit Prognosen für den Ausgang solcher Prozesse.

Zunächst muss man festlegen, was unter einem *Zufallsprozess*, einem *Zufallsversuch* bzw. unter einem *Zufallsexperiment* zu verstehen ist.

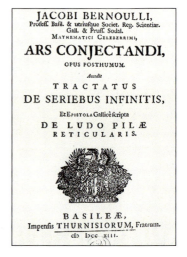

Es ist ein Vorgang, dessen Ausgang ungewiss ist, auch im Falle der Wiederholung. Dabei ist es völlig unerheblich, aus welchem Grund der Ausgang des Experiments nicht vorhersagbar ist. Es spielt keine Rolle, ob der Ausgang des Experiments prinzipiell nicht vorhersagbar ist oder nur deshalb nicht, weil es dem Experimentator an Wissen über den Zufallsprozess mangelt.

Typische Beispiele für Zufallsprozesse sind der Münzwurf, der Würfelwurf, das Werfen eines Reißnagels, aber auch die Abgabe eines Lottotipps, die Durchführung einer Wahl, das Testen eines neuen Medikaments.

Übung 1   Spiel
Hans und Peter werfen jeweils einen Würfel. Hans erhält einen Punkt, wenn er die höhere Augenzahl hat. Peter erhält einen Punkt, wenn seine Augenzahl Teiler der Augenzahl von Hans ist. Stellen Sie durch 50 Spiele mit Ihrem Nachbarn fest, wer von beiden die bessere Chance hat. Werten Sie die Ergebnisse der gesamten Klasse aus.

A. Ergebnisse und Ereignisse

Das Resultat eines Zufallsversuchs – d.h. sein Ausgang – wird als *Ergebnis* bezeichnet. Die Menge aller möglichen Ergebnisse bildet den *Ergebnisraum* Ω eines Zufallsexperiments. Nebenstehend werden diese Begriffe am Beispiel des Würfelns mit einem Würfel verdeutlicht. Hierbei sind die Ergebnisse so festzulegen, dass beim Durchführen des Experiments genau ein Ergebnis auftritt.

Ein wichtiger wahrscheinlichkeitstheoretischer Begriff ist der des Ereignisses. Ein *Ereignis* kann als Zusammenfassung einer Anzahl möglicher Ergebnisse zu einem Ganzen aufgefasst werden.

> Mathematisch gesehen ist ein *Ereignis* E also nichts anderes als eine Teilmenge des Ergebnisraumes Ω: **E $\subseteq$ Ω**.

Bei der Durchführung eines Zufallsexperiments tritt ein Ereignis E genau dann ein, wenn eines seiner Ergebnisse eintritt. Besondere Ereignisse sind das *unmögliche Ereignis* **E = $\emptyset$**, das nicht eintreten kann, da es keine Ergebnisse enthält, sowie das *sichere Ereignis* **E = Ω**, das stets eintritt, da es alle Ergebnisse enthält.
Außerdem werden die einelementigen Ereignisse als *Elementarereignisse* bezeichnet.

Erläuterungen am Beispiel „Würfeln"

Zufallsexperiment: Würfelwurf

Beobachtetes Merkmal: Augenzahl

Mögliche Ergebnisse: Augenzahlen 1, 2, 3, 4, 5, 6

Ergebnisraum: $\Omega = \{1, 2, 3, 4, 5, 6\}$

Beim Würfelwurf lässt sich das Ereignis E: „Es fällt eine gerade Zahl" durch die Ergebnismenge E = $\{2, 4, 6\} \subseteq \Omega$ darstellen.

E: „gerade Zahl" $\Leftrightarrow$ E = $\{2, 4, 6\}$

Das Ereignis „gerade Zahl" tritt genau dann ein, wenn eine der Zahlen 2, 4 oder 6 als Ergebnis kommt.

Die Elementarereignisse beim Würfeln mit einem Würfel sind die einelementigen Ereignisse $\{1\}$, $\{2\}$, $\{3\}$, $\{4\}$, $\{5\}$ und $\{6\}$.

Sie entsprechen den Ergebnissen, sind allerdings im Gegensatz dazu Mengen.

Übung 2
Ein Glücksrad mit 10 gleich großen Sektoren 0, …, 9 wird einmal gedreht.
a) Aus welchen Gründen ist dies ein Zufallsexperiment?
b) Geben Sie einen geeigneten Ergebnisraum an.
c) Stellen Sie das Ereignis E: „Es kommt eine gerade Zahl" als Ergebnismenge dar.
d) Beschreiben Sie die Ereignisse
$E_1 = \{1, 3, 5, 7, 9\}$, $E_2 = \{0, 3, 6, 9\}$ und $E_3 = \{2, 3, 5, 7\}$ verbal.

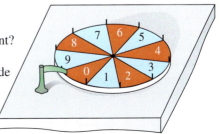

B. Relative Häufigkeit und Wahrscheinlichkeit

Das empirische Gesetz der großen Zahlen

Die Tabelle zeigt die Ergebnisse (Kopf K oder Zahl Z) einer Serie von Münzwürfen. Dabei bedeutet n die Anzahl der Würfe, $a_n(K)$ die *absolute Häufigkeit* und $h_n(K) = \frac{a_n(K)}{n}$ die *relative Häufigkeit* des Ergebnisses Kopf in n Versuchen. Der Graph zeigt das *Häufigkeitsdiagramm*.

Urliste	n	$a_n(K)$	$h_n(K)$
K Z Z Z K	5	2	0,40
K K K K K	10	7	0,70
K Z K Z K	15	10	0,67
K Z K K K	20	14	0,70
Z Z Z Z Z	25	14	0,56
K K K K K	30	19	0,63
K K K Z K	35	23	0,66
Z K Z Z Z	40	24	0,60
K Z Z Z Z	45	25	0,56
Z K Z Z K	50	27	0,54

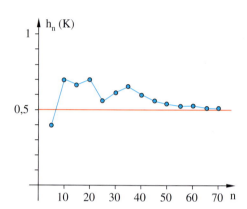

Die relative Häufigkeit $h_n(K)$ des Ergebnisses Kopf stabilisiert sich mit wachsender Versuchszahl n bei dem Wert 0,5.
Die Stabilisierung der relativen Häufigkeit mit wachsender Versuchszahl bezeichnet man als das *empirische Gesetz der großen Zahlen*. Es wurde von Jakob Bernoulli 1688 entdeckt.
Den *Stabilisierungswert* der relativen Häufigkeiten eines Ereignisses bezeichnet man als *Wahrscheinlichkeit* des Ereignisses.

> **Definition VI.1:**
> Gegeben sei ein Zufallsexperiment mit dem Ergebnisraum $\Omega = \{e_1; \ldots; e_m\}$.
> Eine Zuordnung P, die jedem Elementarereignis $\{e_i\}$ genau eine reelle Zahl $P(e_i)$ zuordnet, heißt **Wahrscheinlichkeitsverteilung**, wenn folgende Bedingungen gelten:
>
>   I. $P(e_i) \geq 0$ für $1 \leq i \leq m$
>   II. $P(e_1) + \ldots + P(e_m) = 1$
>
> Die Zahl $P(e_i)$ heißt dann **Wahrscheinlichkeit** des Elementarereignisses $\{e_i\}$.

Beispiel: Wurf eines fairen Würfels
Setzen wir $\Omega = \{1, 2, \ldots, 6\}$ und $P(i) = \frac{1}{6}$ für $i = 1, \ldots, 6$, so erhalten wir eine zulässige Häufigkeitsverteilung, denn es gilt:
I. $P(1) = P(2) = \ldots = P(6) = \frac{1}{6} \geq 0$ II. $P(1) + P(2) + \ldots + P(6) = 1$.

1. Grundbegriffe der Wahrscheinlichkeitsrechnung

C. Rechenregeln für Wahrscheinlichkeiten

Wir übertragen nun den Begriff der Wahrscheinlichkeit auf beliebige Ereignisse.
Es liegt nahe, als Wahrscheinlichkeit eines Ereignisses E die Summe der Wahrscheinlichkeiten der Elementarereignisse zu nehmen, aus denen sich E zusammensetzt.

Satz VI.1: Summenregel
Gegeben sei ein Zufallsexperiment mit dem Ergebnisraum Ω. $E = \{e_1, e_2, ..., e_k\}$ sei ein beliebiges Ereignis. Dann gilt für die Wahrscheinlichkeit von E:

$$P(E) = P(e_1) + P(e_2) + ... + P(e_k).$$

Sonderfall: $P(E) = 0$, falls $E = \emptyset$ (das unmögliche Ereignis) ist.
$\qquad\qquad$ $P(E) = 1$, falls $E = \Omega$ (das sichere Ereignis) ist.

Zu zwei beliebigen Ereignissen E_1 und E_2 sind oft auch die *Vereinigung* $E_1 \cup E_2$ bzw. der *Schnitt* $E_1 \cap E_2$ zu betrachten. Ebenfalls wird neben einem Ereignis E auch das *Gegenereignis* $\overline{E}$ untersucht, das genau dann eintritt, wenn E nicht eintritt.

Die Erläuterungen dieser Ereignisse sind in der folgenden Tabelle zusammenfassend dargestellt.

Symbol	Beschreibung	Mengenbild
$E_1 \cup E_2$	tritt ein, wenn wenigstens eines der beiden Ereignisse E_1 **oder** E_2 eintritt	
$E_1 \cap E_2$	tritt ein, wenn sowohl E_1 als auch E_2 eintritt (E_1 **und** E_2)	
$\overline{E} = \Omega \setminus E$	tritt ein, wenn E **nicht** eintritt	

Zwischen der Wahrscheinlichkeit eines Ereignisses E und der Wahrscheinlichkeit des Gegenereignisses $\overline{E}$ ($P(\overline{E})$ bezeichnet man auch als *Gegenwahrscheinlichkeit*) besteht ein wichtiger Zusammenhang.

Satz VI.2: Gegenwahrscheinlichkeit
Die Summe der Wahrscheinlichkeit eines Ereignisses $\qquad P(E) + P(\overline{E}) = 1$
E und der des Gegenereignisses $\overline{E}$ ist gleich 1.

Betrachtet man beispielsweise beim einfachen Würfelwurf mit $\Omega = \{1, 2, 3, 4, 5, 6\}$ das Ereignis E: „Es fällt eine Primzahl", also $E = \{2, 3, 5\}$, dann ist $\overline{E} = \Omega \setminus E = \{1, 4, 6\}$ das Gegenereignis „Es fällt keine Primzahl". Damit gilt:

$P(E) = \frac{1}{2}, \quad P(\overline{E}) = \frac{1}{2}, \quad$ also $\quad P(E) + P(\overline{E}) = 1.$

D. Laplace-Wahrscheinlichkeiten

> **Beispiel:** Bei einem Würfelspiel werden zwei Würfel gleichzeitig einmal geworfen. Ist die Augensumme 6 oder die Augensumme 7 wahrscheinlicher?

Lösung:
Beide Würfel können die Augenzahlen 1 bis 6 zeigen.
Die Augensumme 6 ergibt sich aus den Augenzahlen als 1 + 5, 2 + 4 und 3 + 3. Die Augensumme 7 ergibt sich aus den Augenzahlen als 1 + 6, 2 + 5 und 3 + 4. Da es jeweils 3 Kombinationen gibt, könnte man vermuten, dass die Augensummen 6 und 7 beide mit der gleichen Wahrscheinlichkeit eintreten.
Aber die einzelnen Kombinationen sind nicht gleich wahrscheinlich. Wir denken uns die beiden Würfel farbig (z. B. rot und schwarz) und damit unterscheidbar und notieren die möglichen Augensummen tabellarisch, wie rechts dargestellt. Jeder der 36 möglichen Ausgänge in der Tabelle ist nun gleich wahrscheinlich. Anhand der Tabelle erkennen wir, dass sich die Augensumme 6 in 5 von 36 möglichen Ausgängen ergibt, die Augensumme 7 aber in 6 von 36 möglichen Ausgängen.
Somit tritt die Augensumme 6 mit der Wahrscheinlichkeit $P(\text{„Summe 6"}) = \frac{5}{36}$ ein, die Augensumme 7 mit der Wahrscheinlichkeit $P(\text{„Summe 7"}) = \frac{6}{36}$.
Die Augensumme 7 ist also wahrscheinlicher.

Summe 6:   1 + 5, 2 + 4, 3 + 3

Summe 7:   1 + 6, 2 + 5, 3 + 4

W_1 \ W_2	1	2	3	4	5	6
1	2	3	4	5	6	7
2	3	4	5	6	7	8
3	4	5	6	7	8	9
4	5	6	7	8	9	10
5	6	7	8	9	10	11
6	7	8	9	10	11	12

$P(\text{„Summe 6"}) = \frac{5}{36}$

$P(\text{„Summe 7"}) = \frac{6}{36}$

Resultat:
Die Augensumme 7 ist wahrscheinlicher.

Die Ergebnisse dieses Zufallsexperimentes sind Zahlenpaare. Eine „1" auf dem ersten Würfel und eine „5" auf dem zweiten Würfel können als (1 ; 5) dargestellt werden.
Dann besteht der Ergebnisraum Ω aus 36 gleich wahrscheinlichen Ergebnissen:
Ω = {(1 ; 1), (1 ; 2), ..., (2 ; 1), (2 ; 2), ..., (6 ; 6)}. Die für die Augensumme 6 in Frage kommenden, sog. günstigen Ergebnisse sind die Ausgänge (1 ; 5), (2 ; 4), (3 ; 3), (4 ; 2) und (5 ; 1), also 5 von 36 möglichen Ergebnissen. Hierbei tritt z. B. die Kombination 1 + 5 in zwei Fällen ein, nämlich bei (1 ; 5) und (5 ; 1), während 3 + 3 nur in einem Fall eintritt. Die für die Augensumme 7 günstigen Ergebnisse sind die Ausgänge (1 ; 6), (2 ; 5), (3 ; 4), (4 ; 3), (5 ; 2) und (6 ; 1), also 6 von 36 möglichen Ergebnissen. Diese Überlegungen bestätigen unsere obigen Wahrscheinlichkeiten.

1. Grundbegriffe der Wahrscheinlichkeitsrechnung

Die Festlegung der möglichen Ergebnisse eines Zufallsexperiments bereitete den Mathematikern im 17. und 18. Jahrhundert manchmal erhebliche Schwierigkeiten. Beispielsweise unterschied man beim Wurf mit 2 Würfeln Ausgänge wie (1 ; 5) und (5 ; 1) nicht, was zu Problemen führte. Wie das obige Beispiel zeigt, lassen sich Zufallsexperimente leichter handhaben, wenn alle möglichen Ausgänge gleich wahrscheinlich sind.

Derartige Zufallsexperimente, bei denen Elementarereignisse gleich wahrscheinlich sind, werden zu Ehren des französischen Mathematikers *Pierre Simon de Laplace* (1749–1827) auch als sogenannte *Laplace-Experimente* bezeichnet.

Bei Laplace-Experimenten liegt als Wahrscheinlichkeitsverteilung eine sogenannte *Gleichverteilung* zugrunde, die jedem Elementarereignis exakt die gleiche Wahrscheinlichkeit zuordnet.

Besteht also bei einem Laplace-Experiment der Ergebnisraum $\Omega = \{e_1, ..., e_m\}$ aus m Ergebnissen, so besitzt jedes einzelne Elementarereignis die Wahrscheinlichkeit $P(e_i) = \frac{1}{m}$. Für ein zusammengesetztes Ereignis $E = \{e_1, ..., e_k\}$ gilt dann $P(E) = k \cdot \frac{1}{m}$.

Satz VI.3: Bei einem Laplace-Experiment sei $\Omega = \{e_1, ..., e_m\}$ der Ergebnisraum und $E = \{e_1, ..., e_k\}$ ein beliebiges Ereignis. Dann gilt für die Wahrscheinlichkeit dieses Ereignisses:

$$P(E) = \frac{|E|}{|\Omega|} = \frac{k}{m} \qquad P(E) = \frac{\text{Anzahl der für E günstigen Ergebnisse}}{\text{Anzahl aller möglichen Ergebnisse}}$$

▶ **Beispiel:** Aus einer Urne mit elf Kugeln, die mit 1 bis 11 nummeriert sind, wird eine Kugel gezogen. Mit welcher Wahrscheinlichkeit hat sie eine Primzahlnummer?

Lösung:
Es liegt ein Laplace-Experiment vor, da jede Kugel die gleiche Chance hat, gezogen zu werden. Jedes Ergebnis, also jede der Nummern 1 bis 11, hat die gleiche Wahrscheinlichkeit $\frac{1}{11}$. Für das Ereignis E: „Primzahl", d.h. $E = \{2, 3, 5, 7, 11\}$, sind fünf der elf möglichen Ergebnisse günstig. Daher gilt $P(E) = \frac{5}{11} \approx 0{,}45$. Also ist in ca. 45 % aller Ziehungen mit einer
▶ Primzahlnummer zu rechnen.

Viele Glücksautomaten bestehen aus Glücksrädern, die in mehrere gleich große Sektoren mit verschiedenen Symbolen, Zahlen oder Farben unterteilt sind. Kennt man diese Belegung, so kann man sich die Gewinnchancen ausrechnen (vorausgesetzt, die Räder werden zufällig angehalten).

▶ **Beispiel:** Ein Glücksrad enthält 8 gleich große Sektoren. Vier der Sektoren sind rot, drei sind weiß und einer ist schwarz.
Laut Auszahlungsplan erhält man für
  Rot   : 0,00 €,
  Weiß   : 0,50 €,
  Schwarz : 2,00 €.
Der Einsatz für ein Spiel beträgt 0,50 €. Ist hier langfristig mit einem Gewinn für den Automatenbetreiber oder für den Spieler zu rechnen?

Lösung:
Jedem der 8 Sektoren wird die zugehörige Auszahlung als Zahlenwert zugeordnet. Eine solche Zuordnung bezeichnet man als *Zufallsgröße X*.
In unserem Fall kann X die Zahlenwerte $x_1 = 0$, $x_2 = 0,5$ und $x_3 = 2$ annehmen.

Zu jeder dieser drei Zahlen x_i wird die Wahrscheinlichkeit $P(X = x_i)$ bestimmt, mit der dieser Zahlenwert angenommen wird.
Diese Zuordnung bezeichnet man als *Wahrscheinlichkeitsverteilung von X*.
Die langfristig zu erwartende Auszahlung pro Spiel ist die Summe der Produkte aus dem Zahlenwert xi und der Wahrscheinlichkeit $P(X = x_i)$ mit der x_i eintritt.
Diese Summe heißt *Erwartungswert von X*.

▶ Langfristig sind pro Spiel 6 Cent Verlust für den Spieler zu erwarten.

Zufallsgröße X:

Ergebnis	Auszahlung X
roter Sektor	0
weißer Sektor	0,5
schwarzer Sektor	2

Wahrscheinlichkeitsverteilung von X

x_i	0	0,5	2
$P(X = x_i)$	$\frac{4}{8}$	$\frac{3}{8}$	$\frac{1}{8}$

Erwartungswert von X

$E(X) = 0 \cdot \frac{4}{8} + 0,5 \cdot \frac{3}{8} + 2 \cdot \frac{1}{8} \approx 0,44$

> Eine *Zufallsgröße X* ordnet jedem Ergebnis eines Zufallsversuchs eine Zahl x_i zu (i = 1, ..., n).
> Die *Wahrscheinlichkeitsverteilung von X* gibt für jeden Wert x_i an, mit welcher Wahrscheinlichkeit $P(X = x_i)$ dieser Wert angenommen wird.
>
> $E(X) = x_i \cdot P(X = x_1) + ... + x_n \cdot P(X = x_n)$ heißt *Erwartungswert von X*.

Übung 3
Ein Glücksrad besteht aus neun gleich großen Sektoren. Fünf der Sektoren sind mit einer „1", drei mit einer „2" und einer mit einer „3" gekennzeichnet. Laut Spielplan erhält man bei einer „3" 5,00 € und bei einer „2" 2,00 € ausgezahlt. Der Einsatz für ein Spiel beträgt 1 €. Lohnt sich das Spiel langfristig für den Spieler?

Übungen

4. Ein Wurf mit zwei Würfeln kostet 1 € Einsatz. Ist das Produkt der beiden Augenzahlen größer als 20, werden 3 € ausbezahlt. Ist das Spiel fair? Wie müsste der Einsatz geändert werden, wenn das Spiel fair sein soll?

5. Ein Holzwürfel mit roter Oberfläche wird durch 6 senkrechte Schnitte in 27 gleich große Würfel zerschnitten. Diese werden dann in eine Urne gelegt. Anschließend wird aus der Urne ein Würfel gezogen.
Berechnen Sie die Wahrscheinlichkeiten folgender Ereignisse:
E_1: „Der gezogene Würfel hat keine rote Seite."
E_2: „Der gezogene Würfel hat zwei rote Seiten."
E_3: „Der gezogene Würfel hat mindestens zwei rote Seiten."
E_4: „Der gezogene Würfel hat höchstens zwei rote Seiten."

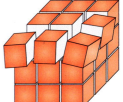

6. Mit welcher Wahrscheinlichkeit ist beim Wurf von zwei Würfeln das Produkt der beiden Augenzahlen größer als 18?

7. Ein Glücksrad besteht aus sechs gleich großen Sektoren. Drei der Sektoren sind mit einer „1", zwei mit einer „2" und einer mit einer „3" gekennzeichnet.
Laut Spielplan erhält man bei einer „3" 1,00 € und bei einer „2" 0,50 € ausgezahlt.
Wie hoch muss der Einsatz mindestens sein, damit der Automatenbetreiber die besseren Chancen hat?

8. In einer Urne liegen zwei blaue (B1, B2) und drei rote Kugeln (R1, R2, R3). Mit einem Griff werden drei der Kugeln gezogen.
Stellen Sie mithilfe von Tripeln eine Ergebnismenge Ω auf.
Bestimmen Sie die Wahrscheinlichkeiten folgender Ereignisse:
E_1: „Es werden mindestens 2 blaue Kugeln gezogen."
E_2: „Alle gezogenen Kugeln sind rot."
E_3: „Es werden mehr rote als blaue Kugeln gezogen."

9. Zwei Würfel mit den abgebildeten Netzen werden gleichzeitig geworfen.
a) Welche Augensumme ist am wahrscheinlichsten?
b) Mit welcher Wahrscheinlichkeit ist die Augensumme kleiner als 5?
c) Wie wahrscheinlich ist ein Pasch?

Simulationen

Viele reale Prozesse werden vom Zufall beeinflusst. Oft ist der Prozess so komplex, dass sein Ablauf auf rechnerischem Weg nicht zu ermitteln ist. In solchen Fällen simuliert man den Prozess, indem man ihn mithilfe von Zufallsgeräten mehrfach nachspielt, um die Wahrscheinlichkeiten möglicher Abläufe einschätzen zu können.
Die **Simulation** kann mithilfe von Münzen, Würfeln und Urnen erfolgen. Eine andere Möglichkeit besteht in der Verwendung einer **Tabelle mit Zufallsziffern**. Eine solche Tabelle findet man auf Seite 198. Zufallsexperimente können auch mit dem GTR simuliert werden (s. S. 196). Weitere Beispiele findet man auf Seite 322 bzw. 338.
Wir erläutern das Simulationsverfahren an einigen modellhaften Beispielen.

Entenjagd

10 absolut treffsichere Jäger schießen gleichzeitig auf 10 aufsteigende Enten. Jeder Jäger sucht sich seine Zielente rein zufällig aus.
Wie viele Enten überleben im Mittel?

Wir simulieren den Jagdprozess mithilfe der Zufallszifferntabelle (S. 198), deren Beginn rechts abgedruckt ist.
Wir entnehmen der Tabelle einen Zehnerblock von Ziffern, z. B. den Block 0764590952.
Für jede der zehn Enten steht eine der Ziffern 0 bis 9. Der Zehnerblock simuliert die Entenjagd. Er gibt an, welche Enten getroffen wurden. In unserem Fall wurden die Enten 0, 2, 4, 5, 6, 7 und 9 getroffen. Drei Enten 1, 3, 8 überlebten.

Diesen Simulationsvorgang wiederholen wir mehrfach, z. B. zehnmal, wie rechts dargestellt. Durchschnittlich überleben 3,4 Enten die simulierte Jagd.

Dies ist eine brauchbare Vorhersage, wenn man bedenkt, dass der exakte Mittelwert, der in diesem Fall auch durch eine theoretische Rechnung gewonnen werden kann, etwa bei 3,5 liegt.

Tabelle von Zufallsziffern (S. 198)
07645 90952 42370 88003 79743 52097 …
31397 83936 42975 15245 04124 35881 …
64147 56091 45435 95510 23115 16170 …
48942 10345 96401 03479 05768 46222 …
⋮ ⋮ ⋮ ⋮ ⋮ ⋮

Simulations-ergebnisse	Anzahl der überlebenden Enten
0764590952	3
4237088003	4
7974352097	3
4645916055	4
0488581676	3
3139783986	4
4297515245	4
0412435881	3
1566453920	2
5577590464	4

Durchschnittliche Zahl der überlebenden Enten: 3,4

Übung 1

Mit welcher Wahrscheinlichkeit kommen beim doppelten Würfelwurf die möglichen Augensummen 2, 3, …, 12?
a) Führen Sie das Experiment dazu 100-mal real durch.
b) Simulieren Sie das Experiment 100-mal mit der Zufallszifferntabelle. Verwenden Sie Ziffern von 1–6. Die Ziffern 0, 7, 8, 9 werden ignoriert.

Die Entenjagd steht modellhaft für Zuordnungsprobleme. Entsprechend kann das folgende Beispiel für Irrfahrtprobleme Modell stehen; mehrstufige Entscheidungsvorgänge und Molekularbewegungen sind reale Beispiele für solche Probleme.

Flucht aus dem Labyrinth

Ein einsamer Wanderer hat sich im Gängesystem des minoischen Palastes von Knossos verirrt.
Er weiß nur noch, dass er seit seinem Einstieg ins Labyrinth sieben Kreuzungen überquert hat und dass er sich stets nach Süden oder nach Westen bewegt hat.
Da der Minotaurus* schon im Anmarsch ist, hat er nur einen Fluchtversuch. Er geht genau sieben Schritte nach Norden bzw. Osten.
Wie stehen seine Chancen?

Wir könnten die Flucht durch jeweils siebenfachen Münzwurf (Kopf oder Zahl) oder Würfelwurf (gerade oder ungerade) simulieren. Die erforderlichen Wiederholungen könnten dadurch erreicht werden, dass jeder Schüler fünf derartige Fluchtsimulationen durchspielt.

Eine weitere Möglichkeit bietet wiederum die Zufallsziffertabelle. Wir entnehmen der Tabelle einen siebenstelligen Ziffernblock. Gerade Ziffer bedeutet Norden, ungerade Ziffer bedeutet Osten.
Die Flucht gelingt offenbar, wenn der siebenstellige Block genau 4 ungerade Ziffern enthält.
Auszählung der ersten 50 Siebenerblöcke der Tabelle – rechts andeutungsweise dargestellt – ergibt 13 gelungene Fluchten, d. h. eine Erfolgsquote von 26 %.

Simulationsergebnisse	Flucht gelungen?
0764590	nein
9254237	ja
0880037	nein
9743520	ja
9746459	ja
1605504	nein
8858167	nein
6313978	nein
…	…
2578845	nein
5963408	nein

Übung 2

Ein Molekül bewege sich pro Sekunde einmal in eine der vier Richtungen oben, unten, rechts, links.
Wie groß ist die Wahrscheinlichkeit, dass es sich nach 10 Sekunden noch immer im rot umrandeten Bereich aufhält?

---

* Der **Minotaurus** war der griechischen Sage nach ein menschenfressendes Ungeheuer, ein Mensch mit Stierkopf, das im Labyrinth von Knossos lebte. Der Palast wurde von König Minos um 2600 v. Chr. auf Kreta erbaut. Sir Arthur Evans, ein englischer Archäologe, rekonstruierte ihn Anfang dieses Jahrhunderts teilweise.

Man benötigt für die Durchführung von Simulationen Blöcke mit Zufallsziffern. Diese kann man der Tabelle mit Zufallsziffern entnehmen, aber auch mit dem TR oder dem GTR zu erzeugen.

Beispiel: Simulation mit dem GTR

Einem Fahrzeug der ABCD - Pannenhilfe werden von der Einsatzzentrale pro Woche exakt 70 Einsätze zugewiesen, die sich zufällig auf die Wochentage verteilen. Der Fahrer schafft pro Tag erfahrungsgemäß 10 Einsätze. Mit welcher Wahrscheinlichkeit ist er an einem Tag der Woche überlastet? Simulieren Sie zwei Wochen.

CASIO Lösung:
Die 100 Einsätze werde durch die Zufallszahlen 00, 01 bis 99 repräsentiert. Wir werden mit dem GTR Zweierblöcke von Zufallsziffern erzeugen. Das geht folgendermaßen:

Wir gehen in das *Run-Matrix-Menü* (Menü 1) und rufen mit der Tastenfolge *OPTN > F6 > F3 > F4 > F1* die Option *Ran#* auf. Drücken der EXE-Taste liefert nun einen Zufallszahl zwischen 0 und 1 mit 10 Nachkommastellen, z. B. 0,4642079103. Die Nachkommastellen dienen uns als Zufallsziffern.

In unserem Beispiel bedeutet eine Ziffer 4, dass der Einsatz am Tag 4 (Donnerstag) erfolgt. Die Ziffern 0,8 und 9 ignorieren wir (schwarze Ziffern).

Wir erzeugen nun mit *RAN# >EXE* einige Zufallszahlen, bis insgesamt 70 Ziffern von 1 bis 7 erreicht sind. (rote Ziffern).

Dann zählen wir aus: An drei Tagen (DI, MI, DO) kommt es zu mehr als 10 Einsätzen: Überlastung an ca. 43 % der Tage.

Zufallszahlen (RAN#)
0,4642079103
0,8697563016
0,2232708854
0,7825412554
0,1450338245
0,8149147140
0,2637740958
0,5023779493
0,3280343297
0,8448013253

Auszählung:
```
MO=1:8   Normal
DI=2:11  Überlastet
MI=3:12  Überlastet
DO=4:15  Überlastet
FR=5:9   Normal
SA=6:5   Normal
SO=7:10  Normal
```

Übung 3: Das Galton-Brett

Auf einem geneigten Brett mit sechs Hindernissen, die in drei Reihen angebracht sind, rollt eine Kugel von oben nach unten und landet schließlich in einem der vier Fächer am unteren Ende des Brettes. In jeder Stufe prallt die Kugel beim Aufprall auf das Hindernis mit der Wahrscheinlichkeit 50 % nach rechts oder links ab. Bestimmen Sie den Kugellauf durch Simulation für 50 Kugeln. Welche Häufigkeiten erhalten Sie für die vier Fächer? Vergleichen Sie mit den theoretischen Wahrscheinlichkeiten: 0: 12,5 % ; 1: 37.5 % ; 2: 37,5%; 3: 12,4 %)
Anzahl der Simulationen eines Kugellaufs: n = 50
a) Natürliche Simulation durch dreifachen Münzwurf.
b) Simulation mit der Zufallszahlentabelle, Dreierblöcke.
c) Simulation mit dem GTR, drei Nachkommastellen

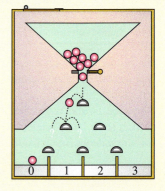

Simulationen

Übungen

4. Die Ziffern 1 bis 8 werden in zufälliger Reihenfolge aufgeschrieben. Mit welcher Wahrscheinlichkeit ist die entstehende achtstellige Zahl durch 11 teilbar?
Verwenden Sie zur Simulation die Zufallszifferntabelle oder den GTR, wobei die Ziffern 0 und 9 ignoriert werden. *Anzahl der Simulationen: n = 20*

5. Das Geburtstagsproblem
Der Mathekurs hat zwanzig Teilnehmer. Wie groß ist die Wahrscheinlichkeit dafür, dass mindestens zwei der Schüler am gleichen Tag des Jahres Geburtstag haben?
Simulieren Sie den Vorgang mithilfe von 20 dreiziffrigen Zufallszahlen. Die 365 Tage eines Jahres werden dabei durch dreistellige Ziffernblöcke 000 bis 365 dargestellt. Liegt ein der Tabelle entnommener Wert über 365, so wird dieser gestrichen oder ignoriert.
Anzahl der Simulationen: n = 10

6. Beim **Mensch-ärgere-dich-nicht** darf man zu Spielbeginn erst dann einsetzen, wenn man eine Sechs würfelt, wobei man maximal drei Versuche hat. Ansonsten muss man eine Spielrunde warten, bevor man es erneut versuchen darf.
Wie viele Spielrunden muss man im Durchschnitt warten, bis man zum ersten Mal einsetzen kann?
Simulieren Sie den Vorgang auf zwei Arten:
a) durch wiederholtes Würfelwerfen,
b) mit Zufallsziffern durch eine Serie von Dreierblöcken der Ziffern 1 bis 6. $n = 10$

7. Ameisenbären: Eine Ameise bewegt sich auf den Kanten einer Pyramide. Sie startet ihren Spaziergang in der Ecke A. An jeder Ecke entscheidet sie sich zufällig für eine der drei bzw. vier möglichen Richtungen, wobei sie auch die Richtung wählen darf, aus der sie gerade gekommen ist. An den Ecken B und C lauern Ameisenbären. Welcher Ameisenbär hat die besseren Chancen, die Ameise im Laufe ihres Spaziergangs zu erwischen? Wie groß ist die Wahrscheinlichkeit, dass Ameisenbär B das Rennen macht?
Simulieren Sie die Richtungsauswahl durch Würfelwurf, wobei nur die Augenzahlen 1 bis 3 bzw. 1 bis 4 zählen. $n = 20$

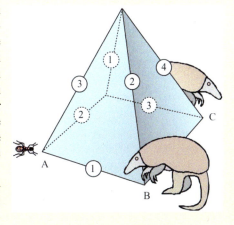

Zufallsziffern

	1 5	10	15	20	25	30	35	40	45	50
1	07645	90952	42370	88003	79743	52097	46459	16055	04885	81676
	31397	83986	42975	15245	04124	35881	15664	53920	55775	90464
	64147	56091	45435	95510	23115	16170	06393	46850	10425	89259
	53754	33122	33071	12513	01889	59215	99336	20176	76979	04594
5	48942	10345	96401	03479	05768	46222	85046	69522	54005	32464
	37474	31894	64689	88424	73861	20001	55705	09604	26055	42507
	99179	74452	25506	81901	25391	62004	64264	22578	84559	63408
	62234	17971	39047	09212	46055	80731	38530	37253	56453	08246
	47263	39592	00595	36217	59826	17513	84959	39495	97870	84070
10	50343	07552	09245	02997	14549	18742	17202	99723	47587	16011
	04180	26606	13123	97241	44903	96204	29707	66586	70883	92893
	65523	38575	57359	89671	53833	04842	08522	39690	32481	65011
	14921	03745	66451	19460	24294	97924	27028	29229	04655	24922
	47666	54402	36600	40281	99698	24368	95406	69001	45723	32642
15	53389	90663	23654	18440	41198	50491	33288	89833	07561	34458
	29883	73423	92295	41999	63830	25723	70657	62113	32100	28627
	58328	04834	99037	87550	97430	80874	36852	76025	64062	63196
	68386	86595	16926	34726	57020	57919	29875	91566	59456	76490
	17464	56909	39716	70909	86319	08319	78268	08966	26344	06330
20	64647	05554	43990	16039	10538	79943	23034	75152	85281	44003
	42700	57566	06605	46843	42676	84957	73055	92008	21956	01070
	71945	22187	85606	49873	03167	44657	68081	28139	40882	24180
	34804	54003	20917	75562	63046	54262	83141	76543	04833	53219
	38092	86678	75331	63901	25998	42271	60142	25392	67835	50109
25	66038	58229	62401	83415	09164	66738	37200	60635	59995	42039
	04574	98571	24169	35956	54385	56046	98130	96214	79993	87923
	56953	17277	58442	09497	63787	82874	99406	55418	49956	30942
	08930	19934	31919	39146	28469	63330	88164	66251	41828	77422
	31985	18177	13605	48137	39121	76912	53359	31322	63719	18854
30	77173	90099	00361	28432	47697	10270	54598	33976	16252	22205
	23071	86680	45779	68009	80926	47663	42983	00410	26957	50733
	02260	64086	56653	06361	04266	01858	03479	44435	61505	03793
	66147	29316	57742	76431	53085	21801	15059	10971	79748	06138
	12048	67702	89264	26059	15657	97893	57191	69083	31888	41524
35	55201	60907	23787	13962	59556	34239	32550	91181	03666	67288
	65297	50989	89774	95925	16367	91984	83907	45804	05238	11927
	78724	94742	16276	84764	36733	26139	74702	92004	86534	69631
	69265	91109	33203	20980	01432	19777	83142	70847	54813	03173
	29185	97004	57993	74264	26531	55522	12875	76865	68140	97891
40	47622	20458	78937	88383	69829	63251	42173	28946	76039	98510
	92695	25285	16398	45868	71608	23131	46428	34930	76094	46840
	15534	67464	25228	35098	35653	86335	59430	10052	74102	02999
	02628	34863	75458	64466	31349	52055	04460	44614	86245	47550
	55002	28861	44961	41436	65292	24242	37353	48324	62207	84665
45	29842	01077	04272	20804	57334	38200	17248	79856	36795	35928
	43728	35457	96474	75955	44498	56476	69832	44668	54767	84996
	51571	31289	90355	73338	94469	38415	34530	99878	58325	78485
	03701	48562	76472	40512	87784	57639	35528	73661	63629	46272
	07062	58925	65311	88857	73077	07846	32309	94390	12268	46819
50	25179	03789	81247	22234	17250	54858	09303	78844	44162	69696

2. Mehrstufige Zufallsversuche/Baumdiagramme

A. Baumdiagramme und Pfadregeln

Im Folgenden betrachten wir *mehrstufige Zufallsversuche*.
Ein solcher Versuch setzt sich aus mehreren hintereinander ausgeführten einstufigen Versuchen zusammen (mehrmaliges Werfen mit einem oder mehreren Würfeln, mehrmaliges Ziehen einer oder mehrerer Kugeln etc.).

Der Ablauf eines mehrstufigen Zufallsversuchs lässt sich mit *Baumdiagrammen* besonders übersichtlich darstellen.

▶ **Beispiel: Zweifacher Würfelwurf**
Rechts ist ein zweistufiges Experiment abgebildet, nämlich das zweimalige Werfen eines Würfels, der 4 Einsen und 2 Sechsen trägt. Gesucht ist die Wahrscheinlichkeit dafür, dass sich eine gerade Augensumme ergibt.

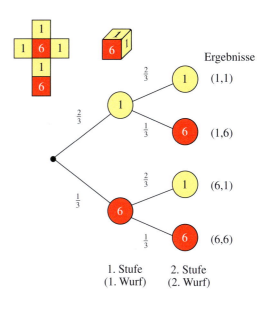

Lösung:
Der Baum besteht aus zwei Stufen. Er besitzt insgesamt vier *Pfade* der Länge 2. Jeder Pfad repräsentiert das an seinem Ende vermerkte Ergebnis des zweistufigen Experiments.
Für das Ereignis „Augensumme gerade" sind zwei Pfade günstig, der Pfad (1,1), dessen Wahrscheinlichkeit $\frac{2}{3} \cdot \frac{2}{3} = \frac{4}{9}$ beträgt, und der Pfad (6,6) mit der Wahrscheinlichkeit $\frac{1}{3} \cdot \frac{1}{3} = \frac{1}{9}$. Insgesamt
▶ ergibt sich damit die Wahrscheinlichkeit P(„Augensumme gerade") = $\frac{4}{9} + \frac{1}{9} = \frac{5}{9} \approx 0{,}56$.

Die Pfadregeln für Baumdiagramme

Mehrstufige Zufallsexperimente können durch Baumdiagramme dargestellt werden. Dabei stellt jeder Pfad ein Ergebnis des Zufallsexperiments dar.

I. Die **Wahrscheinlichkeit eines Ergebnisses** ist gleich dem Produkt aller Zweigwahrscheinlichkeiten längs des zugehörigen Pfades (Pfadwahrscheinlichkeit).

II. Die **Wahrscheinlichkeit eines Ereignisses** ist gleich der Summe der zugehörigen Pfadwahrscheinlichkeiten.

B. Mehrstufige Zufallsversuche

▶ **Beispiel:** In einer Urne liegen drei rote und zwei schwarze Kugeln. Es werden zwei Kugeln gezogen. Zeichnen Sie den zugehörigen Wahrscheinlichkeitsbaum und bestimmen Sie die Wahrscheinlichkeit für das Ereignis E: „Beide gezogenen Kugeln sind gleichfarbig" mit und ohne Zurücklegen der jeweils gezogenen Kugel.

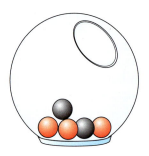

Lösung:

Ziehen mit Zurücklegen

Die erste Kugel wird gezogen und vor dem Ziehen der zweiten Kugel wieder in die Urne zurückgelegt.

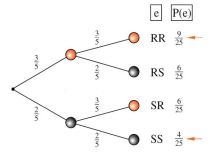

▶ $P(E) = P(RR) + P(SS) = \frac{9}{25} + \frac{4}{25} = \frac{13}{25} = 0{,}52$

Ziehen ohne Zurücklegen

Die zweite Kugel wird gezogen, ohne dass die bereits gezogene erste Kugel zurückgelegt wird.

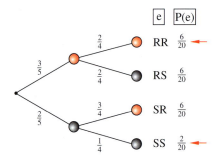

$P(E) = P(RR) + P(SS) = \frac{6}{20} + \frac{2}{20} = \frac{8}{20} = 0{,}40$

Übung 1

Ein Glücksrad hat zwei Sektoren. Der weiße Sektor ist dreimal so groß wie der rote Sektor. Das Rad wird dreimal gedreht. Zeichnen Sie den zugehörigen Wahrscheinlichkeitsbaum und bestimmen Sie die Wahrscheinlichkeiten folgender Ereignisse:

E_1: „Es kommt dreimal Rot",
E_2: „Es kommt stets die gleiche Farbe",
E_3: „Es kommt die Folge Rot/Weiß/Rot",
E_4: „Es kommt insgesamt zweimal Weiß und einmal Rot",
E_5: „Es kommt mindestens zweimal Rot".

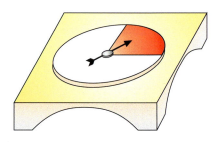

2. Mehrstufige Zufallsversuche/Baumdiagramme

In vielen Fällen ist es nicht notwendig, den gesamten Wahrscheinlichkeitsbaum eines Zufallsexperiments darzustellen. Man kann sich in der Regel auf die zu dem betrachteten Ereignis gehörenden Pfade beschränken und spricht dann von einem *reduzierten Baumdiagramm*. Dies ist insbesondere dann wichtig, wenn viele Stufen vorliegen oder die einzelnen Stufen viele Ausfälle zulassen, sodass ein vollständiges Baumdiagramm ausufernd groß wäre.

▶ **Beispiel:** Mit welcher Wahrscheinlichkeit erhält man beim dreimaligen Würfeln eine Augensumme, die nicht größer als 4 ist?

Reduzierter Baum:

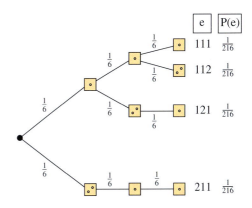

Lösung:
Bei dreimaligem Würfeln können nur die Augenzahlen 1 und 2 einen Beitrag zum betrachteten Ereignis E: „Die Augensumme ist höchstens 4" liefern.
Von den insgesamt $6^3 = 216$ Pfaden des Baumes gehören nur 4 zum Ereignis E. Jeder hat die Wahrscheinlichkeit $\left(\frac{1}{6}\right)^3$, sodass $P(E) = \frac{4}{216} \approx 0{,}0185$ gilt. Es handelt
▶ sich also um ein 2%-Ereignis.

$P(E) = 4 \cdot \frac{1}{216} \approx 0{,}0185 \approx 2\%$

Übung 2
Die beiden Räder eines Glücksautomaten sind jeweils in 6 gleich große Sektoren eingeteilt und drehen sich unabhängig voneinander (Abbildung).
a) Mit welcher Wahrscheinlichkeit erhält man eine Auszahlung von 5 € bzw. von 2 € (siehe Gewinnplan)?
b) Der Einsatz beträgt 0,50 € pro Spiel. Lohnt sich das Spiel auf lange Sicht?

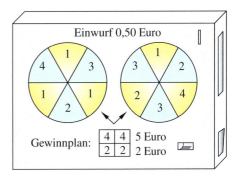

Übung 3
Ein Würfel mit dem abgebildeten Netz wird dreimal geworfen.
a) Wie groß ist die Wahrscheinlichkeit, dass alle Zahlen unterschiedlich sind?
b) Mit welcher Wahrscheinlichkeit ist die Augensumme der 3 Würfe größer als 6?
c) Mit welcher Wahrscheinlichkeit ist die Augensumme beim viermaligen Würfeln kleiner als 6?

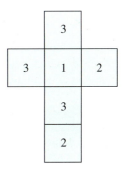

▶ **Beispiel:** Ein Glücksrad hat einen roten Sektor mit dem Winkel α und einen weißen Sektor mit dem Winkel 360° − α. Es wird zweimal gedreht. Gewonnen hat man, wenn in beiden Fällen der gleiche Sektor kommt.
a) Wie groß ist die Gewinnwahrscheinlichkeit?
b) Der Spieleinsatz betrage 5 €, die Auszahlung 8 €. Wie muss der Winkel α des roten Sektors gewählt werden, damit das Spiel fair wird?

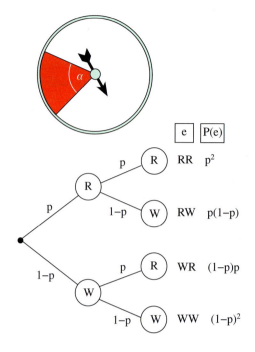

Lösung:
a) Die Wahrscheinlichkeit, dass der Zeiger des Glücksrades auf dem roten Sektor stehen bleibt, beträgt $p = \frac{\alpha}{360°}$.

Auf dem weißen Sektor kommt er mit der Gegenwahrscheinlichkeit $1 - p$ zur Ruhe. Nur die beiden äußeren Pfade des Baumdiagramms sind günstig für einen Gewinn.

Die Gewinnwahrscheinlichkeit beträgt daher: $P(\text{Gewinn}) = 2p^2 - 2p + 1$.

b) Die durchschnittlich pro Spiel zu erwartende Auszahlung erhält man durch Multiplikation des Auszahlungsbetrags mit der Gewinnwahrscheinlichkeit.
Es ist also pro Spiel mit einer Auszahlung von $(2p^2 - 2p + 1) \cdot 8 €$ zu rechnen, die gleich dem Einsatz von 5 € sein muss. Es ergibt sich eine quadratische Gleichung für p mit den Lösungen $p = \frac{3}{4}$ und $p = \frac{1}{4}$. Zugehörige Winkel: α = 270° bzw. α = 90°.

$P(\text{Gewinn}) = P(RR) + P(WW)$
$= p^2 + (1 - p)^2$
$= 2p^2 - 2p + 1$

Durchschn. Auszahlung $\stackrel{\text{fair}}{=}$ Einsatz
$8 € \cdot (2p^2 - 2p + 1) = 5 €$
$2p^2 - 2p + 1 = \frac{5}{8}$
$p^2 - p + \frac{3}{16} = 0$
$p = \frac{1}{2} \pm \sqrt{\frac{1}{4} - \frac{3}{16}} = \frac{1}{2} \pm \frac{1}{4}$

$p = \frac{3}{4} \Rightarrow \alpha = 360° \cdot p = 270°$
$p = \frac{1}{4} \Rightarrow \alpha = 360° \cdot p = 90°$

Übung 4
Ein Sportschütze darf zwei Schüsse abgeben, um ein bestimmtes Ziel zu treffen. Wie groß muss seine Trefferwahrscheinlichkeit p pro Schuss mindestens sein, damit er mit einer Wahrscheinlichkeit von mindestens 25 % mindestens einmal das Ziel trifft?

Übung 5
Peter und Paul schießen gleichzeitig auf einen Hasen. Paul hat die doppelte Treffersicherheit wie Peter. Mit welcher Wahrscheinlichkeit darf Peter höchstens treffen, damit der Hase eine Chance von mindestens 50 % hat, nicht getroffen zu werden?

Übungen

Einfache Aufgaben zu Baumdiagrammen

6. In einer Urne liegen 12 Kugeln, 4 gelbe, 3 grüne und 5 blaue Kugeln. 3 Kugeln werden ohne Zurücklegen entnommen.
a) Mit welcher Wahrscheinlichkeit sind alle Kugeln grün?
b) Mit welcher Wahrscheinlichkeit sind alle Kugeln gleichfarbig?
c) Mit welcher Wahrscheinlichkeit kommen genau zwei Farben vor?

7. In einer Schublade liegen fünf Sicherungen, von denen zwei defekt sind. Wie groß ist die Wahrscheinlichkeit, dass bei zufälliger Entnahme von zwei Sicherungen aus der Schublade mindestens eine defekte Sicherung entnommen wird?

8. Aus dem Wort ANANAS werden zufällig zwei Buchstaben herausgenommen.
a) Mit welcher Wahrscheinlichkeit sind beide Buchstaben Konsonanten?
b) Mit welcher Wahrscheinlichkeit sind beide Buchstaben gleich?

9. Das abgebildete Glücksrad (mit drei gleich großen Sektoren) wird zweimal gedreht.
Mit welcher Wahrscheinlichkeit
a) erscheint in beiden Fällen Rot,
b) erscheint mindestens einmal Rot?

10. Sie werfen eine Münze wiederholt, bis zweimal hintereinander Kopf kommt. Mit welcher Wahrscheinlichkeit stoppen Sie exakt nach vier Würfen?

11. In einer Urne liegen 7 Buchstaben, viermal das O und dreimal das T. Es werden vier Buchstaben der Reihe nach mit Zurücklegen gezogen.
Mit welcher Wahrscheinlichkeit
a) entsteht so das Wort OTTO,
b) lässt sich mit den gezogenen Buchstaben das Wort OTTO bilden?

12. Alfred zieht aus einer Urne, die zwei Kugeln mit den Ziffern 1 und 2 enthält, eine Kugel. Er legt die gezogene Kugel wieder in die Urne zurück und legt zusätzlich eine Kugel mit der Ziffer 3 in die Urne. Nun zieht Billy eine Kugel aus der Urne. Auch er legt sie wieder zurück und fügt eine mit der Ziffer 4 gekennzeichnete Kugel hinzu. Schließlich zieht Cleo eine Kugel aus der Urne.
a) Mit welcher Wahrscheinlichkeit werden drei Kugeln mit der gleichen Nummer gezogen?
b) Mit welcher Wahrscheinlichkeit wird mindestens zweimal die 1 gezogen?
c) Mit welcher Wahrscheinlichkeit werden genau zwei Kugeln mit der gleichen Nummer gezogen?

13. Robinson hat festgestellt, dass auf seiner Insel folgende Wetterregeln gelten:
(1) Ist es heute schön, ist es morgen mit 80% Wahrscheinlichkeit ebenfalls schön.
(2) Ist heute schlechtes Wetter, so ist morgen mit 75% Wahrscheinlichkeit ebenfalls schlechtes Wetter.
a) Heute (Montag) scheint die Sonne. Mit welcher Wahrscheinlichkeit kann Robinson am Mittwoch mit schönem Wetter rechnen?

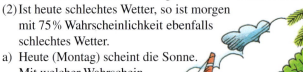

b) Heute ist Dienstag und es ist schön. Mit welcher Wahrscheinlichkeit regnet es am Freitag?

14. In einer Lostrommel sind 7 Nieten und 1 Gewinnlos. Jede der 8 Personen auf der Silvester-Party darf einmal ziehen. Hat die Person, die als zweite (als dritte usw. als letzte) zieht, eine größere Gewinnchance als die Person, die als erste zieht?

15. In einer Schublade liegen 4 rote, 8 weiße, 2 blaue und 6 grüne Socken. Im Dunkeln nimmt Franz zwei Socken gleichzeitig aus der Schublade.
Mit welcher Wahrscheinlichkeit entnimmt er
a) eine weiße und eine blaue Socke,
b) zwei gleichfarbige Socken,
c) keine rote Socke?

16. Die drei Räder eines Glücksautomaten sind jeweils in 5 gleich große Sektoren eingeteilt und drehen sich unabhängig voneinander (Abbildung).
a) Mit welcher Wahrscheinlichkeit gewinnt man 7 € bzw. 2 €?
b) Lohnt sich das Spiel auf lange Sicht?

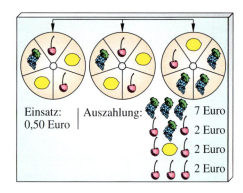

17. Eine Tontaube wird von fünf Jägern gleichzeitig ins Visier genommen. Zum Glück treffen diese nur mit den Wahrscheinlichkeiten 5%, 5%, 10%, 10% und 20%.
a) Mit welcher Wahrscheinlichkeit überlebt die Tontaube?
b) Mit welcher Wahrscheinlichkeit wird die Tontaube mindestens zweimal getroffen?

18. Ein Würfel mit den Maßen 4×4×4, dessen Oberfläche rot gefärbt ist, wird durch Schnitte parallel zu den Seitenflächen in 64 Würfel mit den Maßen 1×1×1 zerlegt. Aus diesen 64 Würfeln wird ein Würfel zufällig ausgewählt und dann geworfen.
Mit welcher Wahrscheinlichkeit ist keine seiner 5 sichtbaren Seiten rot?

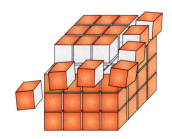

Schwierige Aufgaben zu Baumdiagrammen

19. Gregor, Fabian und Simon spielen Skat. Gregor meint: „Einer von euch könnte in den Keller gehen und Cola holen." Die beiden Mitspieler können sich nicht einigen. Daher schlägt Gregor vor: „Ich habe gerade zwei Karten aus dem Spiel zufällig gezogen. Sind sie gleichfarbig, geht Fabian. Sind sie verschiedenfarbig, geht Simon". Beide sind einverstanden. Simon wird so ausgelost. Fabian freut sich. Ist das Verfahren für Fabian und Simon gerecht?

20. Peter und Paul ziehen abwechselnd je eine Kugel aus der abgebildeten Urne (ohne Zurücklegen). Peter beginnt.
a) Wer zuerst Schwarz zieht, gewinnt.
   Wer hat die besseren Chancen?
b) Wer hat die besseren Chancen, wenn Weiß gewinnt?

21. Herberts Bus fährt planmäßig um 7 Uhr ab. In 90 Prozent aller Fälle hat er aber fünf Minuten Verspätung und fährt daher erst um 7.05 Uhr ab. Ansonsten ist der Bus pünktlich. Herbert geht um 7 Uhr zu Hause los und benötigt vier Minuten bis zur Haltestelle.

Wie groß ist die Wahrscheinlichkeit, dass er an fünf Tagen den Bus
a) an keinem Tag verpasst,
b) an genau drei Tagen verpasst,
c) an genau drei aufeinanderfolgenden Tagen nicht einmal verpasst?

22. Ein Würfel wird n-mal geworfen. Wie groß ist die Wahrscheinlichkeit, dass man dabei gar keine Sechs wirft? Mit welcher Wahrscheinlichkeit wirft man wenigstens eine Sechs? Wie oft muss man werfen, wenn die Wahrscheinlichkeit für „wenigstens eine Sechs" mindestens 90% betragen soll?

23. 10 absolut treffsichere Jäger schießen gleichzeitig auf 10 aufsteigende Moorhühner. Jeder Jäger sucht sich sein Huhn zufällig aus.
a) Mit welcher Wahrscheinlichkeit überlebt ein einzelnes Moorhuhn?
   Überlegen Sie: Mit welcher Wahrscheinlichkeit entscheidet sich Jäger 1 nicht für dieses Moorhuhn, Jäger 2 nicht für dieses Moorhuhn, usw.?
b) Wie viele Moorhühner überleben im Durchschnitt?

24. Rechts sind die Netze zweier Würfel abgebildet. Es wird dreimal mit beiden Würfeln gewürfelt. Gewonnen hat man, wenn im ersten Doppelwurf ein Pasch kommt (zwei gleiche Augenzahlen), außerdem im zweiten Doppelwurf eine Augensumme unter 6 fällt.

Mit welcher Wahrscheinlichkeit gewinnt man bei diesem Spiel?

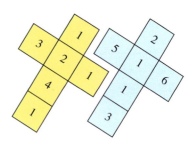

25. Max und Moritz, zwei Schachspieler, tragen ein Turnier aus. Sieger ist, wer als erster 2 Spiele gewonnen hat. Max hat das erste Spiel bereits gewonnen. Welche Gewinnwahrscheinlichkeit p muss er haben, wenn die Chancen für den Turniersieg nun (nach dem 1. Sieg von Max) für beide gleich groß sein sollen?

26. In einem fernen Land ist ein Falschspieler zu 2 Jahren Kerker verurteilt worden. Der Landesfürst lässt ihm noch eine Chance, da der Spieler zum ersten Mal gegen das Gesetz verstoßen hat. Der Falschspieler muss mit verbundenen Augen eine von drei Urnen auswählen (Abb.). Anschließend muss er aus dieser Urne eine Kugel ziehen. Ist diese weiß, so wird er begnadigt.

a) Welche Begnadigungschance hat der Falschspieler?

b) Kann er seine Chance verbessern, wenn ihm vor der Prozedur gestattet wird, alle vorhandenen Kugeln völlig beliebig auf die Urnen aufzuteilen?

27. Hans besitzt 18 Tüten Brausepulver. Peter will 10 Tüten kaufen und Paul möchte 15 Tüten kaufen. Um auf das Geschäft nicht verzichten zu müssen, füllt Hans 7 weitere Tüten mit Zucker. Hans weiß, dass Peter und Paul jeweils eine Tüte kontrollieren werden. Sollten diese Zucker enthalten, kann Hans sich auf eine gehörige Abreibung gefasst machen.

a) Hans teilt folgendermaßen auf: Peter erhält 5 Tüten mit Zucker, Paul erhält 2 Tüten mit Zucker. Wie groß ist die Wahrscheinlichkeit, dass dies bei keiner der beiden Kontrollen entdeckt wird?

b) Suchen Sie eine Aufteilung, die für Hans günstiger ist als die Aufteilung aus a).

c) Welche Aufteilung ist optimal für Hans?

3. Exkurs: Kombinatorische Abzählverfahren

Schon bei einfachen Zufallsversuchen kann es vorkommen, dass die Ergebnismenge so umfangreich wird, dass es nicht mehr sinnvoll ist, sie als Menge oder in Form eines Baumdiagramms darzustellen. Dann verwendet man kombinatorische Abzählverfahren, die in solchen Fällen die Berechnung von Laplace-Wahrscheinlichkeiten ermöglichen.

A. Die Produktregel

▶ **Beispiel:** Ein Autohersteller bietet für ein Modell 5 unterschiedliche Motorstärken (60 kW, 65 kW, 70 kW, 90 kW, 120 kW), 6 verschiedene Farben (Rot, Blau, Weiß, Gelb, Schwarz, Orange) und 4 verschiedene Innenausstattungen (einfach, normal, luxus, super) an.
Unter wie vielen Modellvarianten kann ein Käufer auswählen?

Lösung:
Durch Kombination der 5 möglichen Motorleistungen mit den 6 möglichen Farben ergeben sich schon $5 \cdot 6 = 30$ Variationsmöglichkeiten.

Jede dieser 30 Zusammenstellungen kann mit jeweils 4 Innenausstattungen kombiniert werden.

Insgesamt erhält man so $5 \cdot 6 \cdot 4 = 120$ verschiedene Modellvarianten.

Das zugehörige – nebenstehend angedeutete – Baumdiagramm (Anzahlbaum) würde mit 120 Pfaden ausufern.

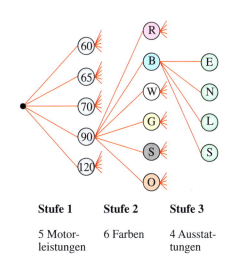

Stufe 1	Stufe 2	Stufe 3
5 Motorleistungen	6 Farben	4 Ausstattungen

In gleicher Weise wie im obigen Beispiel können wir bei mehrstufigen Zufallsversuchen die Anzahl der Ergebnisse immer dann als Produkt der Anzahl der Möglichkeiten pro Stufe bestimmen, wenn die Anzahl der in einer Stufe bestehenden Möglichkeiten nicht vom Ausgang anderer Stufen abhängt.

> **Die Produktregel**
> Ein Zufallsversuch werde in k Stufen durchgeführt. Die Anzahl der in einer beliebigen Stufe möglichen Ergebnisse sei unabhängig von den Ergebnissen vorhergehender Stufen.
> In der ersten Stufe gebe es n_1, in der zweiten Stufe gebe es n_2, ... und in der k-ten Stufe gebe es n_k mögliche Ergebnisse.
> Dann hat der Zufallsversuch insgesamt $n_1 \cdot n_2 \cdot ... \cdot n_k$ mögliche Ergebnisse.

Übung 1
In einer Großstadt besteht das Kfz-Kennzeichen aus zwei Buchstaben, gefolgt von zwei Ziffern, gefolgt von einem weiteren Buchstaben. Wie viele Kennzeichen sind in der Stadt möglich?

B. Geordnete Stichproben beim Ziehen aus einer Urne

Mehrstufige Zufallsexperimente, die in jeder Stufe in gleicher Weise ablaufen, lassen sich gut durch sogenannte *Urnenmodelle* erfassen. In einer solchen Urne liegen n unterscheidbare Kugeln. Nacheinander werden k Kugeln *mit oder ohne Zurücklegen* gezogen. Je nachdem, ob man sich für die Reihenfolge des Auftretens der Ergebnisse interessiert oder ob die Reihenfolge keine Rolle spielt, spricht man von einer *geordneten Stichprobe* oder von einer *ungeordneten Stichprobe*. Die Anzahl der möglichen Reihenfolgen lässt sich stets durch eine Formel erfassen.

Ziehen mit Zurücklegen unter Beachtung der Reihenfolge (geordnete Stichprobe)

Aus einer Urne mit n unterscheidbaren Kugeln werden nacheinander k Kugeln **mit Zurücklegen** gezogen. Die Ergebnisse werden in der Reihenfolge des Ziehens notiert. Dann gilt für die Anzahl N der möglichen Anordnungen (k-Tupel) die Formel

$$N = n^k.$$

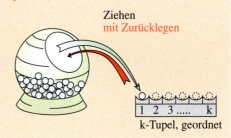

▶ **Beispiel: 13-Wette (Fußballtoto)**
Beim Fußballtoto muss man den Ausgang von 13 festgelegten Spielen vorhersagen. Dabei bedeutet 1 einen Sieg der Heimmannschaft, 0 ein Unentschieden und 2 einen Sieg der Gastmannschaft. Wie viele verschiedene Tippreihen sind möglich?

Lösung:
Man modelliert die Wette durch eine Urne, welche drei Kugeln mit den Nummern 0, 1 und 2 enthält. Man zieht eine Kugel, notiert das Ergebnis und legt die Kugel zurück. Das ganze wiederholt man 13-mal. Die Reihenfolge der Ergebnisse ist dabei wichtig. Nach obiger Formel gibt es $N = 3^{13}$ verschiedene
▶ Anordnungen (13-Tupel), d. h. 1 594 323 Tippreihen.

Der Beweis der vorhergehenden Regel ergibt sich aus dem Produktsatz: Bei jeder Ziehung gibt es wegen des Zurücklegens stets wieder n mögliche Ergebnisse, insgesamt also n^k Anordnungen. Zieht man allerdings ohne Zurücklegen, so gibt es bei der ersten Ziehung n Ergebnisse, bei der zweiten Ziehung nur noch n − 1 Ergebnisse usw. In diesem Fall gibt es daher nach der Produktregel insgesamt n · (n − 1) · … · (n − k + 1) Anordnungen.

**Ziehen ohne Zurücklegen unter Beachtung der Reihenfolge
(geordnete Stichprobe)**

Aus einer Urne mit n unterscheidbaren Kugeln werden nacheinander k Kugeln **ohne Zurücklegen** gezogen. Die Ergebnisse werden in der Reihenfolge des Ziehens notiert. Dann gilt für die Anzahl N der möglichen Anordnungen (k-Tupel) die Formel

N = n · (n − 1) · … · (n − k + 1).

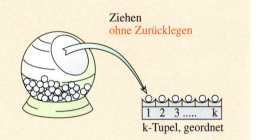

Wichtiger Sonderfall: k = n. Aus der Urne wird so lange gezogen, bis sie leer ist. Es gibt dann N = n · (n − 1) · … · 3 · 2 · 1 = n! (n-Fakultät) mögliche Anordnungen.

▶ **Beispiel: Pferderennen**
Bei einem Pferderennen mit 12 Pferden gibt ein völlig ahnungsloser Zuschauer einen Tipp ab für die Plätze 1, 2 und 3.
Wie groß sind seine Chancen, die richtige Einlaufreihenfolge vorherzusagen?

Lösung:
Man modelliert den Vorgang durch eine Urne, welche 12 Kugeln enthält, für jedes Pferd eine Kugel. Man zieht eine Kugel und notiert das Ergebnis. Das entsprechende Pferd soll also Platz 1 erreichen. Dann wiederholt man das Ganze zweimal, um die Plätze 2 und 3 zu belegen. Dabei wird nicht zurückgelegt.
Nach obiger Formel gibt es insgesamt N = 12 · 11 · 10 verschiedene Anordnungen (3-Tupel) für den Zieleinlauf, d. h. 1320 Möglichkeiten. Die Chance für den sachunkundigen Zuschauer beträgt
▶ also weniger als 1 Promille.

Übung 2
Ein Zahlenschloss besitzt fünf Ringe, die jeweils die Ziffer 0, …, 9 tragen. Wie viele verschiedene fünfstellige Zahlencodes sind möglich? Wie ändert sich die Anzahl der möglichen Zahlencodes, wenn in dem Zahlencode jede Ziffer nur einmal vorkommen darf, d. h. der Zahlencode aus fünf verschiedenen Ziffern bestehen soll? Wie ändert sich die Anzahl, wenn der Zahlencode nur aus gleichen Ziffern bestehen soll?

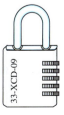

C. Ungeordnete Stichproben beim Ziehen aus einer Urne

▶ **Beispiel: Minilotto „3 aus 7"**
In einer Lottotrommel befinden sich 7 Kugeln. Bei einer Ziehung werden 3 Kugeln gezogen. Mit welcher Wahrscheinlichkeit wird man mit einem Tipp Lottokönig?

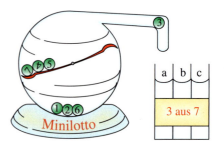

Lösung:
Das Ankreuzen der 3 Minilottozahlen ist ein Ziehen ohne Zurücklegen. Würde es dabei auf die Reihenfolge der Zahlen ankommen, so gäbe es $7 \cdot 6 \cdot 5$ unterschiedliche 3-Tupel als mögliche geordnete Tipps.

Aus einer Menge von 7 Zahlen lassen sich $7 \cdot 6 \cdot 5$ verschiedene 3-Tupel bilden.

Da es beim Lotto jedoch nicht auf die Reihenfolge der Zahlen ankommt, fallen all diejenigen 3-Tupel zu einem ungeordneten Tipp zusammen, die sich nur in der Anordnung ihrer Elemente unterscheiden.

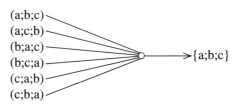

Da man aus 3 Zahlen insgesamt 3! 3-Tupel bilden kann, fallen jeweils 3! dieser geordneten 3-Tupel zu einem Lottotipp, d. h. zu einer 3-elementigen Menge zusammen.
Es gibt also $\frac{7 \cdot 6 \cdot 5}{3!} = 35$ Lottotipps.
Die Chancen, mit einem Tipp Lottokönig
▶ zu werden, stehen daher 1 zu 35.

Einer 3-elementigen Menge entsprechen jeweils 3! verschiedene 3-Tupel.

Eine Menge von 7 Zahlen besitzt genau $\frac{7 \cdot 6 \cdot 5}{3!}$ 3-elementige Teilmengen.

Beim Minilotto werden aus einer 7-elementigen Menge ungeordnete Stichproben vom Umfang 3 ohne Zurücklegen entnommen. Eine solche Stichprobe stellt eine 3-elementige Teilmenge der 7-elementigen Menge dar.
Es gibt insgesamt genau $\frac{7 \cdot 6 \cdot 5}{3!} = \frac{7 \cdot 6 \cdot 5 \cdot 4 \cdot 3 \cdot 2 \cdot 1}{3! \cdot 4 \cdot 3 \cdot 2 \cdot 1} = \frac{7!}{3! \cdot 4!} = \binom{7}{3}$ solche Teilmengen.

Verallgemeinerung:
Aus einer n-elementigen Menge kann man $\binom{n}{k} = \frac{n!}{k! \cdot (n-k)!}$ k-elementige Teilmengen (ungeordnete Stichproben vom Umfang k) bilden.
Der Term $\binom{n}{k}$, gelesen „n über k", heißt *Binomialkoeffizient*. Auf Taschenrechnern existiert eine spezielle Berechnungstaste, die nCr-Taste (engl.: n choose r; dt.: n über r), der GTR verfügt über eine entsprechende Funktion.

Unsere Überlegungen lassen sich folgendermaßen als Abzählprinzip zusammenfassen:

Ziehen ohne Zurücklegen ohne Beachtung der Reihenfolge (ungeordnete Stichprobe)

Wird aus einer Urne mit n unterscheidbaren Kugeln eine ungeordnete Teilmenge von k Kugeln entnommen, so ist die Anzahl der Möglichkeiten hierfür durch folgende Formeln gegeben:*

$$\binom{n}{k} = \frac{n!}{k! \cdot (n-k)!} = \frac{n \cdot (n-1) \cdot \ldots \cdot (n-k+1)}{k!}$$

▶ **Beispiel:** Wie viele verschiedene Tipps müsste man abgeben, um im Zahlenlotto „6 aus 49" mit Sicherheit „6 Richtige" zu erzielen?

Lösung:
Beim Lotto wird aus der Menge von 49 Zahlen eine ungeordnete Stichprobe vom Umfang 6, d. h. eine Menge mit 6 Elementen, ohne Zurücklegen entnommen.
Eine 49-elementige Menge hat $\binom{49}{6} = \frac{49!}{6! \cdot 43!} = \frac{49 \cdot 48 \cdot 47 \cdot 46 \cdot 45 \cdot 44}{6 \cdot 5 \cdot 4 \cdot 3 \cdot 2 \cdot 1} = 13\,983\,816$ verschiedene
▶ 6-elementige Teilmengen. So viele Tipps sind möglich und nur einer trifft ins Schwarze.

Übung 3
a) Berechnen Sie die Binomialkoeffizienten $\binom{5}{3}, \binom{7}{6}, \binom{4}{4}, \binom{5}{0}, \binom{8}{3}, \binom{9}{2}, \binom{22}{11}, \binom{100}{20}$.

b) Wie viele 5-elementige Teilmengen hat eine 12-elementige Menge?

c) Wie viele Teilmengen mit mehr als 4 Elementen hat eine 9-elementige Menge?

d) Wie viele Teilmengen hat eine 10-elementige Menge insgesamt?

Übung 4
a) An einem Fußballturnier nehmen 8 Mannschaften teil. Wie viele Endspielkombinationen sind möglich?

b) In einer Stadt gibt es 5000 Telefonanschlüsse. Wie viele Gesprächspaarungen gibt es?

c) Aus einer Klasse mit 25 Schülern sollen drei Schüler abgeordnet werden. Wie viele Gruppenzusammenstellungen sind möglich?

Übung 5
a) Aus einem Skatspiel werden vier Karten gezogen. Mit welcher Wahrscheinlichkeit handelt es sich um vier Asse?

b) Aus den 26 Buchstaben des Alphabets werden 5 zufällig ausgewählt. Wie groß ist die Wahrscheinlichkeit, dass kein Konsonant dabei ist?

---

* Hinweise: $\binom{n}{k}$ ist nur für $0 \le k \le n$ definiert. Wegen $0! = 1$ gilt $\binom{n}{0} = 1$ und $\binom{n}{n} = 1$.

D. Das Lottomodell

Die Bestimmung von Tippwahrscheinlichkeiten beim Lottospiel kann als Modell für zahlreiche weitere Zufallsprozesse verwendet werden. Wir betrachten eine Musteraufgabe.

▶ **Beispiel:** Wie groß ist die Wahrscheinlichkeit, dass man beim Lotto „6 aus 49" mit einem abgegebenen Tipp genau vier Richtige erzielt?

Lösung:
Insgesamt sind $\binom{49}{6} = 13\,983\,816$ Tipps möglich. Um festzustellen, wie viele dieser Tipps günstig für das Ereignis E: „Vier Richtige" sind, verwenden wir folgende Grundidee:
Wir denken uns den Inhalt der Lottourne in zwei Gruppen von Zahlen unterteilt: in eine Gruppe von 6 roten Gewinnkugeln und ein Gruppe von 43 weißen Nieten.

Ein für E günstiger Tipp besteht aus vier roten und zwei weißen Kugeln.

Es gibt $\binom{6}{4} = 15$ Möglichkeiten, aus der Gruppe der 6 roten Kugeln 4 Kugeln auszuwählen.

Analog gibt es $\binom{43}{2} = 903$ Möglichkeiten, aus der Gruppe der 43 weißen Kugeln 2 Kugeln auszuwählen.

Folglich gibt es $\binom{6}{4} \cdot \binom{43}{2}$ Möglichkeiten, vier rote Kugeln mit zwei weißen Kugeln zu einem für E günstigen Tipp zu kombinieren.

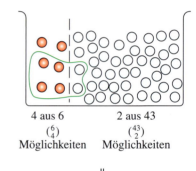

4 aus 6   2 aus 43
$\binom{6}{4}$ $\binom{43}{2}$
Möglichkeiten   Möglichkeiten

⇓

$$P(\text{„4 Richtige"}) = \frac{\binom{6}{4} \cdot \binom{43}{2}}{\binom{49}{6}}$$

$$= \frac{15 \cdot 903}{13\,983\,816} \approx 0{,}001$$

Dividieren wir diese Zahl durch die Anzahl aller Tipps, d. h. durch $\binom{49}{6}$, so erhalten wir die gesuchte Wahrscheinlichkeit.
▶ Sie beträgt ca. 0,001.

Übung 6
a) Berechnen Sie die Wahrscheinlichkeit für genau drei Richtige im Lotto 6 aus 49.
b) Mit welcher Wahrscheinlichkeit erzielt man mindestens fünf Richtige?

Übung 7
Eine Zehnerpackung Glühlampen enthält vier Lampen mit verminderter Leistung. Jemand kauft fünf Lampen. Mit welcher Wahrscheinlichkeit sind darunter
a) genau zwei defekte Lampen,
b) mindestens zwei defekte Lampen,
c) höchstens zwei defekte Lampen?

E. Das Fächermodell

Beim Lottomodell wurde die Urne für die theoretische Erklärung in zwei Fächer aufgeteilt, mit den sechs Gewinnkugeln im ersten Fach und den 43 Nieten im zweiten Fach.
Vier Richtige kommen zustande, wenn aus dem ersten Fach vier Gewinnkugeln und aus dem zweiten Fach zwei Nieten gezogen werden.

Das Lottomodell

$$P(\text{„4 Richtige"}) = \frac{\binom{6}{4} \cdot \binom{43}{2}}{\binom{49}{6}}$$

Oft kommen bei einem solchen Zufallsversuch mehr als zwei Ausprägungen vor. Dann benötigt man auch mehr Fächer.

> **Beispiel: Fächermodell**
> Eine Grundschulklasse besteht aus 8 Jungen und 16 Mädchen sowie 4 Lehrern. Aus dieser Menge sollen 7 Personen zur Vorbereitung eines Jahrgangsfestes zufällig gezogen werden. Mit welcher Wahrscheinlichkeit werden genau ein Lehrer, zwei Jungen und vier Mädchen gezogen?

Lösung:
Wir arbeiten nun zur Erklärung mit einer Urne, die drei Fächer besitzt. Das erste für die 4 Lehrer, das zweite für die 8 Jungen und das dritte für die 16 Mädchen.
Nun sollen 7 der insgesamt 28 Personen gezogen werden, davon einer aus der Vierergruppe der Lehrer, 2 aus der Achtergruppe der Jungen und 4 aus der Sechzehnergruppe der Mädchen, wofür es $\binom{4}{1} \cdot \binom{8}{2} \cdot \binom{16}{4}$ Möglichkeiten gibt, die der Gesamtzahl von $\binom{28}{7}$ Möglichkeiten, 7 aus 28 zu ziehen, gegenüberstehen.
▶ Wir erhalten als Resultat eine Wahrscheinlichkeit von ca. 17,22 %.

Das Fächermodell*

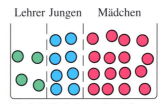

P(1 Lehrer, 2 Jungen, 4 Mädchen)
$$= \frac{\binom{4}{1} \cdot \binom{8}{2} \cdot \binom{16}{4}}{\binom{28}{7}}$$
$$= \frac{4 \cdot 28 \cdot 1820}{1\,184\,040} \approx 0{,}1722$$
$$\approx 17{,}22\,\%$$

Übung 8
Wie groß ist beim Lotto die Wahrscheinlichkeit für fünf Richtige mit Zusatzzahl?
Hierfür werden 6 Zahlen angekreuzt. Es gibt 6 Gewinnkugeln, 42 Nieten und 1 Zusatzzahl.

Übung 9
In der Gerätekammer des Fußballvereins liegen 50 Bälle, von denen 30 richtig, 15 zu fest und 5 zu locker aufgepumpt sind. Für das Training werden 10 Bälle zufällig entnommen.
Wie groß ist die Wahrscheinlichkeit, dass A: genau 6 den richtigen, 3 einen zu hohen Druck haben, einer aber zu schlaff ist? B: genau 5 richtig und 5 zu schwach gefüllt sind?

---
* Dieses Urnenfächermodell stimmt nicht mit dem sogenannten Kugelfächermodell überein.

Übungen

10. In einer Halle gibt es acht Leuchten, die einzeln ein- und ausgeschaltet werden können. Wie viele unterschiedliche Beleuchtungsmöglichkeiten gibt es?

11. Ein Zahlenschloss hat drei Einstellringe für die Ziffern 0 bis 9.
a) Wie viele Zahlenkombinationen gibt es insgesamt?
b) Wie viele Kombinationen gibt es, die höchstens eine ungerade Ziffer enthalten?

12. Ein Passwort soll mit zwei Buchstaben beginnen, gefolgt von einer Zahl mit drei oder vier Ziffern. Wie viele verschiedene Passwörter dieser Art gibt es?

13. Tim besitzt vier Kriminalromane, fünf Abenteuerbücher und drei Mathematikbücher.
a) Wie viele Möglichkeiten der Anordnung in seinem Buchregal hat Tim insgesamt?
b) Wie viele Anordnungsmöglichkeiten gibt es, wenn die Bücher thematisch nicht vermischt werden dürfen?

14. Trapper Fuzzi ist auf dem Weg nach Alaska. Er muss drei Flüsse überqueren. Am ersten Fluss gibt es sieben Furten, wovon sechs passierbar sind. Am zweiten Fluss sind es fünf Furten, wovon vier passierbar sind. Am dritten Fluss sind zwei der drei Furten passierbar. Fuzzi entscheidet sich stets zufällig für eine der Furten. Sollte man darauf wetten, dass er durchkommt?

15. Ein Computer soll alle unterschiedlichen Anordnungen der 26 Buchstaben des Alphabets in einer Liste abspeichern. Wie lange würde dieser Vorgang dauern, wenn die Maschine in einer Millisekunde eine Million Anordnungen erzeugen könnte?

16. Wie viele Möglichkeiten gibt es, die elf Spieler einer Fußballmannschaft für ein Foto in einer Reihe aufzustellen?

17. An einem Fußballturnier nehmen 12 Mannschaften teil. Wie viele Endspielpaarungen sind theoretisch möglich und wie viele Halbfinalpaarungen sind theoretisch möglich?

18. Acht Schachspieler sollen zwei Mannschaften zu je vier Spielern bilden. Wie viele Möglichkeiten gibt es?

19. Eine Klasse besteht aus 24 Schülern, 16 Mädchen und 8 Jungen. Es soll eine Abordnung von 5 Schülern gebildet werden. Wie viele Möglichkeiten gibt es, wenn die Abordnung
a) aus 3 Mädchen und 2 Jungen bestehen soll,
b) nicht nur aus Mädchen bestehen soll?

20. Am Ende eines Fußballspiels kommt es zum Elfmeterschießen. Dazu werden vom Trainer fünf der elf Spieler ausgewählt.
a) Wie viele Auswahlmöglichkeiten hat der Trainer?
b) Wie viele Auswahlmöglichkeiten gibt es, wenn der Trainer auch noch festlegt, in welcher Reihenfolge die fünf Spieler schießen sollen?

3. Exkurs: Kombinatorische Abzählverfahren

21. Aus einem Kartenspiel mit den üblichen 32 Karten werden vier Karten entnommen.
a) Wie viele Möglichkeiten der Entnahme gibt es insgesamt?
b) Wie viele Möglichkeiten gibt es, wenn zusätzlich gefordert wird, dass unter den vier Karten genau zwei Asse sein sollen?

22. Aus einer Urne mit 15 weißen und 5 roten Kugeln werden 8 Kugeln ohne Zurücklegen gezogen. Mit welcher Wahrscheinlichkeit sind unter den gezogenen Kugeln genau 3 rote Kugeln? Mit welcher Wahrscheinlichkeit sind mindestens 4 rote Kugeln dabei?

23. In einer Lieferung von 100 Transistoren sind 10 defekt. Mit welcher Wahrscheinlichkeit werden bei Entnahme einer Stichprobe von 5 Transistoren genau 2 (mindestens 3) defekte Transistoren entdeckt?

24. In einer Sendung von 80 Batterien befinden sich 10 defekte. Mit welcher Wahrscheinlichkeit enthält eine Stichprobe von 5 Batterien genau eine (genau 3, höchstens 4, mindestens eine) defekte Batterie?

25. Auf einem Rummelplatz wird ein Minilotto „4 aus 16" angeboten. Der Spieleinsatz beträgt pro Tipp 1 €. Die Auszahlungsquoten lauten 10 € bei 3 Richtigen und 1000 € bei 4 Richtigen. Mit welchem mittleren Gewinn kann der Veranstalter pro Tipp rechnen?

26. In einer Urne befinden sich 5 rote, 3 weiße und 6 schwarze Kugeln. 3 Kugeln werden ohne Zurücklegen gezogen. Mit welcher Wahrscheinlichkeit sind sie alle verschiedenfarbig (alle rot, alle gleichfarbig)?

27. Ein Hobbygärtner kauft eine Packung mit 50 Tulpenzwiebeln. Laut Aufschrift handelt es sich um 10 rote und 40 weiße Tulpen. Er pflanzt 5 zufällig entnommene Zwiebeln. Wie groß ist die Wahrscheinlichkeit, dass hiervon
a) genau 2 Tulpen rot sind?
b) mindestens 3 Tulpen weiß sind?

28. In einer Lostrommel liegen 10 Lose, von denen 4 Gewinnlose sind. Drei Lose werden gezogen. Mit welcher Wahrscheinlichkeit sind darunter mindestens zwei Gewinnlose?

29. Unter den 100 Losen einer Lotterie befinden sich 2 Hauptgewinne, 8 einfache Gewinne und 20 Trostpreise.
a) Mit welcher Wahrscheinlichkeit befinden sich unter 5 gezogenen Losen genau ein Hauptgewinn und sonst nur Nieten (überhaupt kein Gewinn)?
b) Mit welcher Wahrscheinlichkeit befinden sich unter 10 gezogenen Losen genau 2 einfache Gewinne, 3 Trostpreise und sonst nur Nieten (1 Hauptgewinn, 2 einfache Gewinne und sonst nur Nieten)?
Anleitung: Teilen Sie die Lose in vier Gruppen ein.

4. Bedingte Wahrscheinlichkeiten/Unabhängigkeit

A. Der Begriff der bedingten Wahrscheinlichkeit

Die Wahrscheinlichkeit eines Ereignisses ist eine relative Größe. Sie kann durch *Informationen* beeinflusst werden. Wir betrachten als Beispiel einen Würfelwurf.

> **Beispiel:** Ein Würfel mit dem abgebildeten Netz wurde verdeckt geworfen. Betrachtet wird die Wahrscheinlichkeit für die Augenzahl 5. Wie groß ist diese Wahrscheinlichkeit? Wie hoch ist die Wahrscheinlichkeit, wenn man zusätzlich die Information erhält, dass eine grüne Fläche oben liegt?

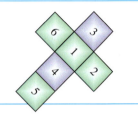

Lösung:
Die totale Wahrscheinlichkeit für die Augenzahl Fünf beträgt im Prinzip $\frac{1}{6}$, da es sechs gleichwahrscheinliche Ergebnisse 1, 2, 3, 4, 5, 6 gibt.
Hat man jedoch die Vorinformation, dass eine grüne Fläche gefallen ist, so kommen nur noch die Ergebnisse 1, 2, 5 und 6 in Frage, und man wird unter dieser Bedingung die Wahrscheinlichkeit für die Augenzahl Fünf auf $\frac{1}{4}$ taxieren.

Man spricht in diesem Zusammenhang von einer *bedingten Wahrscheinlichkeit*.

Man verwendet hierfür die symbolische Schreibweise $P_B(A)$.
(gelesen: Die Wahrscheinlichkeit von A unter der Bedingung B).

Bedingte Wahrscheinlichkeiten können durch zweistufige Baumdiagramme veranschaulicht werden. Rechts ist der Zusammenhang dargestellt. In der zweiten Stufe des Baumdiagramms treten vier bedingte Wahrscheinlichkeiten auf.

Bedingte Wahrscheinlichkeiten beim Würfelwurf

A: „Es fällt eine Fünf"
B: „Es fällt eine grüne Fläche"

$P(A) = \frac{1}{6}$ $\qquad P_B(A) = \frac{1}{4}$

totale Wahrscheinlichkeit $\qquad$ bedingte Wahrscheinlichkeit

Bedingte Wahrscheinlichkeiten im Baumdiagramm

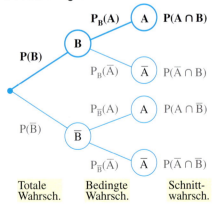

Beispielsweise gibt es für das Eintreten von A zwei bedingte Wahrscheinlichkeiten:
$P_B(A)$: Wahrscheinlichkeit, dass A eintritt, unter der Bedingung, dass B eingetreten ist.
$P_{\overline{B}}(A)$: Wahrscheinlichkeit, dass A eintritt, unter der Bedingung, dass $\overline{B}$ eingetreten ist.

4. Bedingte Wahrscheinlichkeiten/Unabhängigkeit

Der Begriff der bedingten Wahrscheinlichkeit kann durch eine Formel definiert werden:

Definition VI.2:
Bedingte Wahrscheinlichkeit

$$P_B(A) = \frac{P(A \cap B)}{P(B)}, P(B) > 0$$

Satz VI.4: Multiplikationssatz
Für zwei Ereignisse A und B mit $P(B) > 0$ gilt die Formel

$$P(A \cap B) = P(B) \cdot P_B(A).$$

Zur Lösung von Aufgaben wird meistens der Multiplikationssatz herangezogen, weil er die Schnittwahrscheinlichkeit $P(A \cap B)$ auf die einfacher zu bestimmenden Wahrscheinlichkeiten $P(B)$ und $P_B(A)$ zurückführt.

▶ **Beispiel:** Aus einem Kartenspiel werden zwei Karten nacheinander gezogen. Wie groß ist die Wahrscheinlichkeit dafür, dass
a) beide Karten Buben sind,
b) beide Karten keine Buben sind?

Lösung:
Gesucht sind die Schnittwahrscheinlichkeiten $P(B_1 \cap B_2)$ und $P(\overline{B}_1 \cap \overline{B}_2)$, wobei B_1 und B_2 rechts aufgeführt sind.

B_1: „Die 1. Karte ist ein Bube"
B_2: „Die 2. Karte ist ein Bube"

4 der 32 Karten sind Buben. Daher gilt $P(B_1) = \frac{4}{32}$ und $P(\overline{B}_1) = \frac{28}{32}$.

Auch die bedingten Wahrscheinlichkeiten $P_{B_1}(B_2) = \frac{3}{31}$ und $P_{\overline{B}_1}(B_2) = \frac{4}{31}$ sind leicht zu bestimmen. Hieraus ergeben sich auch noch die bedingten Wahrscheinlichkeiten $P_{B_1}(\overline{B}_2) = \frac{28}{31}$ und $P_{\overline{B}_1}(\overline{B}_2) = \frac{27}{31}$ als Gegenwahrscheinlichkeit.

Nun wird der Multiplikationssatz angewendet.

Alternativ kann man die Aufgabe mithilfe
▶ des abgebildeten Baumdiagramms lösen.

Anwendung des Multiplikationssatzes:
$P(B_1 \cap B_2) = P(B_1) \cdot P_{B_1}(B_2) = \frac{4}{32} \cdot \frac{3}{31}$
$\approx 0{,}012 = 1{,}2\%$

$P(\overline{B}_1 \cap \overline{B}_2) = P(\overline{B}_1) \cdot P_{\overline{B}_1}(\overline{B}_2) = \frac{28}{32} \cdot \frac{27}{31}$
$\approx 0{,}762 = 76{,}2\%$

Alternativ: Lösung mit Baumdiagramm:

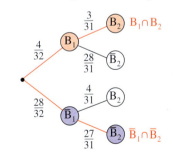

Übung 1
Otto hat fünf Schlüssel in seiner Hosentasche. Er zieht blindlings einen nach dem anderen, um in seine Wohnung zu gelangen. Wie groß ist die Wahrscheinlichkeit dafür, dass er den richtigen Schlüssel beim zweiten Griff (beim dritten Griff) zieht?

Übungen

2. Eine Urne enthält 5 rote und 4 schwarze Kugeln. Es werden zwei Kugeln nacheinander ohne Zurücklegen gezogen. Wie groß ist die Wahrscheinlichkeit dafür,
   a) dass die zweite gezogene Kugel rot ist, wenn die erste Kugel bereits rot war,
   b) dass die zweite gezogene Kugel rot ist, wenn die erste Kugel schwarz war,
   c) dass beide gezogenen Kugeln rot sind?

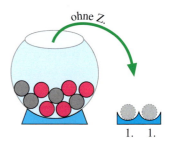

3. Die sensible Fußballmannschaft 1. FC Bosserode muss in 4 von 10 Fällen zuerst ein Gegentor hinnehmen. Tritt dieser Fall ein, wird das Spiel mit 80% Wahrscheinlichkeit verloren. Im anderen Fall werden 7 von 10 Spielen gewonnen. Es fällt mindestens ein Tor.
   a) Max setzt vor dem Spiel 40 € darauf, dass Bosserode das erste Tor schießt und das Spiel gewinnt. Moritz setzt 50 € dagegen. Wer hat die bessere Gewinnerwartung?
   b) Max setzt vor dem Spiel 10 € darauf, dass Bosserode weder das erste Tor schießt noch gewinnt. Moritz setzt 30 € dagegen. Wer hat die bessere Gewinnerwartung?

4. Bei einem Skatspiel erhält jeder der drei Spieler 10 der Karten, während die restlichen beiden Karten in den Skat gelegt werden.
   a) Felix hat genau 2 Buben und 8 weitere Karten auf der Hand und hofft, dass genau ein weiterer Bube im Skat liegt. Welche Wahrscheinlichkeit besteht hierfür?
   b) Die Buben von Felix sind Herz- und Karo-Bube. Mit welcher Wahrscheinlichkeit liegt
   b_1) genau 1 Bube, $\quad$ b_2) nur der Kreuz-Bube im Skat?

5. Eine Urne enthält schwarze und rote Kugeln. Nachdem eine Kugel aus der Urne gezogen und ihre Farbe festgestellt wurde, wird sie in die Urne zurückgelegt. Danach werden die Kugeln der anderen Farbe verdoppelt und es wird erneut eine Kugel gezogen.
   a) Mit welcher Wahrscheinlichkeit ist die erste Kugel rot und die zweite Kugel schwarz? Unter welcher Bedingung ist diese Wahrscheinlichkeit gleich $\frac{1}{3}$?
   b) Mit welcher Wahrscheinlichkeit sind beide Kugeln rot?
   Unter welcher Bedingung ist diese Wahrscheinlichkeit gleich 0,1?

6. An einem Tanzwettbewerb nehmen genau 5 Paare teil. Die Paare werden durch Auslosung neu zusammengewürfelt. Wie groß ist die Wahrscheinlichkeit dafür, dass
   a) alle 5 Paare wieder zusammengeführt werden,
   b) genau 1 Paar, genau 2 Paare, genau 3 Paare, genau 4 Paare zusammengeführt werden,
   c) kein Paar zusammengeführt wird?

4. Bedingte Wahrscheinlichkeiten/Unabhängigkeit

7. Auf einem Straßenfest wird folgendes Kartenspiel angeboten: Der Spielleiter präsentiert 3 Karten, beidseitig gefärbt, die erste Karte auf beiden Seiten schwarz, die zweite Karte auf beiden Seiten rot, die dritte Karte auf der einen Seite rot und auf der anderen Seite schwarz. Diese Karten werden in eine leere Kiste gelegt und man darf blindlings eine Karte daraus ziehen, von der alle jedoch nur die Oberseite sehen. Sie zeigt Rot.

   Der Spielleiter wettet nun 10 € darauf, dass die unsichtbare Unterseite dieselbe Farbe wie die Oberseite hat. Sollte man bei dieser Wette 10 € dagegen halten?

8. Eine Schachtel enthält 15 Pralinen, davon 3 mit Marzipanfüllung. Peter nimmt zwei Pralinen. Mit welcher Wahrscheinlichkeit erwischt er zwei Marzipanpralinen?

9. Eine Packung mit 50 elektrischen Sicherungen wird vom Käufer einem Test unterzogen. Er entnimmt der Packung zufällig nacheinander ohne Zurücklegen zwei Sicherungen und prüft sie auf ihre Funktionsfähigkeit. Sind beide einwandfrei, so wird die Packung angenommen, ansonsten wird sie zurückgewiesen.
   Mit welcher Wahrscheinlichkeit wird eine Packung angenommen, obwohl sie 10 defekte Sicherungen enthält?

10. Eine Urne enthält 3 rote und 3 schwarze Kugeln. Eine Kugel wird aus der Urne genommen und die Farbe festgestellt. Die Kugel wird zurückgelegt und die Anzahl der Kugeln der gezogenen Farbe ver-n-facht. Anschließend wird wieder eine Kugel gezogen.
    Für welches n ist die Wahrscheinlichkeit für
    a) 2 verschiedenfarbige Kugeln größer als 25 %,
    b) 2 gleichfarbige Kugeln größer als 90 %?

Knobelaufgabe

Bei einem Würfelspiel erhält der Spieler 5 identische sechsflächige Würfel. Beim ersten Wurf würfelt er mit allen fünf Würfeln, beim zweiten mit vier, beim dritten mit drei und beim vierten mit zwei Würfeln.
Zeigen bei einem Wurf zwei der Würfel die gleiche Augenzahl, hat der Spieler verloren. Sind alle Augenzahlen jedoch verschieden, wird daraus die Summe gebildet. Der Spieler gewinnt, wenn er jeweils die gleiche Summe würfelt.

Über die Würfel ist Folgendes bekannt:
1. Alle sechs Augenzahlen sind positive ganze Zahlen.
2. Alle sechs Augenzahlen sind verschieden.
3. Die höchste Augenzahl ist 10.
4. Die Augenzahlsumme eines Würfels ist gerade.
5. Es ist möglich zu gewinnen.
Wie lauten die 6 Augenzahlen der identischen Würfel?

B. Unabhängige Ereignisse

Durch das Eintreten eines bestimmten Ereignisses B kann sich die Wahrscheinlichkeit für das Eintreten eines weiteren Ereignisses A ändern. Ist das der Fall, so werden A und B als *abhängige Ereignisse* bezeichnet. Ändert sich die Wahrscheinlichkeit von A durch das Eintreten von B jedoch nicht, so heißen A und B *unabhängige Ereignisse*. Die exakte Definition lautet:

Definition VI.3:
Stochastische Unabhängigkeit
A und B seien zwei Ereignisse mit $P(A) \neq 0$ und $P(B) \neq 0$.
A und B heißen dann stochastisch unabhängig, wenn gilt:
$$P_B(A) = P(A)$$

Satz VI.5:
Gleichwertige Bedingungen für stochastische Unabhängigkeit sind:
(1) $P_B(A) = P(A)$
(2) $P_A(B) = P(B)$
(3) $P(A \cap B) = P(A) \cdot P(B)$

▶ **Beispiel:** Ein Würfel wird zweimal geworfen. A_n sei das Ereignis, dass die Augensumme n erzielt wird. B sei das Ereignis, dass im ersten Wurf eine Primzahl fällt. Zeigen Sie, dass A_5 und B unabhängig sind, während A_8 und B abhängig sind.

Lösung:
Der Ergebnisraum $\Omega = \{(1;1), ..., (6;6)\}$ hat 36 Elemente, von welchen 4 für A_5 und 5 für A_8 günstig sind.
Also gilt: $P(A_5) = \frac{4}{36}$ und $P(A_8) = \frac{5}{36}$.
Setzen wir voraus, dass B eingetreten ist, so schrumpft der Ergebnisraum auf den gelb markierten Bereich, also auf 18 Zahlenpaare, von denen zwei für A_5 bzw. drei für A_8 günstig sind.
Also gilt: $P_B(A_5) = \frac{2}{18}$ und $P_B(A_8) = \frac{3}{18}$.
Die Wahrscheinlichkeit von A_5 wird also durch das Eintreten von B nicht beeinflusst. A_5 und B sind unabhängig.
Die Wahrscheinlichkeit von A_8 dagegen hängt vom Eintreten des Ereignisses B ab.
▶ A_8 und B sind abhängige Ereignisse.

$\Omega = \{(1;1), (1;2), ..., (6;5), (6;6)\}$
$A_5 = \{(1;4), (2;3), (3;2), (4;1)\}$
$A_8 = \{(2;6), (3;5), (4;4), (5;3), (6;2)\}$

$P(A_5) = \frac{4}{36}$; $P_B(A_5) = \frac{2}{18} = \frac{4}{36}$

$P(A_8) = \frac{5}{36}$; $P_B(A_8) = \frac{3}{18} = \frac{6}{36}$

Übung 11
Aus einer Urne mit 6 roten und 4 schwarzen Kugeln werden zwei Kugeln gezogen.
A: Schwarze Kugel im 1. Zug
B: Schwarze Kugel im 2. Zug
Sind A und B stochastisch nunabhängig?
a) Ziehen mit   b) ohne Zurücklegen

Übung 12
Zeigen Sie, dass A und B stochastisch unabhängig sind, wenn gilt:
$$P(A \cap B) = P(A) \cdot P(B).$$

Für die Praxis besonders interessant ist die Auswertung empirisch gewonnenen statistischen Datenmaterials unter dem Gesichtspunkt der Unabhängigkeit von Ereignissen.

▶ **Beispiel:** Eine Schule wird von 1036 Schülern besucht, 560 Jungen und 476 Mädchen 125 Jungen und 105 Mädchen tragen eine Brille. Hängt das Sehvermögen der Kinder vom Geschlecht ab?

Lösung:
Wir können $P(B)$ und $P_M(B)$ näherungsweise bestimmen, indem wir aus den gegebenen statistischen Daten die entsprechenden relativen Häufigkeiten errechnen.
Wir stellen fest, dass die Wahrscheinlichkeit für das Tragen einer Brille nicht vom Geschlecht abhängt. ◀

B: „Kind trägt eine Brille"
M: „Kind ist ein Mädchen"

$P(B) = \frac{230}{1036} \approx 0{,}222 = 22{,}2\,\%$

$P_M(B) = \frac{105}{476} \approx 0{,}221 = 22{,}1\,\%$

▶ **Beispiel:** Eine Umfrage unter den Eltern der Schüler aus dem letzten Beispiel ergibt, dass bei 213 Kindern beide Elternteile Brillenträger sind. In 70 dieser Fälle trägt das Kind ebenfalls eine Brille. Ist das Sehvermögen der Kinder von dem der Eltern abhängig?

Lösung:
Unter den Kindern mit brillentragenden Eltern ist die relative Häufigkeit für das Tragen einer Brille deutlich erhöht.
Das Sehvermögen der Kinder ist sehr wahrscheinlich vom Sehvermögen der Eltern abhängig. ◀

B: „Kind trägt eine Brille"
E: „Beide Elternteile tragen eine Brille"

$P(B) = \frac{230}{1036} \approx 0{,}222 = 22{,}2\,\%$

$P_E(B) = \frac{70}{213} \approx 0{,}329 = 32{,}9\,\%$

Übung 13
Prüfen Sie die Ereignisse A und B auf stochastische Unabhängigkeit.
a) Ein Würfel wird zweimal geworfen. A sei das Ereignis, dass im zweiten Wurf eine 1 fällt. B sei das Ereignis, dass die Augensumme 5 beträgt.
b) Ein Würfel wird zweimal geworfen. A: „Augensumme 6", B: „Gleiche Augenzahl in beiden Würfen".
c) Aus einer Urne mit 4 weißen und 6 schwarzen Kugeln werden 2 Kugeln mit Zurücklegen gezogen. A: „Im zweiten Zug wird eine weiße Kugel gezogen", B: „Im ersten Zug wird eine weiße Kugel gezogen".
d) Das Experiment aus Aufgabenteil c wird wiederholt, wobei jedoch ohne Zurücklegen gezogen wird.

Übung 14
In einer großen Ferienanlage wohnen 738 Familien. 462 Familien sind mit dem PKW angereist, die restlichen mit dem Zug. Von den 396 Familien mit zwei oder mehr Kindern reisten 121 mit dem Zug. Ist das zur Anreise benutzte Verkehrsmittel von der Kinderzahl abhängig?

Übungen

15. Prüfen Sie beim zweimaligen Würfelwurf die Ereignisse A und B auf stochastische Unabhängigkeit.
a) A: Im ersten Wurf kommt eine Sechs. B: Im zweiten Wurf kommt keine 6.
b) A: Im ersten Wurf kommt Eins. B: Die Augensumme der Würfe ist gerade.
c) A: Gerade Augenzahl im ersten Wurf. B: In beiden Würfen gleiche Augenzahl.

16. Ein Würfel wird einmal geworfen. Betrachtet werden die beiden folgenden Ereignisse:
A: Die Augenzahl ist gerade B: Die Augenzahl ist durch 3 teilbar
Sind die beiden Ereignisse stochastisch unabhängig?

17. Die 10 Kugeln in einer Urne sind mit den Nummern 1, ..., 10 versehen. Es werden nacheinander zwei Kugeln mit Zurücklegen gezogen. Untersuchen Sie jeweils zwei der Ereignisse auf stochastische Unabhängigkeit:
A: „Es kommen zwei gleiche Nummern", B: „Im ersten Zug kommt die Nummer 10",
C: „Die Nummernsumme ist kleiner als 8".

18. Es soll geklärt werden, ob die Regenwahrscheinlichkeit für morgen davon abhängt, ob es heute regnet oder nicht. Dazu werden das Wetter an 100 Tagen und am jeweiligen Folgetag erfasst. Die Tafel rechts enthält die Ergebnisse.
Sind H und M stochastisch unabhängig?

H: Es regnet heute
M: Es regnet morgen

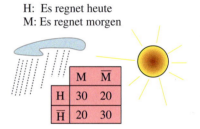

	M	$\overline{M}$
H	30	20
$\overline{H}$	20	30

19. Der englische Naturforscher Sir Francis Galton (1822–1911) untersuchte den Zusammenhang zwischen der Augenfarbe von 1000 Vätern und je einem ihrer Söhne. Die Ergebnisse sind in einer Tafel dargestellt. Dabei sei V das Ereignis „Vater ist helläugig", S das Ereignis „Sohn ist helläugig". Untersuchen Sie V und S auf Unabhängigkeit.

V: Vater blauäugig
S: Sohn blauäugig

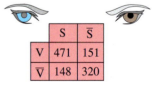

	S	$\overline{S}$
V	471	151
$\overline{V}$	148	320

20. In einer empirischen Untersuchung wird geprüft, ob ein Zusammenhang zwischen blonden Haaren und blauen Augen bzw. blonden Haaren und dem Geschlecht besteht. Von 842 untersuchten Personen hatten 314 blonde Haare. Unter den 268 Blauäugigen waren 121 Blonde. 116 von 310 Mädchen waren blond. Überprüfen Sie die untersuchten Zusammenhänge rechnerisch.

C. Die totale Wahrscheinlichkeit

Die erste Pfadregel für Baumdiagramme ist äquivalent zum Multiplikationssatz für Schnittereignisse. In entsprechender Weise gibt es ein Äquivalent zur zweiten Pfadregel für Baumdiagramme, nämlich die folgende Formel von der totalen Wahrscheinlichkeit:

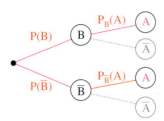

Satz von der totalen Wahrscheinlichkeit

A und B seien beliebige Ereignisse mit $P(B) \neq 0$, $P(\overline{B}) \neq 0$. Dann gilt:

$P(A) = P(B) \cdot P_B(A) + P(\overline{B}) \cdot P_{\overline{B}}(A)$.

Der Satz führt die „totale Wahrscheinlichkeit" $P(A)$ des Ereignisses A auf die „bedingten Wahrscheinlichkeiten" $P_B(A)$ und $P_{\overline{B}}(A)$ des Ereignisses A zurück.

▶ **Beispiel:** Die Belegschaft eines großen Betriebes besteht zu 41% aus Angestellten und zu 59% aus Arbeitern. Die gesamte Belegschaft soll per Abstimmung entscheiden, ob für einige Abteilungen die gleitende Arbeitszeit eingeführt werden soll. Interne Umfragen ergaben, dass 80% der Angestellten, aber nur 25% der Arbeiter für die gleitende Arbeitszeit sind. Wie wird die Abstimmung wohl ausgehen?

Lösung:
Gesucht ist die Wahrscheinlichkeit, dass sich ein zufällig ausgewähltes Belegschaftsmitglied für die gleitende Arbeitszeit entscheidet. Diese Wahrscheinlichkeit lässt sich mithilfe der Formel für die totale Wahrscheinlichkeit nach nebenstehender Rechnung bestimmen. Da sie weniger als 50% beträgt, wird die Abstimmung vermutlich zuungunsten der gleitenden Arbeitszeit
▶ ausgehen.

Bezeichnungen:
G: „Entscheidung für gleitende Arbeitszeit"
R: „Die abstimmende Person ist Arbeiter"
$\overline{R}$: „Die abstimmende Person ist Angestellter"

Rechnung:
$P(G) = P(R) \cdot P_R(G) + P(\overline{R}) \cdot P_{\overline{R}}(G)$
$= 0{,}59 \cdot 0{,}25 + 0{,}41 \cdot 0{,}80$
$= 0{,}4755$

Übung 21
In einem Entwicklungsland leiden ca. 0,1% der Menschen an einer bestimmten Infektionskrankheit. Ein Test zeigt die Krankheit bei 98% der Kranken korrekt an, während er bei 5% der Gesunden irrtümlich die Krankheit anzeigt. Mit welcher Wahrscheinlichkeit zeigt der Test bei einer zufällig ausgewählten Person ein positives Resultat?

Übung 22
Ein Kandidat für den Posten des Schulsprechers wird von 63% der 528 weiblichen Schüler favorisiert. Von den Jungen wollen 41% für ihn stimmen. Insgesamt sind 1200 Schüler auf der Schule. Mit welchem Stimmanteil kann er rechnen?

Übungen

23. Die Urne U_1 enthält 10 rote und 5 grüne Kugeln, die Urne U_2 enthält 3 rote und 7 grüne Kugeln. Jemand wählt blindlings (d.h. mit verbundenen Augen) eine der beiden Urnen aus und zieht eine Kugel.
a) Mit welcher Wahrscheinlichkeit ist diese rot?
b) Mit welcher Wahrscheinlichkeit ist diese grün?

24. 3% der Bevölkerung sind zuckerkrank. Ein Test zeigt bei 96% der Kranken die Krankheit an. Bei den Gesunden ergibt der Test bei 6% irrtümlich ein positives Ergebnis.
Welcher Prozentsatz der Durchschnittsbevölkerung wird bei einem Massenscreening ein positives Testergebnis erhalten?

25. Auf zwei Urnen werden 5 weiße und 5 rote Kugeln beliebig verteilt. Anschließend wird eine Urne ausgewählt und aus ihr eine Kugel gezogen. Bei welcher Verteilung ist die Wahrscheinlichkeit für das Ziehen einer roten Kugel besonders groß (klein)?

26. Doc Holliday und Billy The Cid tragen ein Pistolenduell aus. Doc Holliday trifft mit der Wahrscheinlichkeit 0,9, sein Gegner mit der Wahrscheinlichkeit 0,95. Es wird abwechselnd geschossen, wobei Doc Holiday den ersten Schuss hat.
Berechnen Sie die Wahrscheinlichkeit folgender Ereignisse:
a) Doc Holliday siegt mit seinem zweiten Schuss.
b) Billy The Cid siegt mit seinem zweiten Schuss.
c) Doc Holliday siegt spätestens nach insgesamt fünf Schüssen.
d) Billy The Cid siegt irgendwann im Laufe des Duells.

27. Im Schlippental ist das Wetter an 70 von 100 Tagen schön und an 30 von 100 Tagen schlecht.
Der königliche Hofmeteorologe simuliert das Wetter daher mithilfe einer Urne, die 7 rote und 3 schwarze Kugeln enthält. Zieht er eine rote Kugel, so prognostiziert er für den folgenden Tag schönes Wetter, andernfalls schlechtes Wetter.
Radio Schlippental hat einen einheimischen Breitmaulfrosch unter Vertrag, der schöne Tage mit 90% und schlechte Tage mit 60% Sicherheit vorhersagen kann.
Wessen Prognosen sind treffsicherer?

D. Der Satz von Bayes/Baum und inverser Baum

Wir entwickeln im Folgenden eine Formel, die einen Gleichungszusammenhang zwischen den bedingten Wahrscheinlichkeiten $P_B(A)$ und $P_A(B)$ herstellt. Man spricht daher auch vom sogenannten Umkehrproblem für bedingte Wahrscheinlichkeiten. Die Formel lässt sich leicht gewinnen, wenn man den zu den Ereignissen B und A gehörigen zweistufigen Wahrscheinlichkeitsbaum mit dem dazu „inversen" Baumdiagramm vergleicht.

Baumdiagramm:

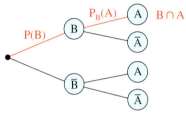

Inverses Baumdiagramm:

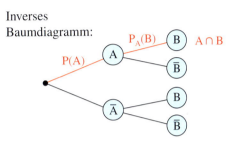

$P(B \cap A) = P(B) \cdot P_B(A)$ $P(A \cap B) = P(A) \cdot P_A(B)$

Die Ereignisse $B \cap A$ und $A \cap B$ sind identisch, also sind dies auch ihre Wahrscheinlichkeiten: $P(B) \cdot P_B(A) = P(A) \cdot P_A(B)$. Lösen wir diese Gleichung nach $P_B(A)$ auf, so ergibt sich die sogenannte Formel von Bayes*:

Der Satz von Bayes

Sind A und B Ereignisse mit $P(A) \neq 0$ und $P(B) \neq 0$, so gelten folgende Formeln:

$$P_B(A) = \frac{P(A) \cdot P_A(B)}{P(B)} \qquad P_B(A) = \frac{P(A) \cdot P_A(B)}{P(A) \cdot P_A(B) + P(\overline{A}) \cdot P_{\overline{A}}(B)}$$

Die zweite Formel folgt aus der ersten durch Anwendung des Satzes von der totalen Wahrscheinlichkeit auf den Nennerterm $P(B)$.

▶ **Beispiel: Die Aussagekraft medizinisch-diagnostischer Tests**
Eine von zehntausend Personen leidet an einer bestimmten Stoffwechselerkrankung. Für diese Erkrankung gibt es einen einfachen diagnostischen Test, der bei Kranken mit einer Wahrscheinlichkeit von 90% und bei Gesunden mit einer Wahrscheinlichkeit von 98% die korrekte Diagnose liefert. Eine Person, die sich dem Test unterzieht, erhält ein positives, d. h. für das Vorliegen der Erkrankung sprechendes Testergebnis. Wie wahrscheinlich ist es, dass dieser Patient tatsächlich erkrankt ist?

Lösung:
Gesucht ist die bedingte Wahrscheinlichkeit $P_T(K)$, dass jemand tatsächlich erkrankt ist, wenn der Test ein positives Resultat ergibt.

Bezeichnungen:
K: „Die getestete Person ist krank"
T: „Der Test zeigt ein positives Resultat"

---
* Thomas Bayes (1702–1761), engl. Geistlicher und Mathematiker

Gegeben sind die Wahrscheinlichkeiten:
$P(K) = 0{,}0001$, $P_K(T) = 0{,}9$, $P_{\overline{K}}(\overline{T}) = 0{,}98$.
Als Gegenwahrscheinlichkeiten ergeben sich hieraus die Wahrscheinlichkeiten:
$P(\overline{K}) = 0{,}9999$, $P_K(\overline{T}) = 0{,}1$,
$P_{\overline{K}}(T) = 0{,}02$.

Baumdiagramm:

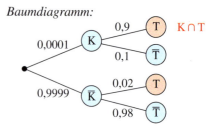

1. Möglichkeit:
Wir lösen die Aufgabe zunächst ohne Verwendung der Formeln nur mithilfe des zu den Ereignissen K und T gehörigen zweistufigen Baumdiagramms sowie des dazu inversen Baumdiagramms.*
Nach nebenstehend aufgeführter Rechnung erhalten wir dann $P_T(K) \approx 0{,}45\,\%$.

$P(T) = 0{,}0001 \cdot 0{,}9 + 0{,}9999 \cdot 0{,}02$
$ = 0{,}020088$

Inverses Baumdiagramm:

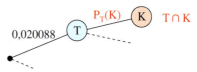

$P(T) \cdot P_T(K) \quad = P(T \cap K) = P(K \cap T)$
$0{,}020088 \cdot P_T(K) = 0{,}0001 \cdot 0{,}9$
$\phantom{0{,}020088 \cdot {}} P_T(K) = 0{,}00448 \approx 0{,}45\,\%$

2. Möglichkeit:
Die Anwendung der Formeln liefert ebenfalls das gesuchte Ergebnis. Hierzu berechnen wir zunächst die Wahrscheinlichkeit $P(T)$ mithilfe der Formel von der totalen Wahrscheinlichkeit.

Totale Wahrscheinlichkeit:
$P(T) = P(K) \cdot P_K(T) + P(\overline{K}) \cdot P_{\overline{K}}(T)$
$ = 0{,}0001 \cdot 0{,}9 + 0{,}9999 \cdot 0{,}02$
$ = 0{,}020088$

Nun können wir die gesuchte Wahrscheinlichkeit $P_T(K)$ mithilfe des Satzes von Bayes bestimmen.
Wir erhalten als Resultat $P_T(K) \approx 0{,}45\,\%$.

Anwendung der Formel von Bayes:
$P_T(K) = \dfrac{P(K) \cdot P_K(T)}{P(T)} = \dfrac{0{,}0001 \cdot 0{,}90}{0{,}020088}$
$ = 0{,}00448 \approx 0{,}45\,\%$

▶ Die getestete Person muss sich also trotz des positiven Testergebnisses keine übertriebenen Sorgen machen. Die aus Sicherheitsgründen folgenden Nachuntersuchungen werden mit großer Wahrscheinlichkeit zum Ergebnis haben, dass die Testperson nicht an der Stoffwechselkrankheit leidet. Bei einer seltenen Krankheit ist die Wahrscheinlichkeit einer Fehldiagnose oft hoch.

Übung 28

a) Der im obigen Beispiel beschriebene diagnostische Test fällt bei einem bestimmten Patienten negativ aus. Mit welcher Wahrscheinlichkeit liegt die Krankheit dennoch vor?

b) Im obigen Beispiel wurde die Diagnostik einer relativ seltenen Erkrankung untersucht. Betrachten Sie nun den Fall, dass eine relativ häufig auftretende Krankheit vorliegt, die bei einer von zwanzig Personen auftritt. Mit welchen Wahrscheinlichkeiten liefert der Test bei sonst gleichen Daten falsche Ergebnisse? Bestimmen Sie $P_{\overline{T}}(K)$ und $P_T(\overline{K})$.

---

* Bemerkung: Die Bestimmung von totalen Wahrscheinlichkeiten und die Lösung von Bayes-Aufgaben erfordern in der Regel keine Formeln. Man kommt mit Baumdiagrammen und inversen Baumdiagrammen aus.

Übungen

29. Mit einem Lügendetektor werden des Diebstahls verdächtige Personen überprüft. Der Detektor schlägt durch ein rotes Lichtsignal an oder entwarnt durch ein grünes Signal. Er ist zu 90 % zuverlässig, wenn die überprüfte Person tatsächlich schuldig ist, und er ist zu 99 % zuverlässig, wenn die Person unschuldig ist. Aus einer Gruppe von Personen, von denen 5 % einen Diebstahl begangen haben, wird eine Person überprüft. Der Detektor gibt ein rotes Signal. Mit welcher Wahrscheinlichkeit ist die Person dennoch unschuldig?
a) Lösen Sie die Aufgabe mithilfe von Baumdiagrammen.
b) Lösen Sie die Aufgabe durch Anwendung der Formeln.

30. Eine noble Villa ist durch eine Alarmanlage gesichert. Diese gibt im Falle eines Einbruchs mit einer Wahrscheinlichkeit von 99 % Alarm. Jedoch muss mit einer Wahrscheinlichkeit von 1 % ein Fehlalarm einkalkuliert werden, wenn kein Einbruch stattfindet. Die Wahrscheinlichkeit für einen Einbruch liegt pro Nacht bei etwa 1 : 1000. Wie groß ist die Wahrscheinlichkeit, dass im Falle eines Alarms tatsächlich ein Einbruch begangen wird?

31. Der abgebildete Glücksspielautomat schüttet einen Gewinn aus, wenn die Augensumme größer als 11 ist.
a) Wie groß ist die Gewinnchance eines Spielers?
b) Ein Spieler hat gewonnen. Mit welcher Wahrscheinlichkeit zeigte das erste Rad „6"?

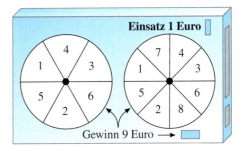

32. Urne U_1 enthält 3 weiße und 5 schwarze Kugeln. Urne U_2 enthält 7 weiße und 4 schwarze Kugeln. Jemand wählt blindlings eine Urne und zieht gleichzeitig drei Kugeln. Alle Kugeln sind schwarz (weiß). Mit welcher Wahrscheinlichkeit stammen sie aus U_2?

33. Über eine bestimmte Stoffwechselkrankheit ist bekannt, dass sie ca. eine von 150 Personen befällt. Ein recht zuverlässiger Test fällt bei tatsächlich erkrankten Personen mit einer Wahrscheinlichkeit von 97 % positiv aus. Bei Personen, die nicht krank sind, fällt er mit 95 % Wahrscheinlichkeit negativ aus.
a) Jemand lässt sich testen und erhält ein positives Resultat. Mit welcher Wahrscheinlichkeit ist er tatsächlich erkrankt?
b) Wie groß ist die Wahrscheinlichkeit, dass man bei einem negativen Ergebnis tatsächlich nicht erkrankt ist?
c) Welche Ergebnisse würde man bei a) erhalten, wenn die Krankheit nur eine von 1500 Personen befällt?

34. In Egons Hosentasche befinden sich 10 Münzen, 9 echte mit Kopf (K) und Zahl (Z) und eine falsche, die beidseitig Zahl aufweist. Egon zieht zufällig eine dieser Münzen und wirft sie mehrfach. Es erscheint die Folge ZZZK. Bestimmen Sie für jede der Teilfolgen, also für Z, ZZ, ZZZ und ZZZK die Wahrscheinlichkeit, dass es sich um eine echte Münze handelt.

5. Vierfeldertafeln

In der statistischen Praxis werden häufig sog. Vierfeldertafeln anstelle von Baumdiagrammen eingesetzt. Sie sind übersichtlicher in der Darstellung und einfach in der Handhabung.

Eine Vierfeldertafel ist eine zusammenfassende Darstellung zweier Merkmale mit jeweils zwei Ausprägungen (A, $\bar{A}$, B, $\bar{B}$).

	B	$\bar{B}$	
A	$|A \cap B|$	$|A \cap \bar{B}|$	$|A|$
$\bar{A}$	$|\bar{A} \cap B|$	$|\bar{A} \cap \bar{B}|$	$|\bar{A}|$
	$|B|$	$|\bar{B}|$	Summe

In die Tafel werden in der Regel die absoluten Häufigkeiten oder die Wahrscheinlichkeiten der vier möglichen Kombinationsereignisse $A \cap B$, $A \cap \bar{B}$, $\bar{A} \cap B$ und $\bar{A} \cap \bar{B}$, eingetragen.

In die fünf Randfelder werden die Zeilen- und Spaltensummen eingetragen, d. h. $|A|$, $|\bar{A}|$, $|B|$, $|\bar{B}|$, und die Gesamtsumme.
Mithilfe dieser Eintragungen können gesuchte Wahrscheinlichkeiten bestimmt werden, z. B. die Randwahrscheinlichkeit $P(A)$ oder $P_B(A)$, d. h. die Wahrscheinlichkeit für A, wenn B bereits eingetreten ist.

Berechnung einer Randwahrscheinlichkeit:

$$P(A) = \frac{|A|}{\text{Summe}}$$

Berechnung einer bedingten Wahrscheinlichkeit:

$$P_B(A) = \frac{|A \cap B|}{|B|}$$

▶ **Beispiel: Oktoberfest**
Im Festzelt feiern 140 Touristen, die eine Lederhose tragen, sowie 60 Touristen in normaler Kleidung. Hinzu kommen 10 Münchner mit Lederhose und 40 Münchner in Alltagskleidung.
Durch die Hitze wird eine Person ohnmächtig. Sie trägt eine Lederhose. Mit welcher Wahrscheinlichkeit ist es ein Tourist?

Lösung:
Wir tragen die vier bekannten absoluten Häufigkeiten in die Vierfeldertafel ein (rote Felder).
Dann bilden wir die Zeilensummen, die Spaltensummen und schließlich die Gesamtsumme (gelbe Felder).

Gesucht ist die bedingte Wahrscheinlichkeit $P_L(T)$. Diese erhalten wir, indem wir die Anzahl der Personen im Schnittereignis $T \cap L$ durch die Anzahl aller Lederhosenträger teilen.
Resultat: Die ohnmächtige Person ist zu
▶ 93,33 % ein Tourist.

Bezeichnungen:
T: Tourist $\quad$ $\bar{T}$: Münchner
L: Lederhose $\quad$ $\bar{L}$: keine Lederhose

Vierfeldertafel:

	L	$\bar{L}$	
T	140	60	200
$\bar{T}$	10	40	50
	150	100	250

Berechnung der Wahrscheinlichkeit $P_L(T)$:

$$P_L(T) = \frac{|T \cap L|}{|L|} = \frac{140}{150} \approx 93{,}33\%$$

5. Vierfeldertafeln

▶ **Beispiel: Alarmanlage**

In einer gefährlichen Stadt werden 500 Häuser mit dem neuen Modell einer Alarmanlage ausgerüstet. In der ersten Nacht ergibt sich die rechts dargestellte Statistik.

	E	$\bar{E}$	
A	3	9	12
$\bar{A}$	1	487	488
	4	496	500

A: Alarm, $\bar{A}$: kein Alarm
E: Einbruch, $\bar{E}$: kein Einbruch

a) Mit welcher Wahrscheinlichkeit gibt die Anlage bei einem Einbruch Alarm?
b) Mit welcher Wahrscheinlichkeit wird ein Fehlalarm ausgelöst?
c) Mit welcher Zahl von Einbruchsversuchen muss ein Hausbesitzer im Jahr rechnen?

Lösung zu a):
Gesucht ist die bedingte Wahrscheinlichkeit $P_E(A)$.
Da es bei 4 Einbrüchen 3-mal Alarm gab, beträgt diese Wahrscheinlichkeit 75 %.

Korrekter Alarm:
$$P_E(A) = \frac{|A \cap E|}{|E|} = \frac{3}{4} \approx 75\%$$

Lösung zu b):
Nun ist die bedingte Wahrscheinlichkeit $P_{\bar{E}}(A)$ gesucht.
Da in 496 Häusern kein Einbruch stattfand, aber dennoch 9-mal Alarm geschlagen wurde, beträgt das Risiko für einen Fehlalarm knapp 2 %.

Fehlalarm:
$$P_{\bar{E}}(A) = \frac{|A \cap \bar{E}|}{|\bar{E}|} = \frac{9}{496} \approx 1{,}81\%$$

Lösung zu c):
Die Wahrscheinlichkeit eines Einbruchs liegt für ein einzelnes Haus bei 0,8 % pro Nacht. Im Jahr muss also mit ca. 3 Einbruchsversuchen gerechnet werden, eine wahrlich gefährliche Gegend. ◀

Einbruchswahrscheinlichkeit pro Nacht:
$$P(E) = \frac{4}{500} = 0{,}8\%$$

Erwartete Einbrüche pro Jahr und Haus:
$n = 365 \cdot 0{,}008 = 2{,}92$ Einbrüche

Übung 1 Lügendetektor

Ein neuer Lügendetektor wird einer gründlichen Testserie unterzogen.
Die Vierfeldertafel zeigt die Ergebnisse von 1200 Testläufen.
A: Detektor schlägt an
L: Person hat gelogen

	L	$\bar{L}$	
A	300	400	700
$\bar{A}$	150	350	500
	450	750	1200

a) Mit welcher Wahrscheinlichkeit bewertet der Detektor eine Lüge richtig?
b) Mit welcher Wahrscheinlichkeit wird eine wahre Antwort korrekt eingestuft?
c) Wie wahrscheinlich sind falsch-positive bzw. falsch-negative Ergebnisse?
d) Wie viele Fehler sind bei einer Person zu erwarten, der 50 Fragen gestellt werden, von denen sie 20 wahrheitsgemäß und 30 falsch beantwortet?

Exkurs: Vierfeldertafel in der Medizin

Häufige Verwendung finden Vierfeldertafeln im Rahmen medizinischer Studien, insbesondere bei sog. Interventionsstudien und auch zur Überprüfung von Diagnoseverfahren.

▶ **Beispiel: Interventionsstudie***

In einer Studie wurde das Schmerzmittel Diclofenac bei Zahnschmerzen getestet. Eine Patientengruppe erhielt Diclofenac, eine Kontrollgruppe erhielt nur ein Placebo (Scheinmedikament). Es wurde überprüft, ob die Zahnschmerzen reduziert wurden.

	Starke Reduktion der Schmerzen		
	ja	nein	
Diclofenac	32	89	121
Placebo	8	55	63
	40	144	184

Die Ergebnisse wurden in einer Vierfeldertafel protokolliert.
Vergleichen Sie die Erfolgswahrscheinlichkeiten der beiden Therapien.

Lösung:
Wir suchen die Wahrscheinlichkeit für Schmerzreduktion (R) unter der Bedingung, dass Diclofenac (D) bzw. dass Placebo (P) eingesetzt wurden.
Sie betragen 26,9% bzw. 12,7%.
▶ Die Wahrscheinlichkeit für einen Behandlungserfolg wird durch die Interventionstherapie mit Diclofenac gegenüber der Placebotherapie verdoppelt.

D: Diclofenac   P: Placebo
R: Reduktion (ja) $\overline{R}$: keine Red. (nein)

$$P_P(R) = \frac{|R \cap P|}{|P|} = \frac{8}{63} \approx 12{,}7\%$$

$$P_D(R) = \frac{|R \cap D|}{|D|} = \frac{32}{121} \approx 26{,}9\%$$

▶ **Beispiel: Diagnosestudie***

Ein Labortest wird zur Diagnose einer Erkrankung verwendet. In einer Studie wird untersucht, wie zuverlässig eine gesunde oder erkrankte Person mit dem Testverfahren richtig eingestuft wird.
Die Vierfeldertafel zeigt die Ergebnisse der Studie.

	Tatsächlicher Zustand		
	krank	gesund	
Test positiv	172	5	177
Test negativ	385	5160	5545
	557	5165	5722

Lösung:
Die richtige Einstufung eines Gesunden bezeichnet man als Spezifität.
Sie beträgt $P_{\overline{K}}(\overline{T}) \approx 99{,}9\%$.
Die richtige Einstufung eines Kranken bezeichnet man als Sensitivität.
Sie beträgt $P_K(T) \approx 36{,}9\%$.
Kranke werden also weniger zuverlässig
▶ richtig erkannt.

T: Test positiv $\overline{T}$: Test negativ
K: krank $\overline{K}$: gesund

Spezifität: Richtiges Erg. bei Gesunden
$$P_{\overline{K}}(\overline{T}) = \frac{|\overline{T} \cap \overline{K}|}{|\overline{K}|} = \frac{5160}{5165} \approx 99{,}9\%$$

Sensitivität: Richtiges Erg. bei Kranken
$$P_K(T) = \frac{|T \cap K|}{|K|} = \frac{172}{557} \approx 30{,}9\%$$

---
* Quelle: Deutsche Zahnärztliche Zeitschrift 59, 2004, 8

5. Vierfeldertafeln

Übungen

2. Interventionsstudie
Ein neues Medikament gegen Akne wird an einer Gruppe von 200 Personen ausprobiert. Eine Vergleichsgruppe von 80 Personen erhält ein Placebo.
Bei 50 Personen der Interventionsgruppe wirkt das Medikament. In der Placebogruppe heilt die Krankheit bei 10 Personen ab.
(M: Medikament, P: Placebo, H: Heilung, $\overline{H}$: keine Heilung)

	H	$\overline{H}$	
M	50		200
P	10		80

a) Vervollständigen Sie die Vierfeldertafel.
b) Vergleichen Sie die Erfolgswahrscheinlichkeit der Interventionsgruppe mit der Erfolgswahrscheinlichkeit der Placebogruppe.
c) Bei Jakob heilt die Krankheit ab. Mit welcher Wahrscheinlichkeit hat er dennoch nur das Scheinmedikament erhalten?

3. Französisch
In einer Reisegruppe mit 30 Personen sprechen 16 Französisch.
60% der Teilnehmer sind weiblich. 6 Mädchen sprechen Französisch.
a) Stellen Sie eine Vierfeldertafel auf.
b) Wie viele Jungen sprechen Französisch?
c) Eines der Mädchen wird zur Sprecherin der Gruppe gewählt. Mit welcher Wahrscheinlichkeit spricht sie Französisch?

4. Safari
An einer Safari nehmen 200 Personen teil. 60% der Teilnehmer sind Touristen, der Rest besteht aus Einheimischen. 10 Einheimische haben keine Wasservorräte, 30 Touristen haben einen Wasservorrat.
a) Stellen Sie eine Vierfeldertafel auf.
b) Einer der Touristen verirrt sich in der Wüste. Mit welcher Wahrscheinlichkeit hat er keinen Wasservorrat und muss verdursten?
c) Eine Person bekommt kurz nach dem Aufbruch Angst. In einem Dorf kauft sie sich doch noch Wasser. Mit welcher Wahrscheinlichkeit handelt es sich um einen Einheimischen?

5. Großfamilie
Eine Großfamilie besteht aus Erwachsenen und Kindern. 200 Erwachsene und 100 Kinder spielen ein Instrument. Insgesamt 80 Kinder spielen kein Instrument. Die Wahrscheinlichkeit, dass ein zufällig ausgewählter Erwachsener ein Instrument spielt, beträgt 20%.
a) Aus wie vielen Personen besteht die Familie? Wie viele Kinder und wie viele Erwachsene gehören zur Familie?
b) Auf dem Fest spielt ein zufällig ausgewähltes Familienmitglied die Eröffnungsmelodie. Mit welcher Wahrscheinlichkeit handelt es sich um ein Kind?

6. Farbenblindheit
Von 1000 zufällig ausgewählten Personen einer Bevölkerung sind 420 männlich und 580 weiblich. 60 der ausgesuchten Personen sind farbenblind, darunter 40 männliche.
a) Mit welcher Wahrscheinlichkeit ist eine weibliche Person farbenblind?
b) Eine Person ist nicht farbenblind. Mit welcher Wahrscheinlichkeit ist sie männlich?

Überblick

Das empirische Gesetz der großen Zahlen:
Die relative Häufigkeit eines Ereignisses stabilisiert sich mit steigender Anzahl an Versuchen um einen festen Wert.

Wahrscheinlichkeit:
Gegeben sei ein Zufallsexperiment mit dem Ergebnisraum $\Omega = \{e_1, ..., e_m\}$.
Eine Zuordnung P, die jedem Elementarereignis $\{e_i\}$ genau eine reelle Zahl $P(e_i)$ zuordnet, heißt Wahrscheinlichkeitsverteilung, wenn die beiden folgenden Bedingungen gelten:

$\quad\quad\quad\quad$ I. $\;P(e_i) \geq 0$ für $1 \leq i \leq m$
$\quad\quad\quad\quad$ II. $P(e_i) + ... + P(e_m) = 1$

Die Zahl $P(e_i)$ heißt dann Wahrscheinlichkeit des Elementarereignisses $\{e_i\}$.

Laplace-Experiment:
Ein Zufallsexperiment, bei dem alle Elementarereignisse gleich wahrscheinlich sind, heißt auch Laplace-Experiment.

Laplace-Regel:
Bei einem Laplace-Experiment sei $\Omega = \{e_1, ..., e_m\}$ der Ergebnisraum und $E = \{e_1, ..., e_k\}$ ein beliebiges Ereignis. Dann gilt für die Wahrscheinlichkeit dieses Ereignisses:

$$P(E) = \frac{|E|}{|\Omega|} = \frac{k}{m} \quad\quad P(E) = \frac{\text{Anzahl der für E günstigen Ergebnisse}}{\text{Anzahl aller möglichen Ergebnisse}}$$

Mehrstufiger Zufallsversuch:
Ein mehrstufiger Zufallsversuch setzt sich aus mehreren, hintereinander ausgeführten, einstufigen Versuchen zusammen.

Pfadregeln für Baumdiagramme:
I. Die Wahrscheinlichkeit eines Ergebnisses ist gleich dem Produkt aller Zweigwahrscheinlichkeiten längs des zugehörigen Pfades (Pfadwahrscheinlichkeit).
II. Die Wahrscheinlichkeit eines Ereignisses ist gleich der Summe der zugehörigen Pfadwahrscheinlichkeiten.

Produktregel:
Ein Zufallsversuch werde in k Stufen durchgeführt. In der ersten Stufe gebe es n_1, in der zweiten Stufe n_2 ... und in der k-ten Stufe n_k mögliche Ergebnisse. Dann hat der Zufallsversuch insgesamt $n_1 \cdot n_2 \cdot ... \cdot n_k$ mögliche Ergebnisse.

Kombinatorische Abzählprinzipien:
Anzahl der Möglichkeiten bei k Ziehungen aus n Elementen (z. B. Kugeln)
Ziehen mit Zurücklegen unter Berücksichtigung der Reihenfolge: $\quad n^k$
Ziehen ohne Zurücklegen unter Berücksichtigung der Reihenfolge: $n \cdot (n-1) \cdot ... \cdot (n-k+1)$
(Sonderfall: k = n, d.h. alle Elemente werden gezogen: $\quad\quad\quad$ n!)

Ziehen ohne Zurücklegen ohne Berücksichtigung der Reihenfolge: $\binom{n}{k}$

VI. Stochastik

Das Lottomodell
Beim Lottomodell hat man eine Urne mit insgesamt N Kugeln, davon A Gewinnkugeln und B Verlustkugeln (N = A + B).

Man zieht ohne Zurücklegen n Kugeln und sucht die Wahrscheinlichkeit dafür, dass sich darunter genau k Gewinnkugeln befinden.

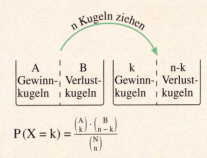

$$P(X = k) = \frac{\binom{A}{k} \cdot \binom{B}{n-k}}{\binom{N}{n}}$$

Bedingte Wahrscheinlichkeit: Für die Wahrscheinlichkeit, dass das Ereignis A eintritt unter der Bedingung, dass das Ereignis B bereits eingetreten ist, gilt: $P_B(A) = \frac{P(A \cap B)}{P(B)}$, $P(B) > 0$

Multiplikationssatz: $P(A \cap B) = P(B) \cdot P_B(A)$, $P(B) > 0$

Satz von der totalen Wahrscheinlichkeit: A und B seien beliebige Ereignisse mit $P(B) \neq 0$, $P(\overline{B}) \neq 0$.
Dann gilt: $P(A) = P(B) \cdot P_B(A) + P(\overline{B}) \cdot P_{\overline{B}}(A)$
Diese Formel gewinnt man direkt aus den Pfadregeln für das zu B und A gehörige Baumdiagramm.

Satz von Bayes: Sind A und B Ereignisse mit $P(A) \neq 0$ und $P(B) \neq 0$, so gilt folgende Formel:

$$P_B(A) = \frac{P(A) \cdot P_A(B)}{P(B)} = \frac{P(A) \cdot P_A(B)}{P(A) \cdot P_A(B) + P(\overline{A}) \cdot P_{\overline{A}}(B)}$$

Diese Formel ergibt sich, wenn man das zu den Ereignissen B und A zugehörige inverse Baumdiagramm zeichnet.

Vierfeldertafel:

	B	$\overline{B}$	
A	$|A \cap B|$	$|A \cap \overline{B}|$	$|A|$
$\overline{A}$	$|\overline{A} \cap B|$	$|\overline{A} \cap \overline{B}|$	$|\overline{A}|$
	$|B|$	$|\overline{B}|$	Summe

Zunächst werden die gegebenen Daten eingetragen. Alle anderen können durch summative Ergänzungen der Zeilen und Spalten errechnet werden.
Berechnung einer Randwahrscheinlichkeit:
$P(A) = \frac{|A|}{\text{Summe}}$
Berechnung einer bedingten Wahrscheinlichkeit:
$P_B(A) = \frac{|A \cap B|}{|B|}$

Test

Stochastik

1. Bei einem Schulfest soll ein Fußballspiel Schüler gegen Lehrer veranstaltet werden. Für die Schülermannschaft stehen 4 Schüler aus Klasse 10, 6 Schüler aus Klasse 11 und 5 Schüler aus Klasse 12 zur Verfügung.
   a) Wie viele Möglichkeiten gibt es, aus diesen Schülern 11 Spieler auszuwählen?
   b) Unter den aufgestellten Schülern sind 2 Torhüter, 8 Spieler für Mittelfeld und Verteidigung sowie 5 Stürmer. Die Schülerelf will das Spiel mit 3 Stürmern beginnen. Wie viele Möglichkeiten für die Auswahl der Startelf gibt es nun?
   c) Zum Einlaufen stellen sich die Schüler der ausgewählten Startmannschaft in einer Reihe auf. Wie üblich steht an der Spitze der Mannschaftskapitän und an zweiter Stelle der Torwart. Wie viele Möglichkeiten zur Aufstellung haben die restlichen Spieler?

2. In einer Umfrage werden 453 Personen nach ihrer Schulbildung (Abitur: Ja/Nein) sowie nach ihrer beruflichen Zufriedenheit (Zufrieden: Ja/Nein) befragt. Die Ergebnisse sind in der abgebildeten Vierfeldertafel dargestellt. Mit welcher Wahrscheinlichkeit wird ein Abiturient in seinem Beruf zufrieden sein? Beantworten Sie die gleiche Frage für einen Nichtabiturienten.

	zufrieden (Z)	unzufrieden ($\overline{Z}$)
Abitur (A)	64	44
kein Abitur ($\overline{A}$)	185	160

3. Bei der Herstellung hochwertiger elektronischer Bauteile beträgt der Anteil defekter Teile 20 %. Um zu vermeiden, dass zu viele defekte Bauteile in den Handel gelangen, wird vor dem Versand eine Kontrolle durchgeführt, bei der 95 % der defekten Teile ausgesondert werden. Die einwandfreien Teile kommen alle in den Handel. Ein Kunde kauft ein Bauteil. Mit welcher Wahrscheinlichkeit ist es defekt?

4. In einer empirischen Untersuchung wird geprüft, ob ein Zusammenhang zwischen der Häufigkeit der Blutgruppe und der Häufigkeit des Geschlechts besteht. Von 1850 (900 w, 950 m) untersuchten Personen hatten 738 die Blutgruppe A. Von diesen Personen waren 359 weiblich. Sind die Merkmale Geschlecht und Blutgruppe stochastisch unabhängig?

5. Urne U_1 enthält 7 rote und 3 weiße Kugeln. Urne U_2 enthält 1 rote und 4 weiße Kugeln.
   a) Jemand wählt blind eine Urne aus und zieht eine Kugel. Mit welcher Wahrscheinlichkeit zieht er eine rote Kugel?
   b) Mit welcher Wahrscheinlichkeit stammt diese dann aus U_1?

Lösungen: S. 348

VII. Analytische Geometrie im Raum

1. Punkte im Koordinatensystem

Im Folgenden wird das räumliche kartesische Koordinatensystem eingeführt. Dabei wird analog zum bereits bekannten ebenen kartesischen Koordinatensystem vorgegangen.

A. Koordinaten im Raum

Punkte und geometrische Figuren im dreidimensionalen Anschauungsraum werden im *kartesischen Koordinatensystem*[1] dargestellt. Ein solches System wird in der Regel als *Schrägbild* gezeichnet.
y-Achse und z-Achse werden auf dem Zeichenblatt rechtwinklig zueinander dargestellt, während die x-Achse in einem Winkel von 135° zu diesen beiden Achsen gezeichnet wird, um einen räumlichen Eindruck zu erzeugen, der durch die Verkürzung der Einheit auf der x-Achse mit dem Faktor $\frac{1}{\sqrt{2}}$ noch realistischer wird.

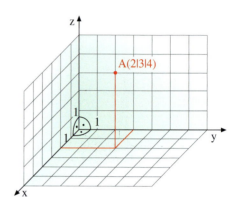

Solche Koordinatensysteme lassen sich auf Karopapier besonders gut darstellen. Die Lage von Punkten wird durch Koordinaten angegeben. Beispielsweise bezeichnet A(2|3|4) einen Punkt mit dem Namen A, dessen x-Koordinate 2 beträgt, während die y-Koordinate den Wert 3 und die z-Koordinate den Wert 4 hat.

B. Abstand von Punkten im Raum

Der *Abstand von zwei Punkten* im Raum $A(a_1|a_2|a_3)$ und $B(b_1|b_2|b_3)$ wird mit dem Symbol d(A; B) bezeichnet. Man kann ihn mithilfe der folgenden Formel bestimmen, die auf zweifacher Anwendung des Satzes von Pythagoras beruht.

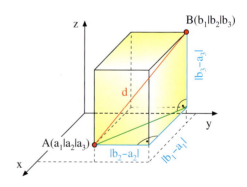

> **Die Abstandsformel im Raum**
> Die Punkte $A(a_1|a_2|a_3)$ und $B(b_1|b_2|b_3)$ haben den Abstand
> $$d(A;B) = \sqrt{(b_1 - a_1)^2 + (b_2 - a_2)^2 + (b_3 - a_3)^2}.$$

---

[1] Das kartesische Koordinatensystem wurde nach dem französischen Mathematiker René Descartes (lat. Cartesius) benannt, dem Begründer der analytischen Geometrie.

C. Punkte in der Ebene (Wiederholung)

Analog zum Vorgehen im Raum kann man auch Punkte in der Ebene durch Koordinaten in einem zweidimensionalen kartesischen Koordinatensystem darstellen.

Der Abstand $d(A;B) = |AB|$ der Punkte $A(a_1|a_2)$ und $B(b_1|b_2)$ wird auch hier mithilfe des Satzes von Pythagoras errechnet.

Die Abstandsformel in der Ebene
Die Punkte $A(a_1|a_2)$ und $B(b_1|b_2)$ besitzen den Abstand
$d(A;B) = \sqrt{(b_1 - a_1)^2 + (b_2 - a_2)^2}$.

$$\begin{aligned} d(A;B) &= \sqrt{(b_1 - a_1)^2 + (b_2 - a_2)^2} \\ &= \sqrt{(6-2)^2 + (4-1)^2} \\ &= \sqrt{4^2 + 3^2} \\ &= \sqrt{25} \\ &= 5 \end{aligned}$$

▶ **Beispiel: Koordinaten im Raum**
Die Graphik zeigt die Planskizze eines Gebäudes. Der Ursprung des Koordinatensystems liegt wie eingezeichnet in der Hausecke unten links. Das Haus ist 9 m hoch.
Bestimmen Sie die Koordinaten der Punkte A, B, C, D, E und F.

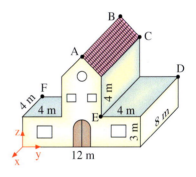

Lösung:
A(0|6|9), B(−8|6|9), C(−8|8|7),
▶ D(−8|12|3), E(0|8|3), F(−4|0|3)

▶ **Beispiel: Gleichschenkligkeit**
Gegeben ist ein Dreieck ABC im Raum mit den Ecken $A(1|-1|-2)$, $B(5|7|6)$ und $C(3|1|4)$.
Ist das Dreieck gleichschenklig?
Welchen Umfang hat das Dreieck?

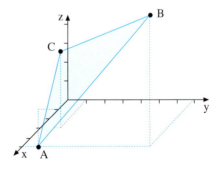

Lösung:
Wir errechnen die Abstände (Seitenlängen) mithilfe der Abstandsformel für Punkte im Raum.
$d(A;B) = \sqrt{(5-1)^2 + (7-(-1))^2 + (6-(-2))^2} = \sqrt{16 + 64 + 64} = \sqrt{144} = 12$
Analog erhalten wir $d(A;C) = \sqrt{4 + 16 + 36} = \sqrt{44} \approx 6{,}63$; $d(B;C) = \sqrt{4 + 36 + 4} = \sqrt{44} \approx 6{,}63$.
▶ Das Dreieck ist also gleichschenklig. Sein Umfang beträgt ungefähr 25,26.

Übungen

1. Gegeben ist ein Dreieck ABC mit den Eckpunkten A(1|3|2), B(3|2|4) und C(−1|1|3).
   a) Zeichnen Sie ein räumliches kartesisches Koordinatensystem. Tragen Sie die Punkte A, B und C ein und zeichnen Sie das Schrägbild des Dreiecks ABC.
   b) Weisen Sie rechnerisch nach, dass das Dreieck ABC gleichschenklig ist.

2. Ein Würfel besitzt als Grundfläche das Quadrat ABCD und als Deckfläche das Quadrat EFGH.
   Dabei gelte: A(3|2|1), B(3|6|1), G(−1|6|5).
   a) Zeichnen Sie in ein räumliches Koordinatensystem ein Schrägbild des Würfels.
   b) Bestimmen Sie die Koordinaten von C, D, E, F und H.
   c) Wie lauten die Koordinaten des Mittelpunktes der Seitenfläche BCGF?
   d) Wie lauten die Koordinaten des Würfelmittelpunktes?
   e) Wie lang ist eine Raumdiagonale des Würfels?

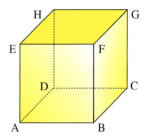

3. Gegeben sind die Punkte A(5|6|1), B(2|6|1), C(0|2|1), D(3|2|1) und S(2|4|5). Das Viereck ABCD ist die Grundfläche einer Pyramide mit der Spitze S.
   a) Zeichnen Sie die Pyramide in ein kartesisches räumliches Koordinatensystem ein (Schrägbild).
   b) Welche Länge besitzt die Seitenkante AS?
   c) Welcher Punkt F ist der Höhenfußpunkt der Pyramide? Wie hoch ist die Pyramide?

4. Ein Würfel ABCDEFGH hat die Eckpunkte A(2|3|5) und G(x|7|13).
   Wie muss x gewählt werden, wenn die Diagonale AG die Länge 12 besitzen soll?

5. Der Punkt A(3|0|1) wird an einem Punkt P gespiegelt.
   A′(3|6|3) ist der Spiegelpunkt von A.
   a) Wie lauten die Koordinaten von P?
   b) Spiegeln Sie den Punkt B(0|0|4) ebenfalls an P und stellen Sie beide Spiegelungen im Schrägbild dar.

6. Gegeben ist das abgebildete Schrägbild eines Hauses.
   a) Bestimmen Sie die Koordinaten der Punkte B, C, D, E, F, H und I.
   b) Das Dach soll eingedeckt werden. Welchen Inhalt hat die Dachfläche?
   c) Das Haus soll verputzt werden. Wie groß ist die zu verputzende Außenfläche des Hauses?
   d) Welches Volumen hat das Haus?
   e) Zwischen welchen der eingetragenen Punkte des Hauses liegt die längste Strecke? Wie lang ist diese Strecke?

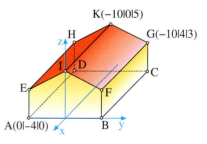

2. Vektoren

A. Vektoren als Pfeilklassen

Bei Ornamenten und Parkettierungen entsteht die Regelmäßigkeit oft durch *Parallelverschiebungen* einer Figur, wie auch bei dem abgebildeten Pflaster.

Eine Parallelverschiebung kann man durch einen Verschiebungspfeil oder durch einen beliebigen Punkt A_1 und dessen Bildpunkt A_2 kennzeichnen.

Bei einer Seglerflotte, die innerhalb eines gewissen Zeitraumes unter dem Einfluss des Windes abtreibt, werden alle Schiffe in gleicher Weise verschoben.
Die Verschiebung wird schon durch jeden einzelnen der gleich gerichteten und gleich langen Pfeile $\overrightarrow{A_1A_2}$, $\overrightarrow{B_1B_2}$, $\overrightarrow{C_1C_2}$ eindeutig festgelegt.

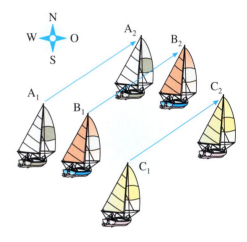

> Wir fassen daher alle Pfeile der Ebene (des Raumes), die gleiche Länge und gleiche Richtung haben, zu einer Klasse zusammen. Eine solche Pfeilklasse bezeichnen wir als einen *Vektor* in der Ebene (im Raum).

Vektoren stellen wir symbolisch durch Kleinbuchstaben dar, die mit einem Pfeil versehen sind: $\vec{a}$, $\vec{b}$, $\vec{c}$, ...
Jeder Vektor ist schon durch einen einzigen seiner Pfeile festgelegt.
Daher bezeichnen wir beispielsweise den Vektor $\vec{a}$ aus nebenstehendem Bild auch als Vektor $\overrightarrow{P_1P_2}$. Eine vektorielle Größe ist also durch eine Richtung und eine Länge gekennzeichnet, im Gegensatz zu einer reellen Zahl, einer sog. skalaren Größe.

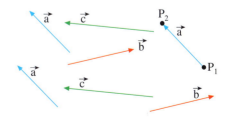

Übung 1
Welche der auf dem Quader eingezeichneten Pfeile gehören zum Vektor $\vec{a}$?
a) $\vec{a} = \overrightarrow{AB}$ b) $\vec{a} = \overrightarrow{EH}$ c) $\vec{a} = \overrightarrow{DH}$
d) $\vec{a} = \overrightarrow{CD}$ e) $\vec{a} = \overrightarrow{HG}$ f) $\vec{a} = \overrightarrow{AH}$

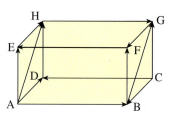

B. Spaltenvektoren/Koordinaten eines Vektors

Im Koordinatensystem können Vektoren besonders einfach dargestellt werden, indem man ihre Verschiebungsanteile in Richtung der Koordinatenachsen erfasst. Man verwendet dazu sogenannte *Spaltenvektoren*.

Rechts ist ein Vektor $\vec{v}$ dargestellt, der eine Verschiebung um +4 in Richtung der positiven x-Achse und eine Verschiebung um +2 in Richtung der positiven y-Achse bewirkt.

Man schreibt $\vec{v} = \binom{4}{2}$ und bezeichnet $\vec{v}$ als einen *Spaltenvektor* mit den Koordinaten 4 und 2.

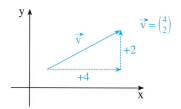

Spaltenvektoren in der Ebene	Spaltenvektoren im Raum
$\vec{v} = \binom{v_1}{v_2}$	$\vec{v} = \begin{pmatrix} v_1 \\ v_2 \\ v_3 \end{pmatrix}$

v_1, v_2 bzw. v_1, v_2 und v_3 heißen Koordinaten von $\vec{v}$. Sie stellen die Verschiebungsanteile des Vektors $\vec{v}$ in Richtung der Koordinatenachsen dar.

Übung 2
Der in der Übung 1 dargestellte Quader habe die Maße 6 × 4 × 3. Der Koordinatenursprung liege im Punkt D. Die Koordinatenachsen seien parallel zu den Quaderkanten.
Stellen Sie die folgenden Vektoren als Spaltenvektoren dar.
a) $\overrightarrow{CB}$ b) $\overrightarrow{BC}$ c) $\overrightarrow{AE}$
d) $\overrightarrow{AH}$ e) $\overrightarrow{BH}$ f) $\overrightarrow{BG}$
g) $\overrightarrow{DG}$ h) $\overrightarrow{DC}$ i) $\overrightarrow{AC}$

Übung 3
Dargestellt ist eine regelmäßige Pyramide mit der Höhe 6. Stellen Sie die eingezeichneten Vektoren in Spaltenform dar.

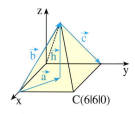

C. Der Verschiebungsvektor $\overrightarrow{PQ}$

Sind von einem Vektor $\vec{v}$ Anfangspunkt P und Endpunkt Q eines seiner Pfeile bekannt, so lässt sich $\vec{v}$ besonders leicht als Spaltenvektor darstellen.

Man errechnet dann einfach die **Koordinatendifferenzen** von Endpunkt und Anfangspunkt, um die Koordinaten des Spaltenvektors zu bestimmen. Im Beispiel rechts gilt also:

$$\vec{v} = \overrightarrow{PQ} = \binom{7-2}{1-4} = \binom{5}{-3}$$

Analog kann man im Raum vorgehen, um den Vektor $\overrightarrow{PQ}$ zu bestimmen, wenn P und Q bekannt sind.

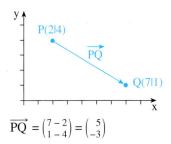

$$\overrightarrow{PQ} = \binom{7-2}{1-4} = \binom{5}{-3}$$

Der Verschiebungsvektor $\overrightarrow{PQ}$

Ebene: $P(p_1|p_2)$, $Q(q_1|q_2)$

$$\overrightarrow{PQ} = \binom{q_1 - p_1}{q_2 - p_2}$$

Raum: $P(p_1|p_2|p_3)$, $Q(q_1|q_2|q_3)$

$$\overrightarrow{PQ} = \begin{pmatrix} q_1 - p_1 \\ q_2 - p_2 \\ q_3 - p_3 \end{pmatrix}$$

Übung 4
Bestimmen Sie die Koordinaten von $\overrightarrow{PQ}$.
a) $P(2|1)$ $Q(6|4)$
b) $P(2|-3)$ $Q(-2|1)$
c) $P(1|2|-3)$ $Q(5|6|1)$
d) $P(-4|-3|5)$ $Q(2|3|-1)$
e) $P(3|4|7)$ $Q(2|6|2)$
f) $P(1|4|a)$ $Q(a|-3|2a+1)$

koordinaten des ersten Vektors (P) minus nehmen und dann andere Punkte (Q) dazu addieren

Übung 5
Eine dreiseitige Pyramide hat die Grundfläche ABC mit $A(1|-1|-2)$, $B(5|3|-2)$, $C(-1|6|-2)$ und die Spitze $S(2|3|4)$.
a) Zeichnen Sie die Pyramide.
b) Bestimmen Sie die Spaltenvektoren der Seitenkanten $\overrightarrow{AB}$, $\overrightarrow{AC}$ und $\overrightarrow{AS}$.
c) M sei der Mittelpunkt der Kante $\overline{AB}$. Wie lautet der Vektor $\overrightarrow{AM}$?

D. Der Ortsvektor $\overrightarrow{OP}$ eines Punktes

Auch die Lage von Punkten im Koordinatensystem lässt sich vektoriell erfassen. Dazu verwendet man den Pfeil $\overrightarrow{OP}$, der vom Ursprung O des Koordinatensystems auf den gewünschten Punkt P zeigt. Dieser Vektor heißt **Ortsvektor** von P. Seine Koordinaten entsprechen exakt den Koordinaten des Punktes P. Man geht in der Ebene und im Raum analog vor.

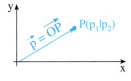

$$\vec{p} = \overrightarrow{OP} = \binom{p_1}{p_2} \text{ bzw. } \vec{p} = \overrightarrow{OP} = \begin{pmatrix} p_1 \\ p_2 \\ p_3 \end{pmatrix}$$

E. Der Betrag eines Vektors

Jeder Pfeil in einem ebenen Koordinatensystem hat eine Länge, die sich mithilfe des Satzes von Pythagoras errechnen lässt.

Alle Pfeile eines Vektors $\vec{a}$ haben die gleiche Länge. Man bezeichnet diese Länge als *Betrag des Vektors* und verwendet die Schreibweise $|\vec{a}|$.

Länge eines Pfeils in der Ebene:

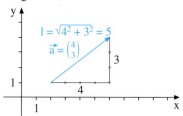

Betrag eines Vektors in der Ebene:

$$\left|\binom{4}{3}\right| = \sqrt{4^2 + 3^2} = \sqrt{25} = 5$$

Betrag eines Vektors im Raum:

$$\left|\begin{pmatrix}1\\2\\5\end{pmatrix}\right| = \sqrt{1^2 + 2^2 + 5^2} = \sqrt{30} \approx 5{,}48$$

Definition VII.1: Der Betrag eines Vektors
Der Betrag $|\vec{a}|$ eines Vektors ist die Länge eines seiner Pfeile.

Betrag eines Spaltenvektors in der Ebene:

$\vec{a} = \binom{a_1}{a_2} \Rightarrow |\vec{a}| = \sqrt{a_1^2 + a_2^2}$

Betrag eines Spaltenvektors im Raum:

$\vec{a} = \begin{pmatrix}a_1\\a_2\\a_3\end{pmatrix} \Rightarrow |\vec{a}| = \sqrt{a_1^2 + a_2^2 + a_3^2}$

▶ **Beispiel: Betrag eines Vektors**
Bestimmen Sie $|\vec{a}|$.

a) $\vec{a} = \binom{2}{4}$ b) $\vec{a} = \binom{a}{-3}$

c) $\vec{a} = \begin{pmatrix}2\\3\\6\end{pmatrix}$ d) $\vec{a} = \begin{pmatrix}-3\\0\\4\end{pmatrix}$

Lösung:
a) $|\vec{a}| = \sqrt{2^2 + 4^2} = \sqrt{20} \approx 4{,}48$
b) $|\vec{a}| = \sqrt{a^2 + (-3)^2} = \sqrt{a^2 + 9}$
c) $|\vec{a}| = \sqrt{2^2 + 3^2 + 6^2} = \sqrt{49} = 7$
d) $|\vec{a}| = \sqrt{(-3)^2 + 0^2 + 4^2} = \sqrt{25} = 5$

Übung 6
Bestimmen Sie den Betrag des gegebenen Vektors.

a) $\binom{1}{a}$ b) $\binom{5}{12}$ c) $\binom{-3}{-5}$ d) $\begin{pmatrix}5\\-2\\12\end{pmatrix}$ e) $\begin{pmatrix}4\\6\\12\end{pmatrix}$ f) $\begin{pmatrix}3a\\0\\4a\end{pmatrix}$

Übung 7
Stellen Sie fest, für welche $t \in \mathbb{R}$ die folgenden Bedingungen gelten.

a) $\vec{a} = \binom{t}{2t}$, $|\vec{a}| = 1$ b) $\vec{a} = \binom{t}{2t}$, $|\vec{a}| = t + 1$ c) $\vec{a} = \begin{pmatrix}-2t\\t\\2t\end{pmatrix}$, $|\vec{a}| = 5$

F. Geometrische Anwendungen

Mithilfe von Vektoren kann man geometrische Objekte erfassen, z. B. Seitenkanten und Diagonalen von Körpern. Man kann geometrische Operationen durchführen, beispielsweise Spiegelungen. Wir behandeln hierzu exemplarisch zwei Aufgaben.

▶ **Beispiel: Diagonalen in einem Körper**
Stellen Sie die Vektoren $\overrightarrow{AK}$, $\overrightarrow{BL}$ und $\overrightarrow{CM}$ als Spaltenvektoren dar.
Bestimmen Sie außerdem die Länge der Diagonalen $\overline{CM}$.

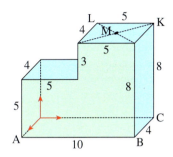

Lösung:
Wir verwenden ein Koordinatensystem, dessen Achsen parallel zu den Kanten des Körpers verlaufen.
Dann können wir die achsenparallelen Verschiebungsanteile der gesuchten Vektoren aus der Figur direkt ablesen. Damit erhalten
▶ wir die rechts aufgeführten Resultate.

$$\overrightarrow{AK} = \begin{pmatrix} -4 \\ 10 \\ 8 \end{pmatrix}, \overrightarrow{BL} = \begin{pmatrix} -4 \\ -5 \\ 8 \end{pmatrix}, \overrightarrow{CM} = \begin{pmatrix} 2 \\ -2{,}5 \\ 8 \end{pmatrix}$$

$$|\overrightarrow{CM}| = \sqrt{2^2 + (-2{,}5)^2 + 8^2} \approx 8{,}62$$

▶ **Beispiel: Spiegelung eines Punktes**
Der Punkt A(2|2|4) wird am Punkt P(4|6|3) gespiegelt. Auf diese Weise entsteht der Spiegelpunkt A′. Bestimmen Sie die Koordinaten von A′.

Lösung:
Wir bestimmen den Vektor $\vec{v} = \overrightarrow{AP}$, der den Punkt A in den Punkt P verschiebt.
Er lautet $\overrightarrow{AP} = \begin{pmatrix} 4-2 \\ 6-2 \\ 3-4 \end{pmatrix} = \begin{pmatrix} 2 \\ 4 \\ -1 \end{pmatrix}$.

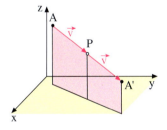

Diesen Vektor können wir verwenden, um den Punkt P nach A′ zu verschieben.
Daher gilt für den Punkt A′:
▶ A′(4 + 2|6 + 4|3 − 1) = A′(6|10|2).

Übung 8
Im kartesischen Koordinatensystem ist ein Quader ABCDEFGH durch die Angabe der drei Punkte B(2|4|0), C(−2|4|0), H(−2|0|3) gegeben. Bestimmen Sie die restlichen Punkte, zeichnen Sie ein Schrägbild des Quaders, und berechnen Sie die Länge der Raumdiagonalen $\overline{BH}$ des Quaders.

Übung 9
Gegeben ist das Raumdreieck ABC mit A(4|−2|2), B(0|2|2) und C(2|−1|4). Stellen Sie die Seitenkanten des Dreiecks als Spaltenvektoren dar. Berechnen Sie den Umfang des Dreiecks. Spiegeln Sie das Dreieck ABC am Punkt P(4|4|3). Fertigen Sie ein Schrägbild des Dreiecks ABC und des Bilddreiecks A′B′C′ an.

Mithilfe von Vektoren kann man Nachweise führen, die sonst schwierig wären, vor allem bei geometrischen Figuren im dreidimensionalen Raum.

▶ **Beispiel: Dreieck/Parallelogramm**
Gegeben ist das Dreieck ABC mit den Eckpunkten A(6|2|1), B(4|8|−2) und C(0|5|3) (siehe Abb.).
a) Zeigen Sie, dass das Dreieck gleichschenklig ist, aber nicht gleichseitig.
b) Der Punkt D ergänzt das Dreieck zu einem Parallelogramm. Bestimmen Sie die Koordinaten von D.

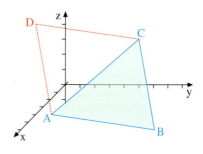

Lösung zu a:
Wir bestimmen die Beträge der drei Seitenvektoren und vergleichen diese.
Das Dreieck ist gleichschenklig, da die Vektoren $\vec{AB}$ und $\vec{AC}$ gleich lang sind. Es ist nicht gleichseitig, da $\vec{BC}$ länger ist. Ein direktes Abmessen im Schrägbild ist wegen der Verzerrung nicht sinnvoll und führt zu falschen Ergebnissen.

$$\vec{AB} = \begin{pmatrix} 4-6 \\ 8-2 \\ -2-1 \end{pmatrix} = \begin{pmatrix} -2 \\ 6 \\ -3 \end{pmatrix} \Rightarrow |\vec{AB}| = 7$$

$$\vec{AC} = \begin{pmatrix} 0-6 \\ 5-2 \\ 3-1 \end{pmatrix} = \begin{pmatrix} -6 \\ 3 \\ 2 \end{pmatrix} \Rightarrow |\vec{AC}| = 7$$

$$\vec{BC} = \begin{pmatrix} 0-4 \\ 5-8 \\ 3+2 \end{pmatrix} = \begin{pmatrix} -4 \\ -3 \\ 5 \end{pmatrix} \Rightarrow |\vec{BC}| \approx 7{,}1$$

Lösung zu b:
Die Koordinaten des Punktes D erhalten wir durch eine Parallelverschiebung des Punktes A mit dem Vektor $\vec{BC}$.
▶ Resultat: D(2|−1|6)

$$A(6|2|1) \xrightarrow[\text{Verschiebung}]{\begin{pmatrix} -4 \\ -3 \\ 5 \end{pmatrix}} D(2|-1|6)$$

Übung 10
Ein Viereck ABCD ist genau dann ein Parallelogramm, wenn die Vektorgleichungen $\vec{AB} = \vec{DC}$ und $\vec{AD} = \vec{BC}$ gelten. Begründen Sie diese Aussage anschaulich anhand einer Skizze. Prüfen Sie, ob die folgenden Vierecke Parallelogramme sind. Fertigen Sie jeweils eine Zeichnung an und rechnen Sie anschließend.

a) A(−2|1)
   B(4|−1)
   C(7|2)
   D(1|4)

b) A(2|1)
   B(5|2)
   C(5|5)
   D(2|4)

c) A(0|0|3)
   B(7|6|5)
   C(11|7|5)
   D(4|4|3)

d) A(10|10|5)
   B(6|17|7)
   C(1|10|9)
   D(5|3|7)

Übung 11
Das Viereck ABCD ist ein Parallelogramm. Es gilt A(0|3|1), B(6|5|7) und C(4|1|3). Bestimmen Sie die Koordinaten von D. Handelt es sich um eine Raute?

Übungen

12. Der abgebildete Körper setzt sich aus drei gleich großen Würfeln zusammen.
a) Welche der eingezeichneten Pfeile gehören zum gleichen Vektor?
b) Begründen Sie, weshalb die Pfeile $\overrightarrow{JH}$, $\overrightarrow{KL}$ und $\overrightarrow{GL}$ nicht zu dem gleichen Vektor gehören, obwohl sie parallel zueinander sind.

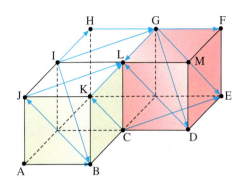

13. Die Pfeile $\overrightarrow{AB}$ und $\overrightarrow{CD}$ sollen zum gleichen Vektor gehören. Bestimmen Sie die Koordinaten des jeweils fehlenden Punktes.
a) A(−3|4), B(5|−7), D(8|11)
b) A(3|2), C(8|−7), D(11|15)
c) B(3|8), C(3|−2), D(8|5)
d) A(3|a), B(2|b), C(4|3)
e) A(−3|5|−2), C(1|−4|2), D(3|3|3)
f) A(3|3|4), B(−1|4|0), D(2|1|8)
g) A(1|8|−7), B(0|0|0), D(3|3|7)
h) A(a|a|a), B(a+1|a+2|3), D(a|2|a−1)

14. Bestimmen Sie die Koordinatendarstellung des Vektors $\vec{a} = \overrightarrow{PQ}$.
a) P(2|4)   Q(3|8)
b) P(−3|5)   Q(7|−2)
c) P(1|a)   Q(3|2a+1)
d) P(4|4|−2)   Q(1|5|5)
e) P(1|−3|7)   Q(4|0|−3)

15. Der Vektor $\vec{a} = \begin{pmatrix} -1 \\ 2 \\ -3 \end{pmatrix}$ verschiebt den Punkt P in den Punkt Q. Bestimmen Sie P bzw. Q.
a) P(3|2|1)
b) Q(0|0|0)
c) P(3|−2|4)
d) Q(1|0|2)
e) P(4|−3|0)
f) P(0|0|0)
g) P(1|a|1)
h) Q(a|3|0)
i) Q(q_1|q_2|q_3)
j) P(p_1|p_2|p_3)

16. Der abgebildete Quader habe die Maße 4 × 2 × 2. Bestimmen Sie die Koordinatendarstellung zu allen angegebenen Vektoren sowie ihre Beträge.
$\overrightarrow{AB}$, $\overrightarrow{AD}$, $\overrightarrow{AE}$, $\overrightarrow{AF}$, $\overrightarrow{AG}$, $\overrightarrow{AH}$, $\overrightarrow{BC}$, $\overrightarrow{BH}$, $\overrightarrow{CD}$, $\overrightarrow{CH}$, $\overrightarrow{DA}$, $\overrightarrow{DB}$, $\overrightarrow{DC}$, $\overrightarrow{EB}$, $\overrightarrow{EC}$, $\overrightarrow{ED}$, $\overrightarrow{EG}$, $\overrightarrow{FD}$, $\overrightarrow{FG}$, $\overrightarrow{FH}$, $\overrightarrow{HG}$.

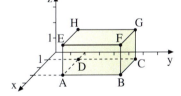

17. a) Bestimmen Sie die Beträge der Vektoren $\begin{pmatrix} 4 \\ 1 \\ 8 \end{pmatrix}$, $\begin{pmatrix} 32 \\ 8 \\ 1 \end{pmatrix}$, $\begin{pmatrix} 2 \\ -6 \\ 5 \end{pmatrix}$, $\begin{pmatrix} 0 \\ -15 \\ -20 \end{pmatrix}$.

b) Für welchen Wert von a hat der Vektor $\begin{pmatrix} 2a \\ 2 \\ 5 \end{pmatrix}$ den Betrag 15?

3. Rechnen mit Vektoren

A. Addition und Subtraktion von Vektoren

Der Punkt $P(1|1)$ wird zunächst mithilfe des Vektors $\vec{a} = \begin{pmatrix} 4 \\ 1 \end{pmatrix}$ in den Punkt $Q(5|2)$ verschoben. Anschließend wird der Punkt $Q(5|2)$ mithilfe des Vektors $\vec{b} = \begin{pmatrix} 2 \\ 3 \end{pmatrix}$ in den Punkt $R(7|5)$ verschoben.

Offensichtlich kann man mithilfe des Vektors $\vec{c} = \begin{pmatrix} 6 \\ 4 \end{pmatrix}$ eine direkte Verschiebung des Punktes P in den Punkt R erzielen.

In diesem Sinne kann der Vektor $\vec{c}$ als Summe der Vektoren $\vec{a}$ und $\vec{b}$ betrachtet werden.

$\begin{pmatrix} 4 \\ 1 \end{pmatrix} + \begin{pmatrix} 2 \\ 3 \end{pmatrix} = \begin{pmatrix} 6 \\ 4 \end{pmatrix}$

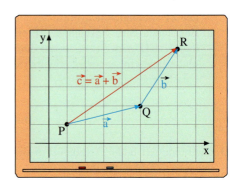

Addition von Vektoren:

$P(1|1) \xrightarrow{\begin{pmatrix} 4 \\ 1 \end{pmatrix}} Q(5|2) \xrightarrow{\begin{pmatrix} 2 \\ 3 \end{pmatrix}} R(7|5)$

$\begin{pmatrix} 6 \\ 4 \end{pmatrix}$

Definition II.2: Unter der *Summe* zweier Vektoren $\vec{a}$, $\vec{b}$ versteht man den Vektor, der entsteht, wenn man die einander entsprechenden Koordinaten von $\vec{a}$ und $\vec{b}$ addiert:

Addition in der Ebene:

$\vec{a} + \vec{b} = \begin{pmatrix} a_1 \\ a_2 \end{pmatrix} + \begin{pmatrix} b_1 \\ b_2 \end{pmatrix} = \begin{pmatrix} a_1 + b_1 \\ a_2 + b_2 \end{pmatrix}$

Addition im Raum:

$\vec{a} + \vec{b} = \begin{pmatrix} a_1 \\ a_2 \\ a_3 \end{pmatrix} + \begin{pmatrix} b_1 \\ b_2 \\ b_3 \end{pmatrix} = \begin{pmatrix} a_1 + b_1 \\ a_2 + b_2 \\ a_3 + b_3 \end{pmatrix}$

Geometrisch lässt sich die Addition zweier Vektoren mithilfe von Pfeilrepräsentanten nach der folgenden Dreiecksregel ausführen.

Dreiecksregel
Addition durch Aneinanderlegen
Ist $\vec{a} = \overrightarrow{PQ}$ und $\vec{b} = \overrightarrow{QR}$, so ist die Summe $\vec{a} + \vec{b}$ der Vektor $\overrightarrow{PR}$.

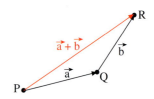

3. Rechnen mit Vektoren

Offensichtlich spielt die Reihenfolge bei der Hintereinanderausführung von Parallelverschiebungen keine Rolle, da die resultierende Verschiebung in x-, y- bzw. z-Richtung gleich bleibt. Die Addition von Vektoren ist also *kommutativ*. Hieraus ergibt sich eine weitere geometrische Deutung des Summenvektors, die sog. *Parallelogrammregel*.

Parallelogrammregel
Der Summenvektor $\vec{a} + \vec{b}$ lässt sich als Diagonalenvektor in dem durch $\vec{a}$ und $\vec{b}$ aufgespannten Parallelogramm darstellen.

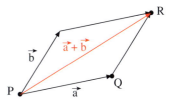

Übung 1
Berechnen Sie die Summe der beiden Vektoren, sofern dies möglich ist.
a) $\binom{2}{3}, \binom{3}{-4}$
b) $\begin{pmatrix}2\\1\\3\end{pmatrix}, \begin{pmatrix}3\\-4\\1\end{pmatrix}$
c) $\begin{pmatrix}3\\-3\\2\end{pmatrix}, \begin{pmatrix}-3\\3\\-2\end{pmatrix}$
d) $\begin{pmatrix}4\\0\\2\end{pmatrix}, \begin{pmatrix}0\\0\\0\end{pmatrix}$
e) $\begin{pmatrix}2\\3\\1\end{pmatrix}, \binom{3}{-4}$

Übung 2
Bestimmen Sie zeichnerisch und rechnerisch die angegebene Summe.
a) $\vec{u} + \vec{v}$
b) $\vec{u} + \vec{w}$
c) $\vec{v} + \vec{w}$
d) $(\vec{u} + \vec{v}) + \vec{w}$
e) $\vec{v} + \vec{u}$
f) $\vec{u} + (\vec{v} + \vec{w})$
g) $\vec{u} + \vec{u}$

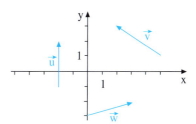

Übung 3
Was fällt Ihnen auf, wenn Sie die Resultate von Übung 2a) und 2e) bzw. von 2d) und 2f) vergleichen?

Neben dem Kommutativgesetz gelten bei der Addition von Vektoren auch noch einige weitere Rechengesetze, die Rechnungen erheblich erleichtern können, wie das Assoziativgesetz.

Satz VII.1: $\vec{a}$, $\vec{b}$ und $\vec{c}$ seien Vektoren in der Ebene bzw. im Raum. Dann gilt:
$\vec{a} + \vec{b} = \vec{b} + \vec{a}$ **Kommutativgesetz**
$(\vec{a} + \vec{b}) + \vec{c} = \vec{a} + (\vec{b} + \vec{c})$ **Assoziativgesetz**

Die folgenden, mithilfe von Definition II.2 trivial zu beweisenden Sätze führen auf die wichtigen Begriffe „Nullvektor" und „Gegenvektor".

Satz VII.2: Es gibt sowohl in der Ebene als auch im Raum genau einen Vektor $\vec{0}$, für den gilt: $\vec{a} + \vec{0} = \vec{a}$ für alle Vektoren $\vec{a}$. Er heißt *Nullvektor*.

Nullvektor in der Ebene $\vec{0} = \binom{0}{0}$

Nullvektor in Raum $\vec{0} = \begin{pmatrix}0\\0\\0\end{pmatrix}$

Satz VII.3: Zu jedem Vektor $\vec{a}$ der Ebene bzw. des Raumes gibt es genau einen Vektor $-\vec{a}$, sodass gilt:
$\vec{a} + (-\vec{a}) = \vec{0}$.
$-\vec{a}$ heißt *Gegenvektor* zu $\vec{a}$.

$\binom{a_1}{a_2} + \binom{-a_1}{-a_2} = \binom{0}{0}$ $\begin{pmatrix}a_1\\a_2\\a_3\end{pmatrix} + \begin{pmatrix}-a_1\\-a_2\\-a_3\end{pmatrix} = \begin{pmatrix}0\\0\\0\end{pmatrix}$

Vektor Gegenvektor Vektor Gegenvektor

Vektor   Gegenvektor

$\vec{a} = \binom{4}{3}$ $-\vec{a} = \binom{-4}{-3}$

Geometrisch bedeutet der Gegenvektor $(-\vec{a})$ diejenige Parallelverschiebung, die eine Verschiebung mittels $\vec{a}$ bei der Hintereinanderausführung wieder rückgängig macht.
Mithilfe des Gegenvektors lässt sich die Subtraktion von Vektoren definieren.

Definition VII.3: Die Differenz $\vec{a} - \vec{b}$ zweier Vektoren $\vec{a}$ und $\vec{b}$ sei gegeben durch:
$$\vec{a} - \vec{b} = \vec{a} + (-\vec{b}).$$

Beispiel:

$\begin{pmatrix}1\\4\\5\end{pmatrix} - \begin{pmatrix}3\\1\\3\end{pmatrix} = \begin{pmatrix}1\\4\\5\end{pmatrix} + \begin{pmatrix}-3\\-1\\-3\end{pmatrix} = \begin{pmatrix}-2\\3\\2\end{pmatrix}$

Geometrisch kann man die Differenz der Vektoren $\vec{a}$ und $\vec{b}$ ähnlich wie deren Summe als Diagonalenvektor in dem von $\vec{a}$ und $\vec{b}$ aufgespannten Parallelogramm interpretieren.
Wegen $\vec{a} - \vec{b} = \vec{a} + (-\vec{b})$ wird diese Differenz durch den Pfeil repräsentiert, der von der Pfeilspitze eines Repräsentanten des Vektors $\vec{b}$ zur Pfeilspitze des Repräsentanten von $\vec{a}$ geht, der den gleichen Anfangspunkt wie der Repräsentant von $\vec{b}$ hat.

Parallelogrammregel für die Subtraktion

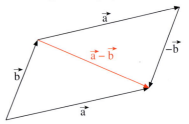

Übung 4
Gegeben sind die Vektoren $\vec{a} = \begin{pmatrix}2\\1\\3\end{pmatrix}$, $\vec{b} = \begin{pmatrix}-1\\4\\2\end{pmatrix}$, $\vec{c} = \begin{pmatrix}3\\1\\5\end{pmatrix}$, $\vec{d} = \begin{pmatrix}0\\0\\1\end{pmatrix}$, $\vec{e} = \binom{2}{4}$, $\vec{f} = \binom{1}{-5}$.

Berechnen Sie den angegebenen Vektorterm, sofern dies möglich ist.

a) $\vec{a} - \vec{b}$
b) $\vec{c} - \vec{d}$
c) $\vec{e} - \vec{f}$
d) $\vec{a} - \vec{b} - \vec{c}$
e) $\vec{a} - \vec{e}$
f) $\vec{a} + \vec{c} - \vec{d}$
g) $\vec{d} + \vec{d} - \vec{b} + \vec{a} - \vec{c} - \vec{b}$
h) $\vec{0} - \vec{a}$
i) $\vec{a} - \vec{a}$

Übung 5
Bestimmen Sie den Vektor $\vec{x}$.

a) $\binom{5}{3} + \vec{x} = \binom{8}{7}$
b) $\binom{2}{5} + \binom{1}{4} - \binom{3}{1} = \binom{2}{4} - \binom{8}{2} + \vec{x}$
c) $\binom{3}{5} + \binom{2}{1} - \binom{3}{5} = \binom{1}{4} + \vec{x} - \binom{2}{5}$

d) $\begin{pmatrix}3\\3\\2\end{pmatrix} + \vec{x} = \begin{pmatrix}1\\4\\1\end{pmatrix}$
e) $\begin{pmatrix}3\\2\\1\end{pmatrix} + \vec{x} - \begin{pmatrix}1\\1\\3\end{pmatrix} + \begin{pmatrix}2\\4\\1\end{pmatrix} = \begin{pmatrix}2\\3\\5\end{pmatrix}$
f) $\begin{pmatrix}1\\4\\-1\end{pmatrix} + \begin{pmatrix}-8\\-5\\-2\end{pmatrix} = \begin{pmatrix}2\\1\\3\end{pmatrix} + \begin{pmatrix}0{,}5\\1\\2\end{pmatrix} + \vec{x} - \begin{pmatrix}3\\4\\-1\end{pmatrix}$

B. Skalar-Multiplikation (S-Multiplikation)

Die nebenstehend durchgeführte zeichnerische Konstruktion (Addition durch Aneinanderlegen) legt es nahe, die Summe $\vec{a} + \vec{a} + \vec{a}$ als *Vielfaches* von $\vec{a}$ aufzufassen. Man schreibt daher:

$$3 \cdot \vec{a} = \vec{a} + \vec{a} + \vec{a}.$$

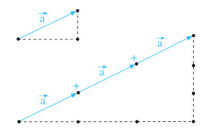

Rechnerisch ergibt sich mithilfe koordinatenweiser Addition für $\vec{a} = \begin{pmatrix} a_1 \\ a_2 \end{pmatrix}$:

$$3 \cdot \begin{pmatrix} a_1 \\ a_2 \end{pmatrix} = \begin{pmatrix} a_1 \\ a_2 \end{pmatrix} + \begin{pmatrix} a_1 \\ a_2 \end{pmatrix} + \begin{pmatrix} a_1 \\ a_2 \end{pmatrix} = \begin{pmatrix} 3\,a_1 \\ 3\,a_2 \end{pmatrix}.$$

Diese koordinatenweise Vervielfachung eines Vektors lässt sich sogar auf beliebige reelle Vervielfältigungsfaktoren ausdehnen, z. B. $2{,}5 \cdot \begin{pmatrix} a_1 \\ a_2 \end{pmatrix} = \begin{pmatrix} 2{,}5\,a_1 \\ 2{,}5\,a_2 \end{pmatrix}$.

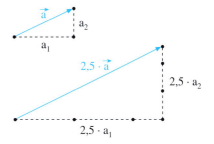

> **Definition VII.4:** Ein Vektor wird mit einer reellen Zahl s (einem sog. Skalar) multipliziert, indem jede seiner Koordinaten mit s multipliziert wird.
>
> **In der Ebene:** $s \cdot \begin{pmatrix} a_1 \\ a_2 \end{pmatrix} = \begin{pmatrix} s \cdot a_1 \\ s \cdot a_2 \end{pmatrix}$ **Im Raum:** $s \cdot \begin{pmatrix} a_1 \\ a_2 \\ a_3 \end{pmatrix} = \begin{pmatrix} s \cdot a_1 \\ s \cdot a_2 \\ s \cdot a_3 \end{pmatrix}$

Für die S-Multiplikation gelten folgende Rechengesetze:

> **Satz VII.4:** r und s seien reelle Zahlen, $\vec{a}$ und $\vec{b}$ Vektoren. Dann gelten folgende Regeln:
>
> (I) $r \cdot (\vec{a} + \vec{b}) = r \cdot \vec{a} + r \cdot \vec{b}$ (II) $(r + s) \cdot \vec{a} = r \cdot \vec{a} + s \cdot \vec{a}$ (III) $(r \cdot s)\vec{a} = r \cdot (s \cdot \vec{a})$
> Distributivgesetz   Distributivgesetz

Wir beschränken uns auf den Beweis zu (I) für Vektoren im Raum.

$$r\left(\begin{pmatrix} a_1 \\ a_2 \\ a_3 \end{pmatrix} + \begin{pmatrix} b_1 \\ b_2 \\ b_3 \end{pmatrix}\right) = r\begin{pmatrix} a_1+b_1 \\ a_2+b_2 \\ a_3+b_3 \end{pmatrix} = \begin{pmatrix} r(a_1+b_1) \\ r(a_2+b_2) \\ r(a_3+b_3) \end{pmatrix} = \begin{pmatrix} ra_1+rb_1 \\ ra_2+rb_2 \\ ra_3+rb_3 \end{pmatrix} = \begin{pmatrix} ra_1 \\ ra_2 \\ ra_3 \end{pmatrix} + \begin{pmatrix} rb_1 \\ rb_2 \\ rb_3 \end{pmatrix} = r\begin{pmatrix} a_1 \\ a_2 \\ a_3 \end{pmatrix} + r\begin{pmatrix} b_1 \\ b_2 \\ b_3 \end{pmatrix}$$

↑ Def. VII.2   ↑ Def. VII.4   ↑ Distributivgesetz in $\mathbb{R}$ ↑ Def. VII.2   ↑ Def. VII.4

Übung 6
Beweisen Sie Satz VII.4 (II) sowohl für Vektoren in der Ebene als auch für Vektoren im Raum.

Übungen

7. Vereinfachen Sie den Term zu einem einzigen Vektor.

a) $5 \cdot \begin{pmatrix} 1{,}2 \\ 0{,}6 \\ 3{,}4 \end{pmatrix}$
b) $5 \cdot \begin{pmatrix} 3 \\ 2 \\ 1 \end{pmatrix} + 3 \cdot \begin{pmatrix} -1 \\ 0 \\ 2 \end{pmatrix}$
c) $3 \cdot \begin{pmatrix} 8 \\ -1 \\ 0 \end{pmatrix} + 2 \cdot \begin{pmatrix} -10 \\ 1 \\ 2 \end{pmatrix} - 2 \cdot \begin{pmatrix} 2 \\ 0{,}5 \\ 2 \end{pmatrix}$

8. Stellen Sie den gegebenen Vektor in der Form $r\vec{a}$ dar, wobei $\vec{a}$ nur ganzzahlige Koordinaten besitzen soll und r eine reelle Zahl ist.

a) $\begin{pmatrix} 0{,}5 \\ 1{,}5 \\ -1{,}5 \end{pmatrix}$
b) $\begin{pmatrix} 3{,}5 \\ 1 \\ 2{,}5 \end{pmatrix}$
c) $\begin{pmatrix} 0{,}25 \\ 0{,}5 \\ -2 \end{pmatrix}$
d) $\begin{pmatrix} 1 \\ 0{,}4 \\ 0{,}6 \end{pmatrix}$
e) $\begin{pmatrix} 0{,}5 \\ -0{,}25 \\ 0{,}125 \end{pmatrix}$
f) $\begin{pmatrix} 1{,}5 \\ 3 \\ 0{,}75 \end{pmatrix}$

9. Bestimmen Sie das Ergebnis des gegebenen Rechenausdrucks als Spaltenvektor.

a) $-\vec{a} + \vec{e}$
b) $\vec{d} - \vec{b}$
c) $3\vec{a} + 2\vec{c} + \vec{d}$
d) $2(\vec{a} + \vec{b}) - (\vec{a} - \vec{c}) - 2\vec{b}$
e) $\frac{1}{2}\vec{c} + \frac{1}{4}\vec{b} - \vec{a}$
f) $\vec{a} + \vec{b} + \vec{c} - \vec{d} + 3\vec{f}$

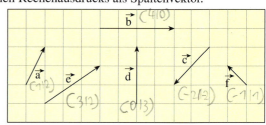

10. Vereinfachen Sie den Term so weit wie möglich.

a) $3\vec{a} + 5\vec{a} - 7\vec{a} - (-2\vec{a}) - \vec{a}$
b) $\vec{a} - 4(\vec{b} - \vec{a}) - 2\vec{c} + 2(\vec{b} + \vec{c})$
c) $2(\vec{a} + 4(\vec{b} - \vec{a})) + 2(\vec{c} + \vec{a}) - 6\vec{b}$
d) $2(\vec{a} - \vec{c}) + 0{,}5(\vec{c} - \vec{b}) + 1{,}5(\vec{b} + \vec{c}) - \vec{a}$
e) $-(\vec{a} - 2\vec{b} - (7\vec{a} - (-2) \cdot (-\vec{a}))) - (\vec{a} - (-\vec{b}))$
f) $\vec{c} - (\vec{a} - 2\vec{b} + (7\vec{c} - (4\vec{b} - 2\vec{c})) - 2\vec{c}$
g) $(4\vec{b} - \vec{a} - (-2\vec{b})) \cdot 3 - 3(-4\vec{a} - (\vec{b} - \vec{a}) \cdot (-1))$
h) $5\vec{b} - (\vec{a} - 4\vec{b} + 3(\vec{a} - 7\vec{b})) \cdot (-2) - 5(-9\vec{b} + 1{,}6\vec{a})$

11. Berechnen Sie den Wert der Variablen x, sofern eine Lösung existiert.

a) $x \cdot \begin{pmatrix} 3 \\ 5 \\ 1 \end{pmatrix} = \begin{pmatrix} 1 \\ 2 \\ 1 \end{pmatrix} - \begin{pmatrix} 7 \\ 12 \\ -1 \end{pmatrix}$
b) $\begin{pmatrix} 20 \\ 4 \\ -14 \end{pmatrix} = x \cdot \begin{pmatrix} 12 \\ 4 \\ 4 \end{pmatrix} - 2x \cdot \begin{pmatrix} 1 \\ 1 \\ 3 \end{pmatrix}$
c) $\begin{pmatrix} 4 \\ x \\ 2 \end{pmatrix} + 2 \begin{pmatrix} 1 \\ 2 \\ 3 \end{pmatrix} = \begin{pmatrix} x \\ 10 \\ x + 2 \end{pmatrix}$
d) $x \cdot \begin{pmatrix} x+1 \\ 5 \\ -1 \end{pmatrix} = x \cdot \begin{pmatrix} 1 \\ 2 \\ -2 \end{pmatrix} - 3 \begin{pmatrix} 3 \\ 3 \\ 1 \end{pmatrix} + \begin{pmatrix} 6x \\ 18 \\ 2x \end{pmatrix}$

12. Prüfen Sie, ob die angegebene Gleichung richtig ist.

a) $\vec{a} + 2\vec{b} = 3\vec{d} - 2\vec{c}$
b) $\vec{a} - \vec{c} = \vec{d} - 3\vec{c}$
c) $\vec{a} - \vec{b} = -\frac{1}{2}\vec{c}$
d) $2\vec{d} - (\vec{c} - \vec{a}) = \vec{0}$
e) $\vec{a} + 2\vec{d} = 2\vec{b} + \vec{d}$

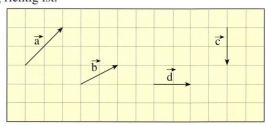

C. Exkurs: Kombination von Rechenoperationen/Vektorzüge

Die Addition bzw. Subtraktion und Skalarmultiplikation von mehr als zwei Vektoren kann mithilfe von sogenannten Vektorzügen vereinfacht und sehr effizient durchgeführt werden.

▶ **Beispiel: Addition durch Vektorzug**
Gegeben sind die rechts dargestellten Vektoren $\vec{a}$, $\vec{b}$ und $\vec{c}$.
Konstruieren Sie zeichnerisch den Vektor $\vec{x} = \vec{a} + 2\vec{b} + 1{,}5\vec{c}$. Führen Sie eine rechnerische Ergebniskontrolle durch.

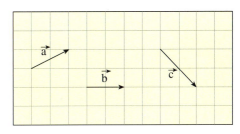

Lösung:
Wir setzen die Vektoren $\vec{a}$, $2\vec{b}$ und $1{,}5\vec{c}$ wie abgebildet aneinander.

Es entsteht ein *Vektorzug*.

Der gesuchte Vektor führt vom Anfang zum Ende des Vektorzugs. Er bewirkt die gleiche Verschiebung wie die drei Einzelterme insgesamt, ist also deren Summe.

▶ Rechnerisch erhalten wir das gleiche Resultat, indem wir $\vec{a}$, $\vec{b}$ und $\vec{c}$ mithilfe von Spaltenvektoren darstellen.

Zeichnerische Lösung:

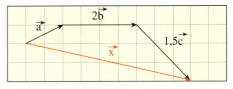

Rechnerische Lösung:
$$\vec{x} = \vec{a} + 2\vec{b} + 1{,}5\vec{c}$$
$$= \begin{pmatrix} 2 \\ 1 \end{pmatrix} + 2\begin{pmatrix} 2 \\ 0 \end{pmatrix} + 1{,}5\begin{pmatrix} 2 \\ -2 \end{pmatrix} = \begin{pmatrix} 9 \\ -2 \end{pmatrix}$$

▶ **Beispiel: Drittelung einer Strecke**
Gegeben ist die Strecke $\overline{AB}$ mit den Endpunkten $A(2|4)$ und $B(8|1)$. Punkt C teilt die Strecke im Verhältnis $2:1$. Bestimmen Sie die Koordinaten von C.

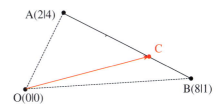

Lösung:
Der Ortsvektor $\overrightarrow{OC}$ des gesuchten Punktes C lässt sich durch den Vektorzug $\overrightarrow{OA} + \frac{2}{3}\overrightarrow{AB}$ darstellen, wie dies aus der Skizze zu erkennen ist.
Die rechts aufgeführte Rechnung führt auf
▶ das Resultat $C(6|6)$.

Berechnung des Ortsvektors von C:
$$\overrightarrow{OC} = \overrightarrow{OA} + \overrightarrow{AC}$$
$$= \overrightarrow{OA} + \frac{2}{3}\overrightarrow{AB}$$
$$= \begin{pmatrix} 2 \\ 4 \end{pmatrix} + \frac{2}{3}\begin{pmatrix} 6 \\ -3 \end{pmatrix} = \begin{pmatrix} 6 \\ 2 \end{pmatrix}$$

Übung 13 Vektoraddition
Bestimmen Sie durch Zeichnung und Rechnung die Vektoren $\vec{x} = \vec{a} + 2\vec{b}$, $\vec{y} = \vec{a} + \vec{b} - \vec{c}$ und $\vec{z} = \vec{a} - 0{,}5\vec{b} + 2\vec{c}$.

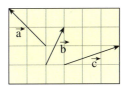

Geometrische Figuren können oft durch einige wenige Basisvektoren festgelegt bzw. aufgespannt werden. Weitere in den Figuren auftretende Vektoren können dann mithilfe dieser Basisvektoren als Vektorzug dargestellt werden.

▶ **Beispiel: Vektoren im Trapez**
Ein achsensymmetrisches Trapez wird durch die Vektoren $\vec{a}$ und $\vec{b}$ aufgespannt. Die Decklinie des Trapezes ist halb so lang wie die Grundlinie.
Stellen Sie die Vektoren $\overrightarrow{AC}$ und $\overrightarrow{BC}$ mithilfe der Vektoren $\vec{a}$ und $\vec{b}$ dar.

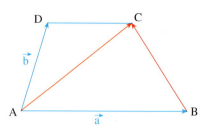

Lösung:
Wir arbeiten zur Darstellung mit Vektorzügen, die $\vec{a}$ und $\vec{b}$ enthalten. Dabei beachten wir, dass $\overrightarrow{DC} = \frac{1}{2}\vec{a}$ gilt, denn $\overrightarrow{DC}$ ist parallel zu $\vec{a}$ und halb so lang.
Die Rechenwege und Resultate sind rechts
▶ aufgeführt.

$\overrightarrow{AC} = \overrightarrow{AD} + \overrightarrow{DC}$
$\quad\quad = \vec{b} + \frac{1}{2}\vec{a}$

$\overrightarrow{BC} = \overrightarrow{BA} + \overrightarrow{AD} + \overrightarrow{DC} = -\vec{a} + \vec{b} + \frac{1}{2}\vec{a}$
$\quad\quad = \vec{b} - \frac{1}{2}\vec{a}$

Übung 14   Vektoren im Quader
Der abgebildete Quader wird durch die Vektoren $\vec{a}$, $\vec{b}$ und $\vec{c}$ aufgespannt. Der Vektor $\vec{x}$ verbindet die Mittelpunkte M und N zweier Quaderkanten.
Stellen Sie den Vektor $\vec{x}$ mithilfe der aufspannenden Vektoren $\vec{a}$, $\vec{b}$ und $\vec{c}$ dar.

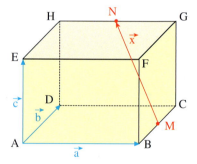

Übung 15   Vektoren im Sechseck
Die Vektoren $\vec{a}$, $\vec{b}$ und $\vec{c}$ definieren ein Sechseck. Stellen Sie die Transversalenvektoren $\overrightarrow{AE}$, $\overrightarrow{DA}$ und $\overrightarrow{CF}$ mithilfe von $\vec{a}$, $\vec{b}$ und $\vec{c}$ dar.

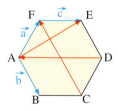

Übung 16   Vektoren in einer Pyramide
Eine gerade Pyramide hat eine quadratische Grundfläche ABCD und die Spitze S. Sie wird von den Vektoren $\vec{a}$, $\vec{b}$ und $\vec{h}$ wie abgebildet aufgespannt. Stellen Sie die Seitenkantenvektoren $\overrightarrow{AS}$, $\overrightarrow{BS}$, $\overrightarrow{CS}$ und $\overrightarrow{DS}$ mithilfe von $\vec{a}$, $\vec{b}$ und $\vec{h}$ dar.

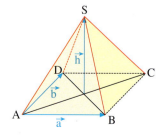

D. Linearkombination von Vektoren

Sind zwei Vektoren $\vec{a}$ und $\vec{b}$ gegeben, lassen sich weitere Vektoren $\vec{x}$ der Form $r \cdot \vec{a} + s \cdot \vec{b}$ aus den gegebenen Vektoren $\vec{a}$ und $\vec{b}$ erzeugen. Eine solche Summe nennt man *Linearkombination* von $\vec{a}$ und $\vec{b}$. Man kann den Begriff folgendermaßen verallgemeinern.

Eine Summe der Form $r_1 \cdot \vec{a}_1 + r_2 \cdot \vec{a}_2 + \ldots + r_n \cdot \vec{a}_n$ ($r_i \in \mathbb{R}$) nennt man *Linearkombination* der Vektoren $\vec{a}_1, \vec{a}_2, \ldots, \vec{a}_n$.

▶ **Beispiel: Darstellung eines Vektors als Linearkombination (LK)**

Gegeben sind die Vektoren $\vec{a} = \begin{pmatrix} 2 \\ 1 \\ 1 \end{pmatrix}$, $\vec{b} = \begin{pmatrix} 1 \\ 1 \\ 2 \end{pmatrix}$ sowie $\vec{c} = \begin{pmatrix} 3 \\ 1 \\ 0 \end{pmatrix}$ und $\vec{d} = \begin{pmatrix} 3 \\ 1 \\ 2 \end{pmatrix}$.

a) Zeigen Sie, dass $\vec{c}$ als LK von $\vec{a}$ und $\vec{b}$ dargestellt werden kann.

b) Zeigen Sie, dass $\vec{d}$ **nicht** als LK von $\vec{a}$ und $\vec{b}$ dargestellt werden kann.

Wir versuchen, die Vektoren $\vec{c}$ bzw. $\vec{d}$ als Linearkombination von $\vec{a}$ und $\vec{b}$ darzustellen. Dies führt jeweils auf ein lineares Gleichungssystem mit 3 Gleichungen und 2 Variablen. Wenn es lösbar ist, ist die gesuchte Darstellung gefunden, andernfalls ist sie nicht möglich.

Lösung zu a:

Ansatz: $\begin{pmatrix} 3 \\ 1 \\ 0 \end{pmatrix} = r \cdot \begin{pmatrix} 2 \\ 1 \\ 1 \end{pmatrix} + s \cdot \begin{pmatrix} 1 \\ 1 \\ 2 \end{pmatrix}$

Gl.-system: I $2r + s = 3$
              II $r + s = 1$
              III $r + 2s = 0$

Lösungs-   IV   I – II: $r = 2$
versuch: V   IV in I: $s = -1$

Überprüfung: IV, V in III: $0 = 0$ ist wahr

Ergebnis:

$r = 2$, $s = -1$

$\vec{c}$ ist als Linearkombination von $\vec{a}$ und $\vec{b}$
▶ darstellbar: $\vec{d} = 2\vec{a} - \vec{b}$.

Lösung zu b:

Ansatz: $\begin{pmatrix} 3 \\ 1 \\ 2 \end{pmatrix} = r \cdot \begin{pmatrix} 2 \\ 1 \\ 1 \end{pmatrix} + s \cdot \begin{pmatrix} 1 \\ 1 \\ 2 \end{pmatrix}$

Gl.-system: I $2r + s = 3$
              II $r + s = 1$
              III $r + 2s = 2$

Lösungs-   IV   I – II: $r = 2$
versuch: V   IV in I: $s = -1$

Überprüfung: IV, V in III: $0 = 2$ ist falsch

Ergebnis:

Das Gleichungssystem ist unlösbar.

$\vec{d}$ ist **nicht** als Linearkombination von $\vec{a}$ und $\vec{b}$ darstellbar.

Übung 17

Überprüfen Sie, ob die Vektoren $\vec{c} = \begin{pmatrix} 6 \\ 4 \\ 1 \end{pmatrix}$ bzw. $\vec{d} = \begin{pmatrix} 2 \\ 3 \\ 4 \end{pmatrix}$ als Linearkombination der Vektoren $\vec{a} = \begin{pmatrix} 2 \\ 1 \\ -1 \end{pmatrix}$ und $\vec{b} = \begin{pmatrix} 2 \\ 2 \\ 3 \end{pmatrix}$ dargestellt werden können.

E. Kollineare und komplanare Vektoren

Zwei Vektoren, deren Pfeile parallel verlaufen, bezeichnet man als *kollinear*. Sie verlaufen parallel, können aber eine unterschiedliche Orientierung und Länge haben. Ein Vektor lässt sich dann als Vielfaches des anderen Vektors darstellen.

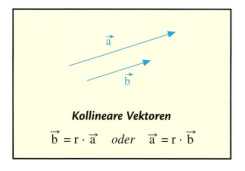

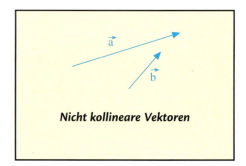

Übung 18 Kollinearitätsprüfung
Prüfen Sie, ob die gegebenen Vektoren kollinear sind.

a) $\begin{pmatrix} 3 \\ 5 \end{pmatrix}, \begin{pmatrix} -6 \\ -10 \end{pmatrix}$
b) $\begin{pmatrix} -12 \\ 3 \\ 8 \end{pmatrix}, \begin{pmatrix} 4 \\ -1 \\ 3 \end{pmatrix}$
c) $\begin{pmatrix} 4 \\ -2 \\ 8 \end{pmatrix}, \begin{pmatrix} 6 \\ -3 \\ 12 \end{pmatrix}$
d) $\begin{pmatrix} 2 \\ -3 \\ 4 \end{pmatrix}, \begin{pmatrix} 4 \\ -9 \\ 8 \end{pmatrix}$

Übung 19 Trapeznachweis
Gegeben sind im räumlichen Koordinatensystem die Punkte A(3|2|−2), B(0|8|1), C(−1|3|3) und D(1|−1|1). Zeigen Sie, dass ABCD ein Trapez ist. Fertigen Sie ein Schrägbild an.
Hinweis: Ein Trapez ABCD ist dadurch gekennzeichnet, dass mindestens ein Paar gegenüberliegender Seiten Parallelität aufweist.

Drei Vektoren, deren Pfeile sich in ein- und derselben Ebene darstellen lassen, bezeichnet man als *komplanar*. Dies bedeutet, dass mindestens einer der beteiligten Vektoren als Linearkombination der anderen beiden Vektoren darstellbar ist.

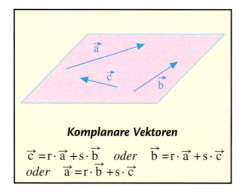

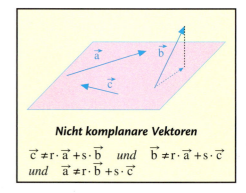

Übung 20
Prüfen Sie, ob die gegebenen Vektoren komplanar sind.

a) $\begin{pmatrix}1\\7\\2\end{pmatrix}, \begin{pmatrix}1\\2\\1\end{pmatrix}, \begin{pmatrix}2\\-1\\1\end{pmatrix}$
b) $\begin{pmatrix}1\\0\\1\end{pmatrix}, \begin{pmatrix}0\\1\\0\end{pmatrix}, \begin{pmatrix}2\\1\\2\end{pmatrix}$
c) $\begin{pmatrix}2\\2\\4\end{pmatrix}, \begin{pmatrix}4\\6\\5\end{pmatrix}, \begin{pmatrix}1\\2\\2\end{pmatrix}$

Übung 21
Begründen Sie die folgenden Aussagen.
a) Ist einer von drei Vektoren $\vec{a}, \vec{b}, \vec{c}$ der Nullvektor, so sind die drei Vektoren komplanar.
b) Zwei Vektoren sind stets komplanar.

F. Lineare Abhängigkeit und Unabhängigkeit

Kollineare Vektoren und komplanare Vektoren bezeichnet man auch als *linear abhängig*, da jeweils einer der beteiligten Vektoren sich als Linearkombination der restlichen Vektoren darstellen lässt. Ist dies nicht möglich, so bezeichnet man die Vektoren als *linear unabhängig*.

Zwei linear unabhängige Vektoren $\vec{a}$ und $\vec{b}$ des zweidimensionalen Anschauungsraumes $\mathbb{R}^2$ bezeichnet man als eine *Basis* des zweidimensionalen Raumes, da sich jeder andere Vektor des zweidimensionalen Raumes als Linearkombination von $\vec{a}$ und $\vec{b}$ darstellen lässt.

Analog bilden drei linear unabhängige Vektoren $\vec{a}, \vec{b}$ und $\vec{c}$ des dreidimensionalen Anschauungsraumes $\mathbb{R}^3$ eine Basis des dreidimensionalen Raumes. Jeder andere Vektor des dreidimensionalen Raumes lässt sich dann als Linearkombination von $\vec{a}, \vec{b}$ und $\vec{c}$ darstellen.

▶ **Beispiel: Basis**
In dem abgebildeten Haus haben alle Kanten die gleiche Länge. Begründen Sie, dass die Vektoren $\vec{a}, \vec{b}$ und $\vec{c}$ eine Basis bilden. Stellen Sie die folgenden Vektoren als Linearkombination der Basisvektoren dar.
$\overrightarrow{AC}, \overrightarrow{AG}, \overrightarrow{CE}, \overrightarrow{ED}, \overrightarrow{TH}, \overrightarrow{ES}, \overrightarrow{BS}$

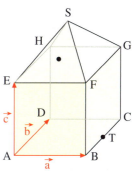

Lösung:
$\vec{a}, \vec{b}$ und $\vec{c}$ liegen nicht in einer Ebene und sind daher linear unabhängig. Folglich bilden sie eine Basis des dreidimensionalen Raumes. Jeder Vektor kann als Linearkombination der Basisvektoren dargestellt werden, insbesondere auch alle innerhalb des
▶ Hauses realisierbaren Vektoren.

$\overrightarrow{AC} = \vec{a} + \vec{b}, \qquad \overrightarrow{AG} = \vec{a} + \vec{b} + \vec{c}$
$\overrightarrow{CE} = -\vec{a} - \vec{b} - \vec{c}, \qquad \overrightarrow{ED} = \vec{b} - \vec{c}$
$\overrightarrow{TH} = -\vec{a} + 0{,}5\,\vec{b} + \vec{c}$
$\overrightarrow{ES} = 0{,}5\,\vec{a} + 0{,}5\,\vec{b} + \frac{\sqrt{2}}{2}\vec{c}$
$\overrightarrow{BS} = -0{,}5\,\vec{a} + 0{,}5\,\vec{b} + \left(1 + \frac{\sqrt{2}}{2}\right)\vec{c}$

22. Stellen Sie den angegebenen Vektor als Linearkombination der Vektoren $\vec{a}$, $\vec{b}$ und $\vec{c}$ dar.
$\vec{a} = \overrightarrow{AB}$, $\vec{b} = \overrightarrow{AD}$, $\vec{c} = \overrightarrow{MS}$
a) $\overrightarrow{AS}$ b) $\overrightarrow{BS}$
c) $\overrightarrow{SC}$ d) $\overrightarrow{BD}$

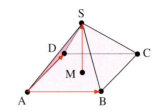

23. Stellen Sie den angegebenen Vektor als Linearkombination von $\vec{a}$, $\vec{b}$ und $\vec{c}$ dar.
$\vec{a} = \overrightarrow{AB}$, $\vec{b} = \overrightarrow{AD}$, $\vec{c} = \overrightarrow{AE}$
a) $\overrightarrow{AM}$ b) $\overrightarrow{BM}$
c) $\overrightarrow{GN}$ d) $\overrightarrow{FD}$ bzw. $\overrightarrow{EC}$

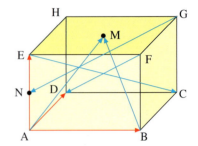

24. Stellen Sie den angegebenen Vektor als Linearkombination von $\vec{a}$, $\vec{b}$ und $\vec{c}$ dar.
$\vec{a} = \overrightarrow{AB}$, $\vec{b} = \overrightarrow{AD}$, $\vec{c} = \overrightarrow{AH}$
a) $\overrightarrow{AE}$ b) $\overrightarrow{AF}$
c) $\overrightarrow{HS}$ d) $\overrightarrow{TG}$
F und G sind Seitenmitten.

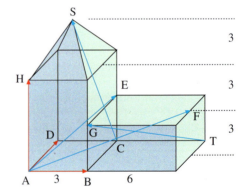

25. Rechts ist ein regelmäßiges zweidimensionales Sechseck abgebildet.
a) Stellen Sie die Vektoren $\vec{c}$, $\vec{d}$ und $\vec{e}$ als Linearkombination der Vektoren $\vec{a}$ und $\vec{b}$ dar.
b) Stellen Sie den Vektor $\overrightarrow{PQ}$ als Linearkombination von $\vec{a}$ und $\vec{b}$ dar.

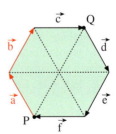

26. Gegeben sind die Vektoren $\vec{a} = \begin{pmatrix} 1 \\ 0 \\ 1 \end{pmatrix}$, $\vec{b} = \begin{pmatrix} 0 \\ 1 \\ 1 \end{pmatrix}$ und $\vec{c} = \begin{pmatrix} 1 \\ 1 \\ 1 \end{pmatrix}$ sowie $\vec{d} = \begin{pmatrix} 2 \\ 1 \\ 4 \end{pmatrix}$ und $\vec{e} = \begin{pmatrix} -2 \\ 0 \\ -3 \end{pmatrix}$.
a) Zeigen Sie, dass die Vektoren $\vec{a}$, $\vec{b}$, $\vec{c}$ nicht komplanar sind.
b) Stellen Sie die Vektoren $\vec{d}$ und $\vec{e}$ als Linearkombination der Vektoren $\vec{a}$, $\vec{b}$ und $\vec{c}$ dar.

G. Exkurs: Vertiefung zur linearen Unabhängigkeit

Das Kriterium zur Komplanarität bzw. Nichtkomplanarität von drei Vektoren im Raum ist zwar sehr anschaulich, kann aber dazu führen, dass eventuell drei Fälle untersucht werden müssen. Die folgenden Kriterien sind zwar etwas abstrakter, benötigen aber stets nur eine Rechnung.

> **Kriterium zur linearen Abhängigkeit:**
> Drei Vektoren $\vec{a}$, $\vec{b}$ und $\vec{c}$ sind genau dann linear abhängig (komplanar), wenn es drei reelle Zahlen r, s, t gibt, die nicht alle null sind, sodass gilt: $r \cdot \vec{a} + s \cdot \vec{b} + t \cdot \vec{c} = \vec{0}$.

Für drei nicht komplanare Vektoren gilt entsprechend:

> **Kriterium zur linearen Unabhängigkeit:**
> Drei Vektoren $\vec{a}$, $\vec{b}$, $\vec{c}$ sind genau dann linear unabhängig (nicht komplanar), wenn die Gleichung $r \cdot \vec{a} + s \cdot \vec{b} + t \cdot \vec{c} = \vec{0}$ nur die triviale Lösung $r = s = t = 0$ hat.

Im folgenden Beispiel wird die Leistungsfähigkeit der Kriterien exemplarisch dargestellt.

▶ **Beispiel: Lineare Abhängigkeit bzw. Unabhängigkeit**
Untersuchen Sie, ob die Vektoren linear abhängig oder linear unabhängig sind.

a) $\vec{a} = \begin{pmatrix} 2 \\ 1 \\ 0 \end{pmatrix}$, $\vec{b} = \begin{pmatrix} 0 \\ 1 \\ 0 \end{pmatrix}$, $\vec{c} = \begin{pmatrix} 1 \\ 1 \\ 1 \end{pmatrix}$

b) $\vec{a} = \begin{pmatrix} 2 \\ 1 \\ 0 \end{pmatrix}$, $\vec{b} = \begin{pmatrix} 3 \\ 1 \\ -1 \end{pmatrix}$, $\vec{c} = \begin{pmatrix} 1 \\ 1 \\ 1 \end{pmatrix}$

Lösung zu a:

Ansatz: $r \begin{pmatrix} 2 \\ 1 \\ 0 \end{pmatrix} + s \begin{pmatrix} 0 \\ 1 \\ 0 \end{pmatrix} + t \begin{pmatrix} 1 \\ 1 \\ 1 \end{pmatrix} = \begin{pmatrix} 0 \\ 0 \\ 0 \end{pmatrix}$

I $2r \quad\quad\ + t = 0$
II $\ r + s + t = 0$
III $\quad\quad\quad\quad\ t = 0$

Aus III folgt $t = 0$. Aus I folgt damit $r = 0$. Nun folgt aus II auch noch $s = 0$. Insgesamt $r = s = t = 0$
▶ Die Vektoren sind also linear unabhängig.

Lösung zu b:

Ansatz: $r \begin{pmatrix} 2 \\ 1 \\ 0 \end{pmatrix} + s \begin{pmatrix} 3 \\ 1 \\ -1 \end{pmatrix} + t \begin{pmatrix} 1 \\ 1 \\ 1 \end{pmatrix} = \begin{pmatrix} 0 \\ 0 \\ 0 \end{pmatrix}$

I $2r + 3s + t = 0$
II $\ r + \ s + t = 0$
III $\quad\ -\ s + t = 0$

I − 2 · II: $s − t = 0$; entspricht III
Daher: $t = 1$ frei wählen
$\Rightarrow s = 1 \Rightarrow r = −2$
Die Vektoren sind also linear abhängig.

Man kann den Begriff der linearen Unabhängigkeit bzw. der linearen Abhängigkeit auf n Vektoren verallgemeinern. Die hier formulierten Kriterien gelten auch für diesen allgemeinen Fall.
n Vektoren sind linear unabhängig, wenn der Nullvektor nur die „triviale Darstellung" als Linearkombination dieser n Vektoren zulässt, deren Koeffizienten alle 0 sind.

Übung 27
Sind die gegebenen Vektoren komplanar?

a) $\begin{pmatrix}1\\7\\2\end{pmatrix}, \begin{pmatrix}1\\2\\1\end{pmatrix}, \begin{pmatrix}2\\-1\\1\end{pmatrix}$ b) $\begin{pmatrix}1\\0\\1\end{pmatrix}, \begin{pmatrix}0\\1\\0\end{pmatrix}, \begin{pmatrix}2\\1\\2\end{pmatrix}$ c) $\begin{pmatrix}2\\2\\4\end{pmatrix}, \begin{pmatrix}4\\6\\5\end{pmatrix}, \begin{pmatrix}1\\2\\2\end{pmatrix}$

Mit den behandelten Methoden können auch Vektoren mit Parametern auf lineare Abhängigkeit bzw. lineare Unabhängigkeit überprüft werden.

▶ **Beispiel: Lineare Abhängigkeit bei Vektoren mit Parametern**
Für welche Werte von u sind $\vec{a} = \begin{pmatrix}1\\1\\2\end{pmatrix}$, $\vec{b} = \begin{pmatrix}3\\-1\\1\end{pmatrix}$ und $\vec{c} = \begin{pmatrix}-1\\3\\u\end{pmatrix}$ linear abhängig?

Lösung:
Wir versuchen, den Vektor $\vec{c}$ als Linearkombination von $\vec{a}$ und $\vec{b}$ darzustellen. Daher der Ansatz: $\vec{c} = r\vec{a} + s\vec{b}$.

Ansatz:
$$\begin{pmatrix}-1\\3\\u\end{pmatrix} = r\begin{pmatrix}1\\1\\2\end{pmatrix} + s\begin{pmatrix}3\\-1\\1\end{pmatrix}$$

Aus den Gleichungen I und II des äquivalenten linearen Gleichungssystems folgt r = 2 und s = –1. Einsetzen in III ergibt u = 3.

Gleichungssystem:
I $r + 3s = -1$
II $r - s = 3$ $\Rightarrow r = 2, s = -1$
III $2r + s = u$ $\Rightarrow u = 3$

Für u = 3 gilt also $\vec{c} = 2\vec{a} + (-1)\vec{b}$.
Für diesen Wert des Parameters sind die Vektoren $\vec{a}, \vec{b}$ und $\vec{c}$ linear abhängig.
▶ Für u ≠ 3 sind sie linear unabhängig.

Ergebnis:
$$2\begin{pmatrix}1\\1\\2\end{pmatrix} + (-1)\begin{pmatrix}3\\-1\\1\end{pmatrix} = \begin{pmatrix}-1\\3\\3\end{pmatrix}$$

Nun wird gezeigt, wie man beweist, dass die lineare Unabhängigkeit von Vektoren $\vec{a}, \vec{b}$ und $\vec{c}$ auch die lineare Unabhängigkeit von bestimmten Summen aus $\vec{a}, \vec{b}$ und $\vec{c}$ zur Folge hat.

▶ **Beispiel: Lineare Unabhängigkeit bei allgemeinen Vektoren**
Die Vektoren $\vec{a}, \vec{b}, \vec{c}$ seien linear unabhängig. Zeigen Sie, dass dann auch die Vektoren $\vec{a} + \vec{b}, \vec{a} + \vec{c}$ und $\vec{b} + \vec{c}$ linear unabhängig sind.

Lösung:
In Anlehnung an das Unabhängigkeitskriterium wählen wir folgenden Ansatz:
$r \cdot (\vec{a} + \vec{b}) + s \cdot (\vec{a} + \vec{c}) + t \cdot (\vec{b} + \vec{c}) = \vec{0}$.
Umordnen nach $\vec{a}, \vec{b}, \vec{c}$ ergibt:
$(r + s) \cdot \vec{a} + (r + t) \cdot \vec{b} + (s + t) \cdot \vec{c} = \vec{0}$.
Alle Koeffizienten müssen null sein, da $\vec{a}, \vec{b}, \vec{c}$ linear unabhängig sind.
Hieraus folgt ein Gleichungssystem, das nur die Lösung r = 0, s = 0, t = 0 hat.
$\vec{a} + \vec{b}, \vec{a} + \vec{c}$ und $\vec{b} + \vec{c}$ sind also linear
▶ unabhängig.

Ansatz:
$r \cdot (\vec{a} + \vec{b}) + s \cdot (\vec{a} + \vec{c}) + t \cdot (\vec{b} + \vec{c}) = \vec{0}$

Umordnen:
$\Rightarrow (r + s) \cdot \vec{a} + (r + t) \cdot \vec{b} + (s + t) \cdot \vec{c} = \vec{0}$

$\Rightarrow \begin{cases} \text{I: } r + s = 0 \\ \text{II: } r + t = 0 \\ \text{III: } s + t = 0 \end{cases}$

$\Rightarrow r = 0, s = 0, t = 0$
$\Rightarrow \vec{a} + \vec{b}, \vec{a} + \vec{c}, \vec{b} + \vec{c}$ sind linear unabhängig

H. Exkurs: Anwendungen des Rechnens mit Vektoren

Das Rechnen mit Vektoren hat praktische Anwendungsbezüge. Vektoren sind gut geeignet, gerichtete Größen wie Kräfte und Geschwindigkeiten zu modellieren. Wir behandeln exemplarisch zwei einfache Beispiele.

▶ **Beispiel: Die resultierende Kraft**
Ein Lastkahn K wird von zwei Schleppern auf See wie abgebildet gezogen. Schlepper A zieht mit einer Kraft von 10 kN in Richtung N60°O. Schlepper B zieht mit 15 kN in Richtung S80°O. Wie groß ist die resultierende Zugkraft? In welche Richtung bewegt sich die Formation insgesamt?

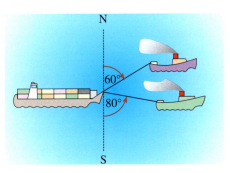

Lösung:
Wir zeichnen die beiden Zugkräfte $\vec{F}_1$ und $\vec{F}_2$ maßstäblich (z. B. 1 kN = 1 cm), bilden ihre vektorielle Summe $\vec{F}$ (Resultierende) und messen deren Betrag und Richtung. Wir erhalten eine Kraft von $|\vec{F}| = 23{,}5$ kN
▶ in Richtung N84°O.

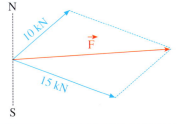

▶ **Beispiel: Die wahre Geschwindigkeit**
Ein Hubschrauber X bewegt sich mit einer Geschwindigkeit von 300 km/h relativ zur Luft. Der Pilot hat Kurs N50°O eingestellt, als Wind mit 100 km/h in Richtung N20°W aufkommt. Bestimmen Sie den wahren Kurs und die wahre Geschwindigkeit des Hubschraubers.

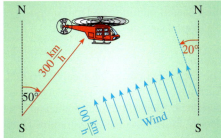

Lösung:
Wir addieren die beiden Geschwindigkeiten $\vec{v}_X$ und $\vec{v}_W$ mithilfe einer maßstäblichen Zeichnung (z. B. 100 km/h = 2 cm) und erhalten als Resultat, dass sich das Flugzeug mit einer Geschwindigkeit von ca. 350 km/h relativ zum Boden in Richtung N34°O bewegt. Der Wind erhöht also die
▶ Geschwindigkeit und verändert den Kurs.

Übung 28
Drei Pferde ziehen wie abgebildet nach rechts, zwei Stiere ziehen nach links. Ein Stier ist doppelt so stark wie ein Pferd. Wer gewinnt den Kampf?

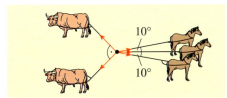

Die Angabe N60°O bedeutet: Das Objekt bewegt sich nach Norden mit einer Abweichung von 60° nach Osten.

Im Folgenden ist im Gegensatz zu den vorhergehenden Beispielen die resultierende Kraft gegeben. Gesucht sind nun Komponenten dieser Kraft in bestimmte vorgegebene Richtungen.

▶ **Beispiel: Antriebskraft am Hang**
Welche Antriebskraft muss ein 1200 kg schweres Auto mindestens aufbringen, um einen 15° steilen Hang hinauffahren zu können?

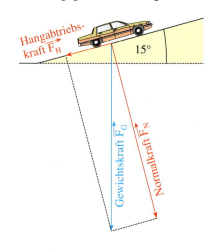

Lösung:
Wir fertigen eine Zeichnung an. Die Gewichtskraft des Autos beträgt ca. 12 000 N. Sie zeigt senkrecht nach unten. Wir zerlegen sie additiv in eine zum Hang senkrechte Normalkraft und eine zum Hang parallele Hangabtriebskraft $\vec{F}_H$.
Maßstäbliches Ausmessen ergibt die Beträge $|\vec{F}_N| = 11\,600\,N$ und $|\vec{F}_H| = 3100\,N$. Die Antriebskraft des Autos muss nur den Hangabtrieb ausgleichen, d.h. sie muss
▶ mindestens 3100 N betragen.

▶ **Beispiel: Seilkräfte**
Zwei Kräne heben ein 10 000 kg schweres Bauteil mithilfe von Drahtseilen. Wie groß sind die Seilkräfte?

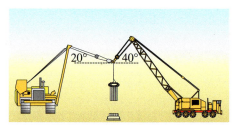

Lösung:
Die Gewichtskraft beträgt ca. 100 000 N. Sie muss durch eine gleichgroße, nach oben gerichtete Gegenkraft ausgeglichen werden. Mithilfe eines Parallelogramms konstruieren wir zwei längs der Seile wirkende Kräfte, deren resultierende Summe genau diese Gegenkraft ergibt.
Durch maßstäbliches Zeichnen und Ablesen erhalten wir $|\vec{F}_1| = 108\,500\,N$ und
▶ $|\vec{F}_2| = 88\,500\,N$.

Übung 29
Ein Gärtner schiebt einen Rasenmäher wie abgebildet auf einer ebenen Wiese. Er muss eine Schubkraft von 200 N in Richtung der Schubstange aufbringen. Welche Antriebskraft müsste ein gleich schwerer motorisierter Rasenmäher besitzen, um die gleiche Wirkung zu erzielen?

Übungen

30. Abstand von Punkten
a) Bestimmen Sie den Abstand der Punkte A und B.
A(3|1) und B(6|5), A(1|2|3) und B(3|5|9), A(−1|2|0) und B(1|6|4)
b) Wie muss a gewählt werden, damit A(2|1|2) und B(3|a|10) den Abstand 9 besitzen?

31. Schrägbild und Volumen einer Pyramide
Gegeben sind die Punkte A(0|4|2), B(6|4|2), C(10|8|2), D(4|8|2) und S(5|6|8). Sie bilden eine Pyramide mit der Grundfläche ABCD und der Spitze S.
a) Zeichnen Sie ein Schrägbild der Pyramide. Bestimmen Sie den Fußpunkt F der Höhe.
b) Zeigen Sie, dass ABCD ein Parallelogramm ist. Bestimmen Sie das Pyramidenvolumen.

32. Spaltenvektoren
Das abgebildete Objekt besteht aus Quadern der Größe $8 \times 4 \times 4$ und $4 \times 2 \times 2$. Stellen Sie die folgenden Vektoren als Spaltenvektoren dar.
$\vec{AB}, \vec{AC}, \vec{BC}, \vec{CJ}, \vec{IJ}, \vec{AE}, \vec{JM}, \vec{ED}$
$\vec{LM}, \vec{GM}, \vec{AG}, \vec{HB}, \vec{AM}, \vec{GJ}, \vec{GI}$

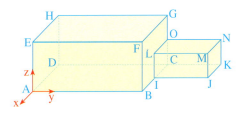

33. Addition und Subtraktion von Vektoren, der Betrag eines Vektors
a) Gegeben sind die Spaltenvektoren $\vec{a} = \begin{pmatrix} 4 \\ 4 \\ 3 \end{pmatrix}$, $\vec{b} = \begin{pmatrix} 0 \\ 1 \\ 4 \end{pmatrix}$ und $\vec{c} = \begin{pmatrix} 6 \\ 0 \\ 5 \end{pmatrix}$.
Bestimmen Sie den Betrag von $\vec{x}$.
$\vec{x} = \vec{a}$, $\vec{x} = \vec{b} - \vec{c}$, $\vec{x} = \vec{a} + 2\vec{b}$, $\vec{x} = \vec{b} - 2\vec{a} + \vec{c}$, $\vec{x} = \vec{a} + \vec{b} + \vec{c}$, $\vec{x} = 2\vec{a} - \vec{b} - 2\vec{c}$
b) Gegeben sind die Punkte P(2|2|1), Q(5|10|15), R(3|a|0), S(4|6|5). Wie muss a gewählt werden, wenn die Differenz der Vektoren $\vec{PQ}$ und $\vec{RS}$ den Betrag 11 besitzen soll?

34. Vektoren im Viereck
Das abgebildete Viereck wird von den Vektoren $\vec{a}$, $\vec{b}$ und $\vec{c}$ aufgespannt.
a) Stellen Sie die folgenden Vektoren mithilfe von $\vec{a}$, $\vec{b}$ und $\vec{c}$ dar.
$\vec{DA}, \vec{DB}, \vec{AC}, \vec{DC}, \vec{CB}, \vec{BD}$
b) Es sei A(4|0|0), B(2|4|2), C(0|2|3) und D(4|−6|−1). Bestimmen Sie den Umfang des Vierecks und begründen Sie, dass es ein Trapez ist.

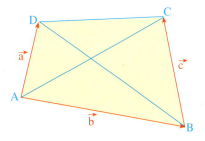

35. Parallelogramme
Ein Dreieck ABC kann durch Hinzunahme eines weiteren Punktes D zu einem Parallelogramm ergänzt werden. Es gibt stets drei Möglichkeiten für die Konstruktion eines solchen Punktes D. Bestimmen Sie diese Möglichkeiten für folgende Dreiecke:
a) A(2|4), B(8|3), C(4|6)
Lösen Sie die Aufgabe im Koordinatensystem zeichnerisch.
b) A(4|6|3), B(2|8|5), C(0|0|4)
Lösen Sie die Aufgabe rechnerisch mithilfe von Spaltenvektoren.

36. Linearkombination von Vektoren, komplanare Vektoren

a) Stellen Sie den Vektor $\vec{x}$ als Linearkombination der Vektoren $\begin{pmatrix} 2 \\ 0 \\ 1 \end{pmatrix}$, $\begin{pmatrix} 1 \\ 1 \\ 1 \end{pmatrix}$ und $\begin{pmatrix} 0 \\ 1 \\ -1 \end{pmatrix}$ dar.

$\vec{x} = \begin{pmatrix} 5 \\ 0 \\ 4 \end{pmatrix}$, $\vec{x} = \begin{pmatrix} 1 \\ 2 \\ 0 \end{pmatrix}$, $\vec{x} = \begin{pmatrix} 0 \\ 0 \\ 0 \end{pmatrix}$

b) Untersuchen Sie, ob $\vec{x} = \begin{pmatrix} 1 \\ 0 \\ 1 \end{pmatrix}$ als Linearkombination von $\begin{pmatrix} 0 \\ 1 \\ 1 \end{pmatrix}$, $\begin{pmatrix} 2 \\ 3 \\ 3 \end{pmatrix}$ und $\begin{pmatrix} 1 \\ 1 \\ 1 \end{pmatrix}$ darstellbar ist.

c) Sind die Vektoren $\begin{pmatrix} 1 \\ 2 \\ -1 \end{pmatrix}$, $\begin{pmatrix} 1 \\ 0 \\ 3 \end{pmatrix}$, $\begin{pmatrix} 3 \\ 2 \\ 5 \end{pmatrix}$ bzw. $\begin{pmatrix} 1 \\ 2 \\ -1 \end{pmatrix}$, $\begin{pmatrix} 1 \\ 0 \\ 1 \end{pmatrix}$, $\begin{pmatrix} 2 \\ 4 \\ 1 \end{pmatrix}$ komplanar?

37. Kräfte am Fesselballon

Ein Gasballon mit einem Gewicht von 5000 N ist wie abgebildet an einem Seil befestigt. Das Gas erzeugt eine Auftriebskraft von 10 000 N. Durch Seitenwind wird der Ballon um 15° aus der Vertikalen gedrängt. Mit welcher Kraft wirkt der Wind auf den Ballon? Wie groß ist die Kraft im Halteseil? Zeichnen Sie zur Lösung der Aufgabe ein Kräftediagramm.

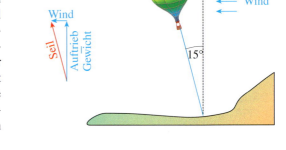

38. Seilkräfte

Abgebildet ist der Erfinder der Vektorrechnung Hermann Günther Grassmann (1809–1877), ein Gymnasiallehrer aus Stettin. Das Bild hat eine Masse von 5 kg. Welche Zugkräfte wirken in den beiden Schnüren, an denen das Bild hängt?

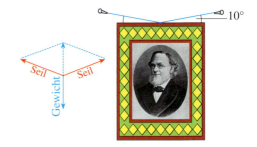

39. Bootsfahrt

Ein Fluss hat eine Strömungsgeschwindigkeit von 15 km/h. Ein Motorboot hat in stehendem Wasser eine Höchstgeschwindigkeit von 40 km/h. Der Steuermann überquert den Fluss, indem er sein Boot wie abgebildet auf 45° nach Norden stellt.
Durch die Strömung werden Geschwindigkeit und Richtung verändert.
Ermitteln Sie zeichnerisch die wahre Geschwindigkeit und die wahre Richtung des Bootes.

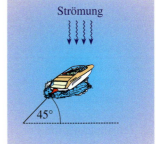

I. Exkurs: Teilverhältnisse

Mithilfe des Begriffs der linearen Unabhängigkeit von Vektoren lassen sich Teilverhältnisse in geometrischen Figuren, z. B. der Teilungspunkt der Seitenhalbierenden eines Dreiecks, einfacher bestimmen als mit elementaren geometrischen Methoden.

Rechts ist eine Strecke $\overline{AB}$ abgebildet, die durch den Punkt T in zwei Teilstrecken $\overline{AT}$ und $\overline{TB}$ geteilt wird. Die Strecke $\overline{AB}$ wird durch T im Verhältnis $2:5$ geteilt, denn es gilt:
$|\overline{AT}| : |\overline{TB}| = \frac{2}{7}|\overline{AB}| : \frac{5}{7}|\overline{AB}| = 2:5$.
Entsprechend ergibt sich für die Vektoren:
$\overrightarrow{AT} = \frac{2}{5} \overrightarrow{TB}$.

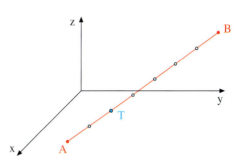

Solche *Teilverhältnisse* spielen bei der Lösung geometrischer Probleme oft eine Rolle.

Übung 40
Die Strecke $\overline{AB}$ sei in drei gleich lange Teile geteilt. Bestimmen Sie die Koordinaten der Teilungspunkte S und T.
a) $A(4|8)$, $B(4|-1)$
b) $A(9|6|3)$, $B(3|-3|0)$
c) $A(5|3|4)$, $B(2|6|-5)$

Übung 41
Bestimmen Sie, in welchem Verhältnis der Punkt T die Strecke $\overline{AB}$ teilt.
a) $A(3|4)$, $B(17|11)$, $T(9|7)$
b) $A(0|2)$, $B(24|8)$, $T(16|6)$
c) $A(1|2|3)$, $B(17|18|11)$, $T(5|6|5)$
d) $A(-6|7|12)$, $B(4|37|62)$, $T(2|31|52)$

▶ **Beispiel:** Im Parallelogramm ABCD teilt der Punkt E die Seite $\overline{BC}$ im Verhältnis $2:1$. In welchem Verhältnis teilt der Schnittpunkt S die in der Skizze eingezeichneten Transversalen $\overline{DB}$ und $\overline{AE}$?

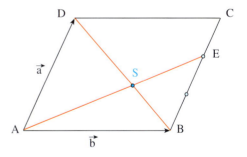

Lösung:
Der Punkt S teilt die Transversale $\overline{DB}$ in zwei Teile $\overline{DS}$ und $\overline{SB}$. Der Vektor $\overrightarrow{DS}$ lässt sich als nichtganzzahliges Vielfaches des Vektors $\overrightarrow{DB}$ ausdrücken, d. h., $\overrightarrow{DS} = \alpha \overrightarrow{DB}$. Dabei gilt $0 < \alpha < 1$.
▼ Analog folgt $\overrightarrow{AS} = \beta \overrightarrow{AE}$, $0 < \beta < 1$.

(1) $\begin{cases} \overrightarrow{DS} = \alpha \overrightarrow{DB}, & 0 < \alpha < 1 \\ \overrightarrow{AS} = \beta \overrightarrow{AE}, & 0 < \beta < 1 \end{cases}$

Unser Ziel ist die Berechnung der zunächst noch unbekannten Zahlen α und β, welche die gesuchten Teilverhältnisse bestimmen. Dazu stellen wir eine Vektorgleichung auf, in der sowohl α als auch β vorkommen.

Wir verwenden dazu die geschlossene Pfeilkette (Vektorzug) $\overrightarrow{AD}$, $\overrightarrow{DS}$, $\overrightarrow{SA}$, denn die Summe dieser Vektoren ist uns bekannt. Sie ist nämlich gleich $\vec{0}$.

$$\overrightarrow{AD} + \overrightarrow{DS} + \overrightarrow{SA} = \vec{0}$$
(2) $\overrightarrow{AD} + \alpha\,\overrightarrow{DB} - \beta\,\overrightarrow{AE} = \vec{0}$

Zur Vereinfachung drücken wir nun alle in Gleichung (2) auftretenden Vektoren als Linearkombination der Vektoren $\vec{a} = \overrightarrow{AD}$ und $\vec{b} = \overrightarrow{AB}$ aus, die das Parallelogramm aufspannen.

(3) $\begin{aligned}\overrightarrow{AD} &= \vec{a} \\ \overrightarrow{DB} &= \overrightarrow{DA} + \overrightarrow{AB} = -\vec{a} + \vec{b} \\ \overrightarrow{AE} &= \overrightarrow{AB} + \overrightarrow{BE} = \overrightarrow{AB} + \tfrac{2}{3}\overrightarrow{BC} \\ &= \vec{b} + \tfrac{2}{3}\vec{a}\end{aligned}$

Anschließend setzen wir die Resultate (3) in (2) ein und sortieren nach $\vec{a}$ und $\vec{b}$. Wir erhalten eine Darstellung des Nullvektors als Linearkombination von $\vec{a}$ und $\vec{b}$.

$\vec{a} + \alpha(-\vec{a} + \vec{b}) - \beta(\vec{b} + \tfrac{2}{3}\vec{a}) = \vec{0}$
(4) $(1 - \alpha - \tfrac{2}{3}\beta)\vec{a} + (\alpha - \beta)\vec{b} = \vec{0}$

Nun nutzen wir aus, dass $\vec{a}$ und $\vec{b}$ aufgrund ihrer unterschiedlichen Richtungen linear unabhängig (nicht kollinear) sind. Die Koeffizienten $(1 - \alpha - \tfrac{2}{3}\beta)$ und $(\alpha - \beta)$ aus (4) sind also jeweils 0. Wir erhalten das Gleichungssystem (5).

(5) $\begin{cases} 1 - \alpha - \tfrac{2}{3}\beta = 0 \\ \alpha - \beta = 0 \end{cases}$

Das System hat die Lösung $\alpha = \tfrac{3}{5}$, $\beta = \tfrac{3}{5}$.

(6) $\alpha = \tfrac{3}{5},\ \beta = \tfrac{3}{5}$

Nun können wir die gesuchten Teilverhältnisse bestimmen.

$|\overline{DS}| : |\overline{SB}| = \tfrac{3}{5}|\overline{DB}| : \tfrac{2}{5}|\overline{DB}| = \tfrac{3}{5} : \tfrac{2}{5} = 3 : 2$
$|\overline{AS}| : |\overline{SE}| = \tfrac{3}{5}|\overline{AE}| : \tfrac{2}{5}|\overline{AE}| = \tfrac{3}{5} : \tfrac{2}{5} = 3 : 2$

Resultat: Sowohl $\overline{DB}$ als auch $\overline{AE}$ werden ▶ im Verhältnis 3 : 2 geteilt.

Übung 42
Im abgebildeten Trapez ist die Seite $\overline{DC}$ halb so lang wie die Seite $\overline{AB}$. In welchem Verhältnis teilt der Schnittpunkt S die Diagonalen $\overline{DB}$ und $\overline{AC}$?

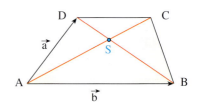

Übung 43
Im Parallelogramm ABCD teilt der Punkt E die Seite $\overline{CD}$ im Verhältnis 1 : 2 und der Punkt F die Seite $\overline{BC}$ im Verhältnis 1 : 3. Wie teilt der Schnittpunkt S die Transversalen $\overline{AC}$ und $\overline{EF}$?

Übung 44
Untersuchen Sie, in welchem Verhältnis sich zwei Seitenhalbierende in einem Dreieck ABC teilen. Geben Sie dann den Ortsvektor $\overrightarrow{OS}$ des Schnittpunktes S als Linearkombination von $\overrightarrow{OA}$, $\overrightarrow{OB}$ und $\overrightarrow{OC}$ an.

J. Untersuchung von Figuren und Körpern

Mithilfe von Vektoren kann sowohl die Länge von Strecken ermittelt als auch die Parallelität von Strecken nachgewiesen werden. Daher sind Vektoren gut geeignet, Eigenschaften von Figuren in der Ebene und von Körpern im Raum nachzuweisen.

> **Beispiel: Klassifizierung eines Vierecks**
> Das Viereck ABCD hat die Eckpunkte A(1|3|6), B(3|7|3), C(8|7|5) und D(6|3|8). Ermitteln Sie, welche besondere Art von Viereck vorliegt.

Lösung:
Zunächst bestimmen wir die Seitenvektoren $\overrightarrow{AB}$, $\overrightarrow{BC}$, $\overrightarrow{AD}$ und $\overrightarrow{DC}$ des Vierecks. Die Vektoren $\overrightarrow{AB}$ und $\overrightarrow{DC}$ sowie die Vektoren $\overrightarrow{BC}$ und $\overrightarrow{AD}$ sind parallel. Das Viereck ABCD ist daher ein Parallelogramm.

Seitenvektoren des Vierecks:
$$\overrightarrow{AB} = \begin{pmatrix} 2 \\ 4 \\ -3 \end{pmatrix} = \overrightarrow{DC}, \quad \overrightarrow{BC} = \begin{pmatrix} 5 \\ 0 \\ 2 \end{pmatrix} = \overrightarrow{AD}$$

Als nächstes werden die Seitenlängen untersucht. Dabei zeigt sich, dass alle Seiten die gleiche Länge $\sqrt{29}$ haben. Daher ist das Viereck ABCD sogar eine Raute.

Seitenlängen des Vierecks:
$|AB| = \sqrt{4 + 16 + 9} = \sqrt{29} = |DC|$
$|BC| = \sqrt{25 + 0 + 4} = \sqrt{29} = |AD|$

Abschließend werden die Diagonalenvektoren $\overrightarrow{AC}$ und $\overrightarrow{BD}$ betrachtet. Da ihre Längen nicht übereinstimmen, ist das Viereck ABCD kein Quadrat.

Diagonalen des Vierecks:
$$\overrightarrow{AC} = \begin{pmatrix} 7 \\ 4 \\ -1 \end{pmatrix}, \quad \overrightarrow{BD} = \begin{pmatrix} 3 \\ -4 \\ 5 \end{pmatrix}$$
$|AC| = \sqrt{66}, \quad |BD| = \sqrt{50}$

Übung 45 Vierecksuntersuchungen
a) Zeigen Sie, dass das Viereck ABCD mit A(1|−2|4), B(5|2|0), C(9|3|0) und D(7|1|2) ein Trapez ist.
b) Zeigen Sie: ABCD mit A(−3|1|2), B(1|6|4), C(4|8|1) und D(0|3|−1) ist ein Parallelogramm.
c) Gegeben ist das Dreieck ABC mit A(−3|1|2), B(1|3|4) und C(3|5|8). Gesucht ist ein Punkt D, der das Dreiecks ABC zu einem Parallelogramm ABCD ergänzt.

Übung 46 Gleichschenkligkeitsnachweis
a) Weisen Sie nach, dass das Dreieck ABC mit A(1|4|2), B(3|2|4) und C(6|5|1) gleichschenklig ist.
b) Welche Koordinaten hat der Mittelpunkt der Seite AB?
c) Bestimmen Sie die Winkelgrößen des Dreiecks ABC.

Übung 47 Rechtwinkligkeitsnachweis
a) Zeigen Sie mithilfe der Umkehrung des Satzes von Pythagoras, dass das Dreieck ABC mit A(1|4|2), B(3|2|4) und C(5|6|6) rechtwinklig ist.
b) Zeigen Sie, dass das Viereck ABCD mit A(1|4|2), B(3|2|4) und C(9|5|1) und D(7|7|−1) ein Rechteck ist, d.h. ein Parallelogramm mit rechten Winkeln.

Beispiel: Längen und Winkel in einer Pyramide

Eine Pyramide ist im Lauf der Jahrtausende im Sand etwas abgekippt. Das Viereck ABCD mit A(13|0|0), B(13|12|5), C(0|12|5) und D(0|0|0) ist die Grundfläche der Pyramide. Die Spitze ist S(6,5|1|14,5), 1 LE = 10 m.

a) Zeigen Sie: Die Grundfläche ist ein Quadrat.
b) Wie lautet der Mittelpunkt M des Quadrats? Welche Höhe hat die Pyramide?
c) Welchen Winkel bildet die Kante AS mit der Grundfläche der Pyramide?

Lösung zu a):
Wir überprüfen die Seitenlängen und Diagonalen im Viereck ABCD, denn beim Quadrat sind typischerweise die vier Seiten gleich und die beiden Diagonalen ebenfalls. Wir bestimmen also die vier Seitenvektoren der Grundfläche und berechnen ihren Betrag. Sie sind alle gleich lang.
Das Gleiche gilt für die beiden Diagonalenvektoren. Damit ist klar: Die Grundfläche ABCD ist ein Quadrat.

Seitenlängen ders Grundfläche:

$$\vec{AB} = \begin{pmatrix} 0 \\ 12 \\ 5 \end{pmatrix} = \vec{DC}, \vec{AD} = \begin{pmatrix} -13 \\ 0 \\ 0 \end{pmatrix} = \vec{BC}$$

$|\vec{AB}| = |\vec{DC}| = \sqrt{0^2 + 12^2 + 5^2} = 13$
$|\vec{AD}| = |\vec{BC}| = \sqrt{13^2 + 0^2 + 0^2} = 13$

Diagonalenlängen der Grundfläche:

$$\vec{AC} = \begin{pmatrix} -13 \\ 12 \\ 5 \end{pmatrix} \quad \vec{BD} = \begin{pmatrix} -13 \\ -12 \\ -5 \end{pmatrix}$$

$|AC| = |BD| = \sqrt{338}$

Lösung zu b):
Den Ortsvektor des Punktes M erhält man, indem man zum Ortsvektor $\vec{O}$ des Ursprungs die Hälfte des Diagonalenvektors $\vec{DB}$ addiert.
Ergebnis: M(6,5|6|2,5).
Der Höhenvektor $\vec{MS}$ hat den Betrag $|\vec{MS}| = \sqrt{0^2 + (-5)^2 + 12^2} = 13$. Dies ist die Höhe der Pyramide.

Ortsvektor des Mittelpunktes M, Höhenvektor $\vec{MS}$:

$$\vec{OM} = \tfrac{1}{2}\vec{DB} = \tfrac{1}{2}\begin{pmatrix} 13 \\ 12 \\ 5 \end{pmatrix} = \begin{pmatrix} 6,5 \\ 6 \\ 2,5 \end{pmatrix}$$

$$\vec{MS} = \vec{OS} - \vec{OM} = \begin{pmatrix} 0 \\ -5 \\ 12 \end{pmatrix}$$

Lösung zu c)
Der Winkel α zwischen der Seitenkante AS und der Grundfläche ABCD entspricht dem Winkel zwischen der Seitenkante AS und der Strecke AM.
Der Kantenvektor $\vec{AS}$ hat den Betrag $|\vec{AS}| = \sqrt{(-6,5)^2 + 1^2 + 14,5^2} \approx 15,92$.

Wir kennen nun die Längen von Gegenkathete MS und Hypotenuse AS im rechtwinkligen Dreieck AMS und können somit den Winkel α = 54,7° berechnen.

Winkel α:

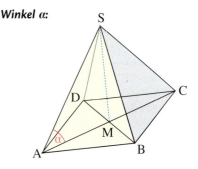

$\sin α = \dfrac{GK}{HYP} = \dfrac{|MS|}{|AS|} = \dfrac{13}{15,92} \approx 0{,}8166$

$\Rightarrow α \approx 54{,}7°$

▶ Volumen der Pyramide: V = 732 333 m³.

VII. Analytische Geometrie im Raum

Überblick

Der Abstand von zwei Punkten
Ebene: Abstand von $A(a_1|a_2)$ und $B(b_1|b_2)$: $\quad d(A;B) = \sqrt{(b_1-a_1)^2 + (b_2-a_2)^2}$

Raum: Abstand von $A(a_1|a_2|a_3)$ und $B(b_1|b_2|b_3)$: $d(A;B) = \sqrt{(b_1-a_1)^2 + (b_2-a_2)^2 + (b_3-a_3)^2}$

Der Betrag eines Vektors
Der Betrag eines Vektors ist die Länge eines seiner Pfeile.

Ebene: $\vec{a} = \begin{pmatrix} a_1 \\ a_2 \end{pmatrix} \Rightarrow |\vec{a}| = \sqrt{a_1^2 + a_2^2}$
   Raum: $\vec{a} = \begin{pmatrix} a_1 \\ a_2 \\ a_3 \end{pmatrix} \Rightarrow |\vec{a}| = \sqrt{a_1^2 + a_2^2 + a_3^2}$

Die Summe zweier Vektoren
Die Summe zweier Vektoren $\vec{a}$ und $\vec{b}$:
Man legt die Pfeile wie abgebildet aneinander. Der Summenvektor führt vom Pfeilanfang von $\vec{a}$ zum Pfeilende von $\vec{b}$.

Die Differenz zweier Vektoren
Die Differenz zweier Vektoren $\vec{a}$ und $\vec{b}$:
Man legt die Pfeile wie abgebildet aneinander. Der Differenzvektor führt vom Pfeilende von $\vec{b}$ zum Pfeilende von $\vec{a}$.

Die Skalarmultiplikation eines Vektors mit einer reellen Zahl
Der Vektor $\vec{a}$ wird mit der Zahl k multipliziert, indem seine Länge mit dem Faktor |k| multipliziert wird. Ist k negativ, so kehrt sich zusätzlich die Pfeilorientierung um.

Linearkombination von Vektoren
Eine Summe der Form $r_1 \cdot \vec{a}_1 + r_2 \cdot \vec{a}_2 + \ldots + r_n \cdot \vec{a}_n$ ($r_i \in \mathbb{R}$) wird als Linearkombination der Vektoren $\vec{a}_1, \vec{a}_2, \ldots, \vec{a}_n$ bezeichnet.

Kollineare Vektoren
$\vec{a}$ und $\vec{b}$ heißen kollinear, wenn einer der beiden Vektoren ein Vielfaches des anderen Vektors ist:

$\vec{a} = r \cdot \vec{b}$ oder $\vec{b} = r \cdot \vec{a}$

Kollineare Vektoren sind parallel.

Komplanare Vektoren
$\vec{a}$, $\vec{b}$ und $\vec{c}$ und heißen komplanar, wenn einer der drei Vektoren als Linearkombination der beiden anderen Vektoren darstellbar ist:

$\vec{a} = r \cdot \vec{b} + s \cdot \vec{c}$ oder $\vec{b} = r \cdot \vec{a} + s \cdot \vec{c}$
$\quad$ oder $\vec{c} = r \cdot \vec{a} + s \cdot \vec{b}$

Komplanare Vektoren liegen in einer Ebene.

Test

Vektoren

1. Gegeben ist der Quader ABCDEFGH.
   a) Bestimmen Sie die Koordinaten der Punkte B, C, D, E, F, H und M.
   b) Bestimmen Sie die Länge der Strecken $\overline{AF}$ und $\overline{DM}$.

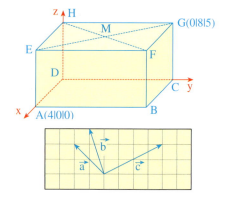

2. Bilden Sie die Summe der drei dargestellten Vektoren
   a) durch zeichnerische Konstruktion,
   b) durch Rechnung mit Spaltenvektoren.

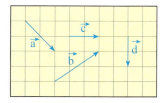

3. Stellen Sie die abgebildeten Vektoren als Spaltenvektoren in Koordinatenform dar. Bestimmen Sie anschließend das Ergebnis der folgenden Rechenausdrücke.
   a) $\vec{a} + \vec{b} + \vec{d}$
   b) $\frac{1}{2}\vec{a} - 2(\vec{b} - 2\vec{d})$
   c) $\vec{a} + 2\vec{b} - 4\vec{c} + \vec{d}$

4. a) Stellen Sie den Vektor $\begin{pmatrix} 6 \\ -2 \\ -1 \end{pmatrix}$ als Linearkombination von $\begin{pmatrix} 3 \\ 1 \\ 2 \end{pmatrix}$ und $\begin{pmatrix} 2 \\ 2 \\ 3 \end{pmatrix}$ dar.
   b) Untersuchen Sie, ob die Vektoren $\begin{pmatrix} 2 \\ 1 \\ -3 \end{pmatrix}$, $\begin{pmatrix} 1 \\ 2 \\ 4 \end{pmatrix}$ und $\begin{pmatrix} 5 \\ 4 \\ 1 \end{pmatrix}$ komplanar sind.

5. Gegeben ist das Dreieck ABC mit A(6|7|9), B(4|4|3) und C(2|10|6).
   a) Zeigen Sie, dass das Dreieck gleichschenklig ist. Ist es sogar gleichseitig?
   b) Fertigen Sie ein Schrägbild des Dreiecks an.
   c) Gesucht ist ein weiterer Punkt D, so dass das Viereck ABCD ein Parallelogramm ist.

6. Auf der schwarzen Linie liegt eine Eisenkugel, an der vier Zugseile befestigt sind. Anton und Alfons bilden das a-Team, Benno und Bruno das b-Team. Gewonnen hat dasjenige Team, welches die Kugel über die Linie zieht. Die Zugkräfte sind maßstäblich eingezeichnet. Welches Team wird gewinnen?

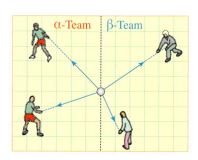

Lösungen: S. 348

VIII. Exponentialfunktionen

1. Funktionen der Form f(x) = c · aˣ

A. Wachstumsprozesse

Euglena gracilis
In grün verfärbten Tümpeln lebt ein erstaunliches Wesen, nur 50 µm groß, halb Tier und halb Pflanze. Das sogenannte Augentierchen, lat. Euglena, ernährt sich von Bakterien, aber auch durch Fotosynthese. Mithilfe einer Geißel peitscht es sich nach dem Propellerprinzip voran, wobei es sich um seine Längsachse dreht. Obwohl es keinerlei Denkorgan besitzt, kann es fototaktisch reagieren. Es erkennt Lichteinfall mithilfe eines Fotorezeptors, der aus den lichtempfindlichen Zellen einer Geißelverdickung besteht, die im Geißelsäckchen liegt. Der rote Augenfleck – der der Mikrobe ihren Namen gab – verschattet den Fotorezeptor bei jeder Drehung, wodurch Euglena sich zum Licht hin orientieren kann.

Euglena ist ein Einzeller, der sich durch Teilung vermehrt. Wenn es eine gewisse Größe erreicht hat, schnüren Zellkern und Zelle sich ab. Zwei Tochterzellen entstehen auf diese Weise. Diese teilen sich nach etwa der gleichen Zeit wiederum, sodass ein starkes Populationswachstum entsteht, das erst endet, wenn Licht, Nahrung oder Raum ausgehen.

▶ **Beispiel: Das Wachstum einer Euglena-Kolonie**
Im Labor wurde eine Euglena-Kolonie angelegt. Deren Populationswachstum wurde durch Auszählen unter dem Mikroskop über einen Zeitraum von 5 Tagen beobachtet und in einer Tabelle protokolliert. Modellieren Sie mit diesen Daten das Wachstum der Kolonie durch eine geeignete Funktion N. Skizzieren Sie den Graphen von N.

t:	Zeit seit Beobachtungsbeginn in Tagen	0	1	2	3	4	5
N:	Bestand der Augentierchen (Anzahl)	300	388	510	670	870	1125

Lösung:
Es liegt exponentielles Wachstum vor. Dies erkennt man durch *Quotientenbildung*:
$\frac{N(1)}{N(0)} \approx 1{,}29$ $\frac{N(2)}{N(1)} \approx 1{,}31$ $\frac{N(3)}{N(2)} \approx 1{,}31$ usw.
Die Quotienten aufeinander folgender Funktionswerte bleiben relativ konstant gleich 1,3. Jeder Funktionswert entsteht daher aus dem Vorhergehenden durch Multiplikation mit dem Faktor 1,3.
▶ Der Bestand N kann daher durch die Funktion $N(t) = 300 \cdot 1{,}3^t$ erfasst werden.

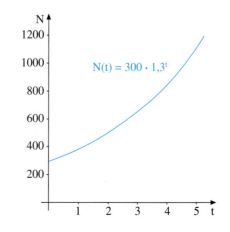

1. Funktionen der Form $f(x) = c \cdot a^x$

Viele Wachstumsprozesse und Zerfallsprozesse besitzen die Eigenschaft, dass die *Quotienten aufeinanderfolgender Bestände* konstant sind. Man spricht dann von *exponentiellem Wachstum* bzw. *Zerfall* und kann eine *Exponentialfunktion* zur Modellierung des Prozesses verwenden.

Definition VIII.1 Exponentialfunktion
c und a seien reelle Zahlen, $a > 0$.
Dann bezeichnet man die Funktion
$$f(x) = c \cdot a^x$$
als Exponentialfunktion zur Basis a.

Wachstum	Zerfall
$a > 1$	$a < 1$
$f(x) = 2^x$	$f(x) = 0,7^x$
$f(x) = 3 \cdot 1,5^x$	$f(x) = 4 \cdot 0,5^x$

▶ **Beispiel: Radioaktiver Zerfall**
In einem Experiment zerfallen minütlich 30 % der noch vorhandenen Stoffmenge eines radioaktiven Elementes. Zu Beobachtumsbeginn sind 3 mg des Stoffes vorhanden. Stellen Sie die noch nicht zerfallene Stoffmenge N als Funktion der Zeit t in Minuten dar.

Lösung:
Wir verwenden den Ansatz $f(x) = c \cdot a^x$, $a < 1$. In einer Zeiteinheit zerfallen 30 % der gerade vorhandenen Stoffmenge, 70 % bleiben erhalten.
Daher ist der Abnahmefaktor $a = 0{,}70$. Für die Zerfalls- oder Abnahmefunktion ergibt sich die Gleichung $f(x) = 3 \cdot 0{,}7^x$.

Für $0 \leq x \leq 7$ legen wir nun eine Wertetabelle an.

Diese Tabelle erlaubt uns die Zeichnung des Graphen von f, der bei $x = 0$ den Anfangsbestand 3 aufweist, streng monoton fällt und sich für $x \to \infty$ zunehmend dichter an die x-Achse anschmiegt.

▶

Bestimmung der Zerfallsfunktion:
$f(x) = c \cdot a^x$, $a < 1$ (Ansatz)
$f(0) = 3 \Rightarrow c = 3 \Rightarrow f(x) = 3 \cdot a^x$
$\left.\begin{array}{l} f(1) = 3 \cdot 0{,}7 \\ f(1) = 3 \cdot a^1 \end{array}\right\} \Rightarrow a = 0{,}7$
$\Rightarrow f(x) = 3 \cdot 0{,}7^x$

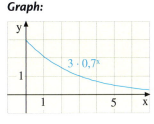

Wertetabelle:
Graph:

x	y
0	3
1	2,1
2	1,47
3	1,03
4	0,72
5	0,50
6	0,35
7	0,25

Übung 1 Zinsgewinn
Billy legt einen Geldbetrag von 20 000 € zu jährlichen Zinsen von 5 % an, Jonas erhält bei seiner Bank nur 4 % auf den gleichen Betrag. Wie lauten die Funktionen f und g, welche die Kontostände beschreiben? Zeichnen Sie deren Graphen. Welcher Unterschied ergibt sich nach 10 bzw. 50 Jahren?

Übung 2 Wertverlust
Ein neues Auto der Marke A kostet 20 000 € und hat einen jährlichen Wertverlust von 16 %. Das Modell B kostet 24 000 € bei 20 % Wertverlust. Wie lauten die Gleichungen der Abnahmefunktionen f und g, die den Wert der Autos darstellen? Zeichnen Sie die Graphen. Welchen Wert haben die Autos nach 10 Jahren? Wann sind sie etwa gleich viel wert?

B. Grundlegende Techniken

Bei der praktischen Anwendung von Exponentialfunktionen muss man sogenannte Exponentialgleichungen lösen, z. B. von der Form $c \cdot a^x = b$ oder konkret $3 \cdot 2^x = 15$. Das kann man einerseits durch Probieren/Testeinsetzungen oder durch Zeichnen mithilfe eines GTR bewirken. Eine rechnerische exakte Methode mithilfe von Logarithmen wird im nächsten Abschnitt behandelt.

▶ **Beispiel: Lösen einer Exponentialgleichung**
Für welchen Wert von x gilt die rechts dargestellte Gleichung? $3 \cdot 2^x = 15$

Lösung:
Wir legen eine Wertetabelle der Funktion $f(x) = 3 \cdot 2^x$ an. Durch Testeinsetzungen tasten wir uns an die Lösung x heran, für die $3 \cdot 2^x = 15$ gilt. Auf diese Weise erhalten wir die Näherung $x \approx 2{,}32$.
Probe: $3 \cdot 2^{2,32} \approx 14{,}98 \approx 15$

Lösung durch Testeinsetzungen:

x	y	x	y
0	3	2,5	16,97
1	6	2,3	14,98
2	12	2,33	15,08
3	24	2,32	14,98

$\Rightarrow x \approx 2{,}32$

Eine andere Lösungsmöglichkeit ist die graphische Lösung mit dem GTR.
Dazu geben wir im Graphikfenster die Funktionsgleichung $f(x) = 3 \cdot 2^x$ und auch die Funktionsgleichung $g(x) = 15$ ein, zeichnen beide Funktionen und bestimmen ihren Schnittpunkt $x \approx 2{,}32$.

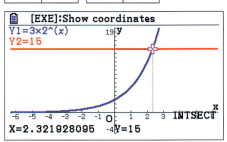

▶

Übung 3 Exponentialgleichungen
Lösen Sie die folgenden Exponentialgleichungen mithilfe des GTR.
a) $0{,}05 \cdot 2^x = 6$ d) $2 \cdot 3^x - 10 = 29$
b) $8 \cdot 0{,}98^x = 7$ e) $6 \cdot 2^{-x} = 0{,}1875$
c) $4 \cdot 1{,}03^{-x} = 4{,}18$ f) $401{,}1^x = 8 \cdot 0{,}95^x$

Übung 4 Plutonium
Radioaktives Plutonium ist hochgefährlich. Es zerfällt allerdings sehr schnell. Pro Stunde zerfallen 13% der jeweils vorhandenen Substanzmenge. Die Ausgangsmenge betrage 100 mg.
a) Wie lautet die Zerfallsfunktion?
b) Wann ist nur noch 1 mg vorhanden?

Übung 5 Fuchsbestand
Der Fuchsbestand in einem ehemaligen militärischen Sperrgebiet nimmt zu.
Die Funktion
$f(t) = 30 \cdot 1{,}11^t$
beschreibt das Wachstum der Population.
(t in Jahren seit 1.1.2010)
a) Wie viele Füchse gab es Anfang 2014?
b) Wann erreicht der Bestand 100 Füchse?
c) Wann bestand die Kolonie aus 10 Tieren?
d) Um wie viele Tiere wuchs die Kolonie im Laufe des dritten Jahres an?
e) Im Sperrgebiet gibt es eine Hasenpopulation von 20 Tieren (Stand 1.1.2010), die jährlich um 20% wächst. Wann gibt es etwa gleich viele Hasen wie Füchse?

Übungen

6. Zeichnen Sie den Graphen von f mithilfe des GTR.
  a) $f(x) = 0{,}5 \cdot 2^x$, $-2 \leq x \leq 4$
  b) $f(x) = 6 \cdot 0{,}5^x$, $-1 \leq x \leq 6$
  c) $f(x) = 1{,}1^x + 3$, $-2 \leq x \leq 10$
  d) $f(x) = 4 \cdot 0{,}9^x + 3$, $-2 \leq x \leq 10$

7. Wertemenge
Welche Wertemenge hat die Funktion f? Welche Werte nimmt f auf dem Intervall $0 \leq x \leq 4$ an?
  a) $f(x) = 2 \cdot 1{,}2^x$ b) $f(x) = 8 \cdot 0{,}5^x$
  c) $f(x) = 4 + 2^x$ d) $f(x) = 6 - \left(\frac{1}{2}\right)^x$

8. Monotonieverhalten
Ist die Funktion f monoton steigend oder monoton fallend?
  a) $f(x) = \frac{1}{10} \cdot 1{,}5^x$ b) $f(x) = 3 \cdot 0{,}8^x$
  c) $f(x) = 2 + 1{,}2^{-x}$ d) $f(x) = 4 - 1{,}1^{-x}$

9. Term und Graph
Ordnen Sie jedem Term den zugehörigen Funktionsgraph zu.

I $4 \cdot 0{,}5^x$ II $2 \cdot \left(\frac{3}{4}\right)^x$
III $0{,}5 \cdot 2^x$ III $0{,}5 \cdot 1{,}5^x$

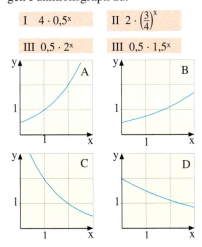

10. Symmetrische Lage
Welche Funktionen liegen bezüglich der y-Achse symmetrisch zueinander?

I 5^x
II $2 \cdot 0{,}5^x$
III $0{,}25 \cdot \left(\frac{3}{4}\right)^x$
IV $2 \cdot 2^{1-2x}$
V $0{,}25 \cdot 3^x$
VI $0{,}2^x$
VII $4 \cdot 4^x$
VIII $2 \cdot 2^x$

11. Aufstellen von Funktionsgleichungen
Stellen Sie eine Wachstums- oder Zerfallsfunktion der Form $f(x) = c \cdot a^x$ auf.
  a) Die Bevölkerung eines Landes erhöht sich jährlich um 2 %. Zu Beobachtungsbeginn sind es 25 Mio.
    Zusatz: Wie viele Einwohner hat das Land nach 10 Jahren gewonnen?
  b) Schweres Wasser (3H) Tritium ist ein instabiles (radioaktives) Elemen. Jährlich zerfallen 5,5 % der vorhandenen Substanz.
    Zu Beginn sind es 100 mg.
    Zusatz: Nach welcher Zeit ist nur noch 50 mg Tritium vorhanden?
  c) 1000 Euro auf einem Sparbuch werden jährlich mit 3 % verzinst.
    Zusatz: Wie hoch ist der Zugewinn im 5. Jahr?

12. Schnittpunkte
Zeichnen Sie die Graphen von f und g mit dem GTR. Stellen Sie fest, wo sich die Graphen schneiden.
  a) $f(x) = 3 \cdot 1{,}1^x$, $g(x) = 1{,}3^x$
  b) $f(x) = 2 \cdot 1{,}2^x$, $g(x) = 8 \cdot 0{,}9^x$
  c) $f(x) = 2^x$, $g(x) = 2 \cdot 3^x$

2. Exkurs: Logarithmen

Im vorhergehenden 1. Abschnitt wurden Exponentialfunktionen der Form $f(x) = c \cdot a^x$ mit ganz unterschiedlichen Basen untersucht. Besonders bedeutsam ist die Basis $a = 10$, da 10 auch die Basis unseres Zahlensystems ist.

A. Zehnerlogarithmen

Man kann jede positive reelle Zahl r als Zehnerpotenz darstellen.
Der Exponent in dieser Darstellung wird als *Logarithmus* der Zahl r zur Basis 10 bezeichnet.

Symbol: $\log r$ oder $\log_{10} r$
Gelesen: Logarithmus von r

> **Definition VIII.2 Logarithmus**
> Der Logarithmus einer Zahl $r > 0$ zur Basis 10 ist derjenige Exponent, mit dem 10 potenziert werden muss, um die Zahl r darzustellen.
> $$x = \log r \Leftrightarrow r = 10^x$$

Man verwendet auch die Bezeichnungen *Zehnerlogarithmus* oder *dekadischer Logarithmus*, da als Basis 10 verwendet wird. Wir zeigen nun, wie man den dekadischen Logarithmus einer gegebenen Zahl r bestimmt. Dabei beschränken wir uns zunächst auf Zahlen, die als Zehnerpotenzen mit ganzzahligem Exponenten darstellbar sind.

▶ **Beispiel: Berechnung von Logarithmen (Umkehrung des Potenzierens)**
Bestimmen Sie die folgenden dekadischen Logarithmen.
a) $\log 1000$ b) $\log 1$ c) $\log \frac{1}{100}$

Lösung:
Um $x = \log 1000$ zu berechnen, müssen wir die Zahl 1000 als Zehnerpotenz darstellen, d. h. $1000 = 10^x$. Wir können im Kopf ausrechnen, dass $x = 3$ sein muss.
Resultat: $\log 1000 = 3$.

$x = \log 1000 \Leftrightarrow 1000 = 10^x \Leftrightarrow x = 3$
$\Rightarrow \log 1000 = 3$

Um $x = \log 1$ zu berechnen, müssen wir die Zahl 1 als Zehnerpotenz darstellen, d. h. $1 = 10^x$. Es folgt $x = 0$.
Resultat: $\log 1 = 0$.

$x = \log 1 \Leftrightarrow 1 = 10^x \Leftrightarrow x = 0$
$\Rightarrow \log 1 = 0$

Analog erhalten wir wegen $\frac{1}{100} = 10^{-2}$,
▶ dass $\log \frac{1}{100} = -2$ gilt.

$x = \log \frac{1}{100} \Leftrightarrow \frac{1}{100} = 10^x \Leftrightarrow x = -2$
$\Rightarrow \log \frac{1}{100} = -2$

Übung 1
Bestimmen Sie die folgenden Logarithmen, sofern dies möglich ist.
$\log 10\,000$ b) $\log 10^6$ c) $\log 0{,}001$ d) $\log(-2)$

B. Berechnung von Logarithmen mit einem Taschenrechner

Bisher haben wir nur Logarithmen von Zahlen bestimmt, die als Zehnerpotenzen mit ganzzahligem Exponenten darstellbar waren. Dies ging im Kopf zu bewerkstelligen, da die Resultate ganzzahlig waren. So einfach geht das nur selten.

▶ **Beispiel: Berechnung von dekadischen Logarithmen**
Bestimmen Sie den Logarithmus von 20 000 sowie den Logarithmus von −2.

Lösung:
Um $x = \log 20\,000$ zu berechnen, müssen wir die Zahl 20 000 als Zehnerpotenz darstellen, d. h. $20\,000 = 10^x$.

$x = \log 20\,000 \Leftrightarrow 20\,000 = 10^x$

Durch Probeeinsetzungen für x können wir uns mit dem Taschenrechner schrittweise an die richtige Lösung herantasten. Sie liegt angenähert bei $x \approx 4{,}301$.

$x = 4$:	10^4	$= 10\,000$	zu klein
$x = 5$:	10^5	$= 100\,000$	zu groß
$x = 4{,}5$:	$10^{4,5}$	$\approx 31\,623$	zu groß
$x = 4{,}4$:	$10^{4,4}$	$\approx 25\,119$	zu groß
$x = 4{,}3$:	$10^{4,3}$	$\approx 19\,953$	zu klein

Zum Glück kennt man die Werte der Logarithmen schon seit dem 16. Jahrhundert und hat sie in sog. Logarithmentafeln aufgezeichnet.

Heute verwenden wir einen Taschenrechner, der eine spezielle log-Taste besitzt, mit der man die Logarithmen der positiven Zahlen bis ca. 10^{100} berechnen kann.

Diese Taste liefert in unserem Fall:
$\boxed{\log}$ 20 000 $\boxed{=}$ 4,301 029 996

die log-Taste

Den Logarithmus von −2 kann man nicht berechnen, weil er nicht existiert, denn die Gleichung $10^x = -2$ hat keine Lösung, da
▶ die Potenz 10^x stets positiv ist.

Übung 2 Bestimmung des Logarithmus durch Probieren
Berechnen Sie die Logarithmen angenähert *durch Probieren*, sofern dies möglich ist.
Verwenden Sie nur die Potenztaste des Taschenrechners, d. h. die Operation 10 $\boxed{\wedge}$ x $\boxed{=}$.
a) $\log 2000$ b) $\log 2$ c) $\log 0{,}5$ d) $\log(-3)$

Übung 3 Bestimmung des Logarithmus mit der log-Taste
Berechnen Sie die folgenden Logarithmen mit dem Taschenrechner, sofern möglich.
Verwenden Sie die *log-Taste*.
a) $\log 5$ b) $\log 50$ c) $\log 0{,}05$ d) $\log(-1)$

C. Die logarithmischen Rechengesetze

Die Potenzgesetze für das Rechnen mit Potenzen wirken auch auf die Exponenten der Potenzen, die Logarithmen. Jedes Potenzgesetz hat im Prinzip ein entsprechendes Gesetz für das Rechnen mit Logarithmen zur Folge.

> **Beispiel: Ein logarithmisches Rechengesetz**
> Gegeben sind die Zehnerpotenzen $a = 10^2$ und $b = 10^3$. Berechnen Sie folgende dekadische Logarithmen und vergleichen Sie die Ergebnisse: $\log a$, $\log b$, $\log (a \cdot b)$.
> Welche Vermutung ergibt sich? Lässt die Vermutung sich beweisen?

Lösung:
Die Faktoren a und b haben die Logarithmen 2 bzw. 3. Das Produkt $a \cdot b$ hat den Logarithmus 5.
Vermutlich gilt das folgende Gesetz:
$\log(a \cdot b) = \log a + \log b$

Wir können es beweisen, indem wir anstelle von $a = 10^2$ und $b = 10^3$ beliebige Zahlen $a = 10^x$ und $b = 10^y$ verwenden.
Dann ist $\log a = x$ und $\log b = y$.
Das Produkt $a \cdot b = 10^x \cdot 10^y$ lässt sich mithilfe des Gesetzes über die Multiplikation von Potenzen darstellen als 10^{x+y}.
▶ Daher gilt $\log(a \cdot b) = x + y = \log a + \log b$.

Berechnung der Logarithmen:
$\log a = \log 10^2 = 2$
$\log b = \log 10^3 = 3$
$\log (a \cdot b) = \log (10^2 \cdot 10^3) = \log 10^5 = 5$

Vermutung:
$\log (a \cdot b) = \log a + \log b$

Beweis der Vermutung:
$\log (a \cdot b) = \log (10^x \cdot 10^y)$
$\qquad\quad\ = \log 10^{x+y}$
$\qquad\quad\ = x + y$
$\qquad\quad\ = \log a + \log b$

Auch für Quotienten von Potenzen und Potenzen von Potenzen gibt es Rechengesetze, die zu entsprechenden Logarithmusrechengesetzen (2) und (3) führen.

Die Beweise verlaufen analog zum Beweis des Gesetzes (1) für das Produkt.
Mithilfe der Gesetze kann man logarithmische Terme und Rechnungen in vielen Fällen vereinfachen.

> **Satz VIII.1 Logarithmengesetze**
> a und b seien positive reelle Zahlen.
> r sei eine beliebige reelle Zahl.
> Dann gelten folgende Gesetze:
> (1) $\log(a \cdot b) = \log a + \log b$
> (2) $\log\left(\frac{a}{b}\right) = \log a - \log b$
> (3) $\log(a^r) = r \cdot \log a$

Übung 2 Vereinfachung
Vereinfachen Sie den Term mithilfe der logarithmischen Rechengesetze.
a) $\log 4 + \log 25$
b) $\log 2500 - 2 \log 5$
c) $4 \cdot \log 5 + \log 2^4$

Übung 3 Beweis
Beweisen Sie das logarithmische Rechengesetz $\log\left(\frac{a}{b}\right) = \log a - \log b$

2. Exkurs: Logarithmen

Weitere Rechengesetze für Logarithmen sind rechts aufgeführt. Sie besagen im Wesentlichen, dass die Operation des Logarithmierens die *Umkehroperation* des Potenzierens mit der Basis 10 ist.
Werden Operation und Umkehroperation hintereinander angewandt, so heben sie sich in ihrer Wirkung auf.

> **Satz VIII.2**
> **Operation und Umkehroperation:**
> (4) $\log 10^x = x$
> (5) $10^{\log x} = x$
>
> **Besondere Zehnerlogarithmen:**
> $\log 10 = 1, \log 1 = 0$

D. Das Lösen von Gleichungen mithilfe von Logarithmen

Mithilfe der Technik des Logarithmierens können Exponentialgleichungen und Logarithmengleichungen gelöst werden, was in Anwendungen eine wichtige Rolle spielt.

▶ **Beispiel: Exponentialgleichung**
Lösen Sie die Exponentialgleichung $3^x = 17$.

Lösung:
Um x zu berechnen, wenden wir den Logarithmus auf beiden Seiten der Gleichung an. Man sagt auch, dass man *die Gleichung logarithmiert*.
Durch Anwendung des dritten logarithmischen Gesetzes wird die Unbekannte x aus dem Exponenten herausgelöst.
Es entsteht eine lineare Gleichung, die sich
▶ leicht nach x auflösen lässt.

$$3^x = 17 \quad | \text{ Logarithmieren}$$
$$\log(3^x) = \log 17 \quad | \text{ 3. log. Gesetz}$$
$$x \cdot \log 3 = \log 17 \quad | : \log 3$$
$$x = \frac{\log 17}{\log 3} \approx 2{,}5789$$
$$x = 2{,}5789$$

▶ **Beispiel: Logarithmengleichung**
Lösen Sie die Logarithmengleichung $5 + 2 \cdot \log(2x - 4) = 10$.

Lösung:
$$5 + 2 \cdot \log(2x - 4) = 10 \quad | -5$$
$$2 \cdot \log(2x - 4) = 5 \quad | :2$$
$$\log(2x - 4) = 2{,}5 \quad | \text{ Potenzieren beider Seiten}$$
$$2x - 4 = 10^{2{,}5} \quad | +4$$
$$2x = 10^{2{,}5} + 4 \quad | :2$$
▶
$$x = \frac{10^{2{,}5} + 4}{2} \approx 160{,}1139$$

Übung 4 Exponential-/Logarithmusgleichungen
Lösen Sie die Exponential- bzw. Logarithmusgleichung.
a) $8^x = 2$ b) $2 + 3 \cdot 4^x = 98$ c) $2 + 3 \cdot \log(x + 5) = 8$

3. Rechnen mit Exponentialfunktionen

Bevor wir uns der vertieften Betrachtung exponentieller Anwendungsprozesse zuwenden, behandeln wir zur Vorentlastung einige Rechentechniken. Wie überprüft man, ob ein Punkt auf dem Graphen von f liegt? Wie errechnet man zu einem gegebenen y-Wert den x-Wert?

A. Die Punktprobe

▶ **Beispiel: Punktprobe**
Gegeben ist die abgebildete Exponentialfunktion $f(x) = 2 \cdot 1{,}5^x$.
Liegen die Punkte $P(2|4{,}5)$ und $Q(6|20)$ auf dem Graphen von f?

Lösung:
Der Graph von f gibt nur über den Punkt P Aufschluss. Er scheint auf g zu liegen. Der Punkt Q wird vom Graph nicht mehr erfasst. Wollen wir es genauer wissen, müssen wir rechnerisch vorgehen. Durch Einsetzen in die Funktionsgleichung ergibt
▶ sich, das P auf f liegt, nicht aber Q.

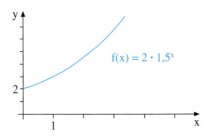

Untersuchung von $P(2|4{,}5)$:
$f(2) = 2 \cdot 1{,}5^2 = 4{,}5 \quad \Rightarrow \quad P \in f$

Untersuchung von $Q(6|20)$:
$f(6) = 2 \cdot 1{,}5^6 \approx 22{,}78 \quad \Rightarrow \quad Q \notin f$

B. Berechnung von Umkehrwerten

▶ **Beispiel: Gegeben y, gesucht x.**
Gegeben ist die Exponentialfunktion $f(x) = 4 \cdot 0{,}8^x$.
Für welchen Wert von x nimmt die Funktion den Wert $y = 2$ an?

Lösung:
Man kann diese Aufgabe angenähert lösen, indem man den Graphen zeichnet und abliest, an welcher Stelle die horizontale Gerade $y = 2$ geschnitten wird. Dies ist etwa bei $x = 3$ der Fall.
Rechnerisch verwendet man den Ansatz $f(x) = 2$. Dieser führt auf eine Exponentialgleichung, die durch Freistellen des Exponentialterms $0{,}8^x$ mit anschließendem Logarithmieren gelöst werden kann.
▶ Resultat: $x \approx 3{,}11$

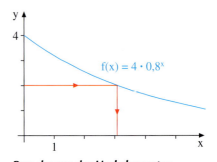

Berechnung des Umkehrwertes:
$$f(x) = 2$$
$$4 \cdot 0{,}8^x = 2$$
$$0{,}8^x = 0{,}5$$
$$\log 0{,}8^x = \log 0{,}5$$
$$x \cdot \log 0{,}8 = \log 0{,}5$$
$$x = \frac{\log 0{,}5}{\log 0{,}8}$$
$$x \approx 3{,}11$$

C. Der Schnittpunkt zweier Exponentialkurven

> **Beispiel: Schnittpunkt**
> Gegeben sind die Exponentialfunktionen $f(x) = 4 \cdot 1{,}2^x$ und $g(x) = 2 \cdot 1{,}5^x$.
> Bestimmen Sie den Schnittpunkt S der Funktionen.

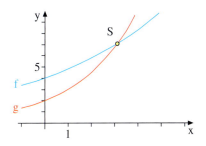

Lösung:
Die Funktionsgraphen schneiden sich im Punkt $S(x|y)$. Zur Berechnung der Schnittstelle x setzen wir f und g gleich.

Rechnerisch verwenden wir also den Ansatz $f(x) = g(x)$. Dieser führt auf eine Exponentialgleichung, die durch beidseitiges Logarithmieren gelöst werden kann. Dabei werden mehrere logarithmische Rechengesetze angewandt.

Berechnung der Schnittstelle:
$$f(x) = g(x)$$
$$4 \cdot 1{,}2^x = 2 \cdot 1{,}5^x$$
$$\log(4 \cdot 1{,}2^x) = \log(2 \cdot 1{,}5^x)$$
$$\log 4 + x \cdot \log 1{,}2 = \log 2 + x \cdot \log 1{,}5$$
$$x \cdot (\log 1{,}5 - \log 1{,}2) = \log 4 - \log 2$$
$$x \approx 3{,}11$$

▶ Resultat: $x \approx 3{,}11$, $y \approx 7{,}05$

D. Rekonstruktion von Funktionen

> **Beispiel: Manuelle Rekonstruktion**
> Gesucht ist eine Funktion der Gestalt $f(x) = c \cdot a^x$ ($a > 0$) mit folgenden Eigenschaften:
> a) f geht durch $P(2|7{,}2)$ und $f(x)$ wächst um 20%, wenn x um eins wächst.
> b) f geht durch die Punkte $P(-1|5)$ und $Q(2|15)$.

Lösung zu a:
Ein Wachstum von 20% bedeutet, dass man den aktuellen Bestand von 100% auf 120% erhöht, d. h. mit dem Faktor 1,20 multipliziert.
Der Wachstumsfaktor beträgt also $a = 1{,}20$.
Daher hat f die Gestalt $f(x) = c \cdot 1{,}20^x$.
Setzt man hier die Koordinaten von P ein, so erhält man $7{,}2 = 1{,}44\,c$.
Daraus folgt $c = 5$.
▶ Resultat: $f(x) = 5 \cdot 1{,}2^x$

Lösung zu b:
Wir setzen die Koordinaten beider Punkte in die Funktionsgleichung ein und erhält ein leicht lösbares Gleichungssystem:
I $f(-1) = 5$ $\Rightarrow$ $c \cdot a^{-1} = 5$
II $f(2) = 15$ $\Rightarrow$ $c \cdot a^2 = 15$
Aus I folgt $c = 5a$.
Einsetzen in II ergibt:
$5a^3 = 15$, also $a = \sqrt[3]{3} \approx 1{,}44$.
Einsetzen in I ergibt: $c \approx 7{,}2$.
▶ Resultat: $f(x) = 7{,}2 \cdot 1{,}44^x$

Übung 1
Gegeben sind die Funktion $f(x) = \frac{1}{32} \cdot 4^x$ sowie die Funktion $g(x) = c \cdot a^x$ ($a > 0$).

a) Für welchen Wert von x nimmt die Funktion f den Wert 8 an?

b) Die Funktion g geht durch die Punkte $P(2|1)$ und $Q(4|4)$. Bestimmen Sie a und c. Berechnen Sie außerdem den Schnittpunkt der Funktionen f und g.

Auch zu ganzen Meßwerttabellen kann man mit den Regressionsmodellen des GTR optimal angepasste Funktionen gewinnen (vgl. auch S. 318 bzw. S. 334 sowie S. 179).

Beispiel: Exponentielle Regression bei Meßwerttabelle
Die Tabelle gibt die Vermehrung von Salmonellen in einem infizieren Ei wieder.
Wie lautet die Wachstumsfunktion?

Uhrzeit	8^{00}	10^{00}	12^{00}	14^{00}
Keimzahl	500	2700	14 900	80 500

Lösung:
Es wird die Tabellenkalkulation des GTR gestartet. Der Uhrzeit 8.00 Uhr wird x = 0 zugeordnet. Nun werden sämtliche Wertepaare in die Tabelle eingetragen. Anschließend wird die exponentielle Regression aufgerufen, die die Näherungsfunktion f(x) = 499 · 2,33^x liefert (s. linkes Bild mit der CASIO-Lösung).

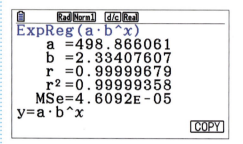
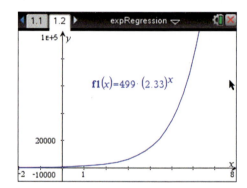

Schließlich kann der Funktionsgraph gezeichnet werden (rechtes Bild, TI-Lösung).

Übung 2
Gegeben sind die Funktionen f(x) = $\frac{1}{32}$ · 4^x und g(x) = 64 · 0,25^x.

a) Liegen die Punkte P(6|128) bzw. Q(4,5|18) auf dem Graphen von f?
b) An welcher Stelle hat f den Funktionswert 64?
c) Wo schneiden sich die Graphen von f und g?

Übung 3
Der Rosensee hat eine Ausdehnung von 182 000 m^2 Wasseroberfläche. Im Frühjahr hat sich schnell eine Kolonie von Teichrosen entwickelt, die 20 m^2 Fläche dicht bedeckt. Täglich verdoppelt sich die bedeckte Fläche.
a) Welcher Prozentsatz der Oberfläche ist nach einer Woche bedeckt?
b) Wann ist der ganze See bedeckt?
c) Wann betrug die Fläche nur 1 m^2?
d) Wann war der See zur Hälfte bedeckt?

Übung 4
Die nebenstehende Tabelle beschreibt die Mietentwicklung für eine große Wohnung über einen Zeitraum von 15 Jahren.
Wie groß war die jährliche Mieterhöhung?

Jahr	2000	2005	2010	2015
Miete	800	927	1075	1246

Übungen

2. Punktprobe
Liegen die Punkte P und Q auf f?
a) $f(x) = 9 \cdot 1{,}5^x$, $P(-2|4)$, $Q(2|20)$
b) $f(x) = 4 \cdot 0{,}5^x$, $P(3|0{,}25)$, $Q(-2|16)$
c) $f(x) = \frac{9}{4} \cdot \left(\frac{1}{3}\right)^x$, $P\left(3|\frac{1}{8}\right)$, $Q(-2|20{,}25)$
d) $f(x) = 1{,}6 \cdot 0{,}8^x$, $P(2|2{,}5)$, $Q\left(-3|\frac{25}{8}\right)$

3. Umkehrwerte
Bestimmen Sie die Stelle x, an welcher die Funktion f den Wert y annimmt.
a) $f(x) = 2 \cdot 4^x$, $y = 4$
b) $f(x) = 0{,}2 \cdot 5^x$, $y = 25$
c) $f(x) = 2 \cdot 1{,}5^x$, $y = 4{,}5$

4. Schnittpunkte
Wo schneiden sich f und g?
a) $f(x) = \frac{1}{3} \cdot 3^x$, $g(x) = \frac{1}{27} \cdot 9^x$
b) $f(x) = 2 \cdot \left(\frac{1}{2}\right)^x$, $g(x) = 16 \cdot \left(\frac{1}{4}\right)^x$
c) $f(x) = \frac{3}{2} \cdot \left(\frac{2}{3}\right)^{-x}$, $g(x) = 6 \cdot 3^x$

5. Rekonstruktionen
Die Funktion $f(x) = c \cdot a^x$ geht durch die Punkte P und Q. Bestimmen Sie a und c.
a) $P(-1|4)$, $Q(0|0{,}25)$
c) $P(-1|6)$, $Q(1|24)$
e) $P(-2|16)$, $Q(2|1)$

6. Bakterienwachstum
Zwei Bakterienpopulationen I und II bestehen zu Beobachtungsbeginn aus 200 bzw. aus 400 Bakterien. Population I vermehrt sich um 16% am Tag, Population II nur um 12%.
a) Wie groß sind die Bestände nach 10 Tagen?
b) Wann haben die Bestände die Größe 1000 erreicht?
c) Wann sind die Bestände gleich stark?

7. Rekonstruktion
Stellen Sie fest, ob die Tabellen einen exponentiellen Prozess wiedergeben. Wie lautet die jeweilige Funktionsgleichung?
Wann wird der Wert 1000 erreicht?

Tabelle 1:

x	0	1	2	3	4
f(x)	100	120	144	173	207

Tabelle 2:

x	0	1	2	3	4
f(x)	50	90	162	291	525

Tabelle 3:

x	0	2	4	6	8
f(x)	100	196	384	753	1476

8. Ein Abnahmeprozess
20 000 Eisbären leben rund um den Nordpol. Sie sind zu Symbolen für die Gefahren des Klimawandels geworden. Es könnte sein, dass die Population kleiner wird und um 1% jährlich schrumpft. Wir nehmen einmal an, dass die Population sich nach der folgenden Formel entwickelt:
$N(t) = c \cdot a^t$ (t in Jahren).
a) Wie lautet die Gleichung von N?
b) Um welche Zahl nimmt die Population in den ersten beiden Jahren ab?
c) Wann beträgt die Zahl der Bären nur noch 15 000?

4. Untersuchung exponentieller Prozesse

In diesem Abschnitt werden wir exponentielle Prozesse vertieft untersuchen. Die Verdoppelungszeit und die Halbwertszeit solcher Prozesse werden angesprochen und es werden Experimente dargestellt, die solche Prozesse betreffen.

A. Halbwerts- und Verdoppelungszeit

▶ **Beispiel: Radiojod J-131**
Bei einer vergrößerten Schilddrüse werden Patienten mit dem radioaktiven Jodisotop J-131 behandelt. Sie geben Strahlung ab und müssen für einige Zeit abgeschirmt werden. In einem speziellen Fall klingt die Aktivität nach der Formel $f(t) = 100 \cdot 0{,}917^t$ ab (t in Tagen).
In welcher Zeit sinkt sie auf die Hälfte des Ausgangswertes von 100 MBq?

Lösung:
Der Ansatz $f(t) = \frac{1}{2}f(0)$ liefert nach einer logarithmischen Rechnung die Zeit, nach der die Aktivität auf die Hälfte des Ausgangswertes gesunken ist, also auf 50 MBq. Diese Zeit beträgt für Jod-131 ca. 8 Tage. Man bezeichnet Sie als *Halbwertszeit* des
▶ Prozesses. Ist die Halbwertszeit bekannt, so kann man den Verlauf des Prozesses auch ohne Rechnung gut abschätzen.

Berechnung der Halbwertszeit:
$$f(t) = \tfrac{1}{2}f(0)$$
$$100 \cdot 0{,}917^t = 50$$
$$0{,}917^t = 0{,}5$$
$$t \cdot \log 0{,}917 = \log 0{,}5$$
$$t = \frac{\log 0{,}5}{\log 0{,}917}$$
$$t \approx 8 \text{ Tage}$$

Man kann für die Halbwertszeit eine allgemeine Formel entwickeln (vgl. rechts).

Beweis der Formel:
$$f(t) = \tfrac{1}{2}f(0)$$
$$c \cdot a^t = \tfrac{c}{2}$$
$$a^t = \tfrac{1}{2}$$
$$t \cdot \log a = \log \tfrac{1}{2}$$
$$t = \frac{\log \tfrac{1}{2}}{\log a}$$

Satz VIII.3 Halbwertszeit
Der exponentielle Abnahme- bzw. Zerfallsprozess $f(t) = c \cdot a^t$ $(0 < a < 1)$ hat die Halbwertszeit
$$T_{\tfrac{1}{2}} = \frac{\log \tfrac{1}{2}}{\log a}.$$

Übung 1
Die Temperatur einer Flüssigkeit nimmt in einem Experiment nach dem Gesetz $f(t) = 80 \cdot 0{,}96^t$ ab (t in min, f(t) in °C). Nach welcher Zeit hat sich die Temperatur halbiert bzw. geviertelt?

4. Untersuchung exponentieller Prozesse

▶ **Beispiel: Bevölkerungswachstum**
Im Jahr 2006 erreichten die Vereinigten Staaten eine Einwohnerzahl von 300 Millionen. Die jährliche Zunahmerate betrug ca. 1%, so dass die Funktion $f(t) = 300 \cdot 1{,}01^t$ das Wachstum erfasst. (t in Jahren seit 2006, f(t) in Millionen) Wann wird sich die Einwohnerzahl der USA verdoppelt haben? Wann erreichen die USA nach diesem Modell 1 Milliarde Einwohner?

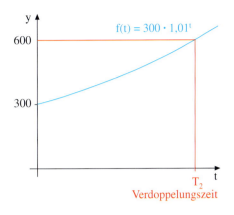

Lösung:
Der Ansatz $f(t) = 2 \cdot f(0)$ liefert nach einer logarithmischen Rechnung die Zeit, nach der die Einwohnerzahl sich von 300 auf 600 Millionen verdoppelt hat.
Diese Zeit – die als *Verdoppelungszeit* bezeichnet wird – beträgt nach nebenstehender Rechnung ca. 70 Jahre.
Die USA werden also – gleichbleibendes Wachstum vorausgesetzt – im Jahre 2076 ca. 600 Millionen Einwohner besitzen.

Berechnung der Verdoppelungszeit:
$$f(t) = 2 \cdot f(0)$$
$$300 \cdot 1{,}01^t = 600$$
$$1{,}01^t = 2$$
$$t \cdot \log 1{,}01 = \log 2$$
$$t = \frac{\log 2}{\log 1{,}01}$$
$$t \approx 69{,}66 \text{ Jahre}$$

Nach zwei Verdoppelungszeiten, also nach 140 Jahren, d.h. im Jahre 2146, wäre die Bevölkerungszahl der USA bei 1200 Millionen (300-600-1200) angelangt. Eine Milliarde würden also nach ca. 120 Jahren erreicht. Aber es ist nicht anzunehmen, dass die Entwicklung über eine
▶ derart lange Zeit gleichmäßig verläuft (Grenzen des Modells).

Auch für die Verdoppelungszeit gibt es eine allgemeine Formel.
Der Beweis verläuft in Analogie zum Beweis der Formel für die Halbwertszeit.

Satz VIII.4 Verdoppelungszeit
Der exponentielle Wachstumsprozess $f(t) = c \cdot a^t$ mit $a > 1$ besitzt die Verdoppelungszeit
$$T_2 = \frac{\log 2}{\log a}.$$

Übung 2
Die Tabelle gibt die Wachstumsraten einiger Länder aus dem Jahr 2000 an. Lettland hatte 2000 eine Einwohnerzahl von 2,4 Millionen, der Gazastreifen hatte ca. 1,2 Millionen Einwohner.
a) Bestimmen Sie die Wachstumsfunktionen für Lettland und Gaza. Fertigen Sie eine Skizze der Graphen an. Wann haben diese Gebiete gleich viele Einwohner?
b) Wie lauten die Verdoppelungszeiten von Togo und Gaza?

Hohe Zunahme in %
1. Gazastreifen   3,5
2. Togo   2,7

Hohe Abnahme in %
1. Lettland   −0,6
2. Deutschland   −0,1

B. Tabellarische Prozesse

Häufig kann man einen Prozess nur durch Messungen erfassen. Anhand der Messwertetabelle kann man feststellen, ob ein exponentieller Prozess vorliegt, welcher Zuwachsfaktor sich ergibt und welche Funktionsgleichung zur Modellierung geeignet ist.

▶ **Beispiel: Sonnenblume**
Das Wachstum einer Sonnenblume wird wöchentlich tabelliert. Zu Messbeginn ist sie 10 cm hoch.
a) Liegt exponentielles Wachstum vor? Wie groß ist der wöchentliche Wachstumsfaktor? Wie lautet die Gleichung der Funktion h, welche die Höhe beschreibt?
b) Wann ist die Blume 100 cm hoch?

Zeit in Wochen	Höhe in cm
0	10
1	12
2	14,5
3	17,3
4	20,7

Wachstum einer Sonnenblume

Lösung zu a):
Wir führen den sog. *Quotiententest* durch. Dieser besteht darin, jede Messhöhe durch die *vorhergehende* Messhöhe zu dividieren. Kommt stets annähernd das Gleiche heraus, liegt ein exponentieller Prozess vor. Der Quotient ergibt den Wachstumsfaktor des Prozesses. Wir erhalten hier stets etwa die Zahl 1,2 als Quotienten. Der Prozess ist also exponentiell. Der wöchentliche Wachstumsfaktor beträgt a = 1,2.

Da die Anfangshöhe 10 cm beträgt, lautet die Funktionsgleichung $h(t) = 10 \cdot 1{,}2^t$ (t in Wochen, h in cm).

Lösung zu b):
Der Ansatz $h(t) = 100$ führt auf das Resultat t = 12,63 Wochen.

Quotiententest:

$\frac{h(1)}{h(0)} = \frac{12}{10} = 1{,}20$

$\frac{h(2)}{h(1)} = \frac{14{,}5}{12} \approx 1{,}21$

$\frac{h(3)}{h(2)} = \frac{17{,}3}{14{,}5} \approx 1{,}19$

$\frac{h(4)}{h(3)} = \frac{20{,}7}{17{,}3} \approx 1{,}20$

Funktionsgleichung:
$h(t) = 10 \cdot 1{,}2^t$

Berechnung der Zeit:
$h(t) = 100$
$10 \cdot 1{,}2^t = 100$
$t \approx 12{,}63$

Übung 3
In einem Experiment steigt nach Einnahme einer Aspirintablette der Plasmaspiegel auf ca. 200 µg/ml an. Anschließend geht er zurück.

Zeit in Stunden	0	1	2	3	4
Konzentration in µg/ml	200	156	120	95	75

Ist der Abnahmeprozess exponentiell? Wie lautet die Funktionsgleichung für die Plasmakonzentration? Welche Halbwertszeit liegt vor? Die schmerzstillende Wirkung erfordert Plasmaspiegel über 30 µg/ml. Nach welcher Zeit endet die Schmerzstillung bei der Versuchsperson?

C. Vergleich von Prozessen

Bei manchen Vorgängen kommt es zum Zusammenspiel mehrerer Wachstumsprozesse oder zu einem Vergleich. Hierbei müssen z.T. auch Näherungslösungen eingesetzt werden.

▶ **Beispiel: Nahrungsmittelversorgung**
Ein Land hat 15 Millionen Einwohner und wächst jährlich um 2%. Die Nahrungsmittelversorgung reicht für 20 Millionen Menschen. Durch weiteren Ausbau der Landwirtschaft können jährlich 200 000 Menschen mehr versorgt werden. Wie lange ist die Versorgung gesichert?

Lösung:
Die Einwohnerzahl wächst nach dem Gesetz $E(t) = 15 \cdot 1{,}02^t$.
Die Anzahl der Personen, die versorgt werden können, wird durch die lineare Funktion $V(t) = 20 + 0{,}2\,t$ beschrieben.
(t in Jahren, V und E in Mio).
Skizzieren wir die Funktionen mithilfe von Wertetabellen oder GTR in einem gemeinsamen Koordinatensystem für $0 \leq t \leq 30$, so erhalten wir die Abbildung rechts.

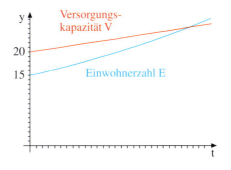

Man kann ablesen, dass das exponentielle Wachstum den linearen Prozess überholt. Durch Probieren mit dem Taschenrechner findet man heraus, dass dies nach
▶ $t = 26{,}35$ Jahre geschieht.

Exponentialfunktionen wachsen stärker als Potenzfunktionen.

Exponentielles Wachstum setzt sich nicht nur gegenüber linearem Wachstum, sondern auch gegen quadratisches, kubisches und beliebiges polynomiales Wachstum durch.
a^x ($a > 1$) wächst „langfristig", d. h. für genügend großes x, stärker als x^n ($n \in \mathbb{N}$).

Übung 4 Wachstumsvergleich
Hans hilft seinem Vater während der Ferien auf dem Bauernhof. Sein Vater macht den Vorschlag, dass er für den ersten Tag 5 Euro, für zwei Tage 7 Euro, für drei Tage 9 Euro usw. als Lohn erhält. Hans ist viel bescheidener. Er verlangt nur einen Cent für den ersten Tag, 2 Cent für den zweiten Tag, 4 Cent für den dritten Tag, 8 Cent für den vierten Tag usw.
a) Begründen Sie, dass nach dem Vorschlag des Vaters der Lohn sich nach der Funktion $L_1(t) = 3 + 2t$ entwickelt, während nach dem Vorschlag von Hans die Funktion $L_2(t) = 0{,}01 \cdot 2^{t-1}$ den Lohn beschreibt.
b) Hans möchte eine Woche arbeiten, der Vater besteht aber auf zwei Wochen. Kalkulieren Sie den Fall durch.

D. Exponentialfunktionen im realen Leben

Die bisher betrachteten Prozesse sind zwar reale Anwendungen, aber man wird damit doch relativ selten direkt konfrontiert, jedenfalls nicht auf der Ebene des direkten Rechnens. Anders ist das, wenn's ums liebe Geld geht, beispielsweise beim Sparen oder Kreditabzahlen.

> **Beispiel: Auch Geld vermehrt sich exponentiell**
> Peter hat zur Konfirmation 1500 Euro erhalten, sein Zwillingsbruder Johannes hat nur 1000 Euro zur Verfügung. Beide legen das Geld auf einem Festgeldkonto an. Peter hat es eilig. Er findet ein Angebot mit 3% Jahreszins. Johannes sucht intensiver und erhält einen Zinssatz von 5%.
> a) Wie lauten die Gleichungen der Funktionen, die das Kapitalwachstum der beiden Brüder beschreiben?
> b) Fertigen Sie eine Skizze der Graphen an.
> c) Wie groß sind die Verdopplungszeiten?
> d) Kann Johannes Peter einholen oder überholen?

Lösung:
Ein Zuwachs von 3% jährlich bedeutet eine Multiplikation des Anfangskapitals mit dem Faktor a = 1,03, der als *Aufzinsungsfaktor* bezeichnet wird.

Daher wächst Peters Kapital nach der Formel $P(t) = 1500 \cdot 1{,}03^t$ exponentiell an. Für Johannes lautet die Formel analog $J(t) = 1000 \cdot 1{,}05^t$.

Die Verdoppelungszeiten berechnen wir mit der Formel $T_2 = \frac{\log 2}{\log a}$.
Wir erhalten 23,45 Jahre für Peter und 14,21 Jahre für Johannes.

▶ Nach 21,08 Jahren hat Johannes Peter eingeholt.

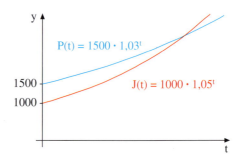

Berechnung der Schnittstelle:
$$P(t) = J(t)$$
$$1500 \cdot 1{,}03^t = 1000 \cdot 1{,}05^t$$
$$\log(1500 \cdot 1{,}03^t) = \log(1000 \cdot 1{,}05^t)$$
$$\log 1500 + t \cdot \log 1{,}03 = \log 1000 + t \cdot \log 1{,}05$$
$$t \cdot (\log 1{,}05 - \log 1{,}03) = \log 1500 - \log 1000$$
$$t \approx 21{,}08$$

Übung 5 Wertverlust
Herr Ackermann hat sich ein neues Auto für 100 000 Euro gekauft. Es verliert jährlich 14% an Wert. Wann ist es nur noch die Hälfte wert? Wie lange dauert es, bis der Wert unter 1000 Euro sinkt?
Herr Westerwald hat ein Auto für 50 000 Euro gekauft. Es hat nur einen Wertverlust von jährlich 9%. Wann sind die Autos gleich viel wert?
Beim Fiskus wird Herr Ackermanns Auto mit einem jährlichen Festbetrag von 10 000 Euro abgeschrieben. Wann sinkt der fiskalische Restwert des Autos unter den realen Restwert?

Übungen

6. Influenza

Die gefürchtete *Influenza* unterscheidet sich vom relativ harmlosen grippalen Infekt durch schlagartigen Beginn mit 40 °C Fieber und schwerem Krankheitsgefühl. Der Influenzaerreger kann sich nämlich in den Atemwegen aufgrund einer raffinierten Strategie explosionsartig verbreiten. Innerhalb von 6 Stunden entwickeln sich aus einem Virus 1500 neue Viren.

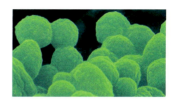

a) Wie lautet das Wachstumsgesetz, wenn die Infektion durch 100 Erreger verursacht wird?
b) Wann übersteigt die Anzahl der Erreger die Millionen- bzw. die Milliardengrenze?
c) Wie groß ist die Verdopplungszeit des Prozesses?

7. Luftdruck

Der Luftdruck nimmt mit steigender Höhe über dem Meeresspiegel exponentiell um etwa 12% pro km ab. In Meereshöhe herrscht ein Luftdruck von ca. 1013 mbar.

a) Geben Sie eine Funktion an, die die Druckabnahme modelliert. Zeichnen Sie den Graphen.
b) Berechnen Sie den Luftdruck auf der Zugspitze (3000 m) und dem Mount Everest (8900 m).
c) Wie viele Meter muss man steigen, bis sich der Luftdruck halbiert hat?
d) Der Mensch kann einen Luftdruck bis hinunter zu 400 mbar aushalten. Bis zu welcher Höhe kann ein Mensch ohne Atemmaske aufsteigen?

8. Alkoholgehalt

Ein Autofahrer fährt in den Graben. Er entfernt sich von der Unfallstelle. Fünf Stunden später wird eine Blutprobe genommen. Der Alkoholgehalt beträgt 0,7 Promille. Eine weitere Stunde später ist er auf 0,6 Promille gefallen. Wie viele Promille hatte der Mann zur Unfallzeit, wenn man exponentielle Abnahme unterstellt? Wie viele Promille wären es bei linearer Abnahme?

9. Helligkeit unter Wasser

Die Helligkeit nimmt mit zunehmender Wassertiefe dramatisch ab, nämlich exponentiell. In 16 Metern Tiefe sind nur noch 15% der Lichtmenge übrig.

a) Geben Sie eine Funktion an, welche den Prozentsatz der Lichtes in Abhängigkeit von der Tauchtiefe beschreibt (Oberfläche: 100%).
b) In welcher Tiefe ist ein Taucher, dessen Belichtungsmesser nur 0,1% des Tageslichtes misst?

10. Koffein im Eistee

Eistee kann Koffeingehalte von bis zu 50 mg pro Glas besitzen. Bei einem Jugendlichen setzt die Wirkung nach einer Stunde ein. Sie nimmt dann mit einer Halbwertszeit von 3 Stunden ab.

a) Wie lautet die Gleichung der Abnahmefunktion K? Skizzieren Sie den Graphen.
b) Die anregende Wirkung bleibt erhalten, solange noch 10 mg Koffein im Körper sind. Wie lange ist das der Fall?
c) Wie lange dauert der anregende Effekt, wenn die Person nach 4 Stunden ein weiteres Glas Eistee zu sich nimmt?

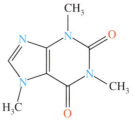

11. Taschengeld

Peter bekommt 10 € Taschengeld im Monat. Seine Eltern sehen ein, dass dieser Betrag für einen Jungen seines Alters nicht ausreicht. Seine Eltern erklären sich damit einverstanden, im kommenden Jahr das Taschengeld jeden Monat um 1,50 € zu erhöhen. Peter schlägt vor, sein Taschengeld jeden Monat um 10 % zu erhöhen.

a) Erfassen Sie für beide Varianten die Taschengeldzahlungen des Jahres tabellarisch.
b) Wie viel Taschengeld steht Peter bei beiden Varianten im gesamten Jahr zur Verfügung?
c) Angenommen, die Vereinbarung soll nicht nur für ein Jahr gelten, sondern bis zur Volljährigkeit von Peter in 2,5 Jahren. Wie viel Taschengeld würde er in beiden Varianten im letzten Monat vor der Volljährigkeit erhalten?

12. Immobilien

Ein 45-jähriger Anleger will 300 000 Euro zur Alterssicherung in einem Haus anlegen. Zwei Angebote kommen in die nähere Auswahl: Ein großes Haus in mittlere Lage, dessen Wert jährlich um 20 000 Euro steigt, sowie ein kleineres Haus in guter Lage, dessen Wert jährlich um 4 % zunimmt. f und g seien die Funktionen, die den Wert der Häuser zur Zeit t beschreiben.

a) Bestimmen Sie die Funktionsgleichungen von f und g. Skizzieren Sie die Graphen von f und g für $0 \leq t \leq 30$ in einem Koordinatensystem.
b) Wie sieht die Bilanz aus, wenn der Anleger mit 65 Jahren in den Ruhestand tritt?
c) Wann sind die Häuser etwa gleich viel wert?
d) Welchen jährlichen Wertzuwachs müsste das große Haus haben, wenn die Bilanz 30 Jahre lang günstiger sein soll als für das kleine Haus?

13. Lineares und exponentielles Wachstum

Eine mit Wasser gefüllte 1200 m² große Kiesgrube wird durch Ausbaggern jede Woche um 200 m² größer. Im folgenden Jahr soll sie als Badesee benutzt werden. Leider hat sich eine aggressive Algenart in der Grube angesiedelt. Die Algen bedecken zu Beginn 10 m², leider verdoppelt sich die von den Algen bedeckte Fläche jede Woche.

a) Welche Ausdehnung hat die Kiesgrube nach 5 bzw. nach 10 Wochen?
b) Wie groß ist die von den Algen bedeckte Fläche nach 5 bzw. nach 10 Wochen? Wann ist der See zur Hälfte bedeckt?
c) Ermitteln Sie angenähert, wann die gesamte Wasserfläche mit Algen bedeckt sein wird.

14. Schlafkur

Ein Kranker soll sich einer Schlafkur unterziehen. Zu Beginn erhält er zwei Tabletten, die zu einer Plasmakonzentration von 10 µg/ml führen. Nach zwei Stunden ist die Konzentration auf 8,5 µg/ml gesunken. Ist die Konzentration auf 5 µg/ml gesunken, so muss eine weitere Tablette genommen werden, um die Konzentration wieder auf den Ausgangswert zu erhöhen.

a) Wie lautet die Gleichung der Funktion, welche die Plasmakonzentration im ersten Einnahmeintervall beschreibt?
b) Welche Halbwertszeit hat das Medikament?
c) Der Patient vergisst nach der Erstdosis die Einnahme der Tablette. Wie tief sinkt die Plasmakonzentration bis zur folgenden Einnahme?

15. Hast Du schon gehört …

An einer Schule mit 1000 Schülern wird pünktlich um 8 Uhr das Gerücht gestreut, dass es eine Woche Ferienverlängerung gibt. Das Gerücht verbreitet sich nach der Formel $N(t) = b - c a^t$, d.h. der Formel für *begrenztes exponentielles Wachstum*.
Hierbei ist $a = 0{,}8$, $c = 995$ und $b = 1000$ (t in Stunden, N(t) in Personen).

a) Zeichnen Sie die Wachstumsfunktion für das Intervall $0 \leq t \leq 9$ (8 Uhr: $t = 0$). Welche Bedeutung haben die Parameter a, b und c?
b) Wie viele Schüler kennen das Gerücht schon um 9 Uhr, um 12 Uhr, um 17 Uhr? Wann kennt die Hälfte der Schüler das Gerücht?
c) Wie viele Personen streuen das Gerücht zu Beginn des Prozesses?
d) Welche Unterschiede bei der Verbreitung des Gerüchtes ergeben sich, wenn der Wert des Parameters a auf $a = 0{,}9$ erhöht wird?

Experimente

Die folgenden Experimente zu exponentiellen Prozessen lassen sich relativ einfach durchführen und haben z.T. auch einen guten Unterhaltungswert.

1. Das Münzexperiment

Experimente zur Radioaktivität können im Physikunterricht durchgeführt werden. Man kann aber auch eine anschauliche Simulation mit Münzen oder kleinen Würfeln durchführen.

Eine radioaktive Substanz soll durch 100 Münzen simuliert werden. Eine Münze entspricht einem Teilchen. Zeigt die Oberseite der Münze Zahl, so gilt das Teilchen als zerfallen. 100 Münzen werden in einen Würfelbecher getan und kräftig geschüttelt. Anschließend werden die Münzen auf einem Tisch ausgeschüttet und die Münzen, die Zahl zeigen und zerfallenen Teilchen entsprechen, aussortiert. Die restlichen Münzen werden gezählt. Dann wird der gesamte Vorgang in einem zweiten Durchgang mit den verbleibenden Münzen wiederholt usw.
Zeitbedarf: ca. 10 Minuten.

a) Tragen Sie die Anzahl der verbleibenden Münzen (mit Kopf) nach jedem Wurf in eine Tabelle ein.
b) Stellen Sie die Tabelle graphisch dar und versuchen Sie, eine Gleichung für die Funktion aufzustellen, die diesen Zerfallsprozess beschreibt.
c) Versuchen Sie, eine Funktionsgleichung für den Fall aufzustellen, wenn das Experiment mit 60 Münzen zu Beginn ausgeführt wird.
d) Erläutern Sie die Bedeutung des Wachstumsfaktors a und des Anfangswertes c innerhalb dieses Experiments.

2. Das Feuerbohnenexperiment

Dieses Experiment funktioniert gut, erfordert aber Geduld, fleißiges Messen und Protokollieren. Es kann am besten zu Hause ausgeführt werden.

Beim Gärtner kann man preiswert Feuerbohnen kaufen. Man legt eine Bohne einen Tag in Wasser, legt sie dann in einem nassen Wattebausch in ein Glas, das man nicht ganz luftdicht abdeckt. Nach ca. 5 Tagen treibt die Bohne aus. Nun pflanzt man sie in einen Topf, wo sie schnell heranwächst. In den Topf steckt man einen dünnen Stab, an dem die Bohne sich hochwinden kann. Man misst jeden Tag ungefähr zur gleichen Tageszeit die Höhe der Bohnenpflanze und protokolliert die Messergebnisse in einer Tabelle. Nach dem Eintopfen wächst die Bohne in einigen Tagen heran.
Zeitbedarf: ca. 14 Tage.
Die mathematische Auswertung der Messergebnisse soll folgende Punkte beinhalten: Messwerttabelle, Graph, Nachweis des exponentiellen Prozesses, Aufstellen der Funktionsgleichung, Prognose für den weiteren Verlauf, Erklärung von Abweichungen.

Experimente

3. Das Superballexperiment

Man lässt einen Superball aus 2 m Höhe senkrecht nach unten fallen. Er prallt auf den Boden und steigt ein erstes Mal nach oben, wobei er eine Sprunghöhe erreicht, die knapp unter 2 m liegt. Er beginnt erneut zu fallen, prallt ein zweites Mal auf und steigt ein zweites Mal nach oben usw. Die Sprunghöhe wird von Mal zu Mal kleiner. Mit einem senkrecht gehaltenen Zollstock lässt sie sich relativ gut abschätzen. Tipp: Das Ablesen geht besonders gut, wenn der Ball nach Erreichen des ersten Gipfels abgefangen wird und für die Bestimmung der zweiten Gipfelhöhe neu fallen gelassen wird aus der Höhe des ersten Gipfels usw. Zeitbedarf ohne Auswertung: ca. 10 Minuten.

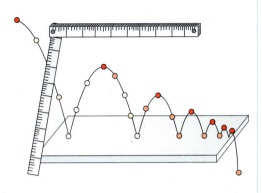

Auswertung:
a) Sammeln Sie die Daten zur Sprunghöhe des Superballs in einer Tabelle, die jeder Sprungnummer die zugehörige Gipfelhöhe zuordnet.
b) Stellen Sie die gesammelten Daten in einem Koordinatensystem graphisch dar.
c) Überprüfen Sie durch Quotientenbildung, ob ein exponentieller Prozess vorliegt.
d) Stellen Sie die Abnahmefunktion auf. Ansatz: $f(x) = c \cdot a^x$
e) Bestimmen Sie die Sprunghöhe nach dem fünften Aufprall rechnerisch.
f) Bei welcher Sprungnummer erreicht der Ball zum ersten Mal eine Gipfelhöhe, die unter 0,3 m liegt?
g) Welche Sprunghöhe erreicht der Ball nach dem 1. Aufprall, wenn die anfängliche Höhe 1,7 m beträgt? Überprüfen Sie Ihr rechnerisches Ergebnis experimentell.

4. Das Bierschaumexperiment

In einen Messzylinder (V = 1000 ml) wird zügig Bier gegossen, sodass sich eine kräftige Schaumsäule bildet. Die Stoppuhr wird sofort in Gang gesetzt, und die absolute Schaumhöhe wird im 30-Sekunden-Takt gemessen, insgesamt über ca. 5 Minuten. Der günstigste Zeittakt hängt von der Biersorte ab. Zeitbedarf ohne Auswertung: ca. 10 Minuten.

Auswertung:
a) Messdaten in einer Tabelle festhalten.
b) Daten graphisch darstellen.
c) Exponentiellen Zerfall durch Quotientenbildung überprüfen.
d) Zerfallsfunktion aufstellen.
e) Halbwertszeit bestimmen.
f) Vergleichsmessung mit einer anderen Biersorte.
g) Wiederholen Sie das gesamte Experiment. Messen Sie diesmal die Höhe der Flüssigkeitssäule unter dem Schaum.

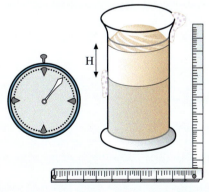

Hinweis: Beide Experimente sind problemlos. Sie können in Gruppenarbeit durchgeführt werden. Beim Superballexperiment kann man mehrere Bälle mit unterschiedlicher Sprungkraft verwenden (Superball, Tennisball, Softball), beim Bierschaumexperiment mehrere Biersorten (z. B. auch Weizenbier).

5. Exkurs: Die Umkehrfunktion zu $f(x) = 10^x$

Bestimmt man mithilfe des rechnerischen Verfahrens die Umkehrfunktion der Exponentialfunktion $f(x) = 10^x$, so erkennt man, dass dies $f^{-1}(x) = \log x$ ist.*
Diese Funktion bezeichnet man als die *Logarithmusfunktion* zur Basis 10. Ihr Funktionssymbol lautet *log x*.

Umkehrfunktion von $f(x) = 10^x$
$f(x) = 10^x$
$y = 10^x$
$x = 10^y$
$\log x = \log 10^y$
$\log x = y$
$f^{-1}(x) = \log x$

Die *Funktionswerte* kann man entweder mithilfe einer Umkehrtabelle zu 10^x oder einfacher mithilfe des Taschenrechners bestimmen, der eine log-Taste besitzt. Sie ist nur für $x > 0$ definiert.

x	0,1	1	2	5	10
log x	−1	0	0,30	0,70	1

Ihren *Graphen* kann man durch Spiegelung des Graphen von 10^x an der Winkelhalbierenden des ersten Quadranten gewinnen.
Er ist streng monoton steigend und beständig rechtsgekrümmt. Er weist keine Symmetrien auf. Bei $x = 1$ hat er eine Nullstelle. Links davon sind die Funktionswerte negativ, rechts davon sind sie positiv. Links schmiegt er sich mit kleiner werdenden x-Werten an die negative y-Achse an. Nach rechts steigt er zunehmend langsamer an.

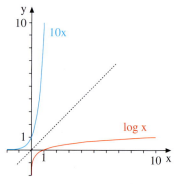

> **Beispiel: Logarithmusfunktion zur Basis 10**
> Betrachtet wird die Funktion $f(x) = \log x$.
> a) Berechnen Sie die Funktionswerte $f(5)$ und $f(1000)$.
> b) An welcher Stelle hat die Funktion f den Wert 5,5?

Lösung zu a:
Der Taschenrechner liefert $f(5) \approx 0{,}70$ und $f(1000) = 3$.

Lösung zu b:
Der Ansatz $\log x = 5{,}5$ führt auf die Lösung
▶ $x \approx 316\,227{,}77$

Rechnung zu b)
$f(x) = 5{,}5$
$\log x = 5{,}5$ 10 hoch anwenden
$10^{\log x} = 10^{5{,}5}$ $f^{-1}(f(x)) = x$ anwenden
$x \approx 316\,227{,}77$

Übung 1
Lösen Sie die Gleichung.
a) $\log x = -2$ b) $\log x = 10$ c) $\log x = 1{,}5$ d) $\log x = 2{,}5$

---

* Beachten Sie, dass $f^{-1}(x)$ auch den Term $\frac{1}{f(x)}$ bezeichnen kann. Die jeweilige Bedeutung lässt sich in der Regel immer aus dem Zusammenhang erkennen.

Übungen

2. Langsames Wachstum von log x

Die Funktion $f(x) = \log x$ wächst unglaublich langsam an. Man kann das durch den folgenden Vergleich gut veranschaulichen. Wir denken uns den Graphen der Funktion auf einem Papierbogen aufgetragen, der die Erde auf der Höhe des Äquators so umspannt, dass dieser die x-Achse bildet (s. Abb.).
Eine Längeneinheit sei 1 cm.

a) Welche Höhe hat der Graph von f nach einer Umrundung der Erde? Der Erdradius beträgt 6370 km.
b) In welcher Höhe verläuft er nach 2 Umrundungen?
c) Welcher Höhengewinn ergibt sich bei der 11. Umrundung?

3. Kurvenuntersuchungen

Beispiel: Der Graph von $f(x) = \log(1 - x)$ ist für $1 - x > 0$ definiert, d.h. für $x < 1$. Er ist streng monoton fallend. Wenn x sich von links der Stelle 1 nähert, streben die Funktionswerte gegen $-\infty$. Der Graph schmiegt sich an die senkrechte Gerade $x = 1$. Er hat eine Nullstelle bei $x = 0$.

Beschreiben und zeichnen Sie den Graph von f nach diesem Muster.

a) $f(x) = \log(x^2)$ b) $f(x) = \log(x + 2)$ c) $f(x) = \log(x^2 - 4)$ d) $f(x) = \log\left(\frac{1}{x}\right)$
e) $f(x) = \log(x) + 1$ f) $f(x) = -\log(2 - x)$ g) $f(x) = 4 + \log(x - 3)$ h) $f(x) = \log(2^x)$

4. Abkühlung von Kaffee

Eine Tasse Kaffee kühlt nach dem Gesetz $T(t) = 21 + 74 \cdot 10^{-0,04\,t}$ ab.
Dabei ist t die Zeit in Minuten und T die Temperatur in °Celsius.
a) Gesucht ist die Umkehrfunktion von T.
b) Skizzieren Sie den Graphen der Umkehrfunktion.
c) Nach welcher Zeit ist der Kaffee auf die ideale Trinktemperatur von 65 °C abgekühlt?

5. Sprunghöhe eines Superballs

Ein Superball fällt aus 2 m Höhe. Seine maximale Sprunghöhe gehorcht dem Gesetz $h(n) = 2 \cdot 0,95^n$ (n: Nummer des Sprungs, h: Sprunghöhe in m). Wie lautet die Umkehrfunktion von h? Nach welcher Zahl von Sprüngen erreicht der Superball nur noch 10 cm Höhe?

Logarithmisch geteiltes Papier

Bei der Beschreibung technischer Vorgänge treten häufig Potenzfunktionen f mit $f(x) = x^r$ mit reellen Exponenten r auf. Logarithmiert man die Potenzgleichung $y = x^r$, so erhält man

$$\log y = r \cdot \log x,$$

d. h., der Logarithmus von y ist das r-Fache des Logarithmus von x. Zwischen den beiden Logarithmen besteht also ein linearer Zusammenhang.

Für die graphische Darstellung gilt:
Trägt man in einem **x-y-Koordinatensystem** den Graphen einer Potenzfunktion ein, so ergibt sich bekanntlich eine **Parabel**. Benutzt man zur Darstellung von Potenzfunktionen dagegen ein Koordinatennetz, das sowohl waagerecht als auch senkrecht logarithmisch geteilt ist – also ein **log x-log y-Koordinatensystem** –, dann muss zwangsläufig eine **Gerade** erscheinen.

Doppeltlogarithmisches Papier (s. Abb.) ist mit einem speziellen Koordinatennetz versehen, welches sowohl waagerecht als auch senkrecht logarithmisch geteilt ist. Die eingetragenen vier Punkte veranschaulichen den Zusammenhang beim freien Fall zu folgender Messwerttabelle:

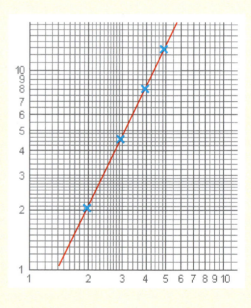

Zeit in Sekunden	2	3	4	5
Fallweg in Meter	20	45	80	125

Neben doppeltlogarithmischem Papier gibt es auch solches, das nur in eine Richtung eine logarithmische Teilung aufweist, bei der also die zweite Richtung eine gewöhnliche Millimeterteilung besitzt (so genanntes *einfachlogarithmisches Papier*).

Logarithmische Papiere kann man sich über das Internet beschaffen.
Unter der im Webcode 202-1 angegebenen Adresse ist das Herunterladen verschiedener logarithmischer Papiere kostenlos.

Aufgabe

Bei welcher Art von Achseneinteilung (nur die y-Achse oder beide Achsen logarithmisch geteilt) ergibt sich eine Gerade? Stellen Sie jeweils den Graphen für ein geeignetes Intervall auf dem entsprechenden logarithmischen Papier dar.

a) $y = \frac{10}{x}$ b) $y = 3 \cdot 2^x$ c) $y = \sqrt{x}$ d) $y = 2^{0,5x}$

e) $y = \left(\frac{3}{2}\right)^{2x}$ f) $y = \sqrt[3]{x^2}$ g) $y = (1,5x)^{0,8}$ h) $y = \left(\frac{5}{4}\right)^{2x+1}$

VIII. Exponentialfunktionen

Überblick

Exponentialfunktion zur Basis a

a und c seien reelle Zahlen, $a > 0$, $a \neq 1$. Dann bezeichnet man die Funktion $f(x) = c \cdot a^x$ als Exponentialfunktion zur Basis a.

Wachstum/Zerfall

$a > 1$: Der Graph von f ist streng monoton wachsend.
$0 < a < 1$: Der Graph von f ist streng monoton fallend.

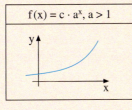
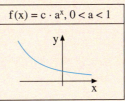

Quotiententest

Man erkennt einen exponentiellen Prozess f an der Konstanz des Quotienten $\frac{f(x+1)}{f(x)}$ (für alle $x \in \mathbb{R}$).

Logarithmus (Exponent)

Der Logarithmus $\log r$ einer Zahl $r > 0$ zur Basis 10 ist derjenige mit dem 10 potenziert werden muss, um die Zahl r darzustellen.

$$x = \log r \Leftrightarrow r = 10^x$$

Logarithmengesetze

a und b seien positive reelle Zahlen. r sei eine beliebige reelle Zahl. Dann gelten die folgenden Gesetze.   Weiterhin gilt:

(1) $\log(a \cdot b) = \log a + \log b$ (4) $\log(10x) = x$

(2) $\log\left(\frac{a}{b}\right) = \log a - \log b$ (5) $10^{\log x} = x$

(3) $\log(a^r) = r \cdot \log a$ (6) $\log 10 = 1$, $\log 1 = 0$

Verdoppelungszeit

Der exponentielle Wachstumsprozess $f(t) = c \cdot a^t$ mit $a > 1$ hat die Verdoppelungszeit $T_2 = \frac{\log 2}{\log a}$.

Halbwertszeit

Der exponentielle Abnahme- bzw. Zerfallsprozess $f(t) = c \cdot a^t$ mit $0 < a < 1$ hat die Halbwertszeit $T_{\frac{1}{2}} = \frac{\log \frac{1}{2}}{\log a}$.

Test

Exponentialfunktionen

1. Wachstumsprozess
Die Tabelle zeigt die Wertentwicklung einer Skulptur.
Die Funktion w(t) gibt den Wert der Skulptur zur Zeit t an.

t (Jahre)	0	1	2	3	4	5
w (Mio. $)	1,200	1,260	1,323	1,389	1,459	1,532

a) Zeigen Sie dass es ein exponentieller Prozess vorliegt. Geben Sie die Gleichung der Exponentialfunktion w an.
b) Wie lautet die Prognose für den Wert der Skulptur nach 10 Jahren?
c) Wann ist die Skulptur sechs Millionen Dollar wert?
d) Wie lange dauert die Verdoppelung des Wertes?
e) Welche Funktionsgleichung w ermittelt der GTR durch exponentielle Regression aus den Tabellenwerten?

2. Exponentialfunktion
Die Funktion $f(x) = c \cdot a^x$ $(a > 0)$ geht durch die Punkte $P(0|4)$ und $Q(2|9)$.
a) Bestimmen Sie c und a.
b) Liegen die Punkte $A(3|13,5)$ bzw. $B(6|40)$ auf dem Graphen von f?

3. Zerfallsprozess
Eine Medikament baut sich im Körper des Menschen nach dem Gesetz $f(t) = 50 \cdot 0,8^t$ ab. Dabei ist t die seit der Zuführung des Medikaments verstrichene Zeit in Stunden und f(t) die Masse des Wirkstoffes in mg.
a) Welche Bedeutung haben die Zahlenwerte 50 und 0,8 in der Funktionsgleichung?
b) Welcher Prozentsatz des Wirkstoffes wird pro Stunde abgebaut?
c) Wann ist der Wirkstoff unter die Minimaldosis von 10 mg gefallen?

4. Lösen von Gleichungen
a) Lösen Sie die Gleichung $2^x = 20$.
b) Begründen Sie, dass die Gleichung $10 \cdot \left(\frac{1}{3}\right)^x = 2x - 1$ genau eine Lösung hat.
c) Ermitteln Sie mithilfe des GTR die Lösungen der Gleichung $3 \cdot 2^x = 3x + 5$

Lösungen: S. 349

IX. Beispielaufgaben zur zentralen Klausur

1. Aufgaben

Aufgabe 1
Gegeben ist die Funktion $f(x) = \frac{1}{9}x^3 - 3x$.

a) Untersuchen Sie den Graphen von f auf Symmetrie (mit Begründung).
b) Wo ist der Graph von f monoton steigend bzw. fallend?
   Welche Bedeutung hat dies für den Verlauf des Graphen von f'?
c) Der Zeichnung kann man entnehmen, dass f den Hochpunkt H(−3|6) und den Tiefpunkt T(3|−6) besitzt.
   Weisen Sie dies rechnerisch nach.
d) Bestimmen Sie die Gleichung der Tangente an f bei x = 0.
e) Bestimmen Sie die Nullstellen von f.
f) Zeigen Sie, dass die beiden äußeren Nullstellentangenten parallel verlaufen.
g) Der Graph von f wird um drei Einheiten nach rechts und um sechs Einheiten nach oben verschoben. Zeigen Sie, dass so die Funktion $f_1(x) = \frac{1}{9}x^3 - x^2 + 12$ entsteht.
   Wo liegen Hoch- und Tiefpunkt von f_1?
   Zeigen Sie, dass x = −3 Nullstelle von f_1 ist. Gibt es weitere Nullstellen?

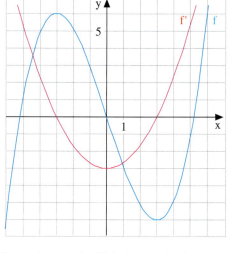

Aufgabe 2
Gegeben ist die Funktion $f(x) = \frac{1}{3}x^3 - 2x^2 + 3x$.

a) Bestimmen Sie anhand des Graphen von f', wo der Graph von f steigt bzw. fällt.
b) Wo fällt der Graph von f am steilsten?
   Wo hat er die Steigung 3?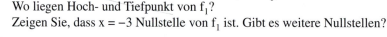
c) Bestimmen Sie die Gleichung der Tangente an f bei x = 2.
   Kontrolle: $g(x) = -x + \frac{8}{3}$
d) Begründen Sie, dass die Gerade h durch Hoch- und Tiefpunkt von f keine Tangente an f sein kann.
   Bestimmen Sie deren Gleichung.
   Kontrolle: $h(x) = -\frac{2}{3}x + 2$
e) Wo und unter welchem Winkel schneiden sich die Geraden g und h?
f) Durch $f_a(x) = ax \cdot (x-3)^2$ ist eine Kurvenschar gegeben.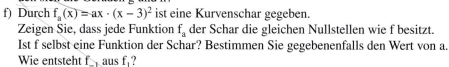
   Zeigen Sie, dass jede Funktion f_a der Schar die gleichen Nullstellen wie f besitzt.
   Ist f selbst eine Funktion der Schar? Bestimmen Sie gegebenenfalls den Wert von a.
   Wie entsteht f_{-1} aus f_1?
   Bestimmen Sie Hoch- und Tiefpunkt von f_a.
   Für welchen Wert von a beträgt der Abstand von Hoch- und Tiefpunkt 6 Einheiten?

Aufgabe 3
Gegeben ist die Funktion $f(x) = x^3 - 3x^2 + 4$.
a) Bestimmen Sie mithilfe des Graphen von f', wo der Graph von f steigt bzw. fällt.
Wo hat f die Steigung 9?
b) Der Zeichnung kann man entnehmen, dass f den Hochpunkt $H(0|4)$ und den Tiefpunkt $T(2|0)$ besitzt.
Bestätigen Sie dies rechnerisch.
c) Wo schneidet die Gerade g durch H und T den Graphen von f?
Kontrolle: $g(x) = -2x + 4$
Unter welchem Winkel schneiden sich f und g?
d) Welche achsenparallele Verschiebungen überführen den Graphen von f in einen zum Ursprung symmetrischen Graphen? (Kontrolle: $f_1(x) = x^3 - 3x$)
Gibt es Stellen, an denen die Graphen von f und f_1 gleiche Steigung besitzen?
Wo hat f_1 und wo hat daher f nochmals diese Steigung?

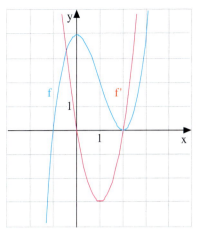

Aufgabe 4
Gegeben ist die Funktion $f(x) = x^4 - 2x^2$
a) Untersuchen Sie f auf Symmetrie.
b) Begründen Sie das monotone Steigen bzw. Fallen von f anhand des Graphen von f'.
c) Bestimmen Sie die Extrema von f rechnerisch.
d) Wo zwischen den Tiefpunkten steigt der Graph von f am steilsten bzw. wo fällt er am steilsten. Wie steil ist er jeweils?
e) Für welche x-Werte gilt $f(x) > 10000$?
f) $f_a(x) = x^4 - 2x^2 + a$ beschreibt eine Funktionenschar.
Ist f eine Funktion der Schar? Geben Sie den Wert von a an.
Welche Funktion der Schar hat die Nullstellen $x = -2$ und $x = 2$?
Welche Funktionen der Schar haben keine Nullstellen?
g) Der Graph von f wird so verschoben, dass der linke Tiefpunkt im Ursprung liegt.
Welche Verschiebungen von f längs der Achsen bewirken dies?
Wie lautet der neue Funktionsterm?
Kontrolle: $f_1(x) = x^4 - 4x^3 + 4x^2$
Wo und unter welchem Winkel schneiden sich f und f_1?

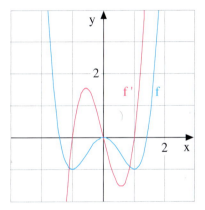

Aufgabe 5

Gegeben ist die Funktion $f(x) = 3x^4 - 4x^3$.

a) Untersuchen Sie f auf Symmetrie.
b) In welchem Bereich fällt der Graph von f, wo steigt er? Begründen Sie dies anhand des Graphen von f'.
c) Bestimmen Sie die Nullstellen von f.
d) Begründen Sie rechnerisch:
   f hat den Sattelpunkt $S(0|0)$ und den Tiefpunkt $T(1|-1)$.
e) Wo zwischen S und T fällt der Graph von f am steilsten?
   Welche Steigung besitzt er dort?
   Welche mittlere Steigung hat f zwischen S und T?

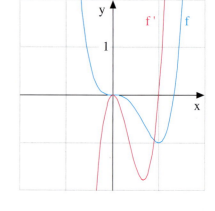

f) Der Graph von f wird an der y-Achse gespiegelt zu f_1.
   I. Wie lautet der Funktionsterm von f_1?
   II. Die Teilgraphen von f für $-1 \leq x \leq 0$ und von f_1 für $0 \leq x \leq 1$ bilden zusammen einen parabelartigen Graphen. Approximieren Sie ihn durch eine Parabel $g(x) = ax^4$, die mit den Funktionen für $x = -1, 0, 1$ übereinstimmt.
   III. Wo für $-1 < x < 0$ unterscheiden sich die Funktionsterme von f und g am meisten?
   Für die Differenzfunktion gilt $d(x) = f(x) - g(x) = -4x^4 - 4x^3$.

[GTR] Aufgabe 6

Gegeben ist die Funktion $f(x) = \frac{1}{5}(x^3 - 3x^2 - 9x + 2)$.

a) Bestimmen Sie die Ableitungsfunktion f'.
b) Zeichnen Sie die Graphen von f und f'.
c) Bestimmen Sie die Nullstellen von f mithilfe des GTR.
d) Bestimmen Sie die Nullstellen von f'. Erläutern Sie, in welchen Bereichen die Funktion f steigt bzw. fällt.
e) Ermitteln Sie den Hoch- und den Tiefpunkt des Graphen von f.
f) Bestimmen Sie die absoluten Extrema (also absolutes Maximum und absolutes Minimum) von f über $[-3; 5]$.
g) Welche Steigung hat f im Punkt $A(-2|0)$?
   An welcher Stelle fällt der Graph von f am stärksten?
h) Der Graph von f wird um 2 Einheiten nach rechts verschoben. Wie lautet der neue Funktionsterm?
i) Wie lautet die Gleichung der Tangente g an den Graphen von f im Schnittpunkt mit der y-Achse? In welchem anderen Graphenpunkt P ist die Tangente an den Graphen von f parallel zur Tangente g?

Aufgabe 7

Ein Betrieb stellt Kinderroller her.
Die dabei anfallenden Kosten können durch
die Funktion
$$K(x) = 0{,}01\,x^3 - x^2 + 40\,x + 600$$
beschrieben werden. Hierbei steht x für die
Anzahl produzierter Roller pro Woche.
Als Verkaufspreis sind 47 Euro pro Roller
vorgesehen.

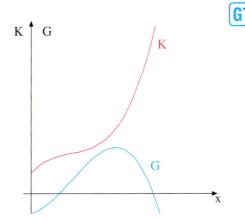

a) Zeigen Sie, dass $G(x) = -0{,}01\,x^3 + x^2 + 7\,x - 600$ den Gewinn bei x verkauften Rollern beschreibt.
b) Zeichnen Sie den Graphen von G für $0 \leq x \leq 120$.
c) Bei welcher Stückzahl verkaufter Roller ergibt sich ein positiver Gewinn?
d) Bei welcher Stückzahl verkaufter Roller ist der Gewinn maximal (Kontrolle. x = 70)?
   Wie groß ist er dann?
e) Für welche Stückzahlen beträgt der Gewinn mindestens 1000 Euro?
f) Zeichnen Sie den Graphen der Kostenfunktion für $0 \leq x \leq 120$.
g) Wie stark steigt K bei 10, 30 bzw. 60 hergestellten Rollern?
   Erläutern Sie Ihre Ergebnisse am Graphen von K.
h) Welche Steigung hat K bei 70 hergestellten Rollern?
   Was bedeutet das für den Gewinn bei weiter steigender Verkaufszahl?
i) Bei welcher Herstellungszahl steigen die Kosten am geringsten?

Aufgabe 8

Eine Urne enthält 3 grüne und 7 rote Kugeln.

a) Es werden 2 Kugeln ohne Zurücklegen gezogen. Bestimmen Sie die Wahrscheinlichkeiten der folgenden Ereignisse mithilfe eines Baumdiagramms.
A: Beide Kugeln sind grün,
B: Von jeder Farbe wird eine Kugel gezogen.

b) Es werden alle 10 Kugeln ohne Zurücklegen gezogen. Wie wahrscheinlich ist es, dass die drei grünen Kugeln zuerst gezogen werden?

c) Nun werden 3 Kugeln mit Zurücklegen gezogen. Berechnen Sie die Wahrscheinlichkeiten der Ereignisse:
C: Alle Kugeln sind rot.
D: Kugeln beider Farben werden gezogen.

d) Für das folgende Glücksspiel verlangt der Veranstalter 2 Euro Einsatz.
Aus der Urne wird eine Kugel gezogen. Ist sie grün, erhält der Spieler 6 Euro ausgezahlt.
Ermitteln Sie die Verteilung und den Erwartungswert für den Gewinn/Verlust des Spielers.

e) Erhöhen sich bei der folgenden Spielvariante die Chancen des Spielers?
Es werden 2 Kugeln ohne Zurücklegen gezogen. Sind beide Kugeln grün, so erhält der Spieler 20 Euro ausgezahlt. Der Einsatz bleibt unverändert.

f) Wie hoch muss der Auszahlungsbetrag in e) sein, damit der Erwartungswert für Gewinn/Verlust des Spielers bei dieser Spielvariante genau so hoch ist wie für den Spieler aus d)?

Aufgabe 9

bedingte Wahrscheinlichkeit

In einem Kölner Hotel ergibt eine Befragung der Gäste, dass 40% aus beruflichen Gründen (Ereinis B) übernachten, die anderen Gäste geben private Reisegründe an.
70% der Hotelgäste bleiben länger als eine Nacht (Ereignis L).
45% der Hotelgäste reisen aus privaten Gründen und bleiben länger als eine Nacht.

a) Erstellen Sie auf der Grundlage von 100 Hotelgästen eine Vierfeldertafel mit den Merkmalen B: Reisegrund beruflich und L: Gast bleibt länger als eine Nacht.

b) Herr Schmidt hat private Gründe für die Reise. Mit welcher Wahrscheinlichkeit bleibt er länger als 1 Nacht?
Direktor Paulsen reist beruflich. Mit welcher Wahrscheinlichkeit bleibt er nur 1 Nacht?
Herr Müller bleibt nur eine nacht. Mit welcher Wahrscheinlichkeit ist er beruflich aus Reise?

c) 3 neue Gäste kommen nacheinander im Hotel an. Wie wahrscheinlich ist es, dass
A: der 1. und der 3. Gast privat reisen?
B: genau 2 der 3 Gäste privat reisen?

d) 10 Gäste treffen neu ein, 6 von ihnen bleiben länger als eine Nacht. 3 dieser neuen Gäste werden zufällig ausgewählt und bekommen als Willkommensgruß eine Flasche Mineralwasser gratis. Wie wahrscheinlich ist es, dass mindestens 2 dieser Gäste länger als eine Nacht bleiben?

2. Lösungen

Lösung zur Aufgabe 1

a) f ist symmetrisch zum Ursprung, denn es treten nur gerade Exponenten auf.
bzw. $f(-x) = \frac{1}{9}(-x)^3 - 3(-x) = -\frac{1}{9}x^3 + 3x = -f(x)$

b) f ist streng monoton steigend für $x < -3$, also ist dort $f' > 0$.
f ist streng monoton fallend für $-3 < x < 3$, also ist dort $f' < 0$.
f ist streng monoton steigend für $x > 3$, also ist dort $f' > 0$.

c) $f'(x) = \frac{1}{3}x^2 - 3$, $f'(x) = 0$, $x = \pm 3$ (waagerechte Tangente)
Hochpunkt $H(-3|6)$, Tiefpunkt $T(3|-6)$

d) Tangente: $y = mx + n$, $m = f'(0) = -3$, $n = 0$
Resultat: $y = -3x$

e) $f(x) = 0$: $\frac{1}{9}x(x^2 - 27) = 0$, $x = 0$, $x = \pm\sqrt{27} \approx \pm 5{,}20$

f) $f'(-\sqrt{27}) = 6 = f'(\sqrt{27})$, also parallel

g) $f_1(x) = \frac{1}{9}(x-3)^3 - 3(x-3) + 6 = \frac{1}{9}x^3 - x^2 + 12$
$H(0|12)$, $T(6|0)$
$f_1(-3) = 0$, weitere Nullstelle: $x = 6$ (doppelte), keine weiteren

Lösung zur Aufgabe 2

a) $f' > 0$ für $x < 1$, dort steigt f
$f' < 0$ für $1 < x < 3$, dort fällt f
$f' > 0$ für $x > 3$, dort steigt f

b) f fällt am steilsten, wo f' den kleinsten Wert annimmt, also bei $x = 2$.
f hat die Steigung $3 = f'(x)$, $f'(x) = x^2 - 4x + 3 = 3$ gilt für $x = 0$ und $x = 4$

c) Ansatz: $g(x) = mx + n$, $m = f'(2) = -1$, $f(2) = \frac{8}{3} - 8 + 6 = \frac{2}{3}$, $\frac{2}{3} = -2 + n$, $n = \frac{8}{3}$
Resultat: $g(x) = -x + \frac{8}{3}$

d) Die Gerade durch $H\left(1\left|\frac{4}{3}\right.\right)$ und $T(3|0)$ ist $h(x) = mx + n$ mit $m = -\frac{2}{3}$, $n = 2$
Resultat: $h(x) = -\frac{2}{3}x + 2$ schneidet f in $S\left(2\left|\frac{2}{3}\right.\right)$. f hat dort die Steigung $m = -1$
Also kann h keine Tangente von f sein.

e) g und h schneiden sich in $S\left(2\left|\frac{2}{3}\right.\right)$
Schnittwinkel: $g'(2) = -1$, $\alpha = 135°$, $h'(2) = -\frac{2}{3}$, $\beta = 146{,}3 \Rightarrow \gamma \approx 11{,}3°$

f) Die Nullstellen der Schar sind $x = 0$ und $x = 3$, $f(0) = 0$, $f(3) = 0$
$f_{\frac{1}{3}}(x) = \frac{1}{3}x(x-3)^2 = \frac{1}{3}x^3 - 2x^2 + 3x = f(x)$, $a = \frac{1}{3}$
f_{-1} entsteht aus f_1 durch Spiegelung an der x-Achse.
$f_a(x) = ax^3 - 6ax^2 + 9ax$, $f_a'(x) = 3ax^2 - 12ax + 9a$, $f_a'(x) = 0$, $x = 1$, $x = 3$
$H(1|4a)$, $T(3|0)$
Abstand $d = \sqrt{4 + 16a^2} = 6$, $a = \pm\sqrt{2}$

Lösung zur Aufgabe 3

a) Für $x < 0$ gilt $f' > 0$, dort steigt f.
   Für $0 < x < 2$ gilt $f' < 0$, dort fällt f.
   Für $x > 2$ gilt $f' > 0$, dort steigt f.
   $f'(x) = 3x^2 - 6x = 9$ gilt für $x = -1$ und $x = 3$.
b) $f'(x) = 0$ gilt für $x = 0$ und $x = 2$.
   Hochpunkt $H(0|4)$, Tiefpunkt $T(2|0)$
c) $g(x) = mx + n$, $m = -2$, $n = 4$, Resultat: $g(x) = -2x + 4$
   Schnittpunkt mit f: $S(1|2)$
   Schnittwinkel: $g'(1) = -2$, $\alpha \approx 116{,}6°$, $f'(1) = -3$; $\beta \approx 108{,}4°$, $\gamma \approx 8{,}2°$
d) Verschiebung um -1 in x-Richtung und um -2 in y-Richtung:
   $f_1(x) = (x+1)^3 - 3(x+1)^2 + 4 - 2 = x^3 - 3x$
   $f_1'(x) = f'(x)$: $3x^2 - 6x = 3x^2 - 3$, $x = 0{,}5$
   Bei $x = 0{,}5$ haben f_1 und f die Steigung $-2{,}25$.

Lösung zur Aufgabe 4

a) Nur gerade Exponenten, also Symmetrie zum Ursprung.
   bzw. $f(-x) = (-x)^4 - 2(-x)^2 = x^4 - 2x^2 = f(x)$
b) Für $x < -1$ gilt $f' < 0$, also fällt f dort.
   Für $-1 < x < 0$ gilt $f' > 0$, also steigt f dort.
   Für $0 < x < 1$ gilt $f' < 0$, also fällt f dort.
   Für $x > 1$ gilt $f' > 0$, also steigt f dort.
c) $f'(x) = 4x^3 - 4x$, $f'(x) = 0$ gilt für $x = 0$ und $x = \pm 1$
   Tiefpunkte: $T_1(-1|-1)$, $T_2(1|-1)$; Hochpunkt $H(0|0)$
d) f steigt am steilsten dort, wo f' den größten Wert hat, also ein Extremum besitzt
   $f''(x) = 12x^2 - 4 = 0$ gilt für $x = \pm\sqrt{\frac{1}{3}} = \pm 0{,}58$
   Die Steigung beträgt dort $f'\left(-\sqrt{\frac{1}{3}}\right) \approx 1{,}54$, $f'\left(\sqrt{\frac{1}{3}}\right) \approx -1{,}54$
e) $x^4 - 2x^2 - 10000 = 0$, $x^2 = 1 \pm \sqrt{10001} \approx 101 \, (-99)$, $x \approx \pm 10$
f) $f(x) = f_0(x)$, $a = 0$
   Nullstellen $x = -2$ und $x = 2$: $x^4 - 2x^2 + a = 0$, $x^2 = 1 \pm \sqrt{1-a}$, $a = -8$
   keine Nullstellen: $x^4 - 2x^2 + a = 0$, $x^2 = 1 \pm \sqrt{1-a} = 4$, $1 - a < 0$, $a > 1$
g) Verschiebung um 1 in x-Richtung
   Verschiebung um 1 in y-Richtung
   $f_1(x) = (x-1)^4 - 2(x-1)^2 + 1 = x^4 - 4x^3 + 4x^2$
   Schnitt bei $x = 0$ und $x = 1{,}5$
   Schnittwinkel: $f'(1{,}5) = -7{,}5$, $\alpha \approx 82{,}4°$, $f_1'(1{,}5) = -1{,}5$; $\beta \approx 123{,}7°$, $\gamma \approx 41{,}3°$

Lösung zur Aufgabe 5

a) Es gibt gerade und ungerade Exponenten, also keine Symmetrie.

b) Für $x < 1$ gilt $f' \leq 0$, dort fällt der Graph von f.
   Für $x > 1$ gilt $f' > 0$, dort steigt der Graph von f.

c) $f = 0$: $3x^4 - 4x^3 = 0$, $x = 0$, $x = \frac{4}{3}$

d) Sattelpunkt $S(0|0)$: $f'(x) = 12x^3 - 12x^2 = 0$ für $x = 0$ also waagerechte Tangente
   $f'(x) < 0$ links und rechts von $x = 0$, also fällt f vor und nach $x = 0$, Sattelpunkt
   Tiefpunkt $T(1|-1)$: $f'(1) = 0$, also waagerechte Tangente
   $f'(x) < 0$ vor $x = 1$ und $f'(x) > 0$ nach $x = 1$, also fällt f vor $x = 1$ und steigt danach, Tiefpunkt

e) f fällt am steilsten dort, wo f' den kleinsten Wert annimmt (Tiefpunkt)
   $f''(x) = 36x^2 - 24x = 0$, $x = \frac{2}{3}$, $f'\left(\frac{2}{3}\right) \approx -1{,}78$
   mittlere Steigung: $m = 1$

f) I. $f_1(x) = 3(-x)^4 - 4(-x)^3 = 3x^4 + 4x^3$
   II. $g(-1) = 7$, $a = 7$, $g(x) = 7x^4$
   III. $d'(x) = -16x^3 - 12x^2 = 0$, $x = 0$ und $x = -\frac{3}{4}$
   Der größte Unterschied liegt bei $x = -0{,}75$.

Lösung zur Aufgabe 6

a) $f'(x) = \frac{1}{5}(3x^2 - 6x - 9)$

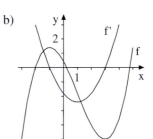

c) $x = -2$, $x \approx 0{,}21$, $x \approx 4{,}79$

d) Nullstellen von f':
   $x^2 - 2x - 3 = 0$, $x = 1 \pm 2$, $x = -1$, $x = 3$
   Für $x < -1$ ist $f' > 0$, dort steigt f.
   Für $-1 < x < 3$ ist $f' < 0$, dort fällt f.
   Für $x > 3$ ist $f' > 0$ dort steigt f.

e) Hochpunkt $H(-1|1{,}4)$, Tiefpunkt $T(3|-5)$

f) Es gilt: $f(-3) = -5$, $f(5) = 1{,}4$. Damit nimmt die Funktion auf dem Intervall $[-3; 5]$ im linken Randpunkt ihr Minimun -5 und im rechten Randpunkt ihr Maximum $1{,}4$ an, denn diese Werte werden auch in T bzw. H angenommen.

g) Steigung im Punkt A: $f'(-2) = 3$
   f fällt am stärksten dort, wo f' am tiefsten ist (Tiefpunkt)
   $f''(x) = \frac{1}{5}(6x - 6) = 0$, $x = 1$ Bei $x = 1$ fällt f am stärksten.

h) $f_1(x) = \frac{1}{5}((x-2)^3 - 3(x-2)^2 - 9(x-2) + 2) = \frac{1}{5}(x^3 - 9x^2 + 15x)$

i) Schnittpunkt mit der y-Achse: $Y(0|0{,}4)$
   Ansatz für die Tangente: $g(x) = mx + n$ mit $m = f'(0) = -1{,}8$ und $n = f(0) = 0{,}4$
   Resultat: $g(x) = -1{,}8x + 0{,}4$
   anderer Graphenpunkt: $f'(x) = \frac{1}{5}(3x^2 - 6x - 9) = -\frac{9}{5}$, $3x(x-2) = 0$
   gilt neben $x = 0$ noch für $x = 2$
   Bei $x = 2$ verläuft die Tangente an f parallel zur Tangente bei $x = 0$.

Lösung zur Aufgabe 7

a) $G(x) = 47x - K(x) = 47x - 0{,}01x^3 + x^2 - 40x - 600 = -0{,}01x^3 + x^2 + 7x - 600$

b) s. Aufgabenblatt

c) $K(x) > 0$ gilt für $23{,}84 < x < 101{,}05$

d) $G'(x) = -0{,}03\,x^2 + 2x + 7 = 0$, $\quad x^2 - \frac{200}{3}x - \frac{700}{3} = 0$, $\quad x = \frac{100}{3} + \sqrt{\frac{10000}{9} + \frac{2100}{3}} = \begin{cases} 70 \\ -\frac{10}{3} \end{cases}$

Bei 70 verkauften Rollern ist der Gewinn mit $G(70) = 1360$ Euro maximal.

e) $G(x) > 1000$ gilt für $-0{,}01\,x^3 + x^2 + 7x - 1600 > 0$, also für $50 < x < 86{,}85$

f) s.o.

g) $K'(x) = 0{,}03\,x^2 - 2x + 40$, $\quad K'(10) = 23$, $\quad K'(30) = 7$, $\quad K'(60) = 28$

Der Graph von K hat bei $x = 0$ zunächst eine starke Steigung, die mit zunehmendem x abnimmt. Etwa bei $x = 30$ ist die Steigung von K am flachsten, danach steigt sie wieder an.

h) $K'(70) = 47$

Bei $x = 70$ ist die Steigung so groß wie die Einnahme pro verkauften Roller.

Da die Steigung danach weiter ansteigt, steigen auch die Kosten und der Gewinn fällt.

i) Die Kosten steigen am geringsten dort, wo K' ein Minimum hat.

$K''(x) = 0{,}06\,x - 2 = 0$ gilt für $x \approx 33{,}33$ d.h. für $x = 33$ steigen die Kosten am geringsten.

Dort gilt $K'(33) = 6{,}67$.

Lösung zur Aufgabe 8

a) $P(A) = \frac{3}{10} \cdot \frac{2}{9} = \frac{1}{15}$, $\quad P(B) = \frac{3}{10} \cdot \frac{7}{9} + \frac{7}{10} \cdot \frac{3}{9} = \frac{7}{15}$

b) $P(3\,g) = \frac{3}{10} \cdot \frac{2}{9} \cdot \frac{1}{8} = \frac{1}{120}$

c) $P(C) = \left(\frac{7}{10}\right)^3 = \frac{343}{1000} = 0{,}343$

$P(D) = P(rrg) + P(rgr) + P(grr) + P(ggr) + P(grg) + P(rgg)$

$\quad = 3 \cdot \left(\frac{7}{10}\right)^2 \cdot \frac{3}{10} + 3 \cdot \left(\frac{3}{10}\right)^2 \cdot \frac{7}{10} = 0{,}63$

d) $P(g) = \frac{3}{10}$, $\quad P(\overline{g}) = \frac{7}{10}$, $\quad E = \frac{3}{10} \cdot 4 - \frac{7}{10} \cdot 2 = -\frac{1}{5} = -0{,}2$

e) $P(ww) = \frac{6}{90} = \frac{1}{15}$, $\quad E = \frac{1}{15} \cdot 18 - \frac{14}{15} \cdot 2 = -\frac{10}{15} \approx -0{,}67$

f) $E = \frac{1}{15} \cdot (a - 2) - \frac{14}{15} \cdot 2 = -\frac{1}{5}$, $\quad a - 2 = 25$, $a = 27$

Bei einer Auszahlung von 17,78 Euro beträgt der Erwartungswert $-0{,}20$ Euro.

Lösung zur Aufgabe 9

a)

	B	$\overline{B}$	
L	25	45	70
$\overline{L}$	15	15	30
	40	60	100

b) Herr Schmidt: $P_{\overline{B}}(L) = \frac{45}{60} = \frac{3}{4}$

Herr Paulsen: $P_B(\overline{L}) = \frac{15}{40} = \frac{3}{8}$

Herr Müller: $P_{\overline{L}}(B) = \frac{15}{30} = \frac{1}{2}$

c) $P(A) = 0{,}6 \cdot 0{,}4 \cdot 0{,}6 = 0{,}144$, $\quad P(B) = 3 \cdot 0{,}6^2 \cdot 0{,}4 = 0{,}432$

d) $P(\text{mind d.2}) = P(2) + P(3) = \dfrac{\binom{6}{2}\binom{4}{1}}{\binom{10}{3}} + \dfrac{\binom{6}{3}}{\binom{10}{3}} = 0{,}5 + 0{,}167 = 0{,}667$

X. GTR-Anwendungen

1. Beispiele für den TI-nspire CX

Graphische Darstellung von Funktionen

Die wichtigste GTR-Anwendung besteht in der *Darstellung von Funktionsgraphen*.

> **Beispiel: Untersuchung von Funktionsgraphen**
> Gegeben sind die Funktionen $f(x) = x^2 - 2x - 1$ und $g(x) = \frac{x}{2} + 1$.
> Stellen Sie die Graphen von f und g mit dem GTR dar. Ermitteln Sie Näherungswerte für die Koordinaten der Schnittpunkte der beiden Graphen sowie für die Nullstellen von f und g. Welche Koordinaten hat der Scheitelpunkt des Graphen von f näherungsweise?

Lösung:
Nach dem Einschalten des Rechners erscheint der **Hauptbildschirm** (s. nebenstehendes Bild). Man kann nun unter Scratchpad $\boxed{B}$ direkt die Graph-Funktion aufrufen oder unter Dokumente $\boxed{1}$ den Menüpunkt 2: Graphs hinzufügen wählen oder direkt das Graphs-Symbol unten auswählen.

Es erscheint ein Koordinatensystem und die Aufforderung zur Eingabe des Funktionsterms f1(x). Hier wird zunächst der Term von f eingegeben, also $x^2 - 2 \cdot x - 1$. Nach Betätigung der Taste $\boxed{\text{enter}}$ erscheint die zugehörige Parabel.
Mit $\boxed{\text{ctrl}}$ $\boxed{\text{G}}$ kann man die Eingabezeile erneut aufrufen und weitere Funktionen f2(x), f3(x), ... eingeben. Mit den Cursortasten ▲ und ▼ wechselt man zwischen den Eingabezeilen.

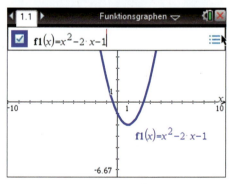

Nach nochmaligem Einblenden der Eingabezeile wird unter f2(x) der Term x/2 + 1 der linearen Funktion g übergeben.

Im Koordinatensystem ergibt sich das nebenstehende Bild.

Wird ein anderer Ausschnitt gewünscht, so kann mit der Taste $\boxed{\text{menu}}$ und der Auswahl 4: Fenster die Darstellung geändert werden.

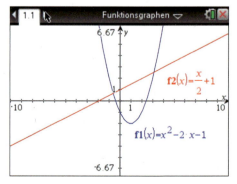

Mit der Auswahl 5: Spur wird die Trace-Funktion gestartet. Auf einem der Graphen erscheint ein Cursor, der mit ◄ und ► auf dem Graphen bewegt werden kann.
Mit ▲ und ▼ wechselt man zwischen den Graphen f1 und f2. Im unteren Teil des Bildschirms werden die Koordinaten des entsprechenden Punktes ausgegeben. Damit kann man näherungsweise die Schnittpunkte, die Nullstellen sowie den Scheitelpunkt der Parabel bestimmen.

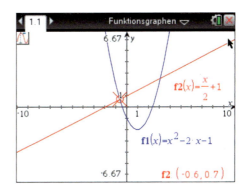

Lösen von Gleichungen

Bei der Untersuchung von Problemen, die kompliziertere Potenzterme, exponentielle oder trigonometrische Terme beinhalten, sind häufig Gleichungen zu lösen, für die keine exakten Verfahren bekannt sind. GTR ermöglichen die näherungsweise *Lösung von Gleichungen*.

> **Beispiel: Lösung von Gleichungen mit einer Variablen**
> Bestimmen Sie Näherungslösungen der Gleichung $2^x = x + 2$ mit dem GTR.

Lösung:
Aus dem Hauptmenü wird Applikation Calculator gewählt und dort der Befehl nSolve($2^x = x + 2$,x) eingegeben. Beim nSolve-Befehl wird also zunächst die zu lösende Gleichung eingetragen und nach dem Komma die Lösungsvariable x.
Das Näherungsverfahren liefert die Lösung x = −1,69009.
Man kann nach weiteren Lösungen suchen lassen, indem man dem nSolve-Befehl Bedingungen für x anfügt.

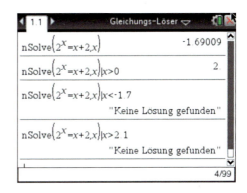

Im Folgenden soll noch eine graphische Lösung mit der Applikation Graphs gefunden werden. Dabei werden die beiden Seiten der Gleichung als Funktionsterme von f1 und f2 eingegeben und die Graphen gezeichnet.

Nun betätigt man die Taste menu und wählt 6: Graph analysieren und darunter 4: Schnittpunkt.
Das nebenstehende Bild zeigt für x die Näherungslösung −1,69 sowie die offensichtlich exakte Lösung 2. Außerdem kann man als y-Koordinate den jeweilig übereinstimmenden Wert 0,31 bzw. 4 der linken und rechten Seiten der Gleichung ablesen.

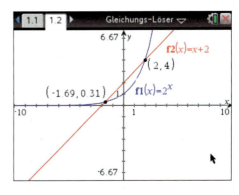

Wertetabellen von Funktionen

Eine Funktion kann durch ihre Zuordnungsvorschrift, ihren Graphen und durch *Wertetabellen* beschrieben werden.

▶ **Beispiel: Wertetabelle einer Funktion**
Gegeben sind die Funktionen $f(x) = x^2 - 2x - 1$ und $g(x) = \frac{x}{2} + 1$.
Erstellen Sie Wertetabellen von f und g für $x = -6; -5; -4; \ldots ; 5; 6$.

Lösung:
Wurden mit dem Rechner Graphen von Funktionen dargestellt, so kann man mit [ctrl] [T] aus dem linken Bild unmittelbar die Wertetabelle(n) erzeugen (rechtes Bild). Der Bildschirm wird dabei geteilt. Mit [ctrl] [T] ergibt sich wieder das linke Bild.

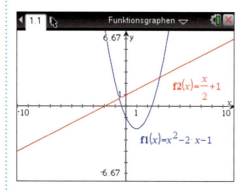 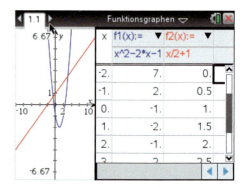

Eine zweite Möglichkeit ist durch die Applikation Lists & Spreadsheet gegeben. Der Aufruf erfolgt wie beim ersten Beispiel aus dem Hauptmenü (s. linkes Bild). Man erhält eine Tabelle mit ähnlichen Eigenschaften und Rechenmöglichkeiten, wie man sie von Computer-Tabellenkalkulationen her kennt.

Im Tabellenkopf kann man zunächst Namen für die einzelnen Spalten eintragen.
In die Zelle A1 wurde zunächst −6 eingetragen und in A2 die „Formel" = a1 + 1. Diese Zelle wird nun in die darunterliegenden Zellen in üblicher Weise kopiert.
In die Zelle B1 kommt die Formel $= a1^2 - 2 \cdot a1 - 1$, in die Zelle C1 kommt $= a1/2 + 1$. Beide Zellen werden jeweils in die darunterliegenden kopiert, womit die Tabelle fertig ist.

Variieren von Parametern von Funktionstermen

Enthält ein Funktionsterm außer der Variablen x eine weitere Variable a, so kann der Einfluss dieses sog. *Parameters* a auf den Funktionsgraphen untersucht werden.

▶ **Beispiel: Funktion mit Parameter**
Gegeben ist die Funktionenschar $f_a(x) = x^3 + 2ax^2$, $x \in \mathbb{R}$, mit dem reellen Parameter a. Zeichnen Sie den Graphen von f_a für verschiedene Werte von a.

Lösung:
Wir verwenden eine Notes-Seite, um in Math-Boxen zunächst den Parameter a, dann die Funktion fa(x) zu definieren. In weiteren Math-Boxen kann man dann den Funktionsterm für verschiedene x-Werte berechnen lassen.

Nach Aufruf des Hauptmenüs wählt man nun die Applikation Graphs und definiert die Funktion f1 durch f1(x) = fa(x), wonach der Funktionsgraph für den auf der Notes-Seite festgelegt Parameterwert gezeichnet wird.

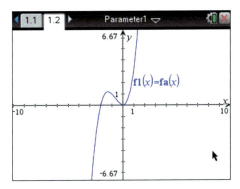

Möchte man den Parameterwert ändern, so erledigt man dies auf der Notes-Seite und wechselt anschließend wieder zur Graphs-Seite.

Eine elegante Lösung ermöglicht die Verwendung eines Schiebereglers, wobei man ausschließlich die Applikation Graphs mit $f1(x) = x^3 + 2 \cdot a \cdot x^2$ verwendet und über Menü, 1: Aktionen, B: Schieberegler einfügen den Regler aufruft. Dabei ist v1 durch a zu ersetzen, wonach der Graph erscheint. Mit ctrl menu kann man die Schiebereinstellungen anpassen und schließlich Graphen für verschiedene Wer-
▶ te von a betrachten.

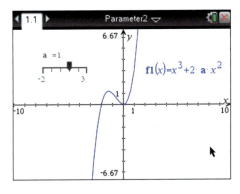

Funktion von Differenzenquotienten (mittleren Änderungsraten)

Auf dem GTR kann man zu einer gegebenen Funktion eine zugehörige *Funktion von Differenzenquotienten* – also von *mittleren Änderungsraten* – definieren, tabellieren und plotten.

▶ **Beispiel: Funktion von Differenzenquotienten**
Gegeben ist die Funktion $f(x) = \frac{x^3}{3}$. Definieren Sie auf dem GTR eine zugehörige Funktion von Differenzenquotienten mit $h = 0{,}001$ durch $d(x) = \frac{f(x+h) - f(x)}{h}$.

Lösung:
Wir verwenden eine Notes-Seite, um in Math-Boxen zunächst die Funktion $f(x)$ und die Variable h zu definieren. Math-Boxen haben den Vorteil, dass die Eingaben im Nachhinein leicht geändert werden können.
In einer weiteren Math-Box wird der Differenzenquotient $d(x) = \frac{f(x+h)-f(x)}{h}$ definiert. Ebenfalls in Math-Boxen kann man dann den Differenzenquotienten für verschiedene x-Werte berechnen lassen.

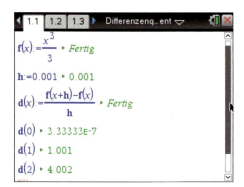

Mithilfe der Tabellenkalkulation des GTR wird eine Wertetabelle der Funktion erstellt, die in der dritten Spalte die entsprechenden Werte Differenzenquotientenfunktion $d(x)$ enthält.
Dabei sind nur die Zelle B1 und C1 durch =f(A1) bzw. =d(A1) zu füllen und anschließend jeweils durch „Ziehen" nach unten zu kopieren.

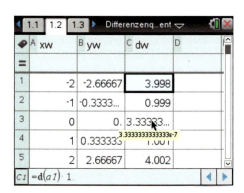

Schließlich werden die Graphen der beiden Funktionen f und d auf einer Graphs-Seite dargestellt.

Wir erhalten das nebenstehenden Bild, das nahelegt, dass die Differenzenquotientenfunktion d irgendetwas mit der Normalparabel $y = x^2$ zu tun hat.

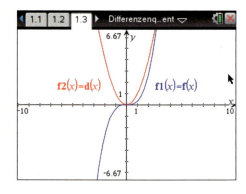

▶

Numerische Berechnungen der Ableitung einer Funktion an einer Stelle

GTR sind nicht in der Lage, den analytischen Term einer Ableitungsfunktion zu bestimmen. Sie liefern aber Näherungswerte für die Ableitung an einer Stelle.

> **Beispiel: Ableitung einer Funktion an einer Stelle**
> a) Gegeben ist die Funktion $f(x) = 3x^3 + x^2$. Gesucht ist die Ableitung an der Stelle $x = 2$.
> b) Erstellen Sie eine Tabelle der Ableitungswerte von $f(x) = \frac{x^3}{3}$ für $x = -2; -1{,}9; -1{,}8; \ldots ; 2$.

Lösung:
a) Aus der Palette der mathematischen Ausdrücke ⓘ wird die Ableitung $\frac{d}{d\square}\square$ gewählt und der Ableitungswert berechnet.

b) Wir verwenden die Notes-Seite, um in Math-Boxen zunächst die Funktion $f(x)$ und ihre Ableitungsfunktion $a(x)$ mit $\frac{d}{d\square}\square$ zu definieren.
In weiteren Math-Boxen kann man dann Ableitungswerte für verschiedene x-Werte berechnen lassen.

Mithilfe der Tabellenkalkulation des GTR wird eine Wertetabelle der Funktion erstellt, die in der dritten Spalte die entsprechenden Ableitungswerte $a(x)$ enthält. Dabei sind nur die Zelle B1 und C1 durch =f(A1) bzw. =a(A1) zu füllen und anschließend jeweils durch „Ziehen" nach unten zu kopieren.

Schließlich können die Graphen der Funktionen $f(x)$ und ihrer Ableitungsfunktion $a(x)$ auf einer Graphs-Seite dargestellt werden.

Tangenten an einen Funktionsgraphen an einer Stelle

Der GTR bietet eine komfortable Lösung zur Bestimmung der *Tangente* eines Funktionsgraphen in einem beliebigen Punkt des Graphen.

> **Beispiel: Tangente an einer Stelle eines Graphen**
> Gegeben ist die Funktion $f(x) = 0{,}4\,x^3 + x^2 + 2$. Ermitteln Sie die Tangente an den Graphen von f an der Stelle $x = -0{,}5$.

Lösung:
Wir verwenden eine Notes-Seite, um in Math-Boxen zunächst die Funktion $f(x)$ und die Stelle x0 zu definieren.

In weiteren Math-Boxen werden dann der Funktionswert $f(x0)$ und die Steigung m berechnet.

Darauf aufbauend wird schließlich die Tangente $t(x)$ definiert.

Ergebnis: $t(x) = -0{,}7\,(x + 0{,}5) + 2{,}2$

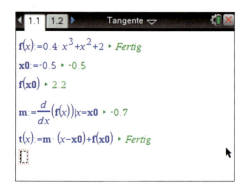

Nach Aufruf des Hauptmenüs wählt man nun die Applikation Graphs und definiert die Funktion f1 durch $f1(x) = f(x)$ und die Tangentenfunktion f2 durch $f2(x) = t(x)$, wonach beide Graphen gezeichnet werden. Möchte man die Tangente an einer anderen Stelle ermitteln, so wechselt man auf die Notes-Seite, ändert den Wert von x0, erhält die neue Tangentengleichung, deren Graph nach dem Wechsel auf die Graphs-Seite abgebildet wird. (s. Bilder unten)

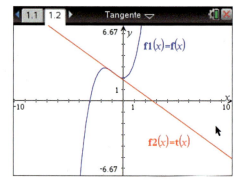

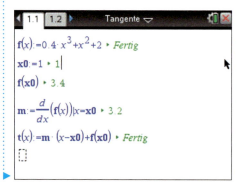

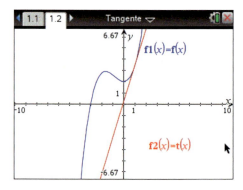

Graphische Darstellung der 1. und 2. Ableitungsfunktion einer gegebenen Funktion

Mit einem GTR kann man zwar nicht den analytischen Term einer Ableitungsfunktion ermitteln. Es gibt aber die Möglichkeit, die *Graphen der 1. und 2. Ableitung* darzustellen.

▶ **Beispiel: Graphen der 1. und 2. Ableitung einer Funktion**
Gegeben ist die Funktion $f(x) = \sin x$.
Gesucht sind die Graphen der ersten und der zweiten Ableitungsfunktion von f.

Lösung:
Es wird ausschließlich die Applikation Graphs verwendet. Nach dem Aufruf erscheint die Eingabezeile f1(x) = . Dort wird der Funktionsterm $f(x) = \sin(x)$ der Funktion f1 übergeben; sofort erscheint der Graph (blau).
Mit ctrl G wird die neue Eingabezeile f2(x) = geöffnet. Dort wird mithilfe der Palette der mathematischen Ausdrücke die erste Ableitung $\frac{d}{d\square}\square$ gewählt und die Ableitungsfunktion f2 durch $f2(x) = \frac{d}{dx}(f1(x))$ definiert. Daraufhin wird zusätzlich zum Funktionsgraphen der Graph der Ableitungsfunktion (rot) gezeichnet.

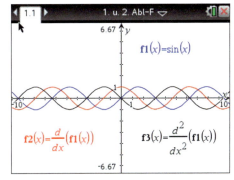

Schließlich wird mit ctrl G die neue Eingabezeile f3(x) = geöffnet sowie – wieder mithilfe der Palette der mathematischen Ausdrücke – die zweite Ableitung $\frac{d^2}{d\square^2}\square$ gewählt und die 2. Ableitungsfunktion f3 durch $f3(x) = \frac{d^2}{dx^2}(f1(x))$ definiert.
Damit erscheint dann auch der Graph der zweiten Ableitungsfunktion (schwarz).

Man erkennt: $(\sin x)' = \sin\left(x + \frac{\pi}{2}\right) = \cos x$
und $(\sin x)'' = \sin(x + \pi) = -\sin x$.

Speichert man die tns-Datei, so kann sie immer wieder verwendet werden zur Darstellung der Graphen von f'(x) und f''(x) zusammen mit dem Graphen einer gegebenen Funktion f(x). Dazu ist nur der Term von f1(x) neu zu definieren, woraufhin unmittelbar alle drei Funktionen graphisch dargestellt werden. Das Bild unten links zeigt zur Funktion $f(x) = \frac{x^3}{6}$ die Graphen ihrer 1. und 2. Ableitungsfunktion. Das Bild unten rechts zeigt, dass auch kompliziertere Funktionen problemlos zusammen mit den ersten beiden Ableitungsfunktionen dargestellt werden können.

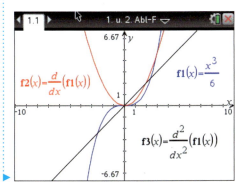
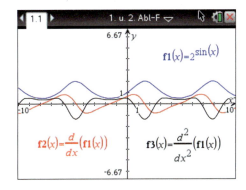

Funktionsdiskussion

Bei der *Funktionsdiskussion* sollen die spezifischen Eigenschaften einer analytisch gegebenen Funktion erforscht werden. Die Verwendung eines GTR legt die Umkehr der gewohnten Reihenfolge nahe, denn zunächst kann man den Graphen betrachten ohne Kenntnis der Eigenschaften.

▶ **Beispiel: Funktionsdiskussion**
Gegeben ist die Funktion f mit $f(x) = \frac{1}{8}x^3 - \frac{3}{4}x^2$. Führen Sie eine Funktionsdiskussion durch.

Lösung:

1. Graph von f:
Die Funktionsdiskussion erfolgt allein mit der Applikation Graphs. Nach dem Start wird der gegebene Funktionsterm $f(x) = \frac{1}{8}x^3 - \frac{3}{4}x^2$ der Funktion f1 übergeben und der Graph gezeichnet.
Ggf. muss mit [menu] 4: Fenster/Zoom, 1: Fenstereinstellungen der Ausschnitt gewählt werden.

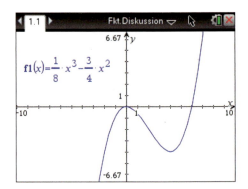

2. Wertetabelle:
Es ist besonders einfach, eine Wertetabelle zu erzeugen: Durch die Eingabe [ctrl] [T] wird der Bildschirm geteilt; links wird weiterhin der Graph dargestellt und rechts erscheint eine Wertetabelle.
Mit [ctrl] [T] wird der Graph wieder im ganzen Fenster dargestellt.

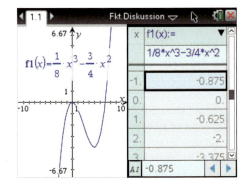

3. Achsenschnitt- und Extrempunkte:
Mit der Taste [menu] und der Auswahl 6: Graph analysieren kann man unter den Punkten 1: Nullstellen, 2: Minimum bzw. 3: Maximum wählen. In jedem Fall ist ein Intervall zu markieren, in dem die ausgewählte Stelle gesucht werden soll.
Das nebenstehende Bild zeigt die ermittelten Schnittpunkte mit der x-Achse sowie den Tiefpunkt des Funktionsgraphen.

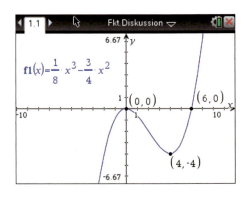

Diskussion einer Funktionenschar

Eine *Funktionenschar* ist gegeben durch einen Term $f_a(x)$, der eine weitere Variable a als *Parameter* enthält. Mit dem GTR können ausgewählter Funktionen der Schar untersucht werden.

> **Beispiel: Diskussion einer Funktionenschar**
> Gegeben ist die Funktionenschar fa mit $f_a(x) = \frac{1}{8}x^3 - ax^2$ mit dem reellen Parameter a > 0.
> Untersuchen Sie die Schar f_a für die Parameterwerte a ∈ [0 ; 1,25].

Lösung:
1. Graphen:
Nach dem Start von Graphs wird $\frac{1}{8}x^3 - ax^2$ der Funktion f1 übergeben. Ein Graph wird erst gezeichnet, wenn ein Wert für den Parameter a feststeht. Dazu wird mit menu 1: Aktionen, B: Schieberegler einfügen ein Eingabefenster für die Eigenschaften eines Schiebereglers des Parameters a geöffnet. Ggf. muss mit menu 4: Fenster/Zoom, 1: Fenstereinstellungen der Ausschnitt gewählt werden.

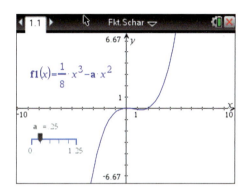

2. Tiefpunkte:
Mit der Taste menu und der Auswahl 6: Graph analysieren kann man unter den Punkten 1: Nullstellen, 2: Minimum bzw. 3: Maximum wählen. In jedem Fall ist ein Intervall zu markieren, in dem die ausgewählte Stelle gesucht werden soll.
Das nebenstehende Bild zeigt den ermittelten Tiefpunkt des Funktionsgraphen für a = 0,5.

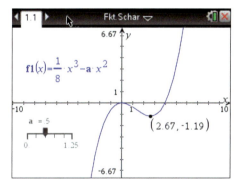

3. Ortskurve der Tiefpunkte:
Mit menu 5: Spur, 4: Geometriespur und der Auswahl des aktuellen Tiefpunktes erzeugt man durch Betätigen der Cursortasten ◀ und ▶ eine Spur der Tiefpunkte. Die Spur der Tiefpunkte verdeutlicht die Lage der Tiefpunkte der Scharkurven fur verschiedene Werte des Parameters a. Sie bildet die sog. Ortskurve der Tiefpunkte der Funktionenschar.

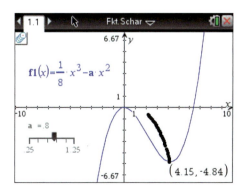

Näherungsfunktion eines Wachstumsprozesses

Bei der Untersuchung von Wachstumsprozessen ergeben sich zunächst Tabellen, die beispielsweise die Entwicklung einer Population beschreiben. Gesucht ist schließlich eine passende Exponentialfunktion.

▶ **Beispiel: Näherungsfunktion eines Wachstumsprozesses**

Die Tabelle beschreibt einen exponentiellen Wachstumsprozess. Man bestimme eine passende Funktion $f(x) = a \cdot b^x$.

x	0	1	2	3	4	5
y	300	388	510	670	870	1125

Lösung:
Die gegebene Wertetabelle erfasst man mit der Applikation Lists & Spreadsheet.
Um Konflikte zu vermeiden, werden die Spalten mit xw und yw bezeichnet.
Die Wertepaare können zunächst als Streudiagramm mit der Applikation Graphs veranschaulicht werden, wobei die nebenstehende Zuweisung erfolgt.

$s1\begin{cases} x \leftarrow xw \\ y \leftarrow yw \end{cases}$

Der Rechner bietet zunächst ein ungeeignetes Fenster an, das noch entsprechend angepasst werden muss. Dazu drückt man [menu], wählt 4: Fenster und 1: Fenstereinstellungen.

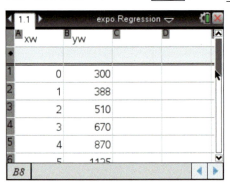 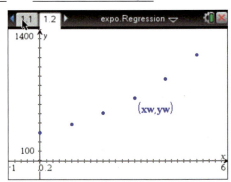

Zur Bestimmung einer passenden Funktion $f(x) = a \cdot b^x$ wird wieder zur Tabellenkalkulation gewechselt und mit [menu] [4] [1] [A] Statistik>Statistische Berechnungen>Exponentielle Regression mit xw (x-Liste) und yw (y-Liste) gewählt. Nach [enter] erscheint das Bild unten links.
Uns interessieren die beiden Werte 299.517 und 1.30452. Der erste Wert ist der Faktor a, der zweite ist die Basis b der gesuchten Exponentialfunktion. In einem neuen Graphs-Fenster wird schließlich die Exponentialfunktion mit gerundeten Werten a und b dargestellt.

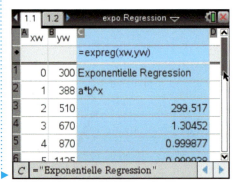 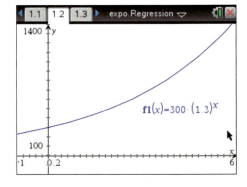

Elementare Rechenoperationen mit Vektoren

Die Notation weicht bei der Vektorrechnung teilweise von derjenigen ab, die beim Aufschreiben zu verwenden ist. Es ist sinnvoll, mit dem ersten Buchstaben eines Namens die Art des Objektes anzugeben, also p für einen Punkt, v für einen Vektor usw. Mehrere Eingaben können in einer Zeile durch einen Doppelpunkt getrennt werden; gerade bei Vektoren ist das übersichtlicher.

Möglichkeiten zur Eingabe von Vektoren:
1. Die Koordinaten werden in eckigen Klammern in mehreren Zeilen eingetragen. Dazu wird nach der linken Klammer und ersten Koordinate mit der Taste ⏎ rechts unten auf der Nspire-Tastatur eine weitere Zeile erzeugt. In die neue Zeile gelangt man mit dem Cursor.
2. Im Katalog bei 5 die Vorlage für eine Matrix auswählen und den Vektor als Matrix mit der Zeilenzahl 3 und Spaltenzahl 1 vorgeben.
3. Den Vektor als Zeilenvektor eingeben, dann mit menu Matrix und Vektor ▶ Transponieren in einen Spaltenvektor umwandeln.

▶ **Beispiel: Eingabe von Vektoren und einfache Operationen**
Gegeben sind die Punkte A(1|−2|−3) und B(−1|4|2).
a) Definieren Sie im GTR den Punkt A unter dem Namen pa und die Ortsvektoren $\vec{a} = \overrightarrow{OA}$ und $\vec{b} = \overrightarrow{OB}$ unter den Namen va und vb.
   Bestimmen Sie die Länge des Ortsvektors $\vec{b}$ mithilfe der Funktion norm.
b) Bilden Sie die Summe $\vec{a} + \vec{b}$, die Differenz $\overrightarrow{AB} = \vec{b} - \vec{a}$ und die Linearkombination $\vec{a} + 4\vec{b}$.

Lösung zu a:
Punkte werden als Zeile, Vektoren als Spalte in eckigen Klammern geschrieben. Bei der Eingabe werden die Werte durch Kommata getrennt, in der Anzeige erscheinen stattdessen größere Zwischenräume. Durch Transponieren (Zeile wird zur Spalte) erhält man den zum Punkt gehörigen Ortsvektor. Mit der Eingabe norm(vb) erfolgt p die Berechnung von $\sqrt{(-1)^2 + 4^2 + 2^2}$ mit dem Ergebnis $\sqrt{21}$.

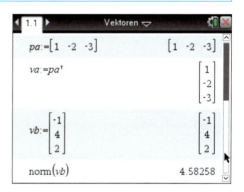

Lösung zu b:
Für die Vektoraddition wird die übliche Taste + verwendet.
Der Verbindungsvektor vom Punkt A zum Punkt B wird sinnvollerweise mit vab bezeichnet und durch die Eingabe vb − va berechnet.
Die Skalar-Multiplikation (Vielfaches des Vektors) erfolgt mit der Taste ×.

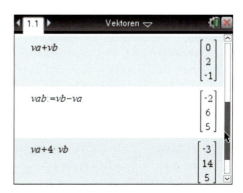

Bestimmung der Lösungsmenge von linearen Gleichungssystemen

Der GTR bietet mehrere Möglichkeiten zur Lösung *lineare Gleichungssysteme*.

▶ **Beispiel: Lösung eines linearen Gleichungssystems (3 × 3)**
Ermitteln Sie die Lösung des LGS:
$$4x + y - 2z = -1$$
$$x + 6y + 3z = 1$$
$$-5x + 4y + z = -7$$

Lösung:
Auf einer Notes-Seite erhält man mit menu 6 3 2 also der Auswahl Berechnung > Algebra > System linearer Gleichungen lösen (mit der Anzahl der Gleichungen = 3) das Eingabeschema für den linSolve-Befehl und damit die Lösung $x = 1$, $y = -1$, $z = 2$.
Eine weitere Möglichkeit bietet der simult-Befehl, bei dem die Koeffizientenmatrix des linearen Gleichungssystems und der Vektor der rechten Seite einzugeben sind.

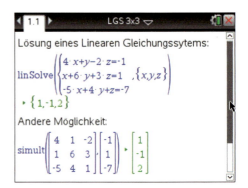

Mit dem rref-Befehl liefert der GTR eine Umformung des LGS in die sog. reduzierte Diagonalform,
$$1 \cdot x + 0 \cdot y + 0 \cdot z = 1$$
$$0 \cdot x + 1 \cdot y + 0 \cdot z = -1$$
$$0 \cdot x + 0 \cdot y + 1 \cdot z = 2$$
aus der man unmittelbar die Lösung
$x = 1$, $y = -1$, $z = 2$
ablesen kann.

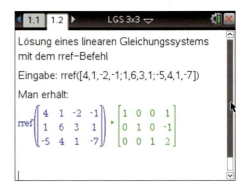

Wenn die Spaltenvektoren der Koeffizientenmatrix – wie im nebenstehenden Fall – linear abhängig sind, so kommt man mit dem simult-Befehl nicht weiter. Anders ist es mit dem rref-Befehl: Beim LGS
$\begin{Bmatrix} x + 2y = 1 \\ 2x + 4y = 2 \end{Bmatrix}$ folgt $\begin{Bmatrix} x + 2y = 1 \\ 0x + 0y = 0 \end{Bmatrix}$,
also die Lösung $x = 1 - 2y$, $y \in \mathbb{R}$ bei
$\begin{Bmatrix} x + 2y = 1 \\ 2x + 4y = 1 \end{Bmatrix}$ folgt $\begin{Bmatrix} x + 2y = 0 \\ 0x + 0y = 1 \end{Bmatrix}$,
▶ also ein Widerspruch.

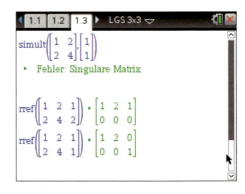

Lösungsmengen von unterbestimmten linearen Gleichungssystemen

Mit dem GTR kann auch die Lösungsmenge von *unterbestimmten linearen Gleichungssystemen* ermittelt werden.

(*Hinweis:* Zu den Eingaben vgl. Lösung des vorstehenden Beispiels.)

▶ **Beispiel: Lösung eines unterbestimmten linearen Gleichungssystems (3 × 2)**
Ermitteln Sie die Lösung des LGS: $\quad 4x + y - 2z = -1$
$\quad\quad\quad\quad\quad\quad\quad\quad\quad\quad\quad\quad x + 6y + 3z = 1$

Lösung:
Der linSolve-Befehl (vgl. S. 320) liefert eine einparametrige Lösung, wobei der Parameter c1 für die Variable z steht. Aus der im Screenshot angegebenen Lösung kann abgelesen werden:

$x = -\frac{7}{23} + \frac{15}{23}z, \quad y = \frac{5}{23} - \frac{14}{23}z, \quad z \in \mathbb{R}$

Der simult-Befehl führt zu einer Fehlermeldung. Er ist nur geeignet für eindeutig lösbare lineare Gleichungssysteme.

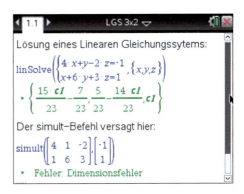

Mit dem rref-Befehl liefert der GTR eine Umformung des LGS in die sog. reduzierte Diagonalform,

$1 \cdot x + 0 \cdot y - \frac{15}{23} \cdot z = -\frac{7}{23}$
$0 \cdot x + 1 \cdot y + \frac{14}{23} \cdot z = \frac{5}{23}$

aus der man unmittelbar die Lösung

$x = -\frac{7}{23} + \frac{15}{23}z, \; y = \frac{5}{23} - \frac{14}{23}z \; (z \in \mathbb{R})$

ablesen kann.

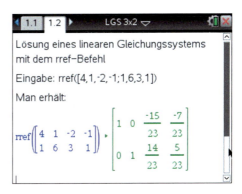

Der rref-Befehl versagt auch nicht bei den Gleichungssystemen

a) $\begin{cases} 4x + y - 2z = -1 \\ 4x + y - 2z = -1 \end{cases}$ und

b) $\begin{cases} 4x + y - 2z = -1 \\ 4x + y - 2z = 1 \end{cases}$.

Im Fall a) liefert rref die Lösung

$x = -\frac{1}{4} - \frac{1}{4}y + \frac{1}{2}z \; (y, z \in \mathbb{R})$,

im Fall b) folgt der Widerspruch $0 = 1$.

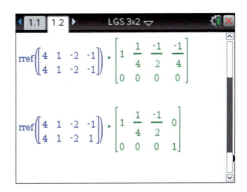

Simulation eines Zufallsexperiments

GTR verfügen über Möglichkeiten, *Pseudozufallszahlen* über einen fest installierten Algorithmus zu erzeugen. Damit können *Zufallsexperimente* simuliert werden.

> **Beispiel: Simulation eines Münzwurfes**
> Simulieren Sie das Werfen einer idealen Münze mithilfe der rand-Funktion des GTR. Erzeugen Sie dazu eine Tabelle für 100 Münzwürfe, in der das Ereignis „Kopf" gezählt wird. Veranschaulichen Sie die Stabilisierung der relativen Häufigkeit in einem Streudiagramm.

Lösung:
Wir verwenden die rand-Funktion des GTR. Sie liefert eine Pseudozufallszahl zwischen 0 und 1.

In einer Lists & Spreadsheet-Tabelle werden in der Spalte A die Zahlen von 1 bis 100 erzeugt, in Spalte B durch den Befehl when(rand()<0.5,1,0) zufällig 1 oder 0 für „Kopf" bzw. „Zahl" bestimmt, in Spalte C wird die Anzahl für „Kopf" aufsummiert und in Spalte D die relative Häufigkeit für „Kopf" berechnet. Dazu wird eingegeben:
Zelle A1: $\boxed{1}$, Zelle A2: $\boxed{=a1+1}$,
Zelle B1: $\boxed{=\text{when(rand()<0.5,1,0)}}$,
Zelle C1: $\boxed{=b1}$, Zelle C2: $\boxed{=c1+b2}$,
Zelle D1: $\boxed{=c1 \div a1 \cdot 1.0}$.
Anschließend werde über $\boxed{\text{menu}}$ 3: Daten und 3: Füllen die Zellen A2, B1, C2 und D1 jeweils bis zur Zeile 100 kopiert.

Unter Graphs wird über die Taste $\boxed{\text{menu}}$ 3: Graph-Eingabe/Bearbeitung der Punkt 5: Streudiagramm gewählt
und $\begin{cases} x \leftarrow nr \\ y \leftarrow relh \end{cases}$ festgelegt sowie das Fenster geeignet angepasst.

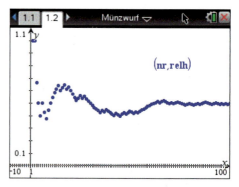

Kehrt man in die Lists & Spreadsheet-Tabelle 1.1 zurück, so kann man mit $\boxed{\text{ctrl}}$ $\boxed{\text{R}}$ eine Neuberechnung starten.

Wechselt man wieder zu Graphs 1.2, so wird ein neues Streudiagramm der relativen Häufigkeit des Ereignisses „Kopf" beim Münzwurf und deren Stabilisierung dargestellt. Die Simulation kann man in der Lists & Spreadsheet-Tabelle 1.1 beliebig oft wiederholen.

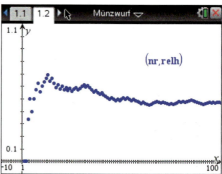

Graphische Darstellung einer Wahrscheinlichkeitsverteilung

Mit der Tabellenkalkulation und den Graphikausgaben des GTR können *Wahrscheinlichkeitsverteilungen* berechnet und tabelliert sowie graphisch veranschaulicht werden.

▶ **Beispiel: Wahrscheinlichkeitsverteilung der Augensumme beim Wurf zweier Würfel**
Die Augensumme beim Wurf zweier Laplace-Würfel kann die Werte 2, 3, 4, ..., 12 annehmen. Bestimmen Sie die Tabelle der Wahrscheinlichkeitsverteilung und veranschaulichen Sie die Verteilung graphisch.

Lösung:
Die Augensumme beim Wurf zweier Laplace-Würfel ist – wie das folgende Bild zeigt – nicht gleichverteilt. Man kann die Einzelwahrscheinlichkeiten der Summenwerte 2, 3, 4, ..., 12 unmittelbar ablesen.

In einer Lists & Spreadsheet-Tabelle werden in der Spalte A die Werte der Wahrscheinlichkeitsverteilung 2, 3, 4, ..., 12 eingetragen. In die Spalte B kommen die zugehörigen Wahrscheinlichkeiten $\frac{1}{36}$, $\frac{2}{36}$, $\frac{3}{36}$, $\frac{4}{36}$, $\frac{5}{36}$, $\frac{6}{36}$, $\frac{5}{36}$, $\frac{4}{36}$, $\frac{3}{36}$, $\frac{2}{36}$ und $\frac{1}{36}$.
Durch die Multiplikation mit 1.0 werden die Wahrscheinlichkeiten in der Tabelle der Wahrscheinlichkeitsverteilung als Dezimalzahlen ausgegeben.

Über menu und 3: Daten wählt man 8: Ergebnisdiagramm mit den Vorgaben

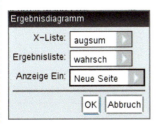

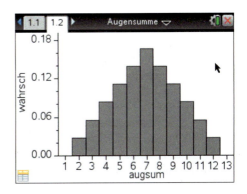

▶ und erhält das nebenstehende Diagramm

2. Beispiele für den CASIO fx-CG20

Graphische Darstellung von Funktionen

Die wichtigste GTR-Anwendung besteht in der Darstellung von Funktionsgraphen.

> **Beispiel: Untersuchung von Funktionsgraphen**
> Gegeben sind die Funktionen $f(x) = x^2 - 2x - 1$ und $g(x) = \frac{x}{2} + 1$.
> Stellen Sie die Graphen von f und g mit dem GTR dar. Ermitteln Sie Näherungswerte für die Koordinaten der Schnittpunkte der beiden Graphen sowie für die Nullstellen von f und g. Welche Koordinaten hat der Scheitelpunkt des Graphen von f näherungsweise?

Lösung:
Vom **Hauptmenü** (s. linkes Bild), das man mit der Taste MENU erreicht, wählt man mit der Taste 5 die Graph-Anwendung und gelangt damit zu einem Editor, der die Eingabe der beiden gegebenen Funktionsterme $x^2 - 2x - 1$ und $\frac{x}{2} + 1$ gestattet. Dabei ist zu beachten, dass für die Variable x die Taste X,Θ,T verwendet werden muss.

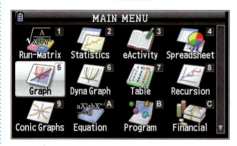
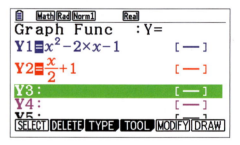

Aus dem Editor wird mit F6 der Menüpunkt DRAW ausgewählt, worauf beide Funktionsgraphen erscheinen.

Man kann nun mit F3 das V-Window-Menü aufrufen, um den Darstellungsbereich anzupassen. Mit der Tastenfolge F1 EXIT F6 erscheint die hier geeignete Standarddarstellung INITIAL.

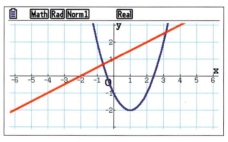

Da es nur um eine näherungsweise Bestimmung von Koordinaten geht, bietet sich die Verwendung der Trace-Funktion an, die mit F1 gestartet wird. Auf dem Graphen von f = Y1 erscheint ein Cursor, der mit ◄ und ► auf dem Graphen bewegt werden kann. Mit ▼ und ▲ wechselt man zwischen den Graphen Y1 und Y2.

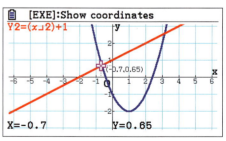

> Man kann nun unmittelbar Näherungswerte für die Schnittpunkte, Nullstellen und den Scheitelpunkt der Parabel ablesen.

Lösen von Gleichungen

Bei der Untersuchung von Problemen, die kompliziertere Potenzterme, exponentielle oder trigonometrische Terme beinhalten, sind häufig Gleichungen zu lösen, für die keine exakten Verfahren bekannt sind. GTR ermöglichen die näherungsweise *Lösung von Gleichungen*.

▶ **Beispiel: Lösung von Gleichungen mit einer Variablen**
Bestimmen Sie Näherungslösungen der Gleichung $2^x = x + 2$ mit dem GTR.

Lösung:
Vom Hauptmenü (Taste MENU) wählt man mit den Tasten A die Gleichung-Anwendung und gelangt damit zu einem Untermenü, das die Auswahl zwischen der Lösung von linearen Gleichungssystemen (F1: SIMUL), von Polynomgleichungen (F2: POLY) und einem Näherungsverfahren (F3: SOLVER) gestattet. Hier muss das Näherungsverfahren des GTR gewählt werden, d. h. SOLVER.

Nach der Auswahl F3 (SOLVER) erscheint ein Fenster, in dem hinter Eq: die zu lösenden Gleichung einzugeben ist. Dabei ist zu beachten, dass für die Variable x die Taste X,Θ,T verwendet werden muss. Außerdem ist ein Startwert für x einzugeben. Wir wählen x = 0. Nach ENTER können noch die untere und die obere Grenze des Intervalls festgelegt werden, in dem eine Lösung der Gleichung gesucht werden soll.

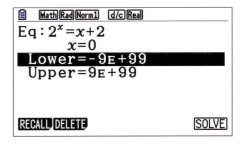

Nach dem abschließenden ENTER (oder vorher mit der Taste F3 (SOLVE)) startet das Verfahren und liefert die Näherungslösung x = −1,690098068.
Außerdem werden als Probe mit Lft = 0,3099069324 und Rgt = 0,3099069324 die Werte der linken und der rechten Seite der Gleichung ausgegeben.

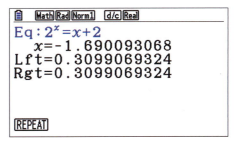

Mit F1 (REPEAT)) kann ein neuer Startwert (beispielsweise x = 1) gewählt werden. Damit erhält man die (offensichtlich exakte) Lösung x = 2. Mit Lft = 4 und Rgt = 4 werden wieder die Werte der linken und der rechten Seite der Gleichung ausgegeben. Weitere Lösungen existieren
▶ offensichtlich nicht.

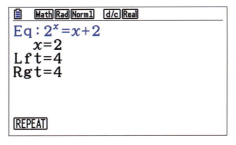

Wertetabellen von Funktionen

Eine Funktion kann durch ihre Zuordnungsvorschrift, ihren Graphen und durch *Wertetabellen* beschrieben werden.

> ▶ **Beispiel: Wertetabelle einer Funktion**
> Gegeben sind die Funktionen $f(x) = x^2 - 2x - 1$ und $g(x) = \frac{x}{2} + 1$.
> Erstellen Sie Wertetabellen von f und g für $x = -6; -5; -4; \ldots; 5; 6$.

Lösung:
Im Hauptmenü (Taste MENU, linkes Bild) wählt man mit der Taste 7 die Tabellen-Anwendung, worauf sich ein Editor öffnet (rechtes Bild), in den die Funktionsterme $x^2 - 2x - 1$ und $\frac{x}{2} + 1$ eingegeben werden können (bzw. von der Graph-Anwendung bereits eingetragen sind).

Dabei ist zu beachten, dass für die Variable x die Taste X,Θ,T verwendet werden muss.

 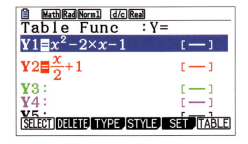

Aus dem Editor wird mit (F5) der Menüpunkt SET ausgewählt, wo der Start- und der Endwert von x sowie die Schrittweite (Step) eingetragen werden.

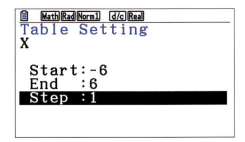

Mit EXIT gelangt man wieder in den Editor und mit (F6) (TABLE) werden die Wertetabellen für Y1 und Y2 ausgegeben.
Mit ◀ und ▶ wechselt man in den Spalten, mit ▲ und ▼ kann man die Zeilen scrollen.

▶

2. Beispiele für den CASIO fx-CG20

Variieren von Parametern von Funktionstermen

Enthält ein Funktionsterm außer der Variablen x eine weitere Variable A, so kann der Einfluss dieses sog. *Parameters* A auf den Funktionsgraphen untersucht werden.

> ▶ **Beispiel: Funktion mit Parameter**
> Gegeben ist die Funktionenschar $f_A(x) = x^3 + 2Ax^2$, $x \in \mathbb{R}$, mit dem reellen Parameter A. Zeichnen Sie die Graphen von f_A für A = –1; 0; 1,5.

Lösung:
Im Hauptmenü (Taste MENU) wählt man mit der Taste 5 die Graphik-Anwendung, worauf sich ein Editor öffnet, in den der Funktionsterm $x^3 + 2 \cdot A \cdot x^2$ eingetragen wird. Dabei ist zu beachten, dass für die Variable x die Taste X,Θ,T verwendet werden muss.

Mit F5 wird der Menüpunkt MODIFY ausgewählt. Für die gezeigte Funktion wurde für den Parameter A eine feste Zahl gewählt, die im linken unteren Eck im nebenstehenden Bild zu sehen ist.

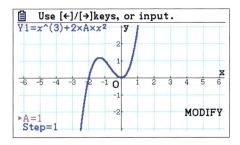

Durch ▶ wird der Wert von A um den Wert von Step erhöht, durch ◀ wird der Wert von A entsprechend gesenkt. Man kann auch einen konkreten Wert für A eingeben. z. B.: 1.5 EXE.

Der GTR kann für mehrere Parameterwerte von A gleichzeitig die Graphen der Funktionenschar anzeigen, indem im Editor hinter dem Funktionsterm, getrennt durch ein Komma, die gewünschten Parameterwerte in einer Liste der Form

[A = –1 , 0 , 1.5]

eingetragen werden.

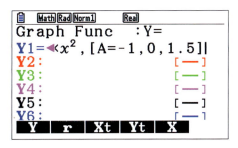

Die Eingabe im Editor wird wieder mit EXE abgeschlossen.

Mit F6 (DRAW) wird die Funktionenschar abgebildet für diejenigen Werte, die für den Parameter A in der Liste eingegeben wurden.

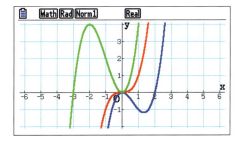

▶

Funktion von Differenzenquotienten (mittleren Änderungsraten)

Auf dem GTR kann man zu einer gegebenen Funktion eine zugehörige *Funktion von Differenzenquotienten* – also von *mittleren Änderungsraten* – definieren, tabellieren und plotten.

▶ **Beispiel: Funktion von Differenzenquotienten**
Gegeben ist die Funktion $f(x) = \frac{x^3}{3}$. Definieren Sie auf dem GTR eine zugehörige Funktion von Differenzenquotienten mit $\Delta x = 0{,}001$ durch $Y1 = ((x + 0{,}001)^3 \div 3 - x^3 \div 3) \div 0{,}001$.

Lösung:
Im Hauptmenü (Taste MENU) wählt man mit der Taste 7 die Tabellen-Anwendung, worauf sich ein Editor öffnet, in den man für Y1 den Funktionsterm $x^3 \div 3$ und für Y2 den Differenzenquotienten $(Y1(x + 0{,}001) - Y1(x)) \div 0{,}001$ einträgt. Dabei ist zu beachten, dass für die Variable x die Taste X,Θ,T verwendet werden muss und für Y (F1).

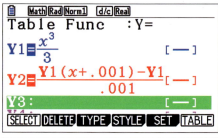

Mit (F5) (SET) gelangt man zur Eingabemaske für den Start- und den Endwert sowie der Schrittweite (Step) der Tabelle. Wir wählen die im nebenstehenden Bild angegebenen Werte.

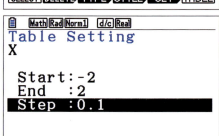

Schließt man die Eingaben mit EXE ab, so erhält man die nebenstehende Tabelle der gegebenen Funktion $f(x) = \frac{x^3}{3}$ und der Differenzenquotientenfunktion $\frac{\Delta f(x)}{\Delta x}$ von f, wobei $\Delta x = 0{,}001$ ist. Mit den Cursor-Tasten kann man in der Tabelle „blättern".

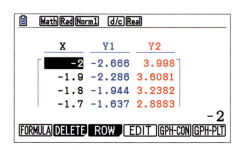

Schließlich besteht die Möglichkeit, mit (F6) (Gph-PLT) die beiden tabellarisch gegebenen Funktionen zu plotten.

Wir erhalten das nebenstehenden Bild, das nahelegt, dass die Differenzenquotientenfunktion irgendetwas mit der Normalparabel $y = x^2$ zu tun hat.

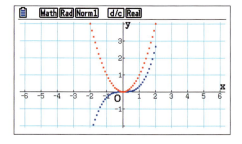

▶

Numerische Berechnungen der Ableitung einer Funktion an einer Stelle

GTR sind nicht in der Lage, den analytischen Term einer Ableitungsfunktion zu bestimmen. Sie liefern aber Näherungswerte für die *Ableitung an einer Stelle*.

> **Beispiel: Ableitung einer Funktion an einer Stelle**
> a) Gegeben ist die Funktion $f(x) = 3x^3 + x^2$. Gesucht ist die Ableitung an der Stelle $x = 2$.
> b) Erstellen Sie eine Tabelle der Ableitungswerte von $g(x) = \frac{x^3}{3}$ für $x = -2; -1,9; -1,8; \ldots; 2$.

Lösung zu a):
Im Hauptmenü (Taste MENU) wählt man mit der Taste 1 die Run-Matrix-Anwendung und unter (F4) die Ableitung d/dx durch (F6). Nach Eingabe des Funktionsterms und der Stelle $x = 2$ ergibt sich der Ableitungswert 40.
Entsprechend kann man den Wert 38 der zweiten Ableitung bei $x = 2$ ermitteln.

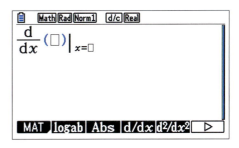

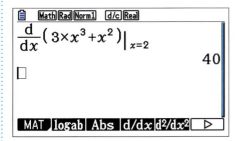

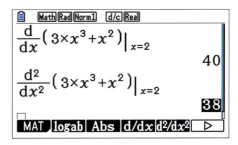

Lösung zu b):
Im Hauptmenü wählt man mit der Taste 7 die Tabelle-Anwendung, wodurch sich der Funktionseditor öffnet. Nun ruft man durch SHIFT 4 den CATALOG und daraus d/dx aus, trägt den Term $x^3 \div 3$ und $x = x$ ein. Mit (F5) EXE (F6) erhält man die Tabelle und mit (F6) schließlich den Plot.

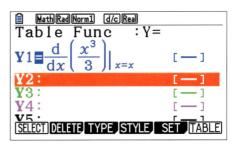

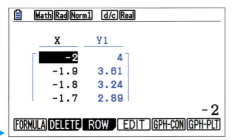

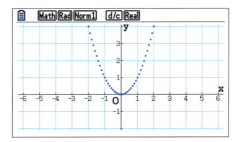

Tangenten an einen Funktionsgraphen an einer Stelle

Der GTR bietet eine komfortable Lösung zur Bestimmung der *Tangente* eines Funktionsgraphen in einem beliebigen Punkt des Graphen.

▶ **Beispiel: Tangente an einer Stelle eines Graphen**
Gegeben ist die Funktion $f(x) = 0,4\,x^3 + x^2 + 2$. Ermitteln Sie die Tangente an den Graphen von f an der Stelle $x = -0,5$.

Lösung:
Zunächst muss eine Einstellung im SETUP vorgenommen werden, das man mit der Tastenfolge SHIFT MENU öffnet. Ist dort Derivative :Off eingestellt, so ändert man dies mit F6 Derivative :On. Damit werden im Folgenden nicht nur Tangenten gezeichnet, sondern auch die Tangentengleichungen ausgegeben.

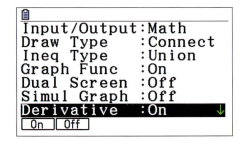

Man gibt nun in die Graph-Anwendung den Funktionsterm $0,4\,x^3 + x^2 + 2$ ein. Mit F6 wird der Funktionsgraph gezeichnet.

Mit F4 (Sketch) erscheint ein Menü; mit F2 (Tangent) erfolgt dann das Zeichnen der Tangente an der Stelle $x = 0$.

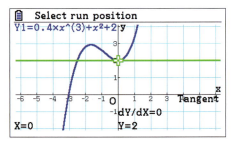

Mit den Cursor-Tasten ◀ und ▶ kann der Berührpunkt der Tangente entlang der x-Achse jetzt in 0,1-Schritten zu dem gewünschten x-Wert bewegt werden. Alternativ kann auch nach Betätigung der Taste X,Θ,T ein X-Wert eingegeben werden. Nach erneuter Betätigung von EXE erscheint unten links auch die Tangentengleichung $y = -0,7\,x + 1,85$.

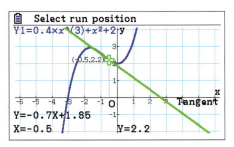

Mit Betätigung von EXE wird die Tangente fest an den gewählten Punkt gelegt.

Nun kann ein weiterer Berührpunkt ausgewählt werden, an welchen erneut eine Tangente angelegt werden soll. Man erhält zur neuen Tangente ebenfalls die Tangentengleichung, wenn man EXE betätigt.
◀

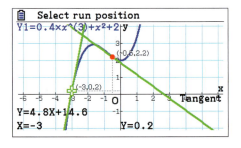

Graphische Darstellung der 1. und 2. Ableitungsfunktion einer gegebenen Funktion

Mit einem GTR kann man zwar nicht den analytischen Term einer Ableitungsfunktion ermitteln. Es gibt aber die Möglichkeit, die *Graphen der 1. und 2. Ableitung* darzustellen.

> ▶ **Beispiel: Graphen der 1. und 2. Ableitung einer Funktion**
> Gegeben ist die Funktion $f(x) = \sin x$.
> Gesucht sind die Graphen der ersten und der zweiten Ableitungsfunktion von f.

Lösung:
Im Hauptmenü (Taste MENU) wählt man mit der Taste 5 die Graph-Anwendung. Im Editor (Bild unten) wird zunächst Y1 = sin(x) eingetragen. Dann wählt man aus dem CATALOG (Bild 3) d/dx für Y2 im Editor aus. Wichtig ist, dass das Y1 mit F1 1 und x = x mit X,Θ,T eingetragen werden.

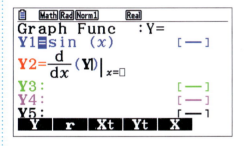

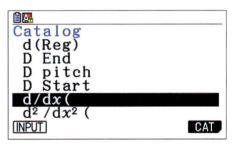

Nachdem unter Y1 die erste Ableitung definiert wurde, erfolgt analog die Festlegung der zweiten Ableitung unter Y2 (s. Bild rechts). Man beachte besonders die Wahl der „variablen Stelle" durch x = x.

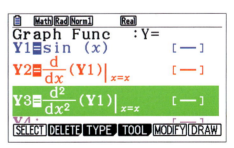

Mit F6 (DRAW) wird nun das Zeichnen aller drei Graphen gestartet. Man erhält nach „kurzer Zeit" das nebenstehende Bild.

Gibt man im Funktionseditor einen anderen Funktionsterm für Y1 ein, so ändern sich entsprechend alle drei Funktionsgraphen.

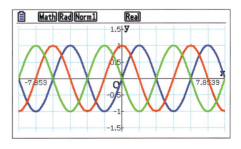

Funktionsdiskussion

Bei der *Funktionsdiskussion* sollen die spezifischen Eigenschaften einer analytisch gegebenen Funktion erforscht werden. Die Verwendung eines GTR legt die Umkehr der gewohnten Reihenfolge nahe, denn zunächst kann man den Graphen betrachten ohne Kenntnis der Eigenschaften.

> **Beispiel: Funktionsdiskussion**
> Gegeben ist die Funktion f mit $f(x) = \frac{1}{8}x^3 - \frac{3}{4}x^2$. Führen Sie eine Funktionsdiskussion durch.

Lösung:

1. Graph von f:
Aus dem Hauptmenü wählt man mit $\boxed{5}$ die Graph-Anwendung. Es öffnet sich der Editor, in den man den Funktionsterm einträgt. Mit $\boxed{F6}$ (DRAW) wird ein Graph gezeichnet, mit $\boxed{F3}$ (V-Window) kann das Fenster so gewählt werden, dass die charakteristischen Teile des Graphen deutlich werden.

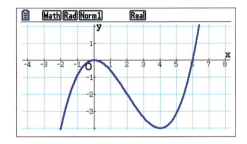

2. Wertetabelle:
Aus dem Hauptmenü wählt man mit $\boxed{7}$ die Tabellen-Anwendung. Der Funktionsterm steht bereits im Editor. Mit $\boxed{F5}$ (SET) werden Start- und Endwert sowie die Schrittweite (Step) eingegeben (Abschluss mit $\boxed{EXE}$). Aus dem Editor wird schließlich mit $\boxed{F6}$ (TABLE) die Tabelle ausgegeben.

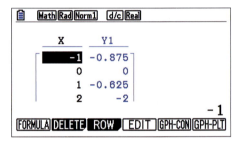

3. Schnittpunkte mit der x-Achse:
Man wechselt wieder über das Hauptmenü zum Graphen, wählt dort $\boxed{F5}$ (G-Solve) und erhält das F-Tasten-Menü $\boxed{ROOT}$ $\boxed{MAX}$ $\boxed{MIN}$ ...
Mit $\boxed{F1}$ – also $\boxed{ROOT}$ – wird der erste Schnittpunkt (0,0) mit der x-Achse ermittelt; (6,0) erhält man mithilfe über Trace.

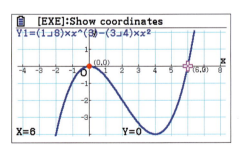

4. Extrempunkte:
Über G-Solve wählt man mit $\boxed{F2}$ ($\boxed{MAX}$) bzw. mit $\boxed{F3}$ ($\boxed{MIN}$) und erhält so den Hochpunkt (0,0) und den Tiefpunkt (4,−4).

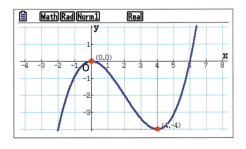

Zusammenfassung:
f hat Nullstellen bei x = 0 und x = 6 und die Extrempunkte H(0|0), T(4|−4).

Diskussion einer Funktionenschar

Eine *Funktionenschar* ist gegeben durch einen Term $f_A(x)$, der eine weitere Variable A als *Parameter* enthält. Mit dem GTR können ausgewählter Funktionen der Schar untersucht werden.

> **Beispiel: Diskussion einer Funktionenschar**
> Gegeben ist die Funktionenschar f_A mit $f_A(x) = \frac{1}{8}x^3 - Ax^2$ mit dem reellen Parameter $A > 0$.
> Untersuchen Sie die Schar f_A für die Parameterwerte $A = \frac{1}{2}, \frac{3}{4}$ und 1.

Lösung:

1. Graphen von $f_{0,5}$, $f_{0,75}$ und f_1:
Aus dem Hauptmenü wählt man mit 5 die Graph-Anwendung und trägt in den Editor den Funktionsterm mit dem Parameter A ein. Hinter dem Funktionsterm getrennt durch ein Komma werde die gewünschten Parameterwerte in einer Liste der Form A = [0.5, 0.75, 1] vermerkt.

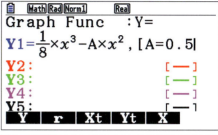

Mit F6 (DRAW) werden alle drei Graphen gezeichnet, mit F3 (V-Window) kann das Fenster geeignet eingestellt werden.

2. Nullstellen und Hochpunkte:
Die Graphen gehen durch den Ursprung; weiter gilt: $f_{\frac{1}{2}}(4) = f_{\frac{3}{4}}(6) = f_1(8) = 0$ und allgemein $F_A(8A) = 0$. Im Ursprung liegt der Hochpunkt aller Graphen.

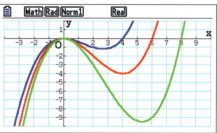

3. Tiefpunkte von von $f_{0,5}$, $f_{0,75}$ und f_1:
Wählt man über F5 (G-Solve) und F3 (MIN), so beginnt der erste Graph zu blinken. Die Auswahl erfolgt mit EXE, der Tiefpunkt wird ermittelt und mit EXE, Exit, EXE fixiert. Mit F5 (G-Solve) und F3 (MIN) blinkt wieder der Graph; mit ▼ (bzw. ▲) und EXE wählt man einen anderen Graphen, usw.

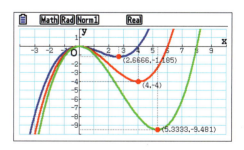

4. Ortskurve der Tiefpunkte:
Im Tiefpunkt gilt: $f'_A(x) = \frac{3}{8}x^2 - 2Ax = 0$, also $A = \frac{3}{16}x$. Setzt man in $y = \frac{1}{8}x^3 - Ax^2$ den Term $\frac{3}{16}x$ für A ein, so erhält die Gleichung $y = -\frac{1}{16}x^3$ für die Ortskurve der Tiefpunkte, deren Graph man über den Editor als Y4 violett darstellen kann.

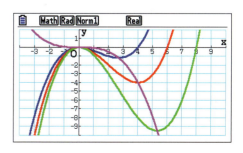

Näherungsfunktion eines Wachstumsprozesses

Bei der Untersuchung von Wachstumsprozessen ergeben sich zunächst Tabellen, die beispielsweise die Entwicklung einer Population beschreiben. Gesucht ist schließlich eine passende Exponentialfunktion.

▶ **Beispiel: Näherungsfunktion eines Wachstumsprozesses**

Die Tabelle beschreibt einen exponentiellen Wachstumsprozess. Man bestimme eine passende Funktion $f(x) = a \cdot b^x$.

x	0	1	2	3	4	5
y	300	388	510	670	870	1 125

Lösung:

Aus dem Hauptmenü gelangt man mit der Taste 2 zur Statistik-Anwendung. In der Liste 1 des Statistik-Editors werden die x-Werte 0, 1, ... , 5 eingetragen. Mithilfe der Cursor-Taste wechselt man in die Liste 2 und trägt dort die zugehörigen y-Werte 300, 388, ..., 1 125 ein. In der Zeile SUB kann der Variablenname notiert werden.

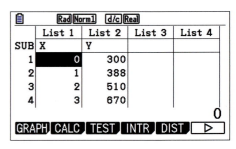

Man kann nun die Wertepaare graphisch darstellen. Dazu wählt man den Menüpunkt GRAPH mit (F1) und kann zunächst unter SET (Taste (F6)) die Graphik-Einstellungen festlegen. Mit EXIT gelangt man wieder zur Tabelle und von dort mit (F1) zur graphischen Darstellung.

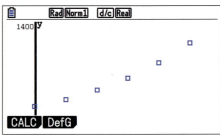

Mit EXIT wechselt man wieder zur Tabelle, wählt mit (F2) den Menüpunkt CALC, mit (F3) REG und mit (F6) (F2) schließlich EXP, also die exponentielle Regression. Dort entscheiden wir uns mit (F2) für den Funktionstyp ab^x. Man erhält den Faktor $a = 299{,}51\cdots \approx 300$ und die Basis $b = 1{,}3045\cdots \approx 1{,}3$.

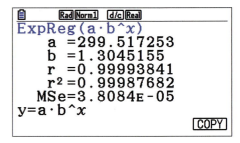

Mit (F6) (COPY) kann man den Funktionsterm in den Graphik-Editor kopieren. Mit MENU 5 wechselt man ins Graphik-Menü, wählt den Funktionsterm mit (F1) aus und zeichnet mit (F6) den Graphen. Mit SHIFT (F3) kann schließlich noch das Graphik-Fenster modifiziert werden.

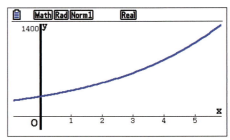

◀

2. Beispiele für den CASIO fx-CG20

Elementare Rechenoperationen mit Vektoren

Wählt man im Hauptmenü die 1, also Run-Matrix, so gelangt man mit (F3) (MAT/VCT) in das Matrix-Menü. Das Vektor-Menü wird dann mit (F6) (M ↔ V) ausgewählt. Mit EXE legt man für jeden einzugebenden Vektor die Dimensionen fest. Mit m = 3 und n = 1 wird ein Spaltenvektor des $\mathbb{R}^3$ definiert m = 1 und n = 3 ein Zeilenvektor bzw. ein Punkt.

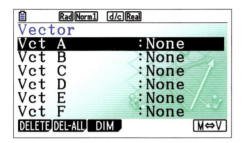 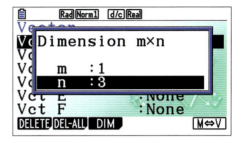

Die erzeugten Vektoren füllt man mit den gegebenen Koordinaten. Über EXIT gelangen man zurück in den Editor. Im folgenden Beispiel werden einfache *Vektoroperationen* durchgeführt.

▶ **Beispiel: Eingabe von Vektoren und einfache Operationen**
Gegeben sind die Punkte A(1|−2|−3), B(−1|4|2). Definieren Sie dazu Ortsvektoren im GTR.
a) Bilden Sie die Summe $\vec{a} + \vec{b}$, die Differenz $\vec{AB} = \vec{b} - \vec{a}$ und die Linearkombination $\vec{a} + 4\vec{b}$.
b) Bestimmen Sie die Länge des Ortsvektors $\vec{b}$ von B.

Lösung zu a:
Man wählt über OPTIN zwei Vektoren aus, benennt sie und verbindet sie mit dem Additionszeichen. Nach Bestätigung der Eingabe mit EXE erscheint das Ergebnis [0 2 −1] in Zeilenform, da wir oben die Vektoren in dieser Form definiert haben. Die Differenzbildung erfolgt analog, die Linearkombination entsprechend.

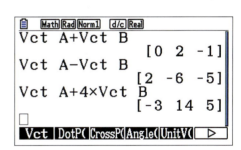

Lösung zu b:
Über OPTIN (F2) wählt man mit dreimaligem (F6) und anschließendem (F1) Norm() aus. Man gibt aus demselben Menü (Vct) mit (F1) ein. Anschließend bestimmt man den Buchstaben des Vektors, dessen Länge zu berechnen ist, im Beispiel mit der Tastenfolge ALPHA log den Buchstaben B. Nach) und EXE erhält man $\sqrt{21}$.

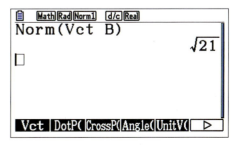

Bestimmung der Lösungsmenge von linearen Gleichungssystemen

Der GTR kann *lineare Gleichungssysteme* mit 2, 3, 4, 5 oder 6 Variablen exakt lösen.

> **Beispiel: Lösung eines linearen Gleichungssystems (3 × 3)**
> Ermitteln Sie die Lösung des LGS:
> $$4x + y - 2z = -1$$
> $$x + 6y + 3z = 1$$
> $$-5x + 4y + z = -7$$

Lösung:
Im Hauptmenü (Taste MENU) wählt man mit ALPHA X,Θ,T (also A) den Gleichungs-Editor und dort mit F1 (Simultaneous) die Lösung von linearen Gleichungssystemen.

Zunächst wird man vor die Wahl gestellt, wie viele Unbekannte das Gleichungssystem hat. Unser Beispiel hat 3 Variable. Diese Festlegung wird über F2 getätigt.

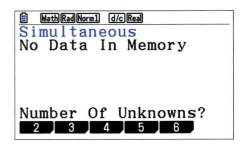

Anschließend erscheint eine Eingabemaske mit drei Zeilen und vier Spalten zur Eingabe der Spaltenvektoren des LGS:

$a_n = \begin{pmatrix} 4 \\ 1 \\ -5 \end{pmatrix}$, $b_n = \begin{pmatrix} 1 \\ 6 \\ 4 \end{pmatrix}$, $c_n = \begin{pmatrix} -2 \\ 3 \\ 1 \end{pmatrix}$ und

$d_n = \begin{pmatrix} -1 \\ 1 \\ -7 \end{pmatrix}$

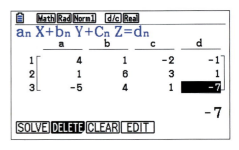

Ist die Tabelle gefüllt, wird mit F1 (SOLVE) die Lösung des Gleichungssystems berechnet und sofort ausgegeben. Man erhält die folgende Lösung:
$x = 1$; $y = -1$; $z = 2$.

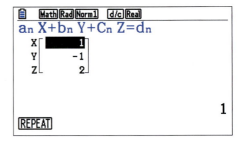

Lösungsmengen von unterbestimmten linearen Gleichungssystemen

Der GTR kann auch *unterbestimmte lineare Gleichungssysteme* mit 2, 3, …,, 6 Variablen lösen.

> **Beispiel: Lösung eines unterbestimmten linearen Gleichungssystems (3 × 2)**
> Ermitteln Sie die Lösung des LGS: $4x + y - 2z = -1$
> $ x + 6y + 3z = 1$

Lösung:
Im Hauptmenü (Taste MENU) wählt man mit ALPHA X,Θ,T (also A) den Gleichungs-Editor und dort mit F1 (Simultaneous) die Lösung von linearen Gleichungssystemen.

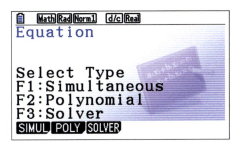

Zunächst erfolgt die Wahl der Anzahl der Unbekannten des Gleichungssystems. Unser Beispiel hat 3 Variable. Diese Festlegung wird über F2 getätigt.

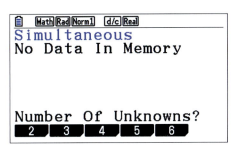

Anschließend erscheint eine Eingabemaske mit drei Zeilen und vier Spalten zur Eingabe der Spaltenvektoren des LGS:
$a_n = \binom{4}{1}$, $b_n = \binom{1}{6}$, $c_n = \binom{-2}{3}$ und $d_n = \binom{-1}{1}$.
Die dritte Zeile der Eingabemaske wird durch Nullen aufgefüllt.

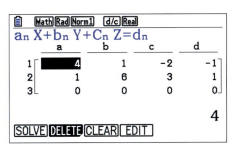

Ist die Tabelle gefüllt, wird mit F1 (SOLVE) die Lösung des Gleichungssystems berechnet und sofort ausgegeben. Dabei werden die ersten beiden Variablen X und Y in Abhängigkeit der dritten dargestellt. Z tritt also als Parameter auf. Man erhält die folgende Lösung:

▶ $x = -\frac{7}{23} + \frac{15}{23}z$, $y = \frac{5}{23} - \frac{14}{23}z$, $z \in \mathbb{R}$.

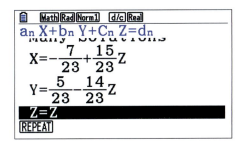

Simulation eines Zufallsexperiments

GTR verfügen über Möglichkeiten, *Pseudozufallszahlen* über einen fest installierten Algorithmus zu erzeugen. Mit dem Add In Zufallsg können *Zufallsexperimente* simuliert werden.

> **Beispiel: Simulation eines Münzwurfes**
> Simulieren Sie das Werfen einer idealen Münze mithilfe der ProbSim-Funktion des GTR. Erzeugen Sie dazu eine Tabelle für 100 Münzwürfe, in der das Ereignis „Kopf" gezählt wird. Veranschaulichen Sie die Stabilisierung der relativen Häufigkeit in einem Streudiagramm.

Lösung:
Zunächst wählt man die Zufallsg-Funktion aus dem Hauptmenü. (F1) (Münzwurf) simuliert den Wurf einer idealen Münze. Über (F2) (+n) wird eine bestimmte Anzahl an Würfen festgelegt. Bestätigt wird die Anzahl 100 der Würfe durch EXE.
Um die generierten Werte in einer Tabelle zu speichern wird (F3) (STORE) gedrückt. Voreingestellt wird die Anzahl der Würfe in List1 gespeichert. List2 beinhaltet für das Ergebnis „Kopf" eine 1, sonst eine 0. In List3 ist die Anzahl der Kopfwürfe kumuliert gespeichert. Die Bestätigung erfolgt mit EXE.

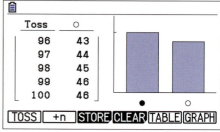

Man wählt nun im Hauptmenü 2 (Statistik) und erhält die zuvor erzeugte Tabelle.
Um die Stabilisierung zu veranschaulichen, muss List4 mit dem Quotienten aus List3 und List1 gefüllt werden. Dazu den Cursor auf das Feld List4 bewegen. Mit SHIFT 1 (List) 3 ÷ SHIFT 1 (List) 1 EXE füllt sich die Liste. Man wählt nun über die Funktionstasten GRAPH; mit (F6) (SET) werden die Einstellungen (vgl. drittes Bild) für den Graphen vorgenommen.

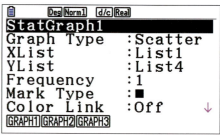

Man verlässt das SET-Menü mit EXIT und kann nun den Graphen mit (F1) (GRAPH1) zeichnen lassen. Das Bild zeigt die Stabilisierung der relativen Häufigkeit.

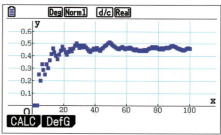

Graphische Darstellung einer Wahrscheinlichkeitsverteilung

Mit der Tabellenkalkulation und den Graphikausgaben des GTR können *Wahrscheinlichkeitsverteilungen* berechnet und tabelliert sowie graphisch veranschaulicht werden.

▶ **Beispiel: Wahrscheinlichkeitsverteilung der Augensumme beim Wurf zweier Würfel**
Die Augensumme beim Wurf zweier Laplace-Würfel kann die Werte 2, 3, 4, …, 12 annehmen. Bestimmen Sie die Tabelle der Wahrscheinlichkeitsverteilung und veranschaulichen Sie die Verteilung graphisch.

Lösung:
Die Augensumme beim Wurf zweier Laplace-Würfel ist – wie das folgende Bild zeigt – nicht gleichverteilt. Man kann die Einzelwahrscheinlichkeiten der Summenwerte 2, 3, 4, …, 12 unmittelbar ablesen.

Aus dem Hauptmenü wählt man mit $\boxed{4}$ die Spreadsheet-Anwendung und erhält eine leere Tabellenkalkulation. In die Spalte A werden die Werte 2, 3, 4, 5, 6, 7, 8, 9, 10, 11, 12 der Wahrscheinlichkeitsverteilung eingetragen. In die Spalte B kommen die zugeordneten Wahrscheinlichkeiten:
$\frac{1}{36}, \frac{2}{36}, \frac{3}{36}, \frac{4}{36}, \frac{5}{36}, \frac{6}{36}, \frac{5}{36}, \frac{4}{36}, \frac{3}{36}, \frac{2}{36}, \frac{1}{36}$.

Nachdem alle Werte der Verteilung und die zugehörigen Wahrscheinlichkeiten in die Tabelle eingetragen sind, wählt man $\boxed{F1}$ (GRAPH), dann $\boxed{F6}$ (SET) und dann die links unten angegebenen Einstellungen.

Mit der Taste $\boxed{EXE}$ gelangt man wieder in das Tabelle-Fenster (s. Bild rechts oben). Dort wählt man $\boxed{F1}$ (GRAPH1) und erhält das rechts unten stehende Balkendiagramm der Wahrscheinlichkeitsverteilung.

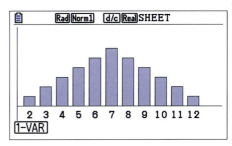

▶

3. Beispiele für dynamische Geometriesoftware

Graphische Darstellung einer Funktion

Dynamische Geometriesoftware bietet vielerlei Hilfsmöglichkeiten, mathematische Aufgabenstellungen zu veranschaulichen und zu visualisieren.

> **Beispiel: Graphische Darstellung einer Funktion und der Tangente an einer Stelle**
> Stellen Sie die Funktion $f(x) = 0.1\,x^3 + 0.5\,x^2 - 3\,x$ graphisch dar. Lassen Sie sich anschließend die Tangente an der Stelle $x = 3$ zeigen und bestimmen Sie ihren Funktionsterm.

Lösung:
In das Eingabefeld wird die Funktion $f(x) = 0.1\,x^3 + 0.5\,x^2 - 3\,x$ eingetragen. Dabei muss beachtet werden, dass Dezimalzahlen mit einem Punkt getrennt werden. Die Funktion wird mit Enter gezeichnet.

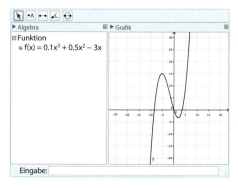

Als nächstes wird ein beweglicher Punkt definiert. Dazu wird in das Eingabefeld der x-Wert x0=2 geschrieben. Um diesen sichtbar zumachen, muss der Auswahlpunkt vor x0=2 angewählt sein. Der Wert wird in Form eines Schiebereglers gezeigt.

Der konkrete Punkt auf dem Graphen wird im Eingabefeld mit P=(x0,f(x0)) erstellt. Wichtig ist, dass der Punkt mit einem Großbuchstaben definiert wird und die Werte mit einem Komma getrennt werden.

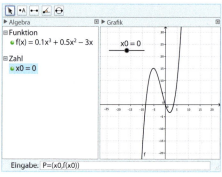

Der Punkt kann mit dem Schieberegler auf dem Graphen bewegt werden.

Die Funktionsvorschrift für die Tangente wird mit t(x)= bezeichnet. Hinter das Gleichzeichen wird „Tangente" geschrieben. GeoGebra gibt verschiedene Auswahlmöglichkeiten. Es wird „Tangente[<Punkt>, <Funktion>]" benötigt. Für „Punkt" wird P eingetragen und für die „Funktion" f, also

„t(x)=Tangente[P,f]"

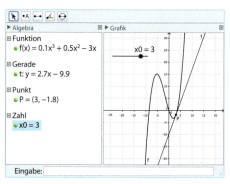

Mit dem Schieberegler kann jetzt der gewünschte x-Wert gewählt und die Tangentenfunktion hinter t(x) abgelesen werden.

Ermitteln von Nullstellen und Extrema

Dynamische Geometriesoftware bietet einige Funktionen, die die Bestimmung von *Nullstellen* sowie *Extrema* deutlich erleichtern.

> **Beispiel: Ermitteln von Nullstellen und Extrema**
> Untersuchen Sie die Funktion $f(x) = 0.1 x^3 + 0.5 x^2 - 3x$ auf Nullstellen und Extrempunkte.

Lösung:
In das Eingabefeld wird die Funktion $f(x) = 0.1 x^3 + 0.5 x^2 - 3x$ eingetragen. Dabei muss beachtet werden, dass Dezimalzahlen mit einem Punkt anstelle des Kommas geschrieben werden. Die Funktion wird mit Enter gezeichnet.

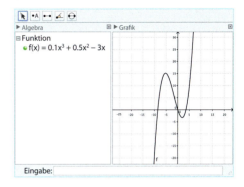

Über das Eingabefeld wird der Befehl „Nullstelle" eingegeben. In eckigen Klammern wird die Bezeichnung der Funktion eingetragen, deren Nullstellen bestimmt werden sollen, z. B. „Nullstelle[f]". Die Punkte der Nullstellen werden mit den Buchstaben „A; B; …" bezeichnet.

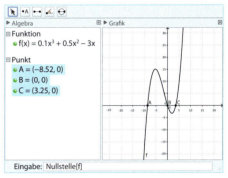

Mit der Eingabe von „Extremum" und in eckigen Klammern der Bezeichnung der Funktion „Extremum[f]" werden die Extrema der Funktion am Graphen und in der Ansicht gezeigt.

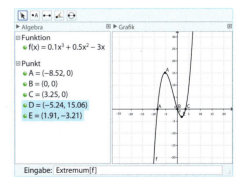

Lösen von Gleichungen

Komplexere *Gleichungen* können mit DGS veranschaulicht und graphisch gelöst werden.

> **Beispiel: Graphisches Lösen von komplexeren Gleichungen**
> Bestimmen Sie die Lösungen der Gleichung $0{,}5\,x + 0{,}5 = \sin x$ im Intervall $[0,4]$.

Lösung:
Es werden beide Formeln getrennt in das Eingabefeld eingetragen.
f(x)= 0.5^x+0.5
g(x)= sin(x)
Die Schnittpunkte beider Funktionen sind die Lösungen der Gleichung.

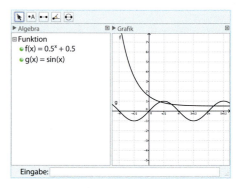

Zunächst wird die Differenzfunktion von f und g gebildet. Dazu muss im Eingabefeld die neue Funktion h(x)=f(x)−g(x) notiert werden.
Es wird eine dritte Funktion h(x) generiert, deren Nullstellen den x-Werten der Schnittpunkte von f(x) und g(x) entsprechen. Der Graph von h(x) ist hier blau dargestellt

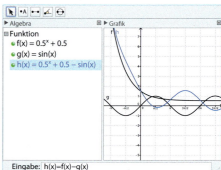

Die Nullstellen werden durch den Befehl „Nullstelle" bestimmt. In eckigen Klammern wird die Bezeichnung der Funktion und durch Kommata abgetrennt jeweils der Startwert und der Endwert des gewünschten Intervalls geschrieben, in dem Nullstellen gesucht werden.
Nullstellen[h(x),0,4]

Die x-Werte der beiden berechneten Punkte entsprechen den Lösungen der gegebenen Gleichung.

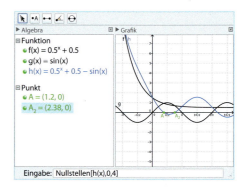

Zu beachten ist, dass das Ergebnis nur numerisch angenähert wird und die Lösungen somit auch nur genähert berechnet werden.

4. Beispiel für den Einsatz eines Tablet-Computers

Man kann die TI-Nspire™ CAS-App auf einem iPad® meist wie einen GTR oder die Software mit einem PC verwenden.

> **Beispiel: Untersuchung einer Funktion**
> Gegeben ist die Funktion $f(x) = 2^x - x - 2$.
> Stellen Sie den Graphen von f dar.
> Bestimmen Sie die Nullstellen.
> Bestimmen Sie die Ableitung an der Stelle $x = a$.

Lösung:
a) Im Graphikfenster gibt man den Funktionsterm ein: Man tippt auf $\boxed{+}$, dann in die Zeile hinter $\boxed{f1(x)=}$ und bestätigt mit Return bzw. Eingabe. Man könnte auch eine Funktion wie f(x) auf einer Notes- oder Calculator-Seite eingeben. Hinweis: Durch Antippen von $\boxed{ABC}$ oder $\boxed{.?123}$ oder $\boxed{,+=}$ wechselt man zwischen den verschiedenen Eingabefeldern; durch Antippen kann man das Tastaturfeld ausblenden. „2^x" liefert 2^x. Hinein- und Hinauszoomen kann man mithilfe zweier Finger.

b) Unter dem $\boxed{\text{Werkzeugsymbol}}$ findet sich Graph analysieren. Für die Nullstelle muss man noch den Bereich durch Verschieben der Parallelen zur y-Achse auf dem Touchscreen wählen. Ebenso kann man die Anzeige der Schnittpunkte gut lesbar positionieren. Man erhält zwei Nullstellen $x_1 \approx -1{,}69$ und $x_2 = 2$. Auch solve(f1(x)=0,x) auf einer Calculator- oder Notes-Seite liefert diese Werte.

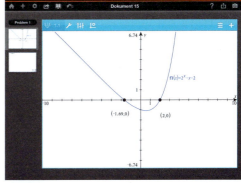

c) Unter dem $\boxed{\text{Werkzeugsymbol}}$ wählt man Geometry, dann Punkte und Geraden und Punkt auf, tippt die Gerade an und kann dann diesen Punkt auf dem Graphen verschieben. Unter dem $\boxed{\text{Werkzeugsymbol}}$ wählt man Graph analysieren und dann dy/dx. Die Anzeigen positioniert man gut lesbar. Verschiebt man den Punkt auf dem Graphen, so erhält man verschiedene Steigungen, von -1 über 0 (etwa bei 0,53) bis hin zu größeren positiven Werten.

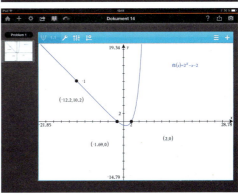

Testlösungen

Testlösungen zum Kapitel I (Seite 48)

1. a) $g(x) = 2x - 5$ b) $g(-1) = -7 \neq -6$, C liegt nicht auf g. c) $X(2,5|0)$, $Y(0|-5)$

2. a) Die Geraden sind nicht parallel ($2 \neq -3$), müssen sich also schneiden
   b) Schnittpunkt: $S(\frac{1}{2}|-4)$, Schnittwinkel: $\left.\begin{array}{l} m_f = 2 \Rightarrow \alpha \approx 63,4° \\ m_g = -3 \Rightarrow \beta \approx 108,4° \end{array}\right\} \Rightarrow \gamma = 45°$

3. a) $g(x) = 0,5(x-4)^2 - 2 = 0,5x^2 - 4x + 6$ b) $g(x) = 0$ gilt für $x = 2$ und $x = 6$

4. a) [Graph] b) $S(4|3)$ c) $f = g: S_1(2|5), s_2(10|21)$

5. a) $F(t) = 200 + 80t$, $G(t) = 120t$
   b) $F(t) = 800$ gilt für $t = 7,5$
      Familie F trifft um 14:30 Uhr ein.
      $G(t) = 800$ gilt für $t = 6\frac{2}{3}$
      Familie G trifft um 13:340 Uhr ein.
   c) $F(t) = G(t)$ gilt für $t = 5$
      Überholvorgang um 13:00 Uhr

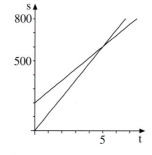

6. a) $t^2 - 12t + 36 = 0$ gilt für $t = 6$. Das Fass ist nach 6 Minuten leer.
   b) $h(0) = 180$, also zu Beginn 1,80 m Höhe
   c) $h(t) = 45$ gilt für $t = 3$. Nach 3 Min. ist das Fass bis auf $\frac{1}{4}$ der Höhe geleert.

Testlösungen zum Kapitel II (Seite 82)

1. a) $\left(\frac{1}{x}\right)^{\frac{1}{7}} = x^{-\frac{1}{7}}$ b) 3^{-5} c) $3^{-\frac{5}{8}}$

2. a) $(32^4)^{\frac{1}{20}} = 32^{\frac{1}{5}} = 2$ b) $9^{\frac{7}{2}} = 3^7 = 2187$
   c) $80^{\frac{4}{3}} = \sqrt[3]{80^{3+1}} = 80 \cdot 2\sqrt[3]{10} = 160\sqrt[3]{10}$

3. a) $0; -1; 7$ b) $0; -2; 1$ c) $-2; 2; \frac{3}{4}; -\frac{3}{4}$

4. a) Nullstellen: $3; -3$
   b) Symmetrie zur y-Achse
   d) um 1,5 in y-Richtung: $f_1(x) = \frac{1}{6}x^4 - \frac{4}{3}x^2$
   e) $f_1(x) = \frac{1}{6}x^2 - \frac{4}{3}x^2$
      Bei $x = 0$ liegt eine doppelte Nullstelle.

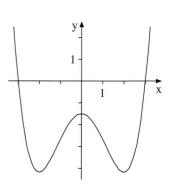

4. f) $g(x) = (x^2 - 9) \cdot \frac{1}{6} = \frac{1}{6}x^2 - 1{,}5$

   g) Streckung um $\frac{1}{6}$ und Verschiebung um 1,5 in y-Richtung

   h) $h_1(x) = 0$; $h_2(x) = -0{,}5x - 1{,}5$; $h_3(x) = 0{,}5x - 1{,}5$

   i) 0°; 26,6°; 26,6°

5. a) $f(x) = (x - 1)(x + 1)(x - 5) = x^3 - 5x^2 - x + 5$
   b) $f_1(x) = a \cdot f(x) \Rightarrow f_1(-3) = 3 \Rightarrow f_1(-3) = a \cdot f(-3) = 3 \Rightarrow a = -\frac{3}{64}$
   $f_1(x) = -\frac{3}{64}(x - 1)(x + 1)(x - 5)$

   c) Für den Aufgabenteil a sind unendlich viele Lösungen möglich:
   $f(x) = a(x^3 - 5x^2 - x + 5)$, $a \in \mathbb{R}$ beliebig. Sie ist jedoch eindeutig bestimmt durch die weitere Eigenschaft, dass Sie durch den Punkt $P(-3|3)$ gehen soll.

6. a) $f(x) = 3(x + 2)^2 = 3(x^2 + 4x + 4)$; $f(-x) = 3(x^2 - 4x + 4) \begin{cases} \neq f(x) \\ \neq -f(x) \end{cases} \Rightarrow$ keine Symmetrie
   b) $f(-x) = (-x + 2)(-x - 2) = -(x - 2)(-(x + 2)) = (x - 2)(x + 2) = f(x)$
   $\Rightarrow$ Symmetrie zur y-Achse
   c) $f(-x) = -x(-x - 1)(-x + 1) = -x(x + 1)(x - 1) = -f(x)$
   $\Rightarrow$ Symmetrie zum Punkt $O(0|0)$

Testlösungen zum Kapitel III (Seite 108)

1. $\lim\limits_{x \to \infty} \frac{1 - 2x}{x + 2} = -2$, $\lim\limits_{x \to -\infty} \frac{1 - 2x}{x + 2} = -2$

2. $\lim\limits_{x \to 4} \frac{2x^2 - 32}{x - 4} = \lim\limits_{x \to 4} \frac{2(x - 4)(x + 4)}{x - 4} = \lim\limits_{x \to 4} 2(x + 4) = 16$

3. $\lim\limits_{x \to \infty} \frac{1 + x - x^2}{1 - x + x^2} = -1$, $\lim\limits_{x \to \infty} \frac{2x + 1}{x^2} = 0$, $\lim\limits_{x \to \infty} \frac{2x + 1}{2 + 4x} = \frac{1}{2}$, $\lim\limits_{x \to \infty} \frac{x^2 + 1}{x + 2} = \infty$

4. a)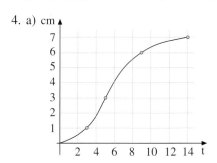

   b) mittlere Änderungsrate
   $\overline{h} = \frac{7 - 0}{14 - 0} = \frac{1}{2}$ cm/Tag

   c) I_1: $\overline{h} = \frac{1 - 0}{3 - 0} = \frac{1}{3}$ cm/Tag
   I_2: $\overline{h} = \frac{3 - 1}{5 - 3} = 1$ cm/Tag
   I_3: $\overline{h} = \frac{6 - 3}{9 - 3} = \frac{3}{4}$ cm/Tag $\cdot$ m
   I_4: $\overline{h} = \frac{7 - 6}{14 - 9} = \frac{1}{5}$ cm/Tag

   Im zweiten Intervall vom 3. bis zum 5. Tag wächst die Blume am schnellsten.

5. a) [Diagramm h/t]

   b) I_1: $\frac{2000 - 0}{4 - 0} = 500$ m/min ↗
   I_2: $\frac{200 - 2000}{10 - 4} = -300$ m/min ↘
   I_3: $\frac{0 - 200}{12 - 10} = -100$ m/min ↘

   c) Um 400 m/min kann das Flugzeug nur im 1. Flugabschnitt steigen.

Die Ursprungsgerade durch P(4|2000) hat die mittlere Steigung 500 m/min. Die Steigung 400 m/min hat also die Ursprungsgerade durch Q(4|1600). Man legt also ein Geodreieck längs dieser Geraden und verschiebt es parallel zur Geraden, bis es tangential am Graphen anliegt. Dies trifft bei ca. x = 1,5 zu. Zur Kontrolle die nicht geforderte Rechnung:

$$h'(t_0) = \lim_{t \to t_0} \frac{1000(\sqrt{t} - \sqrt{t_0})}{t - t_0} = \lim_{t \to t_0} \frac{1000(\sqrt{t} - \sqrt{t_0})}{(\sqrt{t} - \sqrt{t_0})(\sqrt{t} + \sqrt{t_0})} = \lim_{t \to t_0} \frac{1000}{\sqrt{t} + \sqrt{t_0}} = \frac{1000}{2\sqrt{t_0}} = 400$$

$\Rightarrow t_0 = 1{,}5625$ min

6. a) $\frac{f(2) - f(0)}{2 - 0} = \frac{2 - 0}{2 - 0} = 1$

   c) $f'(2) = \lim_{x \to 2} \frac{f(x) - f(2)}{x - 2}$
   $= \lim_{x \to 2} \frac{1}{2} \cdot \frac{x^2 - 4}{x - 2}$
   $= \lim_{x \to 2} \frac{1}{2} \cdot \frac{(x - 2)(x + 2)}{x - 2}$
   $= \lim_{x \to 2} \frac{1}{2} \cdot (x + 2)$
   $= 2$

b)

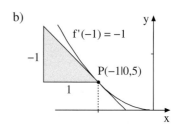

$f'(-1) = -1$

$P(-1|0{,}5)$

7. a)

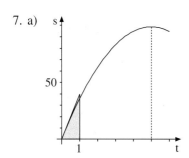

b) Der Zeichnung kann man entnehmen, dass bei t = 5 eine waagerechte Tangente von S vorliegt, d. h. s'(5) = v(5) = 0. Das Auto steht nach 5 Sekunden.

c) $\bar{v} = \frac{s(5) - s(0)}{5 - 0} = \frac{100 - 0}{5} = 20$ m/s
$= 72$ km/h

d) Steigungsdreieck bei x = 0 anlegen: v = 40 m/s

Testlösungen zum Kapitel IV (Seite 140)

1. a) differenzierbar b) nicht differenzierbar (wg. Knick)
   c) nicht differenzierbar, da x = 0 nicht zur Definitionsmenge gehört.

2. a) $\lim_{h \to 0} \frac{\frac{3}{2}(1+h) - \frac{1}{2}(1+h)^2 - \frac{3}{2} + \frac{1}{2}}{h} = \lim_{h \to 0} \frac{\frac{3}{2}h - h - \frac{1}{2}h^2}{h} = \lim_{h \to 0} \left(\frac{3}{2} - 1 - \frac{1}{2}h\right) = \frac{1}{2}$ b) $t(x) = \frac{1}{2}x + \frac{1}{2}$

3. a) $f'(x) = 6x^2 + 6x$ b) $f'(x) = 12x^3$ c) $f'(x) = (n-2)ax^{n-3}$
   d) $f'(x) = 1 + \frac{1}{\sqrt{x}}$ e) $f'(x) = -\frac{6}{x^4} + 3x^2$ f) $f'(x) = 8x - 4$

4. a) $0 = 10 - 5t^2$, $t = \sqrt{2} \approx 1{,}414$
   b) $v(t) = h'(t) = -10t$, $v(\sqrt{2}) = 10\sqrt{2} \approx 14{,}14$ m/s ≈ 51 km/h
   c) $\frac{v(0) - v(\sqrt{2})}{\sqrt{2}} = \frac{10\sqrt{2}}{\sqrt{2}} = 10$ m/s

5. a) $f = g$: $4x - x^2 = x \Leftrightarrow x^2 - 3x = 0 \Leftrightarrow x = 0$ oder $x = 3$
   b) $f'(x) = 4 - 2x$, $f'(0) = 4$, $\alpha \approx 76°$; $g'(x) = 1$, $\beta = 45°$; Schnittwinkel: $\gamma \approx 31°$
   c) $2x + 1 = 4x - x^2$, $2 = 4 - 2x$, $x = 1$, Berührpunkt: B(1|3)

Testlösungen zum Kapitel V (Seite 184)

1. f ist streng monoton steigend für 0 < x < 2.
   f ist streng monoton fallend für x < 0 und x > 2.
   (vgl. nebenstehendes Bild)

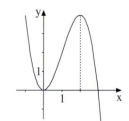

2. Notwendiges Kriterium für ein Extremum von f: f'(x) = 0

3. a) Hinreichendes Kriterium für einen Hochpunkt von f:
   $f'(x_H) = 0$ und $f'(x) > 0$ für $x < x_H$, $f'(x) < 0$ für $x > x_H$
   b) Hinreichendes Kriterium für einen Tiefpunkt von f:
   $f'(x_H) = 0$ und $f'(x) < 0$ für $x < x_H$, $f'(x) > 0$ für $x > x_H$

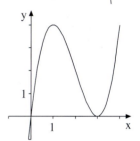

4. Keine Standardsymmetrien
   Nullstellen: x = 0, x = 3
   Extremalpunkte: H(1|4), T(3|0)
   (vgl. nebenstehendes Bild)

5. $g(x) = 4\sin(2(x+3)) - 5$
   Der Graph von f(x) = sinx wird mit dem Faktor 4 in y-Richtung gestreckt.
   Dann Verschiebung um −3 in x-Richtung mit anschließender Halbierung der Periode. Dann noch eine Verschiebung um −5 in y-Richtung.

6. a)

t	5	10	15	20
D(t)	200	400	550	500

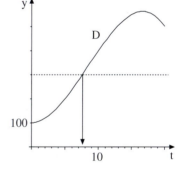

   b) $D'(t) = -\frac{3}{5}t^2 + 10t$; $D'(t) = 0$ für $t = 16{,}67$
   (und t = 0), D(16,67) = 563
   Nach knapp 17 Minuten ist die Durchflussmenge am größten.
   c) Dies gilt im Maximum von D':
   $D''(t) = -\frac{6}{5}t + 10$, $D''(t) = 0$ für $t = 8{,}33$,
   D(8,33) = 331,34
   Nach ca. 8 Min. ändert sie sich am stärksten.
   Der Durchfluss beträgt dann ca. 331.
   d) Der Ansatz $300 = -\frac{1}{5}t^3 + 5t^2 + 100$ führt auf $t^3 - 25t^2 + 1000 = 0$.
   [TI]   Der Befehl polyRoots($t^3 - 25t^2 + 1000, t$) liefert {−5,70668, 7,57569, 23,131}.
   [CASIO] „Polynomgleichungen" ergibt X1 = 23,13, X2 = 7,5756, X3 = −5,706.
   Es kommt nur die Lösung t = 7,57 in Frage; bei 7 Min. und 35 Sek. wird Alarm gegeben.

7. a) $f(x) = 3\cos\frac{x}{2}$
   b) $3\cos\frac{x}{2} = 1$ ⇒ $x = 2 \cdot \cos^{-1}(1/3) \approx 2{,}4619$
   c) Für x > 18 gilt: g(x) > 3; für x < −18 gilt: g(x) < −3. Anhand einer Skizze erkennt man, dass für 0 < x < 18 f und g drei Schnittpunkte und für −18 < x < 0 zwei Schnittpunkte besitzen.
   Resultat: Es gibt 5 Schnittpunkte.

8. a) x ≈ 1,0472   b) $x_1 \approx 2{,}6779$, $x_2 \approx 2{,}0344$

Testlösungen zum Kapitel VI (Seite 234)

1. a) $N = \binom{15}{11} = 1365$ Möglichkeiten für eine 11er Auswahl aus 15 Schülern

   b) $N = \binom{2}{1} \cdot \binom{5}{3} \cdot \binom{8}{7} = 160$ Möglichkeiten

   c) Es gibt noch $9! = 362\,880$ Möglichkeiten.

2. $P_A(Z) = \frac{64}{108} \approx 59{,}3\,\%$, $P_{\overline{A}}(Z) = \frac{185}{345} \approx 53{,}6\,\%$

3. A: Bauteil ist defekt, $P(A) = 0{,}2$
   K: Bauteil wird in der Kontrolle ausgesondert, $P(K) = 0{,}05$
   gesucht: $P(A \cap \overline{K}) = 0{,}2 \cdot 0{,}05 = 0{,}01$

4. $P_A(W) = \frac{P(A \cap W)}{P(A)} = \frac{359}{738} \approx 0{,}486$, $P(W) = \frac{900}{1850} \approx 0{,}486$,

   Geht man davon aus, dass der Anteil der weiblichen Personen etwa 50 % beträgt, so ist kein wesentlicher Unterschied festzustellen. Die Blutgruppe ist also nicht vom Geschlecht abhängig.

5. $P(R) = 0{,}5 \cdot 0{,}7 + 0{,}5 \cdot 0{,}2 = 0{,}45$

   $P(U_1 \cap R) = 0{,}5 \cdot 0{,}7 = 0{,}35$

   $P_R(U_1) = \frac{0{,}35}{0{,}45} \approx 0{,}78 = 78\,\%$

Testlösungen zum Kapitel VII (Seite 268)

1. a) $B(4|8|0)$, $C(0|8|0)$, $D(0|0|0)$, $E(4|0|5)$, $F(4|8|5)$, $H(0|0|5)$, $M(2|4|5)$

   b) $|\overrightarrow{AF}| = \sqrt{64 + 25} = \sqrt{89} \approx 9{,}43$, $|\overrightarrow{DM}| = \sqrt{4 + 16 + 25} = \sqrt{45} \approx 6{,}71$

2. a) $\binom{1}{7}$ b) $\binom{-2}{2} + \binom{-1}{3} + \binom{4}{2} = \binom{1}{7}$

3. $\vec{a} = \binom{2}{-2}$, $\vec{b} = \binom{3}{2}$, $\vec{c} = \binom{2}{0}$, $\vec{d} = \binom{0}{-2}$

   a) $\binom{2}{-2} + \binom{3}{2} + \binom{0}{-2} = \binom{5}{-2}$

   b) $\binom{1}{-1} - 2\left(\binom{3}{2} - \binom{0}{-4}\right) = \binom{-5}{-13}$

   c) $\binom{2}{-2} + \binom{6}{4} - \binom{8}{0} + \binom{0}{-2} = \binom{0}{0}$

4. a) $\begin{pmatrix} 6 \\ -2 \\ -1 \end{pmatrix} = 4 \begin{pmatrix} 3 \\ 1 \\ 2 \end{pmatrix} - 3 \begin{pmatrix} 2 \\ 2 \\ 3 \end{pmatrix}$

   b) Die Vektoren sind nicht komplanar, denn keiner der Vektoren lässt sich durch die beiden anderen darstellen.

5. a) $\overrightarrow{AB} = \begin{pmatrix} -2 \\ -3 \\ -6 \end{pmatrix}$, $\overrightarrow{AC} = \begin{pmatrix} -4 \\ 3 \\ -3 \end{pmatrix}$, $\overrightarrow{BC} = \begin{pmatrix} -2 \\ 6 \\ 3 \end{pmatrix}$

   b)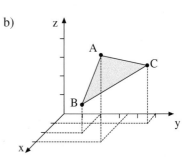

   $|\overrightarrow{AB}| = \sqrt{4 + 9 + 36} = 7$,

   $|\overrightarrow{AC}| = \sqrt{34}$, $|\overrightarrow{BC}| = \sqrt{49} = 7$

   Das Dreieck ist gleichschenklig, aber nicht gleichseitig.

   c) $\vec{d} = \vec{c} + \overrightarrow{AB} = \begin{pmatrix} 2 \\ 10 \\ 6 \end{pmatrix} + \begin{pmatrix} -2 \\ -3 \\ -6 \end{pmatrix} = \begin{pmatrix} 0 \\ 7 \\ 0 \end{pmatrix}$

   $D(0|7|0)$ (bzw. $D(4|13|12)$ oder $D(8|1|6)$)

6. Kraft des α-Teams: $\vec{F}_\alpha = \begin{pmatrix}-2\\2\end{pmatrix} + \begin{pmatrix}-3\\-1\end{pmatrix} = \begin{pmatrix}-5\\1\end{pmatrix}$

   Kraft des β-Teams: $\vec{F}_\beta = \begin{pmatrix}3\\2\end{pmatrix} + \begin{pmatrix}1\\-2\end{pmatrix} = \begin{pmatrix}4\\0\end{pmatrix}$

   Gesamtkraft: $\vec{F}_\alpha + \vec{F}_\beta = \begin{pmatrix}-1\\1\end{pmatrix}$

   Das α-Team gewinnt, da die Gesamtkraft nach links zeigt, denn ihre erste Koordinate ist −1.

Testlösungen zum Kapitel VIII (Seite 296)

1. a) Quotientenbildung: $\frac{1{,}260}{1{,}2} = 1{,}05$, $\frac{1{,}323}{1{,}260} = 1{,}05$, $\frac{1{,}389}{1{,}323} = 1{,}05$, $\frac{1{,}459}{1{,}389} = 1{,}05$, $\frac{1{,}532}{1{,}459} = 1{,}05$

   $w(t) = 1{,}2 \cdot 1{,}05^x$

   b) $w(10) = 1{,}2 \cdot 1{,}05^{10} \approx 1{,}955$

   c) $6 = 1{,}2 \cdot 1{,}05^x$, $x = \frac{\log 5}{\log 1{,}05} \approx 33$ Jahre dauert es.

   d) $T_2 = \frac{\log 2}{\log 1{,}05} \approx 14{,}21$ Jahre beträgt die Verdoppelungszeit.

   e) Das linke Bild zeigt die TI-Lösung, das rechte die CASIO-Lösung. Bei beiden GTR wird die Tabellenkalkulation und die exponentielle Regression verwendet.

   Die Ergebnisse bei beiden GTR stimmen also mit dem obigen überein.

2. a) Wegen P gilt: $c = 4$. $Q(2|9)$: $9 = 4a^2$, $a = 1{,}5$

   b) Punktprobe A: $13{,}5 = 4 \cdot \left(\frac{3}{2}\right)^3 = 13{,}5$ stimmt, A liegt auf f.

   Punktprobe B: $40 = 4 \cdot \left(\frac{3}{2}\right)^6 = 45{,}5625$ stimmt nicht, B liegt nicht auf f.

3. a) 50 ist der Anfangswert, d.h. zum Zeitpunkt $t = 0$ waren 50 mg im Körper.
   0,8 ist der Zerfallsfaktor, d.h. mit diesem Faktor verringert sich stündlich die im Körper verbliebene Medikamentenmenge.

   b) Pro Stunde werden 20% des noch vorhandenen Wirkstoffes abgebaut.

   c) Ansatz: $10 = 50 \cdot 0{,}8^t$, $t = \frac{\log 0{,}2}{\log 0{,}8} \approx 7{,}21$

   Nach ca. 7,21 Stunden wird die 10-mg-Marke unterschritten.

4. a) $x = \frac{\log 20}{\log 2} \approx 4{,}321\,928\,095$

   b) $f(x) = 10 \cdot \left(\frac{1}{3}\right)^x$ ist streng monoton fallend, $g(x) = 2x - 1$ ist streng monoton wachsend. Die Graphen von f und g können deshalb höchstens einen Schnittpunkt haben. Mit einem GTR erhält man $S(1{,}4817 | 1{,}9635)$, also die Lösung $x \approx 1{,}4817$.

   c) TI   mit nSolve($3 \cdot 2^x = 3 \cdot x + 5, x$): $x \approx -1{,}244\,66$

               mit nSolve($3 \cdot 2^x = 3 \cdot x + 5, x, 1$): $x \approx 1{,}788\,94$

       CASIO   mit Solver (Startwert 1): $x \approx 1{,}788\,938\,305$

               mit Solver (Startwert −1): $x \approx -1{,}244\,659\,047$

Stichwortverzeichnis

abhängige Ereignisse 220
Ableitung
– der Quadratwurzelfunktion 124
– der Sinusfunktion 176
– einer Funktion an einer Stelle 114
– einer zusammengesetzten Funktion 120
– von Polynomen 123
Ableitungsfunktion 117 ff.
Ableitungsregeln 121 ff.
Abstand zweier Punkte 236 f.
Abzählverfahren 207 ff.
achsenparallele Verschiebung der Normalparabel 31 f.
achsensymmetrisch 59
Addition durch Vektorzug 251
Amplitude 173
Änderungsraten 92 ff.
Anhebung 172
Ankathete 1750
Anwendung des Ableitungsbegriffs 128 ff.
Anwendungen des Rechnens mit Vektoren 259 ff.
Assoziativgesetz 247
Asymptote 84

Basis 50
Basislösung 180
Baum und inverser Baum 225
Baumdiagramm 199 ff.
bedingte Wahrscheinlichkeit 216 ff.
Berechnung
– der lokalen Änderungsrate 101 f.
– von Logarithmen mit dem Taschenrechner 275
– von Umkehrwerten 278
Berührproblem 133
Berührpunkt 133
Berührtangente 133
Bestimmung
– von Geradengleichungen 17
– von Parabelgleichungen 43
Betrag eines Vektors 242
Binomialkoeffizient 211
Bogenmaß und Gradmaß 170
Brennpunkt und Brennweite einer Parabel 44

charakteristische Punkte einer Funktion 142

Definitionsmenge 11
dekadischer Logarithmus 274
Differentialquotient 113
Differenz von Vektoren 246
Differenzenquotient 15, 93, 113
differenzierbar 114
Differenzierbarkeit 114
Diskussion ganzrationaler Funktionen 160 ff.
Dreiecksregel 246
Drittelung einer Strecke 251

eindeutige Zuordnung 10
elementare Ableitungsregeln 121 ff.
Elementarereignis 187
empirisches Gesetz der großen Zahlen 188
Ereignis 187
Ergebnis 187
Ergebnisraum 187
Erwartungswert 192
Experimente 290 f.
Exponent 50
Exponentialfunktionen 271 ff.
Exponentialgleichung 277
exponentielle Prozesse 282 ff.
Extremalproblem 130
Extrempunkte 147 ff.

Fächermodell 213
Faktorregel 123
fallend 60, 143
Formel von Laplace 191
Frequenz 173
Funktion 10 f.
Funktionsgleichung 11
Funktionsgrenzwert 84 ff.
Funktionswert 11

ganzrationale Funktionen 68 ff.
Gegenereignis 189
Gegenkathete 170
Gegenvektor 248
Gegenwahrscheinlichkeit 189
geometrische Bestimmung von Extrema, Wendepunkten und Steigungen 138
geordnete Stichprobe 208 f.
Geraden und Parabeln 40

Geradengleichungen 17
Gleichung der Tangente 131
Gleichungssystem 17, 43
Gleichverteilung 191
Globalverlauf einer ganzrationalen Funktion 70 f.
Grad einer Potenzfunktion 58
Gradmaß und Bogenmaß 170
Graph einer Funktion 11
graphische Bestimmung der Ableitungsfunktion 117 f.
graphische Monotonieuntersuchung 143
graphische Steigungsbestimmung 110 f.
Grenzwertbestimmung
– durch Testeinsetzung 84, 86
– mit dem GTR 90
– mit der h-Methode 87
– mittels Termvereinfachung 85 f.
Grenzwerte von Funktionen 84 ff.
GTR-Anwendungen 308 ff.

Halbwertszeit 282
hinreichendes Kriterium für lokale Extrema 149
Hochpunkt 72, 130
Hochzahl 50
höhere Ableitungen 146
Hyperbel 62
Hypotenuse 170

inverses Baumdiagramm 225

kartesische Koordinaten 236
Knickstelle 116
kollineare Vektoren 254
kombinatorische Abzählverfahren 207 ff.
Kommutativgesetz 247
komplanare Vektoren 254
konstante Änderungsrate 93
Konstantenregel 122
Koordinaten 236
Kosinus 170
Kosinusfunktion 171
Kosinusregel 176
Kreise und Geraden 80
Kriterien für lokale Extrema 148 f.
Kurvendiskussionen/Kurvenuntersuchungen 142 ff., 160 ff.

Stichwortverzeichnis

Lage von Geraden 24
Laplace-Experiment 191
Laplace-Regel 191
Laplace-Wahrscheinlichkeit 190 ff.
linear approximierbar 116
lineare Abhängigkeit und Unabhängigkeit 255 ff.
lineare Funktionen 14 ff.
Linearkombination von Vektoren 253
Logarithmengesetze 276
Logarithmengleichung 277
logarithmisch geteiltes Papier 294
Logarithmus 274 ff.
Logarithmusfunktion 292
lokale Änderungsrate 100 ff.
lokale Extremalpunkte 148
Lösen von Gleichungen mithilfe von Logarithmen 277
Lottomodell 212

Mathematische Streifzüge 20, 80, 138, 182, 194, 294
mehrstufiger Zufallsversuch 199 ff.
Methoden zur Bestimmung von Funktionsgrenzwerten 84 ff.
mittlere Änderungsrate 92 ff.
mittlere Steigung einer Kurve 95
monoton steigend/fallend 60, 143
Monotonie von Funktionen 60
– und erste Ableitung 143 ff.
Monotoniekriterium 144
Multiplikationssatz 217

nicht differenzierbare Funktionen 116
Normale 156 ff.
Normalparabel 30
Normgestalt der Sinusfunktion 174
notwendiges Kriterium für lokale Extrema 148
n-te Potenz 50
Nullstellen
– ganzrationaler Funktionen 74
– quadratischer Funktionen 39
Nullvektor 247

Operation und Umkehroperation 277
orthogonale Geraden 27
Ortsvektor 241

Parabeln 30
– und Geraden 40
Parallelogrammregel 247
Passante 40
Periodenlänge 173
Pfadregeln 199
Pfeildiagramm 10
Polynomfunktionen 68 ff.
Potenzen
– als Wurzeln 54
– mit ganzzahligen Exponenten 50 ff.
– mit irrationalen Exponenten 147
– mit negativen ganzen Exponenten 51
– mit rationalen Exponenten 53 ff.
Potenzfunktionen 58 ff.
– mit negativen Exponenten 62
Potenzgesetze 50
Potenzgleichung 55
Potenzregel 121
p-q-Formel 39
Produktregel für einen k-stufigen Zufallsversuch 207
Punktprobe 278
Punktsteigungsform der Geradengleichung 17
punktsymmetrisch 59

quadratische Ergänzung 32
quadratische Funktionen 30 ff.
quadratische Gleichung 39
Quadratwurzelregel 124

Randwahrscheinlichkeit 228
rationale Funktionen 50 ff.
Rechengesetze für Logarithmen 276
Rechenregeln
– für Potenzen 50
– für Wahrscheinlichkeiten 189
Rechnen mit Vektoren 246 ff.
rechnerische Bestimmung der Ableitungsfunktion 119 f.
reduziertes Baumdiagramm 201
reelle Funktionen 10 ff.
Regression mit GTR 179, 280, 318, 343
Rekonstruktion von Exponentialfunktionen 279
relative Häufigkeit 188
relative Lage von Geraden 24
Reziprokenregel 124

Sattelpunkt 149
Satz von Bayes 225
Satz von der totalen Wahrscheinlichkeit 223
Scheitelpunkt 30
Scheitelpunktsform der Parabelgleichung 34
Schnitt von Ereignissen 189
Schnittpunkt
– von Geraden 24
– zweier Exponentialkurven 279
Schnittpunkte mit den Achsen 142
Schnittwinkel von Geraden 24
Schnittwinkelproblem 132
Schrägbild 236
Sekante 40, 112
sicheres Ereignis 187
Simulationen 194 ff.
sinoidale Funktion 172
Sinus 170
Sinusfunktion 171
Sinusregel 176
Skalar-Multiplikation 249
Spaltenvektor 240
Spiegelung reeller Funktionen 36 f.
Sprungstelle 87, 116
Stabilisierungswert 188
Stauchung reeller Funktionen 36 f.
steigend 60, 143
Steigung
– einer Kurve in einem Punkt 110 ff.
– einer linearen Funktion 15
Steigungsberechnungen 114 ff.
Steigungsdreieck 110
Steigungsproblem 129 f.
Steigungsverhalten von Funktionen 60
Steigungswinkel 129
– einer Geraden 22
Steigungswinkelproblem 129 f.,
Stochastik 186 ff.
stochastisch unabhängig 220
Streckung der Normalparabel 33
Streckungen reeller Funktionen 36 f.
streng monoton steigend/fallend 60, 143
Summe von Vektoren 246
Summenregel für Wahrscheinlichkeiten 189
Summenregel 122
Symmetrie von Funktionen 59

Tangens 170
– des Steigungswinkels 22
Tangente 40, 112, 156 ff.
Tangentenproblem 131
Teilverhältnisse 263 ff.
Tiefpunkt 72, 130
totale Wahrscheinlichkeit 223
trigonometrische Formeln 170
trigonometrische Funktionen 170 ff.
trigonometrische Gleichungen 180

Umkehrfunktion des Tangens 22
Umkehrung des Potenzierens 274
Umrechnung: Gradmaß/Bogenmaß 170
unabhängige Ereignisse 220
unbestimmter Ausdruck 113
ungeordnete Stichprobe 210 f.
unmögliches Ereignis 187
Untersuchung exponentieller Prozesse 282 ff.
Urne 200

Vektoren 239 ff.
Vektorzug 251
Verdoppelungszeit 283
Vereinigung von Ereignissen 189
Verschiebung 172
– der Normalparabel 31 f.
Verschiebungen reeller Funktionen 46 f.
Verschiebungsvektor 241
Vielfaches eines Vektors 249
Vierfeldertafeln 228 ff.
Vorzeichenwechselkriterium 149

Wachstumsprozesse 270
Wahrscheinlichkeit 188
Wahrscheinlichkeitsrechnung 186 ff.
Wahrscheinlichkeitsverteilung 188, 192
wechselnde Änderungsrate 93
Wendepunkt 142

Wertemenge 11
Wurzelfunktionen 65
Wurzelgleichung 55
Wurzelregel 124

Zehnerlogarithmus 274
zeichnerische Bestimmung
– der Ableitungsfunktion 117 f.
– von Steigungen 110 f.
Zerfallsprozesse 271
Ziehen mit/ohne Zurücklegen 200
Zielmenge 11
Zufallsexperiment/Zufallsversuch 186
Zufallsgröße 192
Zufallsziffern 69
Zuordnung 10
Zuordnungsvorschrift 11
Zweipunkteform der Geradengleichung 17
zweite Ableitung und Kurvenuntersuchungen 182

Bildnachweis

Titelfoto Düsseldorf Marketing & Tourismus GmbH; **9** shutterstock/Takashi Usui; **15** Glow images/imagebroker; **19** F1online; **23** shutterstock/Burben; **30** akg-images/Bildarchiv Monheim; **43** shutterstock/Sabino Parente; **44** mauritius images/Uwe Steffens; **45-1** shutterstock/Rudy Balasko; **45-2** shutterstock/Vadim Ponomarenko; **49** Fotolia/Kumbabali; **50-1** shutterstock/21; **50-2** OKAPIA/Science Source/K.Eward; **51** shutterstock/Michelangelus; **52-1** Fotolia/fotokalle; **52-2** akg-images; **52-3** shutterstock/Georgios Kollidas; **53** shutterstock/Veronica Grace; **58** shutterstock/Michael Rosskothen; **61** shutterstock/Dashenzia; **64-1** shutterstock/2xSamara.com; **64-2** shutterstock/suronin; **64-3** shutterstock/Kjuuurs; **67-1** interfoto/R. Großkopf; **67-2** shutterstock/Pavel Hlystov; **77** shutterstock/Gary Whitton; **83** Corbis/imagebroker/Hans Blossey; **85** Fotolia/Scanrail; **91** Your Photo Today/BSIP; **92** REUTERS/Ruben Sprich; **96** picture-alliance/landov; **97** OKAPIA/David Northcott; **98-1** Glow images; **98-2** Glow images/imagebroker; **99-1** Fotolia/struve; **99-2** laif/Markus Kirchgessner; **103** shutterstock/Michael Wiggenhauser; **104** Glow images/imagebroker; **105-1** shutterstock/Josemaria Toscano; **105-2** Glow Images/Superstock RM; **106-1** shutterstock/Esteban De Armas; **106-2** picture-alliance/dpa; **106-3** picture-alliance/dpa; **109** Fotolia/Fulcanelli; **110** picture-alliance/Sodapix AG; **136-1** Corbis/Galen Rowell; **136-2** akg-images/Bildarchiv Monheim; **139-1** Agentur LPM/Henrik Pohl; **139-2** Agentur LPM/Henrik Pohl; **141** Fotolia/etfoto; **155** shutterstock/iko; **162** shutterstock/Sebastian Kaulitzki; **164** shutterstock/Pixachi; **165** Fotolia/Henner Damke; **169** Fotolia/ON TOURS by HeMP #6234974; **172** shutterstock/motorolka; **184** shutterstock/Logan Carter; **185** laif/Malte Jaeger; **186-1** shutterstock/Maridav ; **186-2** picture-alliance/Leemage; **190** shutterstock/Marynchenko Oleksandr; **191** Glow Images/ImagebrokerRM; **197-1** shutterstock/Pressmaster; **197-2** Wolff, Jürgen, Wildau; **205-1** Wolff, Jürgen, Wildau; **205-2** shutterstock/Kasia Marshall; **205-3** shutterstock/Erik Mandre; **206** shutterstock/Monkey Business Images; **208** shutterstock/Keith Bell; **209** shutterstock/Cheryl Ann Quigley; **217** Wolff, Jürgen, Wildau; **231** Fotolia/EcoView; **235** Glow images/imagebroker; **239** Brandl, Maya, Berlin; **262** Deutsches Museum München; **266** Fotolia/Michael Rosskothen; **269** Fotolia/travelpeter; **270** shutterstock/BlueRingMedia; **281** shutterstock/FloridaStock; **282** shutterstock/Alexander Raths; **284** Clip Dealer/Andrey Armyagov; **285-1** shutterstock/Stephane Bidouze; **285-2** shutterstock/Sergiy Bykhunenko; **286-1** shutterstock/bikeriderlondon; **286-2** shutterstock/AlenD; **287-1** mauritius images/Phototake; **287-2** shutterstock/Andrew Buckin; **287-3** shutterstock/Iakov Filimonov; **287-4** Clip Dealer/3d; **288-1** Clip Dealer/Markus Mainka; **288-2** shutterstock/kitty; **288-3** shutterstock/baranq; **289-1** shutterstock/Tomas Pavelka; **289-2** shutterstock/Francesco83; **290** Clip Dealer/Knut Niehus; **293** shutterstock/Sergey Mironov; **296** mauritius images/Edith Laue; **297** Glow images/imagebroker; **307** mauritius images/ib